Bolsillo 🕀 Era

Carlos Monsiváis
Entrada libre

Carlos Monsiváis

Entrada libre

Crónicas de la sociedad
que se organiza

Ediciones Era

Edición original: 1987
Primera edición en Bolsillo Era: 2013
Primera reimpresión: 2017
ISBN: 978-607-445-038-5
DR © 2013, Ediciones Era, S.A. de C.V.
Centeno 649, 08400 Ciudad de México.

Oficinas editoriales:
Mérida 4, Col. Roma, 06700 Ciudad de México.

Impreso y hecho en México
Printed and made in Mexico

www.edicionesera.com.mx

► A Julio Scherer García ◄

Agradecemos a *Proceso* y *La Jornada*
el derecho de reproducción
de fotografías de sus archivos

Índice

Prólogo
Lo marginal en el centro

¿Cuánto falta en México para el pleno ejercicio de la democracia? Desde su prédica del frenesí que nada cambia ("La modernización es, digamos, una sociedad computarizada pero inmóvil"), la clase gobernante desprecia lo que ve o cree ver: masas ingobernables por irredimibles, masas indóciles y sumisas, masas regidas por el complicado matrimonio entre la obediencia y el relajo. En el otro extremo, quienes ejercen la democracia desde abajo y sin pedir permiso, amplían sus derechos ejerciéndolos.

Para estos grupos, la democracia es en lo fundamental el aprendizaje de la resistencia civil, que se inicia en la defensa de la legalidad, ante la ilegalidad practicada desde las esferas del poder económico y político. Y democracia es, también, la terquedad indignada, el abandono de fórmulas del martirologio, el apego a la racionalidad, la búsqueda del avance gradual, la estrategia de la movilización permanente: plantones, marchas, mítines, asambleas, exigencia de diálogo con las autoridades correspondientes, boteo, volanteo, pintas, ocasionales huelgas de hambre, arduos viajes a la capital para instalar campamentos de la Dignidad. . . Los métodos de rehabilitación democrática cansan y recuperan, desgastan y liberan a sus practicantes que explican sin cesar la índole justa de este movimiento, sometidos al ritmo de una manifestación tras otra, una reunión tras otra, repartir volantes y redactar desplegados dirigidos a esa opinión pública que al principio son nada más ellos mismos, su única sociedad civil al alcance, que establece querellas y motivos entre discusiones ásperas y antesalas en la oficina del secretario del secretario del Secretario.

A las marchas y las asambleas, a los júbilos y los resentimientos, los ordena el deseo de autonomía. A la gente (el pueblo) (las comunidades) le urge conducir sus propios destinos. Ya el paternalismo agotó sus persuasiones, y el ensueño del Progreso infinito ha resultado devastador. Al ahondar la crisis económica las sensaciones de insuficiencia personal y colectiva, queda al descubierto la fragilidad de los esquemas de ascenso garantizado.

¿Cómo surge un movimiento social? Desde fuera, parece un accidente de la voluntad, la generación espontánea de efectos cuyo vigor minimiza cualquier vaguedad o la precariedad de la vida cotidiana. Desde dentro, la impresión es diferente: en el momento justo cristalizan experiencias y necesidades de años, y un sector excluido decide no delegar ya pasivamente su representación, y condensa de golpe exigencias y manera de ser. El auge sucede ante públicos con frecuencia difusos, y las demandas (concretas, puntuales, fragmentarias) se satisfacen a medias o se convierten en el programa de otro movimiento social. Pero nada atenúa las sensaciones del impulso que crece, del esplendor de la multitud animada por fines idénticos, de los prolongados efectos sobre la vida de los participantes, que "ya no serán los mismos", que modificarán su visión del mundo, persistan o no en el empeño.

A los movimientos sociales en el México de estos años les corresponde un paisaje político y económico en ruinas, que corresponde a la "década perdida" que la CEPAL le diagnosticó a Latinoamérica, con los oprobios de la deuda externa, la inflación, el fracaso de las medidas para redistribuir el ingreso, la burocratización estatal, el desempleo, y les toca también oponerse al autoritarismo de viejo y de nuevo cuño, de los caciques y de los tecnócratas. Organizadas o caóticas, autoritarias y libertarias a la vez, estas tendencias de masas se alimentan del derrumbe de las certezas que han sostenido la jerarquización brutal, con sus represiones y su perpetuación ritual del poder.

Desde el Estado, se impulsa la modernización salvaje, sin complacencias. Al país se le pondrá al día, a la altura de las exigencias tecnológicas, y quienes no se ajusten a los requisitos de crecimiento deberán aceptar la miseria como atributo de la premodernidad. Al llamado de la modernización a ultranza, se enfrentan masas también deseosas de actualizarse, pero de manera racional, es decir, ajustada a su propio ritmo de desarrollo. ¿Cómo ser modernos y para qué? A la pregunta, los movimientos sociales suelen responder con su práctica: para darle al crecimiento proporciones igualitarias, para no concentrar en unos cuantos las claves del conocimiento, para armonizar las contradicciones entre cultura laica y religiosidad popular, entre tolerancia y odio a la heterodoxia, entre el amor a las tradiciones y la imposibilidad de retenerlas.

En el centro, las lecciones de los sismos de 1985. Gracias a esta gran vivencia comunitaria una fuerza desconocida (por inesperada) desplegó las enormes recompensas de toda índole que aporta el trabajo colectivo. La omnipresencia del Estado desalojó con celeridad y sin recurrir a la violencia la mayoría de las iniciativas, sólo fiándose de la cuantía de sus recursos y de la desarticulación inevitable de los esfuerzos de las multitudes. Pero ni siquiera el poder del Estado que borra a conveniencia las hazañas comunitarias eliminó las consecuencias culturales, políticas, psíquicas de los cuatro o cinco días en que brigadistas y socorristas, entre cascajo y desolación, se sintieron al frente de su comportamiento y de la otra ciudad que surgía a la vista. Aunque en stricto sensu en las semanas del terremoto sólo se crearon los movimientos de los damnificados, en cientos de miles se fortaleció la gana de actuar, al contemplar las mínimas y máximas consecuencias de la acción individual en el seno de la acción colectiva.

La experiencia del terremoto le dio al término *sociedad civil* una credibilidad inesperada. También, y casi al instante, se advirtieron las inmensas dificultades. No hay tal cosa como la independencia absoluta; los recursos del Estado y la clase empresarial son lo suficientemente vastos como para frustrar los proyectos independientes, y no es mera cuestión del deseo la consolidación de espacios de autonomía. Hay que romper barreras históricas, de la psicología colectiva y de las estructuras de poder.

Pero el avance civil ha continuado y entre sus logros cuenta la democratización como estado de ánimo y cambio de mentalidades. Allí los resultados son notables. Mi optimismo —así le llamo a mi escepticismo ante las razones oficiales para no concederle democracia a los "menores de edad"— no viene tanto de los adelantos de partidos y corporaciones como de la revalorización generalizada de la democracia. Al crecer la idea y la realidad de la sociedad civil se deteriora con rapidez un aspecto medular del presidencialismo, la intangibilidad del Presidente de la República (con su cadena forzosa de ritos y sacralizaciones). Mucho se avanza cuando los-ciudadanos-en-vías-de-serlo dejan de esperarlo todo del Presidente, cuya estatua abstracta de dispensador de bienes se erosiona a diario al democratizarse el trato cultural con los poderes.

Si la impunidad —la falta de consecuencias críticas de los hechos, las actitudes y las palabras— es el signo distintivo del aparato político, su límite actual es esa lectura crítica que llamamos "pérdida de la credibilidad". El que no se les crea a los gobernantes no significa que abandonen el mando, pero describe un gobierno que ya no dispone de las resonancias habituales, de la ingenuidad popular como el espejo magnificado de las proezas inexistentes, de la complicidad que suprime y remodela la memoria.

El interés en participar va de la obtención de espacios de poder a las cuestiones ecológicas, académicas, de derechos de la mujer y de las minorías, de vida urbana. Sean espectaculares o modestos, los avances son reales. Entre otras cosas, esto se ha descubierto: "la crítica de la vida cotidiana implica concepciones y apreciaciones sobre la escala de la estructura social" (Henri Lefevbre). Lo cotidiano, negado o ignorado por muchísimo tiempo, es ahora con frecuencia el marco de la disidencia o la configuración de la alternativa, el terreno propicio donde el sujeto individual y los pequeños grupos ven con más claridad las funciones de la democracia en la sociedad global.

El desencanto. La apatía. Para muchos, estos conceptos explican el conjunto de la vida mexicana de hoy. Tal inexactitud hoy resulta insostenible. A diario, y especialmente en provincia, muchos trascienden el conformismo atribuido e intervienen en luchas de colonia, de escuela, de gremio, de ciudad, de sindicato, de región. Sin duda, estas acciones de resistencia no disponen del atractivo visual o informativo de las gigantescas cuadrillas trabajando en las ruinas de Tlatelolco; o de las turbas que acarician eróticamente, y a propósito de un gol, las estatuas del Paseo de la Reforma, o de las intensísimas asambleas del CEU. Al no registrarlas los medios masivos, da la impresión de que estas luchas no existen, así afecten muchas vidas y sostengan con radicalidad la discrepancia en el país. Pero basta la presencia del movimiento urbano-popular o la resistencia a la planta nuclear de Laguna Verde para desmentir la resignación que se le adjudica a quienes no son "sujetos noticiosos".

Hoy, los maestros democráticos de Chiapas y Oaxaca aguardan todavía la realización de sus congresos mientras prosigue el asesinato de sus militantes (cinco en Oaxaca en los últimos meses); el gobierno entregó 48 500 viviendas a otros tantos damnificados y el problema habitacional se extiende; se posponen eternamente los resultados de la investigación sobre San Juanico y el edificio Nuevo León; el CEU se dispone al Congreso Universitario; avanza el movimiento de barrios y colonias, los líderes de la COCEI dialogan con el gobierno del presidente Miguel de la Madrid. . .

Con excepción de las notas dedicadas a las expresiones populares durante el Mundial de Futbol (en lo básico reacciones de integración del público mexicano en un espíritu internacional normado por la pasión deportiva, los medios masivos y el comercio), en las crónicas de este libro me propuse acercarme a movimientos sociales, no para registrar toda la historia sino algunos fragmentos significativos de entrada libre a la historia o al presente, instantes de auge y tensión dramática, cuando de modo perceptible los protagonistas parecen imbuidos de la noción de Scott Fitzgerald: "La verdadera prueba de una inteligencia superior es poder conservar simultáneamente en la cabeza dos ideas opuestas, y seguir funcionando. Admitir por ejemplo que las cosas no tienen remedio y mantenerse sin embargo decidido a cambiarlas".

Octubre de 1987

En su primera versión, estas crónicas se publicaron en *Proceso, Cuadernos Políticos* y *El Cotidiano*. Sólo uno de los textos, el artículo sobre el terremoto del 19 de septiembre de 1985 (*Proceso*), aparece tal y como fue publicado. Mi agradecimiento a Neus Espresate, Vicente Rojo, Dolores Campos y Carlos Finck. Y, desde luego, a la Dirección de Investigaciones Históricas del INAH, y a su directora Teresa Franco.

Los días del terremoto

La solidaridad de la población en realidad fue toma de poder

(Collage de voces, impresiones, sensaciones de un largo día)

Día 19. Hora: 7:19. El miedo. La realidad cotidiana se desmenuza en oscilaciones, ruidos categóricos o minúsculos, estallido de cristales, desplome de objetos o de revestimientos, gritos, llantos, el intenso crujido que anuncia la siguiente impredecible metamorfosis de la habitación, del departamento, de la casa, del edificio. . . El miedo, la fascinación inevitable del abismo contenida y nulificada por la preocupación de la familia, por el vigor del instinto de sobrevivencia. Los segundos premiosos, plenos de una energía que azora, corroe, intimida, se convierte en la debilidad de quien la sufre. "El fin del mundo es el fin de mi vida", versus "No pasa nada, no hay que asustarse. Guardemos la calma" . . . Y los consejos no llegan a pronunciarse, el pánico es segunda o primera piel, a ganar la salida, a urdir la fuga de esta cárcel que es mi habitación, a distanciarse de esa trampa mortífera que fue hogar o residencia provisional. El crujido se agudiza, en el bamboleo la catástrofe se estabiliza, la gente se viste como puede o se viste sólo con su pánico, el miedo es una mística tan poderosa que resucita o actualiza otras místicas, las aprendidas en la infancia, las que van de la superstición a la convicción, las frases primigenias, las fórmulas de salvamento en la hora postrera.

El 19 de septiembre, en la capital, muchos carecieron de la oportunidad de profundizar en su miedo.

☐

—Me di cuenta de todo a fondo, como que el pavor lo hace a uno consciente de cada movimiento, y al mismo tiempo, como que el pavor es una inercia autónoma. Advertí que sólo pensaba en mí mis-

mo, y que trataba como podía de pensar en los demás, en los míos. Me afligía y me serenaba, pero sin dejar de hacer las cosas, de gritar, de apresurar, de tranquilizar, de planear la salida, todo tan acelerado que no oía, sólo veía espectáculos. Estaba aterrado, pero el llanto de mi hija retumbaba dentro de mí, era interminable, lo seguí oyendo mucho rato después.

□

El sonido de los desplomes, las imágenes de los derrumbes, las poses fantásticas de los edificios al reducirse abruptamente a escombros. Paulatinamente, en un lapso de dos o tres horas, los habitantes de la ciudad se asomaron a la dimensión de lo ocurrido, los hoteles y condominios en tierra, las escuelas y los hospitales desvencijados, la precipitación del gran edificio de Tlatelolco, los miles y miles de víctimas, la respuesta masiva ante el desastre. Se implantan, con reiteración orgánica, los términos que en los casos extremos cubren las dos funciones: descripción y síntesis, evaluación y pena: *Tragedia, bombardeo, catástrofe,* vocablos que, en primera instancia, son declaraciones de impotencia ante las fuerzas naturales, pesadumbre que al magnificarse se precisa, relatos que ya no necesitan extenderse.

El primer panorama lo proporcionó la radio, entre otras razones por estar sin luz gran parte de la ciudad y por hallarse Televisa cinco horas fuera del aire. La coordinación informativa de la radio, hizo posible una visión de conjunto, que la experiencia personal complementó: tráfico congestionado, la colonia Roma cruelmente devastada, el Primer Cuadro zona de desastre, en un radio de 30 kilómetros cerca de 500 derrumbes totales o parciales, explosiones, alarmas insistentes sobre fugas de gas, incendios, cuerpos mutilados, noticias sobre la desaparición de grupos enteros de estudiantes, turistas aislados en su desamparo, hospitales evacuados, cuadrillas de socorristas y voluntarios, familiares desesperados, crisis de angustia en las calles, gritos de auxilio provenientes de los escombros, demanda de ropa, víveres y medicinas, solicitud prodigada de calma. Poco a poco, el miedo cedió paso (o coexistió junto) al dolor, la incertidumbre, el deseo de ayudar, el azoro. "La peor catástrofe de la ciudad de México."

□

El olor es penetrante, distinto, en cierta manera inaugural. Es un olor atribuible a la muerte, a las fugas de gas, a la percepción trastornada, al susto que se esparce en frases: "No fumen, no prendan cerillos, pasen con cuidado, aléjense, aquí hay peligro". En el centro, en la colonia Roma, cerca de los ostentosos fiambres arquitectónicos, el olfato actúa a la caza de datos de alarma, de informaciones que ratifiquen la condición agónica de los lugares. En la exacerbación olfativa hay pánico, sospecha de hedores inminentes, certeza de que, entre otras cosas, la ciudad no es ya la misma, porque uno está consciente, ávidamente consciente de la terrible variedad de sus olores.

☐

De todas partes llegan a sumarse a los bomberos, a los granaderos, a los trabajadores del Departamento Central y de las delegaciones, a los policías del DF y del estado de México. Convocada por su propio impulso, la ciudadanía decide existir a través de la solidaridad, del ir y venir frenético, del agolpamiento presuroso y valeroso, de la preocupación por otros que, en la prueba límite, es ajena al riesgo y al cansancio. Sin previo aviso, espontáneamente, sobre la marcha, se organizan brigadas de 25 o 100 personas, pequeños ejércitos de voluntarios listos al esfuerzo y al transformismo: donde había tablones y sábanas surgirán camillas; donde cunden los curiosos, se fundarán hileras disciplinadas que trasladan de mano en mano objetos, tiran de sogas, anhelan salvar siquiera una vida.

Los oficios se revalúan. Taxistas y peseros transportan gratis a damnificados y familiares afligidos; plomeros y carpinteros aportan seguetas, picos y palas; los médicos ofrecen por doquier sus servicios; las familias entregan víveres, cobijas, ropa; los donadores de sangre se multiplican; los buscadores de sobrevivientes desafían las montañas de concreto y cascajo en espera de gritos o huecos que alimenten esperanzas. Al lado del valor y la constancia de bomberos, socorristas, choferes de la Ruta 100, médicos, enfermeras, policías, abunda un heroísmo nunca antes tan masivo y tan genuino, el de quienes, por decisión propia, inventan como pueden métodos funcionales de salvamento, el primero de ellos, una indiferencia ante el peligro, si ésta se traduce en vidas hurtadas a la tragedia. Basta recordar las cadenas humanas que rescatan un niño, entregan un gato hidráulico o un tanque de oxígeno, alejan piedras, abren boquetes, sostienen escaleras, tiran de cuerdas, trepan por los desfiladeros que el temblor estrenó, instalan los "campamentos de refugiados", cuidan de las pertenencias de los vecinos, remueven escombros, aguardan durante horas la maquinaria pesada, izan cuerpos de víctimas, se enfrentan consoladoramente a histerias y duelos.

Por más que abunden noticias de pillaje, abusos y voracidad, tal esfuerzo colectivo es un hecho de proporciones épicas. No ha sido únicamente, aunque por el momento todo se condense en esta palabra, un acto de *solidaridad*. La hazaña absolutamente consciente y decidida de un sector importante de la población que con su impulso desea restaurar armonías y sentidos vitales, es, moralmente, un hecho más vasto y significativo. La sociedad civil existe como gran necesidad latente en quienes desconocen incluso el término, y su primera y más insistente demanda es la redistribución de poderes. El 19 de septiembre, los voluntarios (jóvenes en su inmensa mayoría) que se distribuyeron por la ciudad organizando el tráfico, creando "cordones" populares en torno de hospitales o derrumbes, y participando activamente —y con las manos sangrantes— en las tareas de salvamento, mostraron la más profunda comprensión humana y reivindicaron poderes cívicos y políticos ajenos a ellos hasta entonces. Fueron al mismo tiempo policías, agentes de tránsito, socorristas, funcionarios del ayuntamiento, médicos, enfermeros, diputados, líderes vecinales, regentes. Por eso, no se examinará seriamente el sentido de la acción épica del jueves 19, mientras se le confine exclusivamente en el concepto *solidaridad*. La hubo y de muy hermosa manera, pero como punto de partida de una actitud que, así sea efímera ahora y por fuerza, pretende apropiarse de la parte del gobierno que a los ciudadanos legítimamente les corresponde. El 19, y en respuesta ante las víctimas, la ciudad de México conoció una *toma de poderes,* de las más nobles de su historia, que trascendió con mucho los límites de la mera solidaridad, fue la conversión de un pueblo en gobierno y del desorden oficial en orden civil. Democracia puede ser también la importancia súbita de cada persona.

☐

En una casa frente al parque, la señora de edad observa por la ventana. Socorristas y vecinos la instan a salir, el lugar es inseguro, los derrumbes próximos auguran lo peor. Ella se resiste, ve con sorna al reportero de televisión, cierra y abre la ventana con enfado y parsimonia, se aleja y vuelve. Los llamados a la huida se acrecientan. "Salga, señora. Por favor. ¿Qué no ve cómo está la situación? No sea terca." Se esconde, y cuando vuelve el reportero de la televisión ya se ha ido, y ella hace un gesto triste, como de quien perdió algo entrañable. Responde: "Aquí estoy a gusto. Déjenme en paz". Y de nuevo cierra la ventana y se retira, y dos minutos después ya está con su público. Las vecinas se obstinan, la llaman por su nombre, la regañan. Ella replica tajante: "Aquí me quedo", y mira con melancolía a su alrededor, segura de las causas de su persistencia. ¿A dónde podría ir? ¿Qué caso tiene el exilio a estas alturas? A su modo, y sin pretender el rango de símbolo, ella representa en buena medida el espíritu que anima a la ciudad misma, devastado, contaminado, violentado, expoliado y, sin embargo, orgulloso de su terquedad.

☐

—*Lo más insoportable durante el día fueron los gritos de auxilio. Allí estaban esas montañas de escombros, de acero y cemento, y nosotros sin el equipo necesario, sin plumas (grúas) ni escaleras telescópicas ni traxcavos, sólo con palas y picos y tenazas. La impotencia ante la agonía de alguien que está nomás a unos pasos, es lo peor que me ha pasado, se lo juro. Mire, rescatamos a una señora que se la pasó gritando, incontrolada, que salváramos a su esposo y a sus hijos que se hallaban bloqueados por un techo. Ella lloraba, y los cadáveres de sus familiares allí muy cerca, pero no los reconocía, no veía nada ni aunque hubiera querido. Sólo lloraba y gemía, y repetía nombres. Un voluntario muy jovencito no aguantó y se puso también a chillar. No se le ocurrió otra forma de ayudarla.*

Otros nomás llegaban y decían: "Ya encontramos dos muertitos", como para interponer el diminutivo entre ellos y su conciencia del drama. Y luego el horror de ir descubriendo dedos o piernas o brazos, padres aferrados a cuerpecitos yertos, niños con su oso de peluche, señoras con el crucifijo en las manos, quién me borra esas imágenes. Y a eso agréguele el sonido de las ambulancias y de las patrullas, el ruido de los carros del ejército y de los camiones, el desmadre de las maquinarias pesadas, de las carretillas, las palas, las barretas, los marros, la gente que se hablaba casi en alaridos, y a la que de cuando en cuando se exigía silencio, "silencio, por favor, silencio absoluto", para ver si localizaban el sitio de origen de una voz que pedía auxilio, aunque a veces había quienes imaginaban oír esas voces, y se buscaba y no había nada. Pero en todos nosotros, no necesito jurárselo, había una ansiedad de salvar vidas, de excavar y excavar para ver la alegría de un resucitado.

□

—Era un infierno o una pesadilla, o lo que se te ocurra. Se derrumba la escuela, y quedan atrapados cientos de niños. Cuando llegué, ya había una multitud de padres de familia reclamando, rogando, rezando. Los papás estaban más enloquecidos que las mamás, y lloraban y se mesaban los cabellos, con un egoísmo siniestro y entrañable cuando veían que su hijo no era ninguno de los rescatados. Querían meterse a fuerzas a rescatarlos, pero hubiera sido muchísimo peor, sin experiencia, sin disciplina y dementes como estaban. Nubes de polvo, bomberos, ambulancias, llantos y demandas de auxilio. Un señor anunciaba el fin del mundo, una mamá organizó un rosario y varias se desmayaron. Y no se podía hacer nada, excepto pedirles que se apaciguaran y dejaran trabajar en paz a los bomberos... Yo en su caso hubiera hecho lo mismo.

□

—Lo del Centro Médico fue también horrible, y ese terror, el mío, el de mis colegas, el de las enfermeras, el de los mozos y el de los enfermos, todavía me impregna. Había que evacuar velozmente, porque ya por lo menos cuatro edificios estaban muy dañados: Traumatología, Pediatría, Oncología y Ginecología. Las escenas eran funestas y alucinantes, enfermos que estaban seguros del fin del mundo, enfermos que nos daban ánimos, la muchedumbre de familiares allá afuera, los soldados. Lo que más impresionó fue ver cómo en un instante se disolvía el abismo entre médico y paciente, y ambos nos convertíamos en víctimas.

□

—La salida del Metro estuvo de película. Con lo asustado que estaba, no conseguí quitarme de la cabeza fragmentos de escenas con terremotos y torres que se incendian y poblaciones en fuga. Al principio, al oír los ruidos y los crujidazos y ver que el convoy se detenía, me puse lívido, y me dije: "Ora sí ya". Luego el conductor habló y nos calmó, y nos pidió que no nos moviéramos. Y allí nos quedamos largo rato, tratando de exhibir o de inhibir el pánico. Yo no lo sé ocultar pero los demás tampoco. Luego nos sacaron por el túnel, desfilando, muy quietecitos, como si toda la vida hubiéramos sido disciplinadísimos. Ya afuera, el susto se me acumuló. Nun-

ca supuse que vería algo así, cerros de cascajo por todos lados, alar-
mas ante posibles incendios, humo, cables eléctricos destrozados,
fugas de agua y de gas, aguas negras que invadían la calle, banque-
tas levantadas. "Parece que hubo guerra", era el comentario uná-
nime. Caminé por donde pude, de acordonamiento en acordona-
miento, de sorpresa en sorpresa, un reconocimiento de la ciudad que
nunca me esperé, y lo que más me asombró desde luego fue el Hotel
Regis. Impresionante. Han pasado ya diez horas y sigo pensando
en el instante mismo del derrumbe, cuando tronó esa mole y la Ave-
nida Juárez se cubrió de polvo y desechos, y crecieron y se apaga-
ron los alaridos. No es morbo, lo juro, es la imposibilidad de ocu-
parme de otra cosa.

Me seguí por Madero y luego por Pino Suárez. Llegué al conjun-
to Pino Suárez cuando ya uno de los edificios se había derrumba-
do, y otro nomás se mecía traidoramente. Acababan de sacar de la
estación del Metro a unos cuantos, y el cordón estaba muy estricto.
Durante un cuarto de hora o algo así no logré despegar la vista de
esa torre de Pisa. Era un alucine, como si el pinche edificio tuviera
vida propia y no acabara de decidir su suerte. Se oye muy pendejo
eso de "un edificio con vida propia" pero me cae que el efecto era
hipnótico. La gente allá abajo, viéndolo con la mayor precaución,
ráfagas de silencio, intromisiones de silencio, el sol, el encandila-
miento, y un edificio oscilante, que se movía muy lentamente, una
sentencia rítmica inacabable.

☐

Luego que se rescate a los últimos, se regularicen la luz, el agua
y los teléfonos, y se minimice el peligro, vendrá otra forma de lo
peor. Falta para que esto termine, y nos tocará enterarnos, de modo
fragmentario de seguro, de las proporciones de la catástrofe, de la
identidad de amigos fallecidos, de los detalles dramáticos que ahora se nos ocultan, de lo que sucedió con los atrapados, con los sepultados en vida. Y acto seguido, la remoción de escombros, la eliminación de los edificios que son ya amenazas graves, el número
de los desempleados por el temblor, la reubicación de las dependencias de gobierno y los centros de trabajo, la reconstrucción del Centro Médico y los hospitales, las indemnizaciones que correspondan...
Y los relatos maravillosos y tristes, el milagro de estar vivo, la aparición de una lámpara anunciando el auxilio, el recuerdo doloroso
de los compañeros aplastados, la sensación de culpa ante los padres

de los que no lograron escapar, los diálogos recuperados. (Un reportero a un joven sobreviviente del edificio Nuevo León: "Te has salvado". Respuesta: "No sé todavía".)

□

—*Esta tragedia es de largo alcance y nos involucra a todos, con o sin frases hechas. A lo mejor te parezco muy discursivo, pero elegí el rollo para no ponerme a llorar.*

□

De la conmoción surge una ciudad distinta (o contemplada de modo distinto), con ruinas que alguna vez fueron promesas de modernidad victoriosa: el Hotel Regis, la scop con sus extraordinarios murales de Juan O'Gorman, el Multifamiliar Juárez, la Unidad Nonoalco-Tlatelolco, Televisa, el Centro Médico, el Hospital General, la Secretaría de Comercio. . . Allí, mientras alrededor crecen los problemas de agua, de luz, de comunicación telefónica, de drenaje, 50 mil personas trabajan ante un apocalipsis de cascajo y polvo. El duelo honra de modo genuino a los miles de víctimas y este sentimiento de tragedia que es lealtad nacional y humana se reafirma ante cada información estremecedora: la niña de seis años que duró más de un día en los escombros protegida por los cadáveres de sus padres y que al ser rescatada, exigía que se extrajeran sus cuerpos; el joven que ha esperado más de 20 horas inmóvil, frente al edificio en que está atrapada su madre; los bomberos y marinos y socorristas y voluntarios y policías que distribuyeron anónimamente proezas y generosidad en la vigilia de los acordonamientos y de las búsquedas con grave riesgo.

□

Viernes 20. 7:38 de la noche. Inevitablemente, el nuevo temblor afianza el pánico. El miedo se extiende y se prodiga en los rezos en plena calle, en los hombres y mujeres hincados sollozando, en las frases incoherentes dichas a nadie desde la angustia, en expresiones verbales contra las autoridades invisibles. Como antes, la gente confió por unas horas en la nobleza protectora de la calle y muchísimos prefirieron caminar desconcertados y ansiosos a la deriva, la zozobra es la sombra de las multitudes que acuden al Zócalo esta noche a modo de peregrinación, en grupos crecientes, implorando de seguro el ánimo protector de los poderes allí instalados. Mientras, continúan las noticias de derrumbes (presentes e inmanentes) y fugas de gas, los llamados a la población para que identifique cadáveres, y no se deje gobernar por nervios alterados y rumores. En el primer instante, la exhortación a la calma fue inútil en lo que a buena parte de los capitalinos se refiere. El segundo temblor ostensible apuntaló la vocación milenarista, las consejas previsibles sobre el fin del siglo, las conversaciones circulares en torno a la necesidad y a la imposibilidad de largarse de este hoyo.

Entre hambre de noticias confiables y sonido de ambulancias, la solidaridad persiste, y en buena medida la toma de poderes cívicos. Se rescatan con vida algunos desaparecidos, sigue llegando la ayuda de nacionales y de gobiernos e instituciones extranjeras, se ofrecen escuelas y frontones como albergues, el deseo compulsivo de ayudar va de los radioaficionados a los cuerpos de seguridad y rescate, pero la buena y magnífica voluntad se detiene ante la escasez de recursos. Existe, es la conclusión preliminar, un espíritu cívico y nacional más vigoroso de lo que se suponía. Hay también el agravamiento de la desmoralización fundada en la crisis, hay pesadumbre, y un dolor que es conciencia de sociedad y de país, contagiado y solidificado por los relatos de la destrucción. Gracias a la reverencia por la vida probada ahora, en diversos y amplios sectores se profundiza un nuevo pacto social cuya suerte dependerá en enorme medida de la lucha democrática por la racionalidad urbana.

[20 de septiembre. Publicado en *Proceso* el 22 de septiembre]

Catálogo de las reacciones

En un instante las seguridades se trituran. Un paisaje inexorable desplaza al anterior. Cascajo, mares de cascajo, varillas, la desolación es el mar de objetos sin sentido, de edificios como grandes bestias heridas o moribundas. El llanto desplaza a la incomprensión. El azoro anula el llanto. En los rostros lívidos las preguntas se disuelven informuladas. El dolor asimila el pasmo. El pasmo interioriza el sentido de la tragedia.

Absortos, los sobrevivientes peregrinan, ansiosos de un punto de apoyo confiable para su mirada. Los testimonios, con ligeras variantes, siguen una línea fija, la de la angustia extrema entre las convulsiones de la tierra, el crujido de los edificios, las demoliciones de la naturaleza, las escenografías del asolamiento:

☐ Los instantes previos al temblor, los detalles de la confianza: "Iba a entrar al baño. . . Dormía. . . Preparaba el desayuno. . . Llevaba los niños a la escuela".

☐ La sensación intraducible del miedo, del fin de seres y de cosas.

☐ El proceso de la salvación individual. La solución inesperada. Las anécdotas del rescate.

☐ La culpa y la alegría de estar vivos.

☐ La preocupación indetenible por los demás, los hijos, la madre, el compañero o la compañera, la familia, los amigos, los vecinos.

☐ La prisa en el rescate de los seres próximos o de los perfectos desconocidos.

☐ El enfrentamiento a la autoridad, representada por los cordones del ejército y de la policía, cuyo sentido de la disciplina pasa por encima de los requerimientos del dolor o la solidaridad.

☐ La crisis de impotencia en individuos y grupos.

☐ Las primeras conclusiones morales y políticas, entre ellas la muy lacerante: a la acción de la Naturaleza la potenciaron la corrupción, la ineficacia, el descuido. Esto se traduce en crítica al gobierno, que debe exigir calidad en la construcción y en el mantenimiento, y respeto a las normas de seguridad.

NOTICIERO I ■ "¡ESTÁ TEMBLANDO!"

A las 7:19 de la mañana del 19 de septiembre de 1985, uno de los peores terremotos en la historia de la ciudad de México aporta 15 o 20 mil muertos (nunca se sabrá la cifra exacta), segundos y días de terror prolongado, miles de edificios caídos y dañados, hazañas de los individuos y de las multitudes, tragedias y desajustes psíquicos, imágenes terribles y memorables, alcances de la cooperación internacional, y límites de la burocracia y poderes del Estado.

"El sismo en sí —declara el geólogo Zoltan de Czerna— tuvo una magnitud de 8.1 en la escala de Richter, y sin duda alguna, resultó de un brinco liberador de energía elástica, que vino acumulándose a raíz de la convergencia de la Placa Norteamericana y la Placa de Cocos." Para otros geólogos, la intensidad fue mayor. Lo irrefutable son las consecuencias. Sobre las calles se acumulan muebles, marcos de puertas y ventanas, vidrios, papeles, incontables objetos. Se levantan las planchas de concreto de las banquetas, el pavimento se hunde o se agrieta. Al caer los edificios el polvo se convierte en un velo oscuro sobre una zona muy vasta. Se multiplican los incendios y las fugas de agua y de gas. Pronto, el sonido dominante es el de las patrullas: de la Cruz Roja, del IMSS, del ISSSTE, de los bomberos, de la policía.

Cientos de miles resumen con aflicción tradiciones milenarias: "Dios lo quiso". "Dios le dio la espalda a sus hijos." "Ya estaba escrito en la Biblia." La gente huye de sus viviendas, se lanza inútilmente a los teléfonos, peregrina en busca de sus familiares, se aglomera en las puertas de los hospitales, oye acongojada las súplicas que brotan de las nuevas prisiones de cemento, previene un tanto tardíamente contra el uso de los elevadores.

A la tragedia la sigue y la profundiza el desmoronamiento de los servicios citadinos. No hay agua en una tercera parte de la ciudad, y falta la luz en casi toda la zona metropolitana (hay cinco subestaciones de la Comisión Federal de Electricidad muy dañadas). Al desplomarse los edificios de las centrales telefónicas Victoria y San Juan, se corta la comunicación telefónica en la ciudad, y los servicios 02 y 09 que enlazan con el resto del país y el extranjero. Al quedar fuera del aire por unas horas Televisa (se derrumban la torre maestra y gran parte de sus instalaciones con gran costo de vidas), las estaciones de radio en primer término, y en buena medida la televisión oficial, concentran avisos y recados de familiares desesperados.

La tragedia —pronto se sabe— es mucho mayor de lo que se creía en las zonas escasamente afectadas. La policía y los bomberos trabajan intensamente. La Secretaría de la Defensa Nacional anuncia que se pondrá en marcha el Plan DN-III. El rumor agiganta la realidad: destruidos los hospitales, las colonias Roma, Guerrero, Obrera, Morelos, el barrio de Tepito... La información esparce nombres como nuevos cementerios: el Hotel Regis, el edificio Conalep de Balderas, Televisa, el Centro Médico, el Hospital Juárez, el edificio Nuevo León en Tlatelolco, la Secretaría de Trabajo en la calle Río de la Loza, la Secretaría de Comunicaciones, el Multifamiliar Juárez, la Secretaría de Comercio, la Secretaría de Marina . . . Los periódicos vespertinos son tan escuetos como se los permite la ocasión: "¡OH DIOS!" y "¡TRAGEDIA!". Hay cese general de labores y se suspenden las clases en la UNAM y en la Secretaría de Educación Pública.

Tarda en aclararse la información. Luego de sobrevolar la ciudad, el Presidente visita zonas devastadas: Tlatelolco, Juárez y Balderas, Pino Suárez, el Centro Médico. Esa tarde ordena tres días de duelo oficial con la Bandera Nacional a media asta, y anuncia la comisión especial que atenderá las consecuencias del sismo, encabezada por el regente Ramón Aguirre. De la Madrid añade: los recursos del gobierno son *suficientes* en la emergencia, "tenemos los medios para hacer frente a esta desgracia". En la parte de la ciudad ya calificada de *zona de desastre*, decenas de miles abandonan sus viviendas y se acomodan en parques, en camellones, en casas de parientes, en las aceras, en los departamentos de amigos. La ciudad es un hospital móvil, un deseo común de aprovisionar albergues, la gran conversación circular.

El doctor Ismael Herrera, del Instituto de Geofísica declara: "No habrá otro terremoto". Se suspenden los espectáculos públicos y la venta de bebidas alcohólicas. Son muy cautas las cifras oficiales: 2 mil muertos. El regente anuncia la normalización del suministro de agua potable en tres o cinco días más. El director del IMSS, Ricardo García Sáinz informa: están derruidos los hospitales de Oncología, Traumatología, Obstetricia, Ginecología y Pediatría del Centro Médico. Las estaciones de radio y televisión llevan mensajes de familias capitalinas al resto del país. El terremoto deja daños considerables en Zihuatanejo, en Ciudad Lázaro Cárdenas y, sobre todo, en Ciudad Guzmán, Jalisco. Sin embargo, la cultura del centralismo relega e ignora tales devastaciones. En términos comparativos, es mínima la ayuda a la provincia.

Una por una se localizan las zonas más afectadas. La colonia Roma es, según todos los testimonios, "perímetro del bombardeo". Cables caídos, edificios cuarteados o derrumbados, personas a la deriva, ambulancias, soldados, vallas de scouts y policías, familiares en plena angustia, la danza casi imperceptible de las linternas de mano. En el Hotel Regis los bomberos son nuevamente heroicos y combaten durante tres días el incendio, sin darse reposo, valientes, estoicos. Los signos de la catástrofe se prodigan: humo, sirenas, llamadas de auxilio, convocatorias al trabajo urgente.

En el Parque del Seguro Social se instalan tres carpas ("Cuerpos identificados", "Cuerpos no identificados", "Restos"). Los parientes o amigos atraviesan el cordón sanitario, y son objeto de una fumigación que les permite acercarse a los cuerpos. Se les ve cansados, tristísimos, con ocasionales destellos de esperanza. Los no identificados van a la fosa común. Con celeridad, 50 mecanógrafos se encargan de las averiguaciones previas, las actas de defunción, las órdenes de traslado y salida. Se vacuna contra el tétanos y la tifoidea y se reparten tapabocas. A los cadáveres se les protege con cal, se les inyecta formol y se les rodea de grandes bloques de hielo para contener en algo el proceso de descomposición. El olor se percibe a tres cuadras. Casi nadie reprime el llanto y las náuseas. Es arduo el reconocimiento: hay muchos cuerpos deformes, aplastados, mutilados, hinchados, las facciones convulsas, fijadas en el instante del terror.

Los familiares abandonan el Parque en dirección a los panteones de Dolores, San Nicolás Tolentino, San Lorenzo Tezonco. En el barrio de San Juan Insurgentes los voluntarios masifican la producción de féretros, unas cuantas tablas clavadas y fumigadas. En San Lorenzo Tezonco exhuman restos para hacer lugar, mientras continúa incesante el movimiento de ambulancias y carrozas. Una anciana se queja: "¿Ya ven? Ni coronas ni flores, ni nada. Por lo menos una misa y una cruz". Los entierros son veloces, y ni siquiera hace falta entregar la dispensa de autopsia. Las palas resultan insuficientes, y se recurre al concurso de los familiares. En la noche, llegan a San Lorenzo Tezonco camiones de volteo del DDF con cadáveres no identificados. No hay fosas suficientes.

Según testimonio de un sepulturero que no quiere identificarse, la falta de control desmiente la pretensión de exactitud de las autoridades:

> Nos ordenaron cavar tres agujeros, cada uno de 25 metros de largo por 5 de ancho y casi tres de profundidad. Primero les pusimos cal, y luego echamos sobre él como 200 cuerpos que venían en bolsas de plástico; luego les volvimos a echar cal y después les volvimos a echar otro montón de tierra. Así lo hicimos sucesivamente hasta que se completaron los primeros mil.... Tenemos terminantemente prohibido dar datos de lo que aquí sucedió, y espero que no me eche de cabeza, porque me corren (*El Heraldo*, 2 de noviembre de 1985).

A lo largo del día se acrecientan el caos vial y las maniobras del Ejército y la policía. Se imponen preguntas ubicuas: "¿Quién me puede informar del paradero de. . .?", "¡Dígame. Quiero saber si está vivo o está muerto!" De las zonas acordonadas siguen saliendo personas con maletas, o con sólo una cobija sobre los hombros. En la Alameda Central acampan 50 familias. Es frecuente ver a solitarios que rezan o murmuran: "¡Dios mío, ya no, ya no!"

"Perdóname, Dios mío"

Los sismos del 19 y, sobre todo, del 20 de septiembre devuelven, a través del pánico a las convicciones de la infancia y, por unos días, eliminan la señal básica de la "decencia mexicana": el miedo al ridículo. Sin fijarse en los vecinos (es decir, sin fijarse en su propio comportamiento), individuos y familias rezan padrenuestros en las aceras, exhuman el temor de Dios y el amor a la Virgen Morena, invocan a deidades conocidas y desconocidas, lloran, se abrazan, intiman con los desconocidos.

Los templos se llenan y la Basílica de Guadalupe, donde miles de personas acampan, es el gran centro de negociaciones con el Cielo: "Dame seguridad y te devuelvo mi fe". Por la Calzada de los Misterios la gente, rumbo a la Basílica, transporta alimentos, cobijas, cajas con ropa, radios de transistores. Quienes van de rodillas piden perdón de todas las maneras. Cunden los rezos larguísimos de una sola palabra: "¡Piedad!" La escena se prodiga: los rosarios desmenuzados a gritos, la histeria elaborada como devoción. Se repite la frase: "O nos metemos en cintura o nos irá peor".

El momento le pertenece al pacto entre religión y cultura laica. Se implora a Dios como la técnica favorita de neutralización de fuerzas naturales. De hinojos, se gana tiempo para la irrupción de las soluciones prácticas. De pie, se aguarda la modernización de las creencias remotas. Al principio, aunque en la solidaridad es evidente el componente cristiano, persiste el "¡Arrepentíos, réprobos!". En el primer momento, la Jerarquía no desiste, por reflejo condicionado, de sus lluvias portátiles de fuego y su inspección piadosa de las puertas del infierno, y un sacerdote interpreta los hechos como castigo de Dios ante la prostitución en la colonia Roma, y un obispo ve en el terremoto una crítica al nefando Artículo Tercero de la Constitución, que se opone a la enseñanza religiosa en las escuelas públicas. Con infortunio Monseñor Genaro Alamilla describe a Dios castigando los pecados, del mismo modo en que en un sermón al año de la tragedia, el 19 de noviembre, el cura de San Juan Ixhuatepec responsabiliza del desastre a los vicios del pueblo. Luego, esto cambia de manera drástica. Hay donativos papales y de los católicos norteamericanos, y se instala el Fondo de Ayuda Católica, que atiende sobre todo la zona del centro.

Paisaje declarativo. Cuando allá se pase lista

☐ "Dentro de las desgracias que causó el terremoto, también produjo cosas buenas, y una de ellas es que cada día más católicos acuden a las iglesias principalmente los domingos. Por lo común pasábamos dos horas diarias en el confesionario. Ahora son siete horas, y por lo menos son tres minutos por penitente. La gente está asustada.'' Cura José Reyes Chaparro, de la parroquia de San Antonio de las Huertas. *La Prensa*, 27 de octubre de 1985.

□ ''Con el terremoto, Dios nos está diciendo: ésta no es tu patria, no creas que tu país es eterno, la única patria que no terminará jamás es la del más allá. Él (Dios) nos quita la vida cuando quiere... el terremoto es para bien, no para mal. A cambio, Dios nos está dando cosas superiores, aunque no quieran verlas; nos estamos haciendo más hijos de Dios y seríamos tontos y malagradecidos si no entendiéramos esto.'' Sacerdote Gabriel Rodríguez Martín del Campo, en la Basílica de Guadalupe. *Revista Unificada*, octubre de 1985.

□ ''No es un castigo propiamente dicho, pero sí una llamada fuerte por parte de Dios para que pensemos en nuestras propias vidas.'' Cura Francisco López Félix, vocero del arzobispado de México. *La Jornada*, 21 de octubre de 1985.

□ ''Algunos sacerdotes de la Basílica de Guadalupe calificaron los pasados terremotos como castigo o advertencia de Dios. Al respecto no podemos tener la seguridad de que fue un castigo, sólo que Dios por medio de un profeta lo hubiera anunciado. Si fue un castigo, pudiera ser debido a nuestro comportamiento actual, o una advertencia para rectificar errores y desviaciones.'' Obispo de Querétaro Alfonso Toriz Covián. *El Heraldo*, 26 de septiembre de 1985.

□ ''He dado ya cientos de bendiciones para toda esta gente. En sólo unos minutos en que se sacudió la tierra, Dios nos ha permitido entender quién es Él y quiénes somos nosotros. Hoy sabemos que somos dueños de nada. Sería fuera de sentido suponer que esto que ha ocurrido ha sido fuera de su voluntad. Ha sido Dios, no lo hace por maldad. Lo ha permitido como un botón de prueba para hacernos sentir que debemos ubicarnos como seres humanos. Los bodegueros de la Central de Abasto, aquí en Iztapalapa, son avaros, pero cuando ocurrió el primer temblor salieron huyendo despavoridos. Nunca antes quisieron ayudarnos con algo para mis menesterosos, y ahora los he visitado y me han entregado cajas de tomates, pero de los frescos y más hermosos. Fue como si por momentos hubieran perdido interés en las cosas.'' Sacerdote Ignacio Ortega Aguilar, encargado del panteón de San Lorenzo Tezonco. *Excélsior*, 24 de septiembre de 1985.

EDITORIAL I ■ LA DEVOCIÓN POR LA VIDA

Así sean muy semejantes, los relatos de los voluntarios transparentan la unidad —inesperada— de grupos sociales y tipos humanos congregados por una expresión que, antes del 19 de septiembre, solía ser retórica; en las *semanas del terremoto*, la solidez de la frase "el aprecio a la vida", deriva de resistencia cívica, movilizaciones, la angustia del rescate convertida en parábola humanista, el riesgo físico como prueba de amor concreto por los demás. Sin causa ideológica notoria, en mezcla indistinguible de actitudes cristianas y generosidad ciudadana, miles de personas aceptan cansancio y peligros con tal de no abandonar a desconocidos.

La primera y más decisiva respuesta al terremoto es de índole moral. De manera compulsiva, se quiere atenuar la violencia natural, entregarse con ánimo insomne al rescate de propios y extraños. El imperativo ético encarna de modos inesperados. En apenas cuatro o cinco horas, se conforma una "sociedad de los escombros", cuya rebeldía ante las dilaciones burocráticas, y cuya invención fulgurante de técnicas derivan de la obsesión de mitigar la catástrofe. Y estos contingentes logran su cometido: al final salvan a más de 4 500 personas. Pero no sólo los voluntarios sufren ardorosamente la experiencia: cada persona que se extrae de túneles y hoyos es epopeya compartida de modo unánime. Nunca en la capital han sucedido tantos fenómenos tan dramáticos ni respuestas tan emotivas. Como en muy escasos momentos de México, la vida humana se eleva al rango de bien absoluto. Un niño o una mujer o un hombre recobrados desatan un júbilo colectivo sin precedente. En Tlatelolco o en el Hospital Juárez, una fiesta de aplausos y llantos recibe a cada uno de los sobrevivientes. Se suspende la indiferencia y durante unos días, la ciudad (y presumiblemente gran parte del país) ensalza las mínimas victorias sobre la destrucción.

El esfuerzo sin precedentes (en un momento dado, más de un millón de personas empeñadas, en distintos niveles, en labores de rescate y organización ciudadana) es acción épica ciertamente, y es catálogo de exigencias presentadas con la mayor dignidad. Urgen ya en las ciudades democratización, políticas a largo plazo, racionalidad administrativa.

Durante un breve período, la sociedad se torna comunidad, y esto con los escepticismos y decepciones adjuntos, ya es un hecho definitivo. Luego de medio siglo de ausencia, aparecen en la capital los ciudadanos, los portadores de derechos y deberes. Enlazados por formas antiguas y novedosas, vecinos y brigadistas se consideran a sí mismos "mexicanos preocupados por otros semejantes", nacionalistas humanitarios, cristianos fuera de los templos, o simplemente seres que saben responder-a-la-hora-buena. Gracias a esto trascienden durante una semana, por el vigor de las circunstancias, a instituciones oficiales, partidos políticos, la Iglesia y la gran mayoría de los grupos existentes. La súbita revelación de estas capacidades le añade a la capital un nuevo espacio ético y civil, en franca oposición a las creencias del Estado paternalista que nunca reconoce la mayoría de edad de sus pupilos.

EXPEDIENTE I ■ LOS VOLUNTARIOS

El 19 de septiembre salen a flote algunas de las debilidades orgánicas del gobierno, entre ellas y destacadamente su incapacidad de previsión. De cualquier modo, la intensidad del sismo es tan desmedida que el viernes 20 de septiembre, el licenciado Miguel de la Madrid se autocritica y lo reconoce en su mensaje por televisión: "La verdad es que frente a un terremoto de esta magnitud, no contamos con los elementos suficientes para afrontar el siniestro con rapidez, con suficiencia".

A las diez de la mañana del 19, el Presidente hace un llamado al pueblo de México "para que todos hagan lo que tienen que hacer, que cuiden sus intereses y auxilien a sus semejantes. Que todos vayan a sus casas". Ese día y el siguiente altos funcionarios y locutores de radio y televisión lo repiten cada cinco minutos: "No salgan de sus casas, quédense allí, ¿a qué van a los sitios del desastre? No contribuyan a la confusión. No se muevan". En vez de hacer caso y recluirse, la gente interviene subsanando las limitaciones gubernamentales y, en *tareas de hormiga*, aprovisiona albergues, organiza la ayuda, recompone hasta donde se puede la fluidez citadina. Esto salva vidas, compensa psicológicamente a la población y le facilita a los habitantes del DF entender los alcances del terremoto. De otra manera, se hubiese dependido en lo fundamental —en un país donde se lee tan poco— de las perversiones del rumor y de las argucias de la información televisiva.

Del jueves 19 al domingo 22, lo más vivo en la capital es el nuevo protagonista, las multitudes forzadas a actuar por su cuenta, la autogestión que suple a una burocracia pasmada o sobrepasada. Al ritmo impuesto por la tragedia, una sociedad inexistente o pospuesta se conforma de golpe: son las brigadas de voluntarios, los niños que acarrean piedras con disciplina rígida, los adolescentes en pleno "estreno de ciudadanía", las enfermeras espontáneas, los grupos católicos y protestantes, las señoras que preparan comida y hierven agua, los médicos que ofrecen sus servicios de un lado a otro, los ingenieros que integran brigadas de peritaje...

El reordenamiento social es inesperado. Los vecinos acordonan los sitios en ruinas y las amas de casa preparan comida, pero son los jóvenes quienes llevan el peso de la acción, obreros y jóvenes de la UNAM, aprendices y estudiantes de la Universidad Anáhuac, desempleados y preparatorianos, chavos-banda y adolescentes de los Colegios de Ciencias y Humanidades, de las vocacionales, de las escuelas técnicas. Ellos dirigen el tránsito, aprovechan las instalaciones del CREA, improvisan refugios y albergues, toman medidas contra los saqueos, consiguen víveres en donde pueden, aguardan en el aeropuerto la ayuda del exterior, crean redes de búsqueda de los desaparecidos. Han crecido encajonados por el consumismo, la inhabilitación ciudadana, los reduccionismos ideológicos que ven en la juventud un campo de la banalidad. Se les ofrece de pronto una elección moral y la asumen, una oportunidad organizativa y la aprovechan. No se consideran héroes, pero se sienten incorporados al heroísmo de la tribu, del barrio, de la banda, del grupo espontáneamente formado, de la ciudad distinta.

Al hacer de la "desobediencia civil" el motor de la acción, las decenas de miles de voluntarios algo y mucho expresan a lo largo de días y noches en vela: la solidaridad es también urgencia de participación en los asuntos de todos. Lo primero es jerarquizar el miedo entre las sensaciones de su nueva conciencia laboral, abrazar difuntos a lo largo de los corredores que conducen a la salida, juntar brazos y piernas desperdigados, ver morir a quienes ya nadie puede auxiliar, oír historias estremecedoras y asimilarlas desde la compasión y la ayuda activa. El voluntario pertenece a su grupo o brigada, desde el casco y la banda que lo identifica, desde la indiferencia ante el cansancio y el sueño.

A conseguirse marros, palos, barretas, palas, "patas de cabra", zapapicos. Con uñas y dedos se cavan hoyos por donde sólo pasa un cuerpo. Los gritos se repiten en las zonas afectadas: "¡Aguanten! ¡Vamos por ustedes!" "¡Levanten! ¡Jalen! ¡Por acá!" Se llega a los lugares como se puede, sin recursos, sin conocer los métodos de salvamento, y mucho se resuelve sobre la marcha, y mucho no se resuelve jamás. ¿Qué hace falta en este edificio? Cuerdas, cinceles, palas, cubetas, gatos hidráulicos, linternas, martillos de carpintero, desarmadores. Hay que ver en la oscuridad. Consíganse tapabocas en las farmacias, empápense en vinagre paliacates. Una prevención constante: "No prendan cerillos, no fumen". Se instalan por doquier puestos de socorro, y allí las enfermeras improvisadas se convierten en psicólogas.

El trabajo es incesante, entre órdenes y contraórdenes, solicitaciones ("un voluntario delgadito por aquí"), pleitos con los soldados que vigilan los cordones, diálogos con los familiares que esperan sin moverse días enteros. Si en algunos sitios se combate por extraer los "cuerpos negociables" (algunas familias ofrecen medio millón o un millón de pesos por el ser querido, vivo o muerto), en casi todas partes lo evidente es el desinterés, la capacidad de sacrificio. Las jóvenes aprenden a limpiar heridos, y a inyectar, reparten medicinas, guisan, escalan las montañas de cascajo y vidrios rotos. Se trabaja entre fetidez y silencio. Los testimonios confiados a la prensa son reiterativos:

—Cuando vi a tantos como yo, sentí orgullo de ser mexicano.

—Estamos en la nueva vida. Salimos de la segunda placenta.

—Al oír la radio, me angustié y salí de mi casa. Quise ayudar. No importaba en qué, pero tenía que hacerlo.

—Los jóvenes podemos ser tan responsables como los adultos. Esto servirá para que no repitan la imagen de las drogas y el alcohol. Removí escombros. Acomodé víveres. Hice lo que se necesitaba. Ahí me di cuenta de que los jóvenes somos una fuerza muy importante.

La idea de la hazaña de una generación entera, sostiene el impulso y neutraliza la fatiga, los días sin dormir alimentados tan sólo con tortas y refrescos. Y la conciencia de la fuerza posible se entrevera con la presencia ubicua de la escasez. Ellos trabajan con palas, fierros viejos, lo que sea. Los extranjeros acuden con sus equipos de perros amaestrados, ultrasonido, monitores para el rastreo, ojos electrónicos.

Pero los voluntarios son muchos y esto es en sí mismo incentivo y justificación. Ya el 20 de septiembre hay en la calle cerca de 150 mil brigadistas entre los quince y los veinticinco años. Sólo en la delegación Cuauhtémoc se registran 2 500 brigadas. La primera intervención de estos jóvenes en la vida nacional es a golpes de pala y pico.

El sistema de la solidaridad. Alejandro, estudiante
(27 de septiembre)

—Ni siquiera sé por qué me metí a la brigada. Sólo supe que de eso se trataba y que nunca me habría perdonado no hacerlo. Me informaron dónde ir y me presenté corriendo. Al principio ni advertíamos nuestras propias reacciones, nos olvidamos del tiempo sumergidos en el horror y en la emoción, en el cansancio que reconstituía, horas y horas de entrarle a mano limpia a los escombros, llevar comida a los albergues, pedir contribuciones a quien fuera. Por primera vez en mi vida creí en el trabajo físico y gocé enormidades el agobio.

Desde los primeros días vimos cosas que nos indignaban, pero al lado de eso hubo el friego, el chingo de gente del mismo lado, salvando vidas, ayudando, preocupándose por los demás, y esa sensación es extraordinaria, la mayor que he experimentado hasta ahora. Yo me creía bien al tanto de teoría y praxis y lo demás, pero durante toda una semana fui el ser más emotivo que recuerdo. Salvar, ayudar, llevar comida, conseguir agua, memorizar nuevos datos y conocimientos, eso era lo fundamental, y al lado de eso, nada importaba, y todavía hoy, nada importa.

Tú el otro día hablabas de la toma de poderes, no la gran toma del Poder, con Bastillas y todo, sino de otra toma, la apropiación de deberes y derechos democráticos. Pues ahora échale un ojo a la retoma de insignificancias que se nos propone, qué bien hicieron, qué bien se portaron, pónganse en la solapa esta medalla de buena conducta y váyanse a su casa. Mi papá, por ejemplo, del jueves 19 al domingo 22 me veía como a paladín de la tele, y luego fue cambiando, ya estuvo bien, bájale el tono, no te metas de redentor, ya párale, qué ganas con andar de payaso con cinta roja y tapabocas. Ya cálmate, no vas a resucitar a nadie, tu deber es estudiar para agarrar empleo. Y sí claro, mi mamá me contó que dicen en la tele que la ciudad volvió a la normalidad, todo mundo contento por estar triste, dejen a los muertos enterrar a los muertos, y al Señor Regente encabezar la gran Reconstrucción. ¿Sabes qué? A eso no le entro, al rollo de "muchas gracias, pueblo heroico, y ya duérmete que mañana entras temprano a la chamba". Mi padre todo el día anda cazando signos de desencanto o de fastidio, ya te diste cuenta que tu vocación no es de héroe, etcétera. Pero por ahí no va la onda. Eso es lo que ellos no creen, porque jamás entendieron nuestra razón de ser como brigadistas.

NOTICIERO II ■ "TRAIGAN MÁS PALAS"

A las 19:38 horas del 20 de septiembre, otro temblor, de consecuencias también considerables (duración: minuto y medio con intensidad de 6.5 en la escala de Richter), hace que —desbordaba la frágil compostura— reaparezcan con estrépito los sentimientos primordiales. Por decenas de miles, en grupos familiares o en la pequeña muchedumbre vuelta familia, la gente se concentra en el gran refugio de la calle, en el Zócalo, en el Paseo de la Reforma, ante sus domicilios. Se centuplican los nombres como plegarias, las solicitudes de auxilio: "Mi madre está allá adentro / ¡Mi hijo. Sálvalo! / ¡Una lámpara! / ¡Silencio, silencio! ¡Traigan más palas!" Las montañas de ropa y objetos alcanzan los 4 o 5 metros. Los médicos le aplican a los voluntarios vacunas antitetánicas.

Se distribuyen leche, verduras, raciones alimenticias. Se suspenden labores en todas partes. Se calcula en más de un millón a los trabajadores afectados (entre ellos: 50 mil desempleados en establecimientos, medio millón de comerciantes ambulantes). Abundan los donadores de sangre. Se improvisan en las calles puestos de socorro donde se obsequian alimentos y aguas frescas. Los hospitales privados ofrecen más del 50 por ciento de sus camas. En todo el país surgen Comités de Solidaridad descentralizados.

La gente recorre como puede la ciudad, no acaba nunca de contar su experiencia, sigue atónita y desconcertada ante el escape milagroso o la pérdida irreparable. En la noche, el Presidente de la República en su mensaje por televisión abandona la autosuficiencia, y admite lo muy notorio: el sismo fue tan tremendo como la imprevisión gubernamental. El cerco de seguridad abarca 32 kilómetros cuadrados.

Es cuantiosa la ayuda extranjera, 59 países, el Vaticano e instituciones como Cáritas, la Cruz Roja, la OEA, la Organización Panamericana de Salud, la ONU, la UNESCO, la FAO, mandarán víveres, ropa, tiendas de campaña, máscaras antigás, maquinaria, dinero, créditos. Para el 27 de septiembre habrán llegado 2 400 toneladas de distintos productos. La Cruz Roja reparte una tonelada por hora de alimentos y ropa. El Ejército de Salvación manda un avión con víveres y tiendas de campaña.

La solidaridad interna es extraordinaria. La CTM dona dos días de salario y el Ejército Nacional tres días. Los gobiernos de los estados entregan cantidades importantes y los empresarios también contribuyen al Fondo Nacional para la Reconstrucción. Los tarahumaras regalan 650 féretros y 132 mil pies cúbicos de madera para viviendas.

Una Solución Universal se descubre: *descentralizar*. Esto pasó porque somos millones viviendo y bailando en un solo ladrillo. El Presidente abandera la consigna, y todos proponen que se vayan los demás. La FSTSE ofrece crédito a los burócratas que dejan la ciudad. Los estados de México, Durango, Michoacán, Morelos se ofrecen para recibir a las paraestatales. La Secretaría de Turismo, paradigmática, promete descentralizar el 83 por ciento de su personal, y no menos nómada, la Secretaría de Agricultura alejará de la capital al 40 por ciento de burócratas con sus respectivos expedientes vírgenes. Las cifras de la ilusión vuelan: un millón de burócratas reubicables en 6 meses. (¿Y eso qué dice frente a los 2 500 o 3 000 inmigrantes que a diario llegan a la capital?)

Es febril pero no muy expedita la actividad en los centros de acopio de alimentos y medicamentos. No ocurren epidemias, pero quien tiene agua la hierve. El Presidente promete: "Viviremos y reconstruiremos el país con nuevas pautas" (26 de septiembre). En los últimos días de septiembre, el Zócalo se convierte por las noches en el gran almacén gratuito. Los damnificados (de ahora o de siempre) se prueban camisas, pantalones, suéteres. Se inician cursos de primaria por TV para 30 mil alumnos. Se prodigan los beneficios para damnificados: obras, conciertos, recitales, festivales, fiestas, subastas, tianguis. Se despejan con rapidez los sitios en ruinas que serán "áreas verdes". Se retiran 350 mil metros cúbicos de basura, y al día se hacen 2 mil o 2 500 viajes a los tiraderos. Allí, como ironiza la prensa de la tarde, se va "de la pena a la pepena". En los basureros del Bordo de Xoco, las familias de pepenadores escarban y extraen del concreto lo que venderán por kilo o usarán para sus propias casas. Allí impera la "cacería" del hierro, del concreto, del ladrillo, del alambrón, del ladrillo rojo. Es vital y dramático el espectáculo de la extrema miseria que se beneficia de la tragedia. Los habitantes secuestran camiones para desviar el cascajo, se disputan a golpes los desperdicios, indagan en los desechos para extraer objetos o dinero. Indiferentes a las enfermedades, seguros de su poderío inmunológico, los pepenadores se esparcen y se concentran, persiguen a los camiones de volteo, y los invaden en plena marcha para declararse los dueños de la carga.

El 29 de septiembre la Comisión Metropolitana de Emergencia decreta la continuidad de las prioridades: el rescate de vidas humanas, el rescate de cadáveres, la demolición parcial o total de inmuebles que representan un riesgo. El gobierno no usará en las demoliciones, en forma indiscriminada, maquinaria pesada ni mucho menos explosivos que cancelen la posibilidad de rescatar con vida a un ser humano.

Se afecta de manera cuantiosa la planta hotelera y quedan totalmente destruidos los hoteles Regis, Principado, De Carlo, Romano Centro, Versalles, Finisterre y Montreal. La mayoría de los edificios derrumbados se construyeron en los últimos 30 años. A diario acuden cerca de 2 mil familias a revisar las fotos de los cadáveres sepultados en la fosa común. En las estaciones del Metro, en las agencias del Ministerio Público, en postes y muros, en edificios públicos, se pegan carteles con fotos o únicamente nombres, demandando información. "Se ruega a quien sepa del paradero de. . ."

24 de septiembre. Identifíquese, ¿a qué viene?

Es desconfiado el joven de la mano vendada.

—Identifíquese, a qué viene, no aceptamos dictaminadores que de una ojeada lo saben todo. "Esta vivienda no resiste. Debe ser derribada cuanto antes. ¿Cómo siguen viviendo en una trampa mortal?" y se van a preparar el desalojo. Así no, exigimos peritos en los que creamos y no meros gatos de los dueños, ni técnicos ni nada, sólo apantallapendejos. Los propietarios llevan años queriéndonos sacar de aquí, les encabronan las rentas bajas y las rentas congeladas, les da rabia imaginarse los negocios que podrían estar haciendo. Nos han metido abogados, han comprado jueces, han querido vencernos con el abandono: ni un centavo para mantenimiento, los edificios se caen a pedazos, y ya desde antes muchos eran presentimientos del temblor, más jodidos que sus habitantes lo que ya es decir, resquebrajados de parte a parte, mugrosos, insalubres, las tuberías rompiéndose a cada rato. . .

Probada nuestra identidad, el joven nos conduce al Palacio Negro, antaño (el miércoles 18) la vecindad más poblada de la colonia Morelos, 600 familias, aquí confluyen dos desastres, el natural (nueve muertos) y el que evocan estos cuartitos deshechos, el enjaulamiento de seres y cosas, los lavaderos casi simbólicos, la reducción del espacio para que quepan un hombre de pie, una mujer acostada, cuatro o cinco niños en posiciones levitadoras, una parienta vieja que cose, un roperito y una televisión. El sismo exhibe el hacinamiento, el hacinamiento sobrevive al sismo.

En la colonia Morelos los adolescentes van y vienen, acuden camiones de la Cruz Roja, hay colas para alimentos y en dos horas se inicia la repartición de ropa, se discute en torno de la mesa que señala comisiones, se solicitan voluntarios que descarguen el pick-up y el camión, dos compañeros que trasladen unos bultos, dígale por favor a. . . Un letrero persistente en las calles:

> *Si tu casa está en peligro de caer,*
> *instálate en la calle.*
> *No abandones la colonia.*

Otros anuncios: "Peritaje rápido"/"Hechos, no promesas"/"Vecinos dañados unidos". Mantas que exigen viviendas al presidente De la Madrid. Inquietud y sensaciones del deber cumplido y cumplible. Diálogos rápidos entre representantes de organismos solidarios y líderes de la colonia. Necesitamos mantas, alimentos, medicinas, como lo de aquí no es televisable nos olvidaron el gobierno y los medios masivos.

—A los que la necesiten, de Ciudad Universitaria mandaron un camión con agua.

—La reunión del comité Peña Morelos se efectuará en media hora.

EDITORIAL II ■ LA DEMANDA DE "NORMALIZACIÓN"

1

Del jueves 19 al domingo 22 de septiembre, los voluntarios controlan o, mejor, son el hilo conductor de la promesa del orden. Si la improvisación es inevitable, es altísimo el nivel de eficacia. Se aprovisionan los albergues, se localizan familiares, se distribuye ayuda en los campamentos premiosamente instalados, se organiza el rescate, se acordonan los sitios riesgosos no ocupados por el ejército. Priva por lo común el espíritu de colaboración, aunque en algunos casos los voluntarios se excedan, y su arrebato juvenilista imagine un "poder del paliacate" que recorre la ciudad velozmente con banderas rojas y cartulinas de rescate.

El estilo burocrático no inspira y a los secretarios de Estado —en la cercanía de la tele— se les ve alejados emotivamente de los problemas que, además, parecen ignorar. La confianza en los procesos autogestionarios se esparce, y las autoridades lo resienten. El sábado 21 el regente Ramón Aguirre censura la dispersión de los voluntarios y el lunes 23 el gobierno emite la consigna: *normalización*, es decir, regreso a las fórmulas de obediencia incondicional. Dejan de ser gratuitos los servicios públicos, y el secretario de Protección y Vialidad, general Ramón Mota Sánchez, invalida todas las cartulinas, mantas, franelas y "burbujas" (luz intermitente con sonido de sirenas) de los civiles. "Los socorristas y voluntarios —afirma el general—, causan gran confusión, ya no son necesarios, sólo estorban a los auténticos cuerpos de rescate."

Al rechazo a la "normalización" lo dirige la ira por el aporte humano a la catástrofe. ¿Qué tanto extendieron la tragedia las construcciones deficientes, fruto de la rapiña? Se exigen los peritajes, y se vuelve innegable la corrupción de un sector de la industria de la construcción: arquitectos, contratistas, ingenieros, autoridades del DDF. Por décadas, y al amparo del crecimiento bárbaro, prerrequisito de la modernización, se ha vivido un fraude monumental, la falsificación de conocimientos técnicos, la obtención tarifada de permisos para construir en zonas prohibidas, la hinchazón de presupuestos con materiales de pésima calidad, los proyectos al vapor que nadie revisa. ¿De qué "normalización" se habla?

Del cúmulo informativo y del acopio de experiencias personales, los capitalinos extraen conclusiones cada vez más irrefutables. A la realidad nunca tomada en serio de una zona sísmica, se añaden otras comprobaciones: la devastación ecológica del Valle de México (incluida la desecación del lago de Texcoco) que es victoria fácil de la industria sobre la naturaleza; el crecimiento fundado en la improvisación, la rapiña, la eliminación de oportunidades en el resto del país; la centralización del poder que es la sacralización del despilfarro de recursos; una colectividad sólo entrenada para el desastre a escala individual; un abismo entre la capacidad tecnológica disponible y su utilización racional. Y la incapacidad de previsión del Estado que es exhibición de un gobierno que opera por fragmentos. A partir del 20 de septiembre abundan las medidas póstumas, se prometen nuevas leyes para la construcción, se imprimen folletos sobre conducta apropiada durante los sismos, se efectúan simulacros de desalojo en las escuelas. Y ya se puede anticipar que las medidas didácticas se irán aletargando. ¿Quién aprovechará las lecciones? ¿Y quién podrá desconcentrar y descentralizar? El Distrito Federal, el uno por ciento del territorio nacional, contiene al 20 por ciento de la población total y genera entre el 40 y 50 por ciento de la actividad económica del país ("Una de las enseñanzas de estos últimos días

—afirma Alejandra Moreno Toscano— ha sido la enorme fragilidad de la concentración de bienes, servicios y personas en lugares muy pequeños territorialmente").

El gobierno: la suma de porciones difícilmente conjuntables, "ínsulas extrañas" las más de las veces vinculadas entre sí gracias a la prensa y la televisión. Ya se sabía pero sin detalles escalofriantes: disponemos no de uno sino de varios gobiernos, quizás prestos a la unidad en la emergencia, pero sin hábito de trabajo en equipo. Se deba al boom irracional de la burocracia, o al afán competitivo dentro del aparato público, la interpretación elegida no disminuye los efectos de la falta de coordinación. El Estado moviliza fuerzas considerables, pero no con la rapidez ni la eficacia debidas. En la emergencia extrema, queda claro que, desde los años cuarentas, el Estado tiende por comodidad y por imposibilidad a ser federación de tribus burocráticas aglutinadas por intereses de poder, pero sin vinculaciones operativas. No hay comunicación real de una Secretaría a otra, de un sector a otro. Y al proceder fragmentariamente, por agregación de partes, el Estado carece de verdadera agilidad. Ejemplos tomados casi al azar: no se establecen debidamente las listas de muertos y desaparecidos, no se organiza bien el reparto en albergues y campamentos de damnificados, y en un momento dado 6 millones de personas carecen de agua.

Los funcionarios adulan alternativa y simultáneamente al *pueblo*, la *juventud*, la *sociedad civil*, la *solidaridad*, pero el resentimiento antigubernamental suspende la credibilidad y dificulta en extremo la "normalización". En la calle, en las reuniones, en los transportes públicos, se establece el consenso: para los habitantes del DF el gobierno es pragmático y represivo. En un nivel amplísimo, el miedo y la incertidumbre de todos los días se traducen en desconfianza hacia los responsables de la seguridad. Al cabo de dos semanas, el gobierno se hace cargo de la situación, pero de modo incierto. En su mayoría los funcionarios no conocen bien los recursos estatales (todavía impresionantes, en comparación), y no obtienen de la burocracia reacciones prontas, no coordinan esfuerzos y se atienen a los métodos probados: adular, prometer, posponer.

2

¿Cuáles son los elementos de unidad de los habitantes del DF? Los medios masivos y las sensaciones de agobio. Por lo demás, los capitalinos no disponen de un lenguaje político común, ni de tradiciones democráticas, ni de prácticas ciudadanas, ni de vías confiables de información. La urgencia de responder a la violencia del sismo crea la unidad momentánea que es vislumbramiento cívico. Sometidos al aprendizaje dual de la ayuda y de la impotencia, brigadistas y espectadores modifican sus concepciones urbanas, y observan sin intermediaciones los juegos de intereses y fuerzas. Si la ciudad es siempre el principal instrumento educativo de sus habitantes, el sismo ordena la nueva adquisición de saberes: sobre las técnicas de construcción, sobre la red de abusos oficiales y empresariales, sobre los recursos legales y la conversión de presiones comunitarias en recursos legales.

Estalla la visión tradicional de la vida urbana entre un maremágnum de conocimientos nuevos, y la pedagogía forzada aclara la vulnerabilidad de la capital de México. Tan a fondo como les es posible, millones de personas captan las fragilidades de una ciudad hecha para el lucro y potenciada por la desesperación popular. ¿En dónde vivimos y a quiénes les encomendamos nuestra seguridad?

Conque eso era también, y desnudamente, el "tejido urbano": la ruinosa trayectoria de los intereses comerciales, la especulación inmobiliaria, la demagogia que estimula la irresponsabilidad, el auge criminal de la industria de la construcción. ¡Qué extraña y qué curiosa coincidencia! Lo que se creía "caos", el fruto del irredento temperamento latino, no era sino el irónico nombre de la voracidad capitalista. Las decenas de miles de voluntarios, los lectores de periódicos, los damnificados, se enteran con detalle del ritmo de argucias y de violaciones a la ley. A la violencia telúrica la precedieron y vigorizaron décadas de abandono de las reglas mínimas de previsión.

Antes del 19 de septiembre, los capitalinos compartían algunas certidumbres: los 18 millones de habitantes disponían de modo muy irregular de los servicios elementales (fallan de continuo agua, luz, seguridad pública y transportes), las grandes ofertas culturales alcanzan a unos cuantos sectores, y el 20% de la población económicamente activa es desempleada o subempleada. Pero milagrosamente la ciudad funcionaba en lo esencial y si la gran mayoría no tenía (y no tiene) otro sitio adonde ir, el "orgullo negativo" no lo era tanto. México podría ser "la ciudad más fea y poblada del mundo, la super Calcuta", pero la provincia sólo consentía esperanzas menores. Ante esto, el terremoto difunde otra certeza colectiva: se ha llegado en la capital al límite, y ya no son permisibles la jactancia, el despilfarro de recursos, la posposición de soluciones, la corrupción que todo lo devora, la devastación ecológica, la ausencia de organizaciones democráticas.

Los capitalinos se añaden un conocimiento fundamental: si el gobierno no le rinde cuentas a nadie, el gobierno sólo lo es a medias. En este sentido, la designación caprichosa de los funcionarios del DF no es sólo imposición sino desbarajuste administrativo. ¿Cuál es el contexto de las frases del regente Ramón Aguirre en un debate sobre la democratización del DF: "La capital es una ciudad privilegiada porque está gobernada por el señor Presidente de la República, porque sus asuntos legislativos se atienden por el Congreso Federal; es la única entidad que tiene ese privilegio"? Aquí el trámite cortesano resume el desprecio ante los poderes civiles, y exhibe el verdadero proyecto: la mera sobrevivencia de la capital, en este sistema sólo adoramos el corto plazo.

3

En los meses de septiembre y octubre la ciudad de México cambia. A la residencia presidencial de Los Pinos marchan costureras, médicos, vecinos de Tlatelolco, vecinos de Tepito, enfermeras. La presión modifica muchas decisiones y la acción civil es elemento de gobierno. Muchos hablan por vez primera en mítines y asambleas.

Toda multitud tiene derecho a gozar de sí misma, y las del terremoto admiran su considerable capacidad de generar soluciones al instante, con la acción combinada de todas las clases sociales, con la cadena de manos y las palabras de alivio, con el levantamiento de planos y la creación de consultorios, con la limpieza de lugares y los guisos caseros, con viajes de 10 kilómetros para llevar una medicina, con el manejo extenuante de picos y palas y motoconformadoras y plantas de soldadura autógena y pinzas hidráulicas.

Las sensaciones y proposiciones utópicas sólo duran al parecer algo más de un mes. Luego, la falta de tradiciones organizativas, la imposibilidad de sostener una tensión tan extenuante, la despolitización y el poder abrumador del Estado liquidan a casi todos los grupos y esfuerzos autónomos. Pero no se extingue en modo alguno la resistencia civil con su admirable cuota de espíritu utópico.

24 de septiembre. La búsqueda de "la normalización".

Congreso de la Unión. La diputada del PRI Elba Esther Gordillo, a quien corresponde la Unidad Nonoalco-Tlatelolco, en el uso de la palabra, o mejor, de la disculpa. Ella no necesita que nadie le cuente nada, ha estado en asambleas, ha conversado con los damnificados, colabora con el Señor Regente en la reconstrucción. En la galería, el grupo de vecinos la contradice: "Mientes, eres una embustera. Ya no digas falsedades. Nuestros muertos hablan mejor que tú". Ante la ingratitud, la diputada ataca a la oposición por demagógica. Promete: "Esta noche presidiré una asamblea". Respuesta de las alturas: "Allá te esperamos. Atrévete".

La Cámara de Diputados es una feria excluida del humor voluntario. La diputación del PRI se obstina en rechazar la política (el PRI es, antes que nada, una agrupación humanitaria), y en elogiar la solidaridad nacional que, en abstracto, borra y limpia todos los pecados del mundo. En la galería, los vecinos de Tlatelolco se colocan tapabocas ante cada intervención priísta y concluyen: "Nos vamos. La zona está más infestada que el edificio Nuevo León".

Los hospitales. *De la tragedia a la resistencia*

En la mañana del 19 de septiembre médicos, enfermeras y personal del Centro Médico (con la ayuda de muchos de los enfermos) consiguen evacuar a 2 300 pacientes, en medio de escenas de terror, los enfermos en los pabellones improvisados, el ulular de ambulancias, las filas de donadores de sangre, el acordonamiento militar, la multitud que crece y pregunta sobre pacientes, médicos, enfermeras residentes, pasantes. Se trabaja en las ruinas del Hospital General —y en otro lado de la ciudad, del Hospital Juárez— mientras con admirable celeridad se recuperan equipo e investigaciones.

Los primeros días la atención no se despega del rescate, de las proezas de los "topos" (sobre todo los mineros de Real del Monte) que extraen vivos a recién nacidos sepultados por más de 100 horas, y filtran oxígeno y alimento a través de los escombros. Hay severas contiendas verbales entre soldados y civiles, y los familiares se exasperan cuando se impide la entrada a los voluntarios. Es portentosa la falta de coordinación. Todos quieren dar órdenes y un rumor ("Se oyeron ruidos") incita a aglomeraciones y protestas. Se impide en diversas ocasiones el uso de dinamita. En plena emergencia se opera y se amputa entre las ruinas. Los hechos más trágicos ocurren en la torre de residentes y en el hospital de Ginecobstetricia número 2. (En otro lado de la ciudad, en el Hospital Juárez las escenas son similares: rescate de recién nacidos, número jamás especificado de muertos, disputas con los soldados. Pronto, los médicos y las enfermeras exigen el análisis exhaustivo de las materias usadas en la construcción del hospital, y critican las condiciones lamentables en que se desenvolvía su trabajo.)

El secretario de Salud Guillermo Soberón propone un plan descentralizador, la participación en pequeñas unidades hospitalarias. Por decreto, se crea —¡ni una palabra de menos!— la Coordinación Técnica de Reconstrucción de la Infraestructura Hospitalaria en la Zona Metropolitana de la ciudad de México. El director del IMSS Ricardo García Sáenz anuncia el Centro Médico Nacional del Siglo XXI con costo inicial de 10 mil millones de pesos, y quiere reconstruir a mediano plazo el Hospital General. La protesta surge de inmediato. En las asambleas se recuerda el carácter de clase del hospital, a donde acuden los no asegurados, y se precisa: de los 50 edificios sólo 2 están dañados, la reducción del servicio de mil 700 camas a sólo 240 afectaría a los más necesitados. Se insiste en las cifras: ¿en dónde se ubicarían 700 médicos de base, 300 médicos residentes, 1 800 enfermeras y más de 3 mil trabajadores de intendencia? Se enjuicia al Sector Salud, su desorganización, su carencia de planes a mediano plazo. Se llaman a engaño: la Secretaría los manipula con desinformación.

Como primera medida de protesta el 16 de octubre se instalan en la calle consultorios de carácter gratuito, en rigor tiendas de campaña, biombos o mantas con letreros de acuerdo con la especialidad. *Cardiología. Gastroenterología*. . . Los médicos, de bata blanca y moño negro en el hombro, trabajan en condiciones exiguas: en las tiendas hay una camilla, un escritorio, unas sillas, algún equipo.

El 22 de octubre 5 mil trabajadores del Hospital General (médicos, paramédicos, residentes, pasantes, enfermeras, personal de apoyo, intendencia y vigilancia) marchan hacia Los Pinos. Se pide la renuncia del director Rodolfo Díaz Perches, se afirma que el cierre causaría más muertes que el sismo y se insiste: asignarle, como indica el plan descentralizador, sólo 240 camas al "Houston de los pobres" sería desaparecer la institución que daba 2 mil consultas y realizaba 125 intervenciones quirúrgicas al día.

Son las semanas de las concesiones bajo presión. El Presidente reconviene al secretario Soberón, se cancela de inmediato el proyecto del Centro Médico del Siglo XXI, y se reabre el Hospital General.

—Llegué tarde al Hospital, por ir a un curso de adiestramiento, y cuando vi lo que pasaba no lo podía creer. Allí andaban ya como hormigas los compañeros dentro de los escombros. Aunque lo digan en las noticias, es cierto. Son unos héroes. Se metieron a las grietas sin importarles nada. Iban con barretas y palas, y usaban sus propias manos como excavadoras. Me incorporé a un grupo y andábamos como a tientas hasta que alguien oyó voces. Nos dijimos: "Aquí hace falta un delgadito". Como yo lo estoy, se me doblaron las piernas. Empezamos a mirarnos entre sí y de pronto todos me vieron. Me apunté: "Yo creo que sirvo". . . Replicaron: "Llévate una lámpara, ¿o tienes miedo?" Pues no, se trataba de mis compañeros. Estaban todas las losas hacia abajo. Llamé y me respondieron: "Somos ocho, pásanos oxígeno". Lo pedí y me dieron oxígeno y suero.

Se abrió una grieta estrecha, por donde apenas pude pasar medio cuerpo. Les recomendé: "Tengan calma". Uno me reconoció: "Niño Mora (así me llaman en el Hospital), sácanos". Trajimos una autógena. Me metí más y ya vi enterito el panorama. Era impresionante. Todos parados y los escombros les cubrían más de medio cuerpo. Sólo uno tenía las manos libres. Los demás muy juntos, sembrados como pinitos. Trajeron más oxígeno. Para aplazar otro derrumbe colocamos palos. Trabajamos de 12 de la mañana a 8 de la noche. Me decían: "Te ves muy mal. Vete a que te atiendan". Yo replicaba: "No, son mis compañeros". El boquete se agrandó y me metí de nuevo. Me aconsejaban: "Tú eres el que les puede dar ánimos". Dentro, un médico, me puso las manos en los hombros: "Mora, Morita, te doy lo que quieras, pero sálvanos". Me acordé de lo que pasa en las albercas, se lanza uno para salvar a otro, éste se desespera y se aferra a su rescatador y se ahogan los dos. Le repliqué queriendo zafármelo: "Espérate. Si no, nos quedamos los dos". Como pudimos, sacamos a tres. Por desgracia, los demás compañeros ya no soportaron.

Luego me pidieron: "Regrésate y córtales donde se pueda a ver si siguen vivos". Con un bisturí les hice una cortadita en los dedos y no salió sangre, yo ya no la vi. Eran unas doctoras jovencitas. Después, otro médico delgadito entró y lo comprobó.

El rescate de hormiga duró como hasta las tres de la mañana. A esa hora entraron los soldados y a los civiles nos desalojaron y ya no nos permitieron hacer nada. Ellos se quedaron vigilando. Así pasaron el viernes y el sábado, mientras afuera se amontonaban los trabajadores y los familiares de médicos, de enfermeras, de pacientes, solicitando se les dejase participar en el rescate. El domingo ya fue de plano el caos, cuando llegaron los franceses, y los israelíes, y no pasó mucho para que tuvieran sus broncas con los del acordonamiento. Nosotros organizamos a la gente, ansiosos de entrarle al trabajo. Se hizo un pequeño mitin, y se responsabilizó a las autoridades por no permitirnos ir en auxilio de nuestros compañeros. Vinieron y nos aseguraron que cómo no, pero en el forcejeo se habían perdido días muy valiosos y la oportunidad de que muchos se hubiesen salvado. El lunes se nos impidió la entrada de nuevo.

De estos días lo que nos queda es el coraje, y por eso vamos a levantar allí mismo el Hospital Juárez, para seguir dándole servicio a la gente pobre. Allí está todo lo que hemos querido, nuestros amigos, nuestros hermanos, nuestros compañeros.

ESCENAS DEL PAISAJE RECONSTRUIBLE

1□—¿A qué "normalización" se puede regresar? Todos hablan de "un antes y un después" del terremoto y, sin embargo, los funcionarios y los medios de difusión a su servicio, sólo quieren "restañar heridas", y "la gran tarea de reconstrucción", así en abstracto. Pero no nos hemos metido tan a fondo para que nos gratifiquen con una palmadita en la espalda y un consejo: "Váyanse a sus casas y déjennos gobernar", porque como se probó, desde hace mucho el DF no está gobernado, es la anormalidad observada a prudente distancia y un negociazo "a conveniencia de las partes". El gran dilema de la reconstrucción es si la sociedad civil tendrá voz y voto en los hechos que le conciernen. Éste es el principio de la normalización que nos importa, que tardará en producirse, por lo demás.

Al gobierno le conviene ahogarlo todo en la declamación: "¡Cuán grandísimo pueblo somos! ¡Qué entereza la del mexicano! ¡No busquemos culpables! ¡Reafirmemos nuestros lazos fraternos!" Ese discursito ya no, por favor. Nadie niega la hazaña colectiva, al contrario, pero si tamaño esfuerzo sólo servirá para inspirar a escultores "cívicos", estamos jodidos. ¿A cuenta de qué se solicita la inacción con el chantaje de "no politizar los sentimientos"? Ya lo vimos. Los funcionarios ni siquiera entienden la situación; puros pésames y exhortaciones a la calma que ellos no han mostrado. (Un brigadista. 25 de septiembre.)

2☐Él camina sin ganas, sólo fijándose en los letreros, indiferente a rostros y situaciones: "Hoy no se trabaja/ Reanudación de labores hasta nuevo aviso/ Cerrado por emergencia". Si leyera periódicos se enteraría —sin que esto le sirviera de mucho— de que su caso no es insólito, pertenece al medio millón de desempleados súbitos, angustiados por no saber si conservarán el empleo, tensos, incapacitados para distinguir entre la tragedia colectiva y el drama particular. ¿Dónde estará su patrón? ¿Qué habrá decidido? ¿Se mudará el negocio y cuándo? ¿De qué vivirá mientras? ¿Qué ley lo protege? (23 de septiembre.)

3☐"Es ya tiempo de orden en el df. Hay que detener a todos aquellos 'voluntarios' que circulan por las calles en vehículos amparados con improvisados códigos de urgencia y que sólo entorpecen las labores de rescate. Los verdaderos voluntarios deberán presentarse en las delegaciones Cuauhtémoc y Benito Juárez para ponerse a las órdenes de las autoridades, a fin de que se les asigne una actividad específica, en donde se les considere más útiles. No se permitirán más abusos de los grupos civiles que por iniciativa propia han interferido el tránsito en diversas colonias de la ciudad." General Ramón Mota Sánchez, secretario de Protección y Vialidad. (23 de septiembre.)

4☐"En la juventud, México ha encontrado su filón de oro." Cardenal Ernesto Corripio Ahumada, arzobispo primado de México. (27 de septiembre.)

5☐Desde hace horas, la familia contempla los escombros. El hombre está cansado, no habla, no deja que afloren sentimientos ajenos al agotamiento. La madre regaña a los hijos pequeños, cambia de postura de tarde en tarde, se limpia la frente. El hijo adolescente quiere ayudar, ¿pero quién rompe el cerco? Un grupo de voluntarios les ofrece comida. La madre agradece y le habla al vacío: "Mire, ya ahorita lo que pedimos es un poco de respeto a nuestras costumbres. Que no dinamiten, que no metan la maquinaria, que nos encarguen a nosotros lo de los escombros, para sacar los cadáveres. Queremos enterrar a nuestros muertos, nomás eso". (22 de septiembre.)

6☐En la colonia Morelos, la calle es el único hotel concebible. Allí los damnificados acumulan sus haberes, la cama, los juguetes, las muñecas, las cunas colmadas de aparatos rotos, tazas y ropa, el buró, la máquina de coser, la plancha, el televisor pequeño, la radio.

Unas señoras duermen, otras se absorben en las rutinas del desastre. El campamento al aire libre es su método de presión, y su patrimonio es la lealtad a los edificios, a la red de amistades, la monotonía precursora de padres y abuelos. Y lealtad es arraigo. Declara contundente el dirigente de la Unión de Inquilinos: "Estamos previendo el desalojo masivo peinado con el rollo ecológico, y a destruir todo y sembrar pasto. De acuerdo, si hay un peritaje confiable. Si es sólo clausurar vecindades y edificios, y lanzar intimidaciones para luego beneficiar a los caseros, no. Ya les paramos el alto a los dueños que venían según ellos muy irritados a subir las rentas, a sacarnos de aquí, a demoler. Así no". (25 de septiembre.)

7□—Examina las cifras: hay por lo menos 300 mil desplazados y damnificados, y un gran número de muertos. El gobierno persiste en abatir los números, con la idea de minimizar el drama, o de no ahuyentar el turismo del siglo XXI, o tal vez porque la falta de credibilidad obliga al público a multiplicar por dos o cinco cada cifra oficial. Lo innegable es una ciudad puesta en pie, a la que no la volverás a su sitio así nomás. El primer día, el regente, ante la televisión, describió a los atrapados en los derrumbes como "posibles ciudadanos". Ya no son admisibles ese lapsus y el autoritarismo de donde emanan tales fallas psicológicas. A lo largo de toda la semana los voluntarios se han enfrentado a soldados, granaderos, policías y burócratas, insistiendo en las tareas de salvamento, en la atención a edificios en donde se creía que había sobrevivientes. Si quieres entender el tamaño de esta confrontación, no la examines de anécdota en anécdota; revisa el conjunto y verás una enorme rebeldía civil en nombre de los derechos humanos y del respeto a la vida. Gracias a este esfuerzo, se detuvieron los planes de resolverlo todo fácilmente con maquinaria pesada y dinamita. Y en esta rebeldía civil, que es defensa de la ciudad, debe fundamentarse también la reconstrucción urbana. (Un activista. 24 de septiembre.)

8□Entre los escombros, la madre busca el juguete predilecto de su hijo para "que tenga con qué jugar allá en el cielo". Es metódica, no lleva prisa, tiene todo el tiempo del mundo a su disposición. (21 de septiembre.)

9□En el Hospital Juárez los topos le advierten a los soldados que están seguros de rescatar con vida a tres o cuatro niños. Las familias, pegadas a las rejas, imploran por que no se cometa un homicidio, explican que hace unas horas las brigadas extranjeras sacaron con vida a tres mujeres y dos hombres. Los soldados no responden, y un ingeniero da su explicación: es imposible que alguien siga vivo, son nueve días sepultados, sin alimentos, con el aire envenenado, sin agua.

Algunos se plantan frente a las máquinas. Unas mujeres le tiran piedras a los bulldozers y la grúa. Es inútil. La remoción de escombros da comienzo. (27 de septiembre.)

10 □ El Presidente de la República recorre las zonas devastadas del centro. Al llegar a la colonia Morelos se le saluda con respeto:

—Ayúdenos a levantar nuestras casitas.

—Nomás vea cómo estamos de fregados.

Un hombre de unos cuarenta años de edad, sin lograr contenerse, llora en el hombro del Presidente. Azorados, los ayudantes se quedan inmóviles.

11 □ El niño se aferra al pedazo de guitarra. Frente a él están las ruinas del edificio de San Camilito, cerca de la Plaza Garibaldi, donde han perecido cerca de 130 mariachis. Toca las cuerdas con obstinación. Una señora se le acerca y le pregunta si ha perdido algún familiar. El niño dice que no, que a nadie, y se echa a correr. 20 minutos después ha regresado. (22 de septiembre.)

12 □ Al edificio en Lafragua donde hay decenas de personas sepultadas, unos familiares invitan a un doctor con dotes telepáticas. Se le autoriza a subir hasta el cuarto piso durante 30 minutos. Unos segundos antes de que venza el plazo, el doctor pide un minuto más. Se concentra, respira hondo, sus brazos se agitan y entra en trance. Su voz sufre un leve cambio. Supuestamente una persona habla a través de él:

—Tengo frío, mucho frío. Mi cuerpo se desmaya a cada momento. Cuando ustedes lleguen hasta mí, ya será tarde, muy tarde.

Los soldados y el ingeniero guardan silencio. El teniente de sanidad se atreve a preguntar: "¿En dónde te encuentras?" El brazo del vidente se levantó y señaló hacia el fondo del pasillo.

La vista de todos se dirige al corredor. El tiempo pasa. El ingeniero indica que tenemos que bajar.

El vidente sale del trance, y dice que una niña habló a través de su persona. (Reportaje de Manuel Gallardo Ch. *El Nacional*, 26 de septiembre de 1985.)

13☐Urge saber si se oyen voces en las ruinas del Conalep y los automovilistas que transitan por la avenida Guerrero guardan un minuto de silencio fuera de sus carros. La tensión y la pesadumbre hacen las veces de un sonido concertado. Luego, inician su tarea las máquinas. (26 de septiembre.)

14☐Frente a los restos del edificio, el padre lleva diez días al acecho de un cuerpo. Es campesino, y para eso se vino de Oaxaca. No soporta la idea de la fosa común para su hija. Él quiere llevársela a la tierra donde nació. Allí está su lugar de descanso. Por eso aguarda día y noche. (30 de septiembre.)

15☐El bombero narra su experiencia: "No somos muchos, apenas 718 bomberos para una ciudad de estas dimensiones, pero hacemos lo que se puede. Antier permanecí más de 24 horas sin dormir, y no tenía hambre, no me daba. Sólo anhelaba rescatar lo antes posible a quienes estaban abajo, en los escombros. Los gritos se metían en el corazón. Logramos remover unas losas y sacar a una señora. Nos dijo Gracias. Sólo me quedó esta palabra, pero me pareció más que suficiente". (27 de septiembre.)

16☐"Pienso que esta desgracia nos abrirá al menos los ojos a la prepotencia, al descaro y explotacion con que tratamos a la naturaleza. Todo está vivo, aunque nosotros no nos demos cuenta, y si lo maltratamos, protesta y ya ve, un suspiro de la tierra cómo nos desbarató la existencia y el porvenir. Sólo nos queda la certeza de la incertidumbre." Edgardo Chávez, damnificado de 72 años. (Entrevista de Saide Sesín, *Unomásuno*, 25 de septiembre.)

EXPEDIENTE II ■ EL EDIFICIO NUEVO LEÓN

"¡Estoy vivo!"

Fotos y filmaciones divulgan en el mundo el derrumbe del edificio Nuevo León en la Unidad Habitacional Nonoalco-Tlatelolco. Sobre las otras imágenes irresistibles (el Hotel Regis consumido por el fuego, la colonia Roma devastada, el Centro Médico), priva el efecto de las inmensas ruinas de Tlatelolco y sus hormigueros humanos.

Todo es en un instante, "como casita de naipes, como cuerpo sin columna vertebral": crujen muros y pisos, se derrumban dos módulos del edificio, y vuelan vidrios, losetas, plafones, puertas. En medio de la danza de varilla, cemento y hierros retorcidos, se esparcen las ruinas domésticas: colchones, televisores, zapatos, ropa, papeles, fotografías, sillas, máquinas de escribir, máquinas de coser, muebles, automóviles convertidos en chatarra. En la desesperación, algunos se arrojan por las ventanas. Otros sienten como si un elevador a toda velocidad los arrojase al suelo: "La tierra me jalaba, me jalaba y me arrancó los zapatos". Los padres mueren abrazados a sus hijos. En el departamento de lavandería se acumulan los cadáveres. La gente corre desnuda o semidesnuda. Una mujer reza a gritos: "Señor perdónanos a todos. Calma tu ira. ¿Por qué te enojas con nosotros?" Los sobrevivientes acampan en las glorietas cercanas, en las banquetas, en la Plaza de las Tres Culturas.

Las exclamaciones son casi rituales: "¡Aquí hay personas vivas!"/ "Ya sacaron otro muerto"/ "Aquí está una señora"/ "Ayuden, por favor"/ "¡Estoy vivo!" A la hora ya trabajan en el rescate scouts, vecinos, soldados, voluntarios, policías, que se distribuyen palas, barretas, picos, mazos, marros, seguetas, cuerdas. La atmósfera es —por situarle un adjetivo— demencial, y la dominan las sirenas de ambulancias y patrullas. Los rescatistas se distribuyen en los niveles de las ruinas como en una pirámide. A las 11:45 de la mañana llega el Presidente de la República, con el regente Ramón Aguirre. Se le aplaude y se le pide maquinaria. A lo largo del día ante los 60 metros cúbicos de cascajo, crecen la angustia y el esfuerzo colectivo. La Plaza de las Tres Culturas es un gigantesco campamento. A quien se les acerca los sobrevivientes del Nuevo León le recuerdan la manta que durante meses permaneció colgada del edificio, y en donde los residentes exigían reparaciones básicas. La ironía es, en ese momento, sobrecogedora: "De seguro, la manta pesó demasiado y fue la que tiró el edificio".

26 de septiembre. "De aquí no me muevo hasta hallar a mis parientes"

El casco de aluminio, la barba crecida, el pantalón de mezclilla, los anteojos de plástico. El célebre tenor Plácido Domingo aterrizó en México el domingo 22. Sus tíos, con quienes vivió de niño, y sus primos, eran habitantes del Nuevo León, y él se ha precipitado en su búsqueda: "De aquí no me muevo hasta hallar a los míos". Desde su arribo coordina el abasto de material, equipo y alimento para las brigadas de rescate. Él lo repite: "Me importa hacer valer mi fama para obtener la ayuda internacional".

Un altavoz notifica:

—Se necesitan cinceles, discos para cortadora, gasas en grandes cantidades, pinzas mecánicas, batas, agua oxigenada, maskinteip, vinagre, inyecciones para tétanos, formol, lámparas, mantas, alcohol, gasolina diesel, baterías.

—Se solicitan voluntarios para sopletes y rompedoras mecánicas.

—¿A qué hora llega la grúa?

—Ya sacaron otro muerto.

A Plácido Domingo lo asedian los reporteros nacionales e internacionales y él pide ayuda, exige que no se use la maquinaria, y a la pregunta de Jacobo Zabludowsky ("¿No teme que con el polvo se le arruine la voz?") responde de modo escueto: "Me importa que los cuerpos se rescaten con dignidad".

A su alrededor, hay grúas "pluma", trascabos, camiones de volteo, soldados, policías, voluntarios. Y él es el centro, él acompaña a las esposas de los presidentes De la Madrid y Reagan en el recorrido luctuoso, él es el confidente predilecto de los deudos, y él es quien reparte mascarillas, palas, linternas. Sus afirmaciones son tajantes: "Si se necesita dinero, que devuelvan lo que se robaron los políticos y empresarios en sexenios anteriores", y su compromiso con las víctimas es inequívoco.

"¿Qué culpa tenemos del temblor?"

El funcionario del Fondo Nacional para la Habitación Popular (Fonhapo) es vehemente: "¿Qué culpa tiene el gobierno de que haya temblado?" Los vecinos de Tlatelolco, en cambio, usan la palabra *asesinato* para hablar del edificio Nuevo León, y responsabilizan a los organismos a cargo del mantenimiento y la administración: Banobras y Fonhapo. Ante los reporteros, los vecinos se desahogan: Al sismo en el Nuevo León, aseguran, lo potenció el modo en que los funcionarios menospreciaron las reclamaciones: inclinación del edificio más allá de las mínimas normas de seguridad, daños permanentes en el drenaje, cuarteaduras.

Es ya antiguo este proceso de riesgos habitacionales y protesta desdeñada. La Unidad Nonoalco-Tlatelolco se inicia en 1960 y se termina en 1964, como un regalo de fin de sexenio del presidente Adolfo López Mateos a su clientela burocrática. El gobierno se embelesa ante la modernidad, y el Banco Interamericano de Desarrollo ama el avance de México al punto de financiar el proyecto. Tlatelolco, modesta utopía del México sin vecindades. Emilio Pradilla Cobos ha estudiado el derrumbe precoz del sueño de los planificadores y diseñadores capitalinos de los años sesenta (*Tlatelolco, La unidad habitacional modelo/ el proyecto revolucionario de vivienda*), y la imprevisión del urbanismo funcionalista. Diseñada para mil habitantes, la Unidad termina alojando más de 150 mil, y a la sobreocupación y el hacinamiento los promueven el aumento del déficit de vivienda en el DF, las rentas bajas en comparación a las del mercado, y la buena localización del conjunto.

Ya en 1966 a la Unidad la guían prácticas "heterodoxas": el subarriendo parcial de los departamentos y la ocupación de los cuartos de azotea (destinados originalmente a las empleadas domésticas). Familias de cinco miembros en promedio invaden los 3 800 cuartos de servicio de los edificios de vivienda e incluso los estacionamientos. Son los parientes de los posesionarios, los arrendatarios y sus familias, las domésticas casadas o madres solteras, los ocupantes ilegales. Cada diez cuartos disponen de un lavadero y un baño.

Pese a las leyes, explica Pradilla, en la Unidad se reproduce la concentración de la propiedad de departamentos y cuartos de azotea, gracias a las triquiñuelas esperadas: prestanombres, esposas, hijos, otros parientes, etcétera. Un sólo posesionario controla 14 viviendas. La especulación es impetuosa: en un año dado, mientras los posesionarios regulares pagan rentas o cuotas de entre 500 y mil 300 pesos (más 900 de mantenimiento), se cobran entre 1 500 y 6 000 pesos por un cuarto de azotea. Al principio, el precio de los departamentos fue de 50 mil a 600 mil pesos e interés del 5%, pero en 1984 se cobra 250 mil pesos por la propiedad (legal o ilegal) de un cuarto de azotea.

A la especulación la alimenta el cambio de régimen de tenencia. Si a la Unidad la rige en los primeros años la renta bajo control estatal, ya en 1974 se inicia su privatización al desistir los organismos estatales de la fórmula de vivienda de alquiler. En 1984 se cierra el ciclo, con el paso de los *certificados de participación inmobiliaria no amortizable* a la forma más capitalista: el condominio. Sobreocupada y sobrepoblada, la Unidad Nonoalco-Tlatelolco padece el deterioro de las infraestructuras y los servicios sociales. Son demasiados habitantes para la oferta existente de educación, salud, recreación, áreas verdes y estacionamientos.

Fue breve el sueño de *la unidad habitacional integrada y autosuficiente*. La "vivienda de interés social" nunca lo es tanto, los departamentos se arruinan con celeridad, la violencia social es un cerco diurno y nocturno, es atroz el sistema de mantenimiento. Al sentirse víctimas de un fraude y queriéndolo o no, los residentes se unen en demanda de mejores condiciones. En 1974 —informan Adriana López Monjardín y Carolina Verduzco en "Vivienda popular y autoconstrucción", *Cuadernos Políticos*, 45— los habitantes de los edificios Arteaga y Lerdo inician el movimiento de autoadministración al negarse a pagar 20% de aumento de las cuotas de mantenimiento. Se convoca a una huelga de pagos, y los residentes de 70 edificios se suman y exigen la auditoría de la Asociación Inmobiliaria (AISA), que controla la Unidad Tlatelolco. En 1982, Fonhapo se encarga de la Unidad, y el mayor problema es el edificio Nuevo León, cuyas condiciones agravadas provocan el desalojo general por unos meses. Se pelea la recimentación del inmueble. Hay una en 1983, pero no sirve de nada, al contrario, por los materiales y la técnica deficientes. Las autoridades prometen pero desganadamente. Para los vecinos sólo existe un resumen de su actitud: "Fue un homicidio colectivo".

"Agrédannos pero a todos"

En la reunión de los vecinos de Tlatelolco, la diputada Elba Esther Gordillo quiere hablar, pese a la oposición general. La gente está muy irritada por todo: las broncas con los soldados, el desdén apenas frenado del delegado y el subdelegado, los 4 mil pesos diarios que el gobierno les da a los del Nuevo León y que no alcanzan para nada, el despotismo de los funcionarios, el morbo de los reporteros obstinados en hacer del rescate un show alrededor de Plácido Domingo. Con tal de acunar en su regazo al gobierno, Elba Esther habla sin detenerse, se repite, suplica con amenazas, y la gente la manda a intimidar al Regente. Ella se enoja y sus guaruras sostienen con aspereza su furia. Se le puntualiza: "Aquí los residentes nos conocemos, y a las personas que vienen armadas nunca las habíamos visto".

Dos horas más tarde los vecinos se dirigen a Fonhapo, cercada por soldados que cortan cartucho. Hay tensión y rabia silenciosa. Se pide una entrevista con el subdirector, que dará los permisos para extraer cosas imprescindibles de los departamentos. El subdirector se oculta. Un joven retira la cuerda que impide el paso, y una muchacha de la oficina lo rechaza a puntapiés. Los granaderos están muy alterados. Alguien dice: "Si eso es la labor de ustedes, pues agrédannos, pero a todos".

Pronto, y entre querellas inacabables, surgen diversas organizaciones de vecinos de Tlatelolco, entre ellas la de residentes de cuartos de azotea. A diario, en el auditorio Antonio Caso de la Unidad, las asambleas modifican las demandas económicas. ¿Cuántos vivían en los 2 kilómetros cuadrados de la Unidad, y cuántos de los habitantes de los 102 edificios tienen derechos inobjetables? El negociador gubernamental es el secretario de SEDUE Guillermo Carrillo Arena, amenazador, adulón, prepotente, demagógico, cantinflesco. El líder de la Asamblea de Tlatelolco, el médico Cuauhtémoc Abarca, representa la dirigencia formado en asambleas estudiantiles. La organización crece, en medio de los campamentos de damnificados, del rescate de cadáveres, de los escollos jurídicos y administrativos y de la penuria de la mayoría. En las asambleas es arduo el aprendizaje de la nueva cultura urbana. Junto al presídium (que apenas lo es, nadie permanece en su sitio más de 20 minutos), un compañero explica el intríngulis inmobiliario, las sutilezas jurídicas, el alud de requisitos. Y la palabra *vecino* sustituye a *compañero* (y en el lenguaje oficial *transparencia* suplanta a *probidad*).

En las asambleas lo primero es oponerse a la negociación edificio por edificio. Se insiste: "Se quiere dividir a los residentes, manipularnos por separado". Siempre, alguien se dice harto de la maniobra de la semana, por ejemplo los peritos de martillo y de cincel, que vienen, se paran, revisan a ojo las columnas y se largan sin dejarnos entender sus respuestas, ni contestar a la preocupación central: "Si nos van a desalojar, ¿dónde viviremos?"

Los vecinos se absorben en las explicaciones técnicas, toman apuntes mentales y aplauden con sinceridad a quien es conminatorio:

—Vamos a Los Pinos de nuevo, a hablar con los funcionarios. Propongo este pliego petitorio: retirar a la SEDUE de las negociaciones; destituir a Carrillo Arena; sólo tratar con el Presidente o con el Procurador General de la República. Que los funcionarios menores nomás lleven nuestros recados.

3 de octubre. La organización desde abajo. (Laura, habitante
del edificio Nuevo León de Tlatelolco)

—De la experiencia del temblor casi no hablo. La he bloqueado, la he dejado fuera. Si me preguntan contesto mecánicamente, pero sé que por mucho tiempo me perseguirá esa turba de imágenes, mujeres y hombres desnudos, ensangrentados, llorando, corriendo, rezando, con la mirada perdida, preguntando dónde quedó el edificio, quién ha visto a su madre o sus hijos, y el crujido que no termina, jamás se acaba. . . Prefiero referirme a los días siguientes (no del jueves al domingo, cuando lo que valía a los ojos de todos era la condición de *sobreviviente*, aquel que retrocedió a un paso de la muerte), sino a partir del lunes 23, cuando al irse desvaneciendo la aureola del martirio, se nos trasladó descaradamente de la condición de "hermanos víctimas" a la de *damnificados*, sujetos incapaces de probar que carecían de todo.

A la fuerza nos organizó nuestro tema único: ¿De qué manera obtener viviendas dignas e indemnizaciones justas? Al principio todo era cuesta arriba, muchos habían muerto, andábamos aturdidos, y desconfiábamos de cualquiera que elevara la voz. Como no nos íbamos a pasar la vida quejándonos ante los reporteros de prensa y de televisión (a los que pronto aburrimos), decidimos usar nuestros derechos. Sabíamos a quién reclamarle porque muchas de nuestras querellas ya eran viejas y empezó la bronca. Los funcionarios de la Delegación Cuauhtémoc, y los de Fonhapo, tan empalagosos cuando había fotógrafos cerca, se volvieron ojo de hormiga, el Regente estaba siempre ocupado, y nos remitió a SEDUE, a donde fuimos con un equipo de tele de la UNAM. Nos recibió un licenciado de la oficina de prensa, también con equipo de televisión, y lo filmamos y nos filmó y luego exigió la salida de nuestras cámaras. "¿Por qué?", le preguntó en voz baja un vecino. "Son órdenes, en las reuniones de estudio y análisis sólo entran al final los medios de comunicación, para que se les informe de los acuerdos del gobierno".

El vecino subió la voz: "¿Dónde está esa orden por escrito? Muéstrela". El comunicólogo insistió: "No habrá diálogo mientras no salgan sus cámaras". Y la respuesta fue visceral: "Que se salga la suya". . . Finalmente nos arreglamos: se van después de la lectura de la minuta, y vuelven para testimoniar los acuerdos. Porque nosotros no íbamos por el café o por un análisis de contenido de nuestras demandas.

Al rato, el ofrecimiento: comprobados los derechos, obtendrán departamentos de Infonavit y Fonhapo. A los de las azoteas, sólo si tienen ISSSTE o Infonavit. No habrá indemnización por muerte o por pérdida de materiales. Y si los damnificados resultan no serlo, se les aplicará todo el rigor de la ley. . . Apenas podía creer lo que oía. Salir del Nuevo León y caer en el terremoto de la burocracia.

Se nos dijo: el gobierno nomás quiere ayudar, y el cumplimiento de unos cuantos requisitos. Y les creímos: el subsecretario nos envió con el oficial mayor que nos remitió con el secretario particular que, tras algunos forcejeos concedió media hora de permiso a los habitantes de los edificios desahuciados para sacar sus pertenencias, y declaró a los demás: "Regresen, ya no hay peligro".

Los del edificio Lerdo de Tejada nos pidieron acompañarlos a la delegación. Cuando algún empleado se dejó, lo abordamos: "Oiga licenciado (si no les dices "licenciado" piensan que los desconoces), no la amuele, el piso está desnivelado, hay grietas, tiembla todito y no sólo es nuestra paranoia, no hay estudios reales de cimentación". Nomás me vio: "Y usted por qué le hace caso a pandilleros de la Universidad. Ésos sólo azuzan a la gente". Me sentí avergonzada, no de lo que dije, sino de que un sujeto así decidiese en asuntos graves. Cuando el tipo advirtió que insistíamos, soltó la telenovela, cómo no los voy a comprender, yo vi nacer Tlatelolco, yo asistí a la inauguración de la panadería Acapulco, fui su vecino, a la que hoy es mi señora me le declaré frente al edificio Chihuahua. Y en vez de aceptar la discusión, me llamó aparte: "Cuídese de los comunistas que nomás manipulan. Pórtese bien y le conseguimos vivienda". Por poco y le miento la madre.

Si de vivencias se trata, en quince días he atesorado como para diez años. Ahora sí entiendo bien las inseguridades, y no me asombro de quienes duermen afuera por temor. Fíjese en lo que pasó ayer, 2 de octubre, por ejemplo. Estábamos unos cuantos allí en Tlatelolco, mirándonos, y un señor que es arquitecto, sugiere: "No le hace que seamos pocos. Hagamos el acto". Pusimos las tumbas de flores y las velas, y se fueron acercando las señoras del campamento de refugiados, llorando. Traían flores y veladoras. Los niños se hincaron, y ellas se persignaban.

Me pidieron que hablara, y dije algo sobre las fechas que no podíamos olvidar. Lo del 68 fue un crimen por soberbia; lo de ahora es un crimen por negligencia, y esas muertes deben contribuir a que el pueblo viva mejor. El arquitecto intervino y le agradeció a los jóvenes que hace 17 años quisieron un México mejor. Y se le quebró la voz y se interrumpió. Y me pareció que hizo lo debido.

Los vecinos le tienen miedo a la policía. Les dice uno esa palabra y retroceden. No quieren nada con los partidos. Ni siquiera los convence Martínez Verdugo, el del PSUM, que vivía aquí y es damnificado. Sólo creen en los universitarios y en los peritajes (los del edificio Lerdo contrataron un equipo con ingenieros).

Y ahora, ¿quién se encarga de los pensionados, de los huérfanos, de los que quedaron lisiados, sin forma de ganarse la vida? ¿Cuánto durarán los campamentos? Hay que seguirle, pero si la normalización social es imposible, nadie vive sin su normalidad propia. Uno quiere trabajar y habitar en un sitio seguro, y eso acaba siendo lo principal. Aunque también a diario sucede algo estimulante. Ayer, luego de que hablé en la reunión, un señor se me acerca y me dice casi sin levantar la vista: "Yo estoy con ustedes. Yo perdí a toda mi familia. ¿Qué más puedo perder?"

25 de octubre. De la vida tras el escritorio

En la reunión, el arquitecto Guillermo Carrillo Arena, titular de SEDUE, se ve tranquilo. Él —y su mejor tarjeta de presentación es el aire de crédito social que de su persona se desprende— es secretario de Estado, alguien cuya carrera es lujo de su gremio. Los vecinos de Tlatelolco discuten, se exasperan y él se permite una sonrisa *¿Decía usted? Sí, mire en lo tocante al asunto de las indemnizaciones, el Estado.* . . y las respuestas dan igual, lo valioso es lo aprendido en los años de puestos con acceso a los contratos y de contratos cuya magnificencia asegura el ascenso.

El arquitecto Carrillo no se hizo en un día, él memorizó la senda del éxito, y por eso soporta las impertinencias (las irreverencias) de quienes no contentos con no haberse muerto, exigen prestaciones. Sea por Dios y por el diálogo. *Es evidente la transparencia en el manejo de fondos públicos y de la ayuda extranjera. Vea usted las comisiones de la Reconstrucción.* . . Todas a cargo de funcionarios tan bien vestidos que a nadie se le ocurriría que fuesen subalternos. Así es la política: quien decora, representa.

El Señor Secretario se fatiga. ¡Qué precios se pagan por no dejar sola a la Patria! Calumnias, insultos, voces broncas contra él en las marchas, sesiones tediosas con quienes no comprenden lo esencial: si se ofrece lo que hay, se acepta de rodillas lo que se ofrece. Bendito el Destino que no lo hizo peticionario; él jamás ha solicitado, él siempre ha estado en posición de conceder. *Mire usted.* . . y encarga sándwiches y refrescos, y varía levemente de posición, y extiende su cálido perfil de ausencia. Él revisa ahora las frases que un semanario ha publicado a modo de acusación. Bueno, sí las dijo, y hay traidores que las divulgaron, pero ¿qué le ven de malo? Él así habla: "Dentro del dramatismo de la catástrofe, parece ser que los daños, que han costado evidentemente muchos miles de vidas, no presentan las características de un desastre donde hay muchos damnificados". Así es, ¿o quién decide cuántos son muchos? Y esta otra sentencia todavía tan válida: "La vivienda en este país no se regala. En este país no cometeremos el error de regalar jamás una vivienda y menos ahora. . . El gobierno, lo que puede hacer ante una fuerza superior, es proporcionar albergue y comida, nunca vivienda".

Los periodistas son unos pobres diablos. Dicen que al tomar posesión del cargo él declaró ser poseedor de una fortuna de 15 mil millones de pesos, y también lo acusan de "criminal" por ser responsable técnico de la construcción de los centros hospitalarios caídos. Y él se irrita. Ya los demandará ante la Procuraduría General de la República, aunque viéndolo bien todavía no lo acusan de pobre, y que le hagan buenos los 15 mil millones. A esos difamadores él quisiera acabarlos porque cuesta mucho trabajo la paz social para que se la coman en un ratito. Él, si le permiten la expresión, ya está hasta la madre de los damnificados que quisieran no ser tan poquitos, de los periodistas que nomás le chupan el tiempo pidiendo información, de los muchachitos con bandera roja corre y corre por la ciudad y sintiéndose gente buena porque hicieron siete tortas, de los cobardes que intencionalmente confunden la crisis financiera con la crisis de perder familiares, de los sobrepolitizadores que agitan a la comunidad. . . Él quiere trabajar y servir al Señor Presidente, y para eso necesita que no lo jeringuen en su oficina. Ya él llamará a los peticionarios cuando se le ocurra alguna solución.

Los aplazamientos y las negociaciones

Del 24 de septiembre al 1° de noviembre se lucha de modo incierto contra la burocracia, el tortuguismo, la desorganización. Los vecinos pasan de la sensación de haber nacido de nuevo a la sensación de no existir. Es arduo determinar el monto de los seguros ¿y cuánto vale cada departamento y cada muerto? Allí se centra el estire y afloja. El 2 de octubre el Presidente ordena una investigación exhaustiva de la tragedia del Nuevo León, pero el gobierno jamás acepta el término *indemnización* (precedente funesto) y se desconoce el compromiso presidencial y de Fonhapo: la restitución de viviendas. La Subdirección de Viviendas sólo reconoce el seguro de daños no contratados por los adquirientes, valuados en 683 millones de pesos, luego reducidos a 400. El arquitecto Carrillo Arena sólo concede degollinas fílmicas: "Si quieren la cabeza del director de Fonhapo la tendrán en bandeja".

61

Nuevo cambio de manos. Como los residentes no quieren ya tratos con la SEDUE, interviene Gobernación. El subsecretario Jorge Carrillo Olea pregunta: "¿Por qué se empantanaron las negociaciones?" Se le contesta: imposible hablar con Carrillo Arena. Se promete agilizar trámites, y luego de tres sesiones en SEDUE, fastidiosísimas, inacabables, sembradas de trucos, se obtiene lo máximo por esa vía, y concluye la parte formal. El gobierno asegura dar todo el dinero posible, incluyendo la cantidad del seguro, compensaciones especiales, menaje, la *huella* del edificio. Otros rubros: por cuarto de servicio, 200 mil; por automóvil colapsado, 200 mil a 900 mil. Así, a los inquilinos de una recámara les tocaron 3 millones y fracción; a los de 2 recámaras, 4 millones y fracción; a los de 3 recámaras, 5 millones y fracción. A los que vivían en el módulo que quedó en pie, mucho menos. En cuanto a los muertos, 1 096 días de salario mínimo.

Los problemas no terminan: se han identificado sólo 189 cuerpos de los 472 registrados, y quizás muchos cadáveres terminaron en la fosa común. Y las viviendas asignadas con créditos *blandos*, quedan lejísimos, en zonas conurbadas del estado de México.

6 de noviembre. El desgaste

—No se puede prolongar una lucha más allá de las fuerzas, no de las personas, sino de las familias. No se puede ser mártir para siempre. Si los del Nuevo León cedimos y negociamos, no fue porque creyéramos que se nos daba lo justo, sino por la fatiga. Era espantoso día con día lo mismo, juntas donde ya los discursos hablaban solos, vueltas y vueltas con funcionarios que te miran sin verte, café, bocadillos, un momento por favor y pasan tres y cuatro horas, y tienes ganas de mudarte a la antesala para siempre, está mucho mejor que los albergues, y pasa un mes y tú jodidísimo.

Por supuesto que ahora con 4 o 5 millones de pesos uno no se compra un buen departamento o una casa decorosa. Se compran paredes y cimientos en sitios remotos del estado de México, pero ¿qué se le hace? De lo perdido, lo que aparezca. Ahora, si quiero ser optimista, le digo lo siguiente: de lo negociado, una cláusula inyectó un poco de dignidad y esperanza a la comunidad del Nuevo León: "deslinde de responsabilidades y castigo a los culpables". Al respecto, no tengo dudas sobre nuestro comportamiento próximo. Si seguimos organizados, buscaremos vengarnos. Yo no sé si es muy fuerte la expresión, pero a quienes perdimos seres queridos, a quienes veíamos a esas niñas y esas familias en los corredores y en los elevadores, la palabra *venganza* nos parece insustituible.

Los rescatistas: la batalla del Conalep

En su mensaje del 3 de octubre, el presidente De la Madrid reconoce a los "topos", fruto de la espontaneidad, protagonistas de una de las gestas que más han honrado a la patria. Los "topos", continúa el Presidente, "sin previa experiencia u organización pudieron organizarse a sí mismos, pudieron integrarse a los cuerpos de rescate y lograron salvar la vida de sus compatriotas o encontrar los cuerpos de nuestros muertos".

Aparecen los "topos", la especie instantánea, que cavan en condiciones de extrema dificultad, aprenden a usar el soplete, desprecian las ofertas de burgueses sólo ansiosos de recuperar sus cajas fuertes. En túneles sorpresivos, el "topo" se despoja de tapabocas o mascarillas con tal de oler y localizar a los muertos, atiende con cuidado a los cadáveres para que no se deshagan, se mueve casi a ciegas entre el polvo, conduce a la superficie cuerpos en descomposición arrastrándose durante horas. Su eficacia se nutre en el respeto a la vida y el respeto a los cuerpos, que deben entregarse a las familias y protegerse de la prisa de los conductores de bulldozers.

Lo que el discurso presidencial no contiene es el doble esfuerzo de los "topos", su lucha contra la incomprensión de militares y funcionarios, la angustia centuplicada ante la incapacidad oficial de unir esfuerzos, de imponer criterios nacionales. Para dar un ejemplo de su formidable actividad, el trabajo en la escuela técnica Conalep en la calle Balderas. Allí los "topos" resisten el humo, el frío, el segundo sismo, la burocracia instantánea, la sensación de fracaso, las interminables preguntas, el olor insoportable, la frecuentación de los cadáveres, el aturdimiento de los "vueltos a nacer", el rezo de los familiares en murmullos o a gritos, el abatimiento por oleadas, los relatos de los sobrevivientes que hablan de alumnos apiñados en torno al profesor, implorando y llorando mientras el oxígeno disminuye. En el Conalep los "topos" escuchan confesiones idénticas: "Tronó el edificio, los vidrios se rompieron y varios agarraron sus cuadernos y trataron de alcanzar la calle, sólo que la caída del techo detuvo su loca carrera". El "topo" ya va a adentrarse en la operación de salvamento, y una vez más reflexiona ante una grabadora. Él no quiere llamar la atención sobre sí mismo, vino porque era su deber, es bonito ayudar a las personas que en la angustia se vuelven hermanos, él y sus compañeros están destinados a ser héroes anónimos, y aunque den sus nombres y los publiquen, seguirán siendo anónimos, de eso se trata, y eso vale incluso para el más famoso por su habilidad en improvisar senderos entre fierros y cemento, Marcos Efrén Zaraviña, socorrista de la Cruz Roja de Cuautla, a quien todos llaman "La Pulga". En su recuento, hay mucho de la hazaña que persiste en medio del olvido de quien la ejecutó. "Volví a nacer. Muchas veces me encontré entre la vida y la muerte. Me siento feliz y satisfecho de haber rescatado a 27 personas vivas. No espero recompensa económica. Nunca tuve miedo a pesar de que trabajé en la oscuridad más completa, entre el hedor y la putrefacción. Mi mayor recompensa fue sacar viva a esa pobre gente desesperada. Sin duda alguna el salvamento más difícil y el que más emociones me dio fue el de Abel Ramírez, de 20 años, estudiante del Conalep. Mientras ingenieros y capitanes elaboraban un plano de rescate, pedí permiso para sacarlo vivo. Se burlaron al principio, y luego me dejaron ir y me dieron guantes, tijeras para cortar metal, un casco y un respirador, pero en el túnel sólo conservé las tijeras. Fue un recorrido macabro por un conducto de 30 centímetros de 6 o 7 metros, y para llegar a Abelito fueron dos días de quitar escombros, cadáveres, restos humanos en plena descomposición. El tercer día tardé doce horas y en el trayecto vi como a 20 muertos. Cuando llegué hasta él le dije: 'Abelito, no te me desesperes. Ya estoy muy cerca de ti. Ya casi te alcanzo. Espérame tantito. Ahorita te saco de aquí'. Cuando logré agarrarlo de la mano, lloramos juntos. Él estaba atrapado entre dos cadáveres de sus compañeros que se descomponían. Le dije que llorara lo más que pudiera. Después, emprendimos el regreso a la vida" (Entrevista de Luis Muñiz Fuentes. *La Prensa*, 2 de noviembre).

NOTICIERO III ■ "EL CARÁCTER DEL PUEBLO"

El distanciamiento progresivo de la tragedia devuelve la información a su estado indiferenciado y confuso. ¿Quién advierte la muerte del ingeniero Jesús Vitela Valdés, de Pemex, en una operación de rescate? En el DIF más de dos mil solicitantes desean adoptar a 15 niños huérfanos. La iniciativa privada aprovecha el viaje y exige "la reprivatización de la sociedad mexicana". En su turno, a Díaz Redondo, el Presidente le declara que no hará cambios en el Gabinete, y al preguntársele sobre el deterioro del sistema y la gran irritación contra el gobierno, responde categórico: "No lo creo. Yo no

veo en la mayoría del pueblo de México un deseo de cambio fundamental de nuestra estructura política''.

El Presidente garantiza "estricta honradez en el manejo de los
donativos''. Se atribuye a sobrepeso la caída de muchos inmuebles.
Con tranquilidad estadística, el psiquiatra Agustín Palacios asegura que el 10 por ciento de los damnificados carece de protección psicológica para enfrentar la realidad, y al resto le pronostica irritación, angustia, procesos psicóticos y ataques de angustia de corta
duración (*Unomásuno*, 29 de septiembre). Con énfasis complementario, la doctora María Teresa Romero, dirigente de la Sociedad Nacional de Psicología e Hipnosis Clínica y Experimental A.C., emite
su proposición: "En estos momentos, la mejor técnica para auxiliar
a la población mexicana es la hipnosis. Una medida psicoterapéuti-
ca para la readaptación y equilibrio mental de todos los que sufrimos la tragedia'' (*El Nacional*, 7 de octubre).

Lo observado el 19 de septiembre resulta la actitud prevaleciente. La conducta antisocial (delincuencia, robo, crímenes) es insignificante en relación a la ayuda mutua. A los detenidos, no más de
quinientas personas, se les acusa de hurtos menores, más cercanos
a la necesidad que al saqueo. A fines de octubre, la "ola de solidaridad'' ha disminuido y hay ataques vandálicos a los puestos de socorro. Se divulgan, sin demasiado énfasis, historias de "voluntarios''
que lo eran para hacerse de sus propios almacenes, pero ya es tarde.
Aumenta la incidencia de enfermedades gastrointestinales y en vías
respiratorias. Algunos voluntarios pierden sus empleos porque los
jefes no justifican las faltas.

En una encuesta del Instituto Mexicano de Opinión Pública el
56 por ciento de los entrevistados juzga tardía la acción del gobierno en materia de rescate y salvamento; 57 por ciento, que las autoridades en su conjunto hicieron menos de lo esperado; 69 por ciento, que el régimen no organizó debidamente la ayuda espontánea
de la sociedad; 75 por ciento, que el gobierno no está preparado para
lo imprevisto (*La Jornada*, 30 de octubre).

Para deshacerse de las sospechas sobre su experiencia, el gobierno recurre a su instrumento óptimo: la burocratización, y prodiga
comisiones, comités, programas, consejos, grupos de trabajo y apoyo, el Fondo Nacional de la Reconstrucción, la Comisión Nacional
de Reconstrucción con seis comités y 40 subcomités, una comisión
nacional y una metropolitana de emergencia. La Comisión Interse-
cretarial para Auxilio de la Zona Metropolitana se divide en 13 coor-
dinadoras entre ellas la Coordinadora de Inspección y Peritajes, la

Coordinadora de Equipo Pesado para Rescate y Demolición. . . El organigrama, churrigueresco legítimo, se extiende, lo cubre todo y potencia las dilaciones y la ineptitud.

Las recapitulaciones se hacen indispensables. En octubre, el poeta Octavio Paz declara al diario francés *Liberación*: "Fue extraordinaria la capacidad de las empresas privadas que construyeron todos esos inmuebles; la megalomanía del gobierno que levantó edificios por donde quiera muy rápido y muy mal, que se cayeron como castillos de naipes. Y aquí podemos decir que hay una especie de justicia poética. . . Sí, yo conocía el carácter de mi pueblo, lo había visto bajo la luz de la deshonestidad, del individualismo, lo hallaba demasiado pasivo, demasiado resignado. . ."

Según el Departamento del Distrito Federal (datos de octubre de 1987) éstos fueron los daños más significativos: 4 mil 541 cadáveres presentados ante las agencias del Ministerio Público; 15 mil 936 heridos, de los cuales 5 mil 748 con lesiones mayores, y 10 mil 188 con lesiones menores; aproximadamente 100 mil familias con perjuicios en sus viviendas; más de 12 mil inmuebles afectados, presentando el 47% daños menores, el 38% fracturas y el 15% desplome en la infraestructura, con derrumbe parcial o total. El 56% de las construcciones dañadas se ubicaron en la delegación Cuauhtémoc, el 18% en la Venustiano Carranza, el 17% en la Benito Juárez y el 9% restante distribuido en las otras trece delegaciones.

Entre los inmuebles afectados, los de uso habitacional representaron el 65.4% del total; en segundo término el comercial con el 14.0%; de uso educativo 13.0%; oficinas 6%; el 0.7% hospitalario; 0.6 recreativo y 0.3% industrial. Los sismos perjudicaron mil 687 edificios educativos. Cerca de 24 mil estudiantes y 700 profesores fueron relocalizados de manera permanente y 50 mil estudiantes y mil 500 maestros en forma temporal. Un millón y medio de estudiantes sufrió la interrupción temporal de clases, por la carencia de servicios y por las tareas de rescate.

Talleres dañados de la pequeña industria (principalmente del vestido): mil 236. En transporte, del total de 220 rutas de Autotransportes Urbanos de Pasajeros R-100, quedaron fuera de servicio el 40 por ciento, y de las 101 estaciones del Metro se cerraron al público 32. El suministro de energía eléctrica disminuyó en cerca del 40 por ciento. En materia de vialidad se registraron daños por fracturas, grietas y hundimientos en 310 calles, avenidas, vías rápidas y ejes viales; 526 mil 87 metros^2 de carpeta asfáltica, 85 mil 610 metros^2 de banquetas y 37 mil 444 metros de guarniciones. La red de semáforos sufrió una merma en su sistema computarizado del 50%, y del 15% en el electromecánico, con 390 cruceros averiados.

Fueron grandes las pérdidas de la administración pública federal. Resultó afectada una superficie de 1.7 kilómetros cuadrados de oficinas, donde laboraban 145 mil 560 servidores públicos en 343 edificios, de los cuales el 30% era propiedad del Estado y el resto de particulares. Las Secretarías más dañadas: Marina, Comunicaciones y Transportes, Comercio y Fomento Industrial, Trabajo y Previsión Social, Reforma Agraria, Hacienda y Crédito Público, Programación y Presupuesto, Salud, Gobernación, la Procuraduría de Justicia y el Departamento del Distrito Federal. Y agrega el informe del DDF:

Las instalaciones telefónicas de la ciudad de México registraron el daño más grave que ha sufrido una red telefónica en el mundo. El servicio de larga distancia nacional e internacional se vio interrumpido; las comunicaciones entre el norte y el sur del país que estaban canalizadas a través de la capital quedaron obstruidas, y se afectaron algunas poblaciones por la destrucción parcial o total de 50 radios microondas, 150 supergrupos de equipos Multiplex, 6 centrales automáticas de larga distancia, dos centrales Tande y tres centrales locales.

Se recibieron 296 vuelos y 99 embarques provenientes de 45 países y del interior de la República; acopiándose 5 mil 709.5 toneladas de donativos en especie, de los cuales 3 mil 897.1 se destinaron al Gobierno Federal y las restantes 1 mil 812.4 a la Cruz Roja Mexicana, embajadas y particulares.

Lo destinado al Gobierno Federal fueron 397.3 toneladas de medicamentos; 226 toneladas de instrumental y equipo médico; 957.7 toneladas de alimentos; 1 mil 414.2 toneladas de maquinaria y equipo de rescate; 861.9 toneladas de ropa, mantas y equipos de campamento; y 40 toneladas de productos diversos.

A partir del 20 de septiembre acudieron al país 19 delegaciones de otros tantos países, integradas por elementos de rescate, bomberos, entrenadores de perros, doctores, paramédicos, enfermeras, técnicos en demolición, técnicos en valoración y conductores, que reunieron a 1 mil 141 elementos.

Las brigadas de apoyo internacional viajaron con sus respectivos implementos de trabajo, como maquinaria pesada, herramientas, equipo para rescate, vehículos y 154 perros adiestrados para la localización de personas vivas.

Por parte del Gobierno Federal fueron otorgados y distribuidos 6 millones 700 mil litros de leche y chocolate envasado, 21 millones 600 mil litros de agua potable, 416.2 toneladas de abarrotes, 340.5 toneladas de productos cárnicos, 847.7 toneladas de frutas y verduras, 860 mil 200 raciones alimenticias, 5 mil 50 cobertores, 20 toneladas de hielo, 200 cascos de seguridad, 3.9 millones de refrescos y 600 cajas de hilo para sutura quirúrgica.

El número de muertos será ya para siempre un enigma.

30 de septiembre. *"En las buenas y en las malas, Tepito siempre estará unido"*

El pintor Felipe Ehrenberg se ve cansado y satisfecho, no en ese orden. Llegó a Tepito el sábado 21 en la mañana con ayuda, y allí se quedó, tramitando aportaciones, impulsando proyectos, coordinando un campamento, vigilando la relación entre vecinos y autoridades.

—Llegué con mis hijos a traer comida, pero ante tanta desorganización decidí que se necesitaban coordinadores, y me instalé ese mismo sábado. El domingo vino un diputado suplente a imponerse dando órdenes. Les informé a los vecinos, le preguntamos qué quería, no supo explicarse, lo corrimos. Desde entonces no me he movido de aquí. Y aquí uno cambia muchísimo, es fantástico. Te cuento mi experiencia. Me levanto a las seis de la mañana, y en nuestra cuadra, en la cerrada Díaz de León, todos barremos. Cuando pasan por el agua, se barre en otras cuadras. Con el ejemplo, todo es más eficaz y rápido.

¡Qué andar por entre ruinas y entre fosas! Tepito, muy devastado, es hoy objeto de la atención del gobierno y de grupos de particulares. Cuadrillas del Departamento Central remueven escombros y extraen basura, el PRI instaló un tanque de agua, la Conasupo envía camiones con agua purificada en bolsas selladas, la SEDUE manda técnicos, la delegación Cuauhtémoc envía funcionarios a preguntar si ya fueron otros funcionarios de la delegación Cuauhtémoc, grupos católicos y protestantes envían plásticos y víveres, el sindicato del INAH manda comidas, la UAM paga el alquiler de cinco contenedores. Y en las calles hay antropólogos, sociólogos, estudiantes que realizan encuestas. . . Todos con la voluntad de recabar los datos útiles y de anotar, para exégesis posterior, los lemas en manta y carteles: "Tepito no se rinde / Échele ganas mi buen / Las brigadas tepiteñas somos el brazo derecho de Dios".

—Hablé con el secretario del Presidente, y me citó para una reunión. Fui con otro compañero del Campamento, con Javier García "El Gato", y allí nos encontramos a diez o doce representantes de grupo. El Presidente nos concedió 48 minutos, oyó del trabajo intenso de las mujeres en las cuadrillas de demolición y de las necesidades urgentes, y prometió intervenir. Le dijimos que el sismo afectó el 40% de las viviendas de la zona, y que ante el problema de rentas congeladas en vecindades tan deterioradas, demandábamos la expropiación o el embargo, como las formas de proteger a los inquilinos. Luego alguien dijo que los tepiteños se autodefinen como "recicladores de todos los productos desechados por quienes tienen mayores ingresos", y que son artesanos y comerciantes defensores de su cultura. Y el delegado de la Cuauhtémoc, Fabre del Rivero, nomás atisbaba. Se fue el Presidente, un compañero habló y denunció unos hechos. Él lo interrumpió: "¿Tú de dónde eres?" El compa dijo: "De Veracruz". Y Fabre: "¿Y entonces por qué hablas a nombre de Tepito?" Yo le pregunté a Fabre: "¿Y tú de dónde eres?" Se desconcertó: "De Puebla". Concluí: "Ya ves: no se trata de eso". Nomás faltaba que un Señor Delegado ignore que Tepito es el primer lugar que buscan los de provincia; aquí inician sus contactos y trabajan en lo que pueden.

En unos días Ehrenberg se ha vuelto muy popular. Lo saludan las amas de casa, los fayuqueros, los policías, los trabajadores del DF, los teporochos, los comerciantes. Ehrenberg habla del grupo Tepito Arte Acá, enseña los murales de Daniel Manrique y comenta la labor de cronista de Alfonso Hernández. Él, por su parte, se propone abrir un taller de murales con el grupo Haltos Ornos (H_2O).

—Oiga Felipe, a ver si nos consiguen madera, porque ahora sí la casa se nos quiere caer.

—Ese Felipe, qué tatuaje tan chingón, luego dejas copiarlo.

—Oiga, don Felipe, ya no se tarde mucho, para que siquiera se coma un caldito de pollo. No puede andar nomás así, trabajando y arreglando asuntos todo el santo día de Dios, sin comer nada.

—Oye Felipe, ¿no sabes dónde está el abogado? Es que el dueño de la vecindad insiste en corrernos.

—Felipe, dígale a los de la prensa que nomás no nos sacan. Ahora vivimos entre cartones, pero en Tepito. Y no nos vamos, aunque nos prometan el cielo. Aquí nacimos, como nuestros abuelos y nuestros tatarabuelos. Dígaselos, Felipe. Dígales que contra este arraigo nunca se puede. Neta que somos peladitos, pero también somos pueblo.

Hoy el barrio reanudó su intensa vida económica, y Ehrenberg elogia la capacidad organizativa de Tepito, donde además de la Asociación de Inquilinos, hay 28 grupos de Comerciantes Establecidos, el Consejo Representativo del Barrio, el Centro de Estudios Tepiteños, y las cooperativas habitacionales. No está mal para una población de 350 mil habitantes, que vivían en 1 200 vecindades, de las que se derrumbaron cerca de 600.

2 a 11 de octubre. El rescate de Monchito

El 2 de octubre ya nadie cree en la existencia de sobrevivientes, pero el señor Mauricio Nafarrete anuncia: "¡Mi hijo, Luis Ramón Nafarrete Maldonado, vive! ¡Es un milagro de Dios! El corazón me lo dice. Sé que allí está. ¡Oímos ruidos!" De inmediato, se movilizan enormes recursos técnicos y humanos para salvar al niño Monchito y a su abuelo materno, en la vecindad de Venustiano Carranza 148. Día y noche excavan policías, soldados, marinos, voluntarios, miembros de la Cruz Roja, socorristas de Estados Unidos, Argelia y Francia. La prensa nacional y la internacional divulgan el caso y frente a la vecindad hay tumultos constantes, grupos de mujeres rezando, comisiones de voluntarios. Ante tal euforia, se acordona el lugar con 90 elementos de la "Fuerza de Trabajo", un grupo de policías entrenados en Miami contra motines.

El Presidente de la República externa su preocupación, acude Plácido Domingo y el embajador norteamericano John Gavin se presenta y le promete ayuda al padre de Monchito: bomberos y rescatistas de Miami. Se cavan tres túneles, y los topos avanzan dificultosamente, mientras 30 hombres trabajan sobre los cerros de concreto con taladros, picos, pala. La prensa divulga mañana y tarde el tiempo que lleva el niño sin probar alimento, sostenido sólo por el agua de una fuga. Cada media hora la policía le informa a la prensa. Monchito se comunica —dicen voceros extraoficiales— por golpes en las losas. Está bocarriba y mueve manos y pies. "El niño está vivo. Su corazón late dificultosamente, pero todavía late", declara el doctor Francisco Mercado, de los Servicios Médicos del DDF. Un socorrista confiesa: "Estamos trabajando por salvar a este niño, que sentimos como nuestro hijo. . . Yo no lo conozco, pero siento que lo quiero entrañablemente". El rescatista La Pulga afirma: "Quiero hacer una declaración pública para que lo sepa todo el mundo: esto es un desmadre. Todos quieren mandar a todos. No hay organización. Si muere Monchito será responsabilidad de los funcionarios..." Una ambulancia de la Secretaría de la Defensa espera con las puertas traseras abiertas para enfilar rumbo al Zócalo en donde hay un helicóptero listo para volar al Hospital Militar.

Un fotógrafo de *Unomásuno*, tres reporteros de Imevisión y uno de *El Sol de México* se esconden durante 42 horas entre las ruinas, sostenidos por tortas y refrescos. Allí ven el panorama opresivo: socorristas, voluntarios, militares, extracción de cascajo, intento de diálogo con Monchito a través de sondas, exigencias de silencio, demandas de orden. No hay rescate y "la gran fotografía no pudo ser tomada". Ante el riesgo del derrumbe, los voluntarios trabajan con las manos y unas cuantas herramientas. La lluvia provoca la suspensión de los trabajos. Se alejan reporteros y curiosos. Los comerciantes con almacenes en la manzana se quejan del robo de mercancía. Según el coordinador de la operación, ingeniero Adolfo Gómez Ibarra es imposible que el niño esté con vida, y el padre inventó la "absurda situación" con el propósito de recuperar una caja fuerte de acero, que contiene 25 millones de pesos. El señor Nafarrete se indigna: "Ese señor no es ingeniero ni funcionario. Es un agente de la Secretaría de Gobernación que se burla de nuestra tragedia y se mofa de nuestros sentimientos. ¿Acaso yo sería capaz de utilizar la tragedia de mi familia para salvar un dinero que no tengo, que de poseerlo me permitiría vivir en alguna zona residencial?"

El 9 de octubre se hallan los restos carbonizados del sexagenario Luis Maldonado Pérez, y al día siguiente se llega al cuarto. Sólo aparece una caja de caudales con 12 millones de pesos, reclamada por la familia del menor, y que resulta propiedad del dueño de "Telas El Perico", establecimiento que se derrumbó junto con la vecindad. El ingeniero Gómez Ibarra se enfurece: "Los trabajos fueron desde el principio un engaño. Todos querían ser los héroes del rescate. Cuando me opuse a la intervención de la maquinaria, me calificaron de *mercenario* y *asesino*. Yo lo afirmé desde el primer momento, sin pretender caer en ninguna profecía: jamás existió prueba alguna de que bajo los escombros hubiera vida. Jamás hubo aquí el famoso último sobreviviente. Tampoco encontramos el cuerpo de Monchito. Ahora sí, creo que todo fue una farsa".

Un día antes, el señor Nafarrete abandona la ciudad.

4 de octubre. Las dimensiones de la tragedia:
el Multifamiliar Juárez. (Testimonio de un activista sindical.)

—Como ese zangoloteo no he sentido nada en la vida. Botó todo, hasta libreros empotrados y reforzados en la pared. Lo primero en que pensé fue en mi padre, que vivía en un edificio cercano. Corrí a rescatarlo, y luego luego cuatro compañeros me ayudaron. Se juntó más gente, y decían: "A lo mejor ni se puede, se va a morir". Y yo gritaba: "¡Ya vamos, ya vamos. Aguanta!". Rascamos de un lado y de otro, porque el edificio se cayó como naipe, los techos se quedaron huecos, parecía un panal volteado... Como a las tres horas de rascar, salió mi padre, y luego sacamos más gente. A la una de la tarde, llegaron los soldados y nos acordonaron. Vinieron otros y se fueron. Al principio nomás trabajaron los vecinos; más tarde, gente del Hospital Infantil, de la Cruz Roja, scouts, jóvenes voluntarios. A los damnificados se les instaló en el Deportivo Hacienda.

El viernes 20 de septiembre llegó el vocal de Infonavit, con su propuesta: la carta de damnificado. Declárate damnificado, y tienes derecho a llevarte una mesa, una silla, una lámpara, y una parrilla; nomás te comprometes a no dañar los inmuebles. Nos hizo el favor de advertirnos: "Firmen y ya. Tendrán todo, y no acepto preguntas". Gracias a su actitud despótica empezamos a organizarnos. Como sólo nos conocíamos de vista y de gruñido, de "quiúbole" y "no tengo tiempo", al principio desconfiábamos unos de otros, pero había que entrarle a las asambleas, y nombrar el consejo de representantes. Sobre la marcha inauguramos nuestra democracia, con reglas sencillas: todo por el beneficio común y aquí nadie tiene hueso.

El problema fue convencer a la gente de irse a los albergues. Y ningún viejito aceptó lo del asilo... Ah, sí, una señora se fue al Mundet. Y eso que la situación de los viejitos es desesperada. El jubilado y el pensionado reciben mensualmente 34 800 pesos (por un aumento *reciente*). Eso da tristeza. Vi a maestras que perdieron su Medalla Altamirano y la buscaban entre los escombros como a la niña de sus ojos. Era toda su vida y toda su documentación y todo su orgullo. ¿Qué van a hacer? Les ofrecen un crédito blando, casas de dos a cuatro millones de pesos. ¿Y cómo lo pagan? Con veinte años de antigüedad una enfermera del Hospital 20 de Noviembre gana 34 mil pesos.

El Multi Juárez era un vestigio de las viejas conquistas sindicales, de cuando los sindicatos no mandaban a la gente a la periferia. Se pagaba 400 pesos con gas y agua. Ahora en las nuevas unidades el mantenimiento lo paga el propietario, y no es raro que funcionarios y líderes sindicales sean los dueños de las compañías de mantenimiento. Por eso, y por muchas razones, las primeras ofertas no nos convencieron. Venían rápido rápido delegados, subdelegados y diputados, asimilaban en un segundo el dolor humano, lo incorporaban a su acuerdo de la semana próxima y se iban. Y traían consigo sus respuestas instantáneas: "Mire, aquí se trata de soluciones individuales. Los viejitos tendrán hijos, tíos, primos, nietos, tienen que conocer a alguien que se haga cargo de ellos, no he conocido todavía persona sin pariente". Y en las respuestas a la oferta brotó todo, el amor o la bronca familiar: "A mi papá nunca lo dejo" o "Yo con mi familia ni muerto", o "Si yo quiero hacer mi vida aparte, no voy a cargar con mis papás toda la vida".

Cada uno por su lado, nadie hubiese rebasado las ofertas del poder. Pero estar juntos nos cambió el ánimo y la voluntad. Nos repetíamos: "Si son conquistas sindicales, no regalos", y por eso resistimos a los rumores: "Váyanse, se van a multiplicar las infecciones, otro temblor y no lo cuentan, van a dinamitar, los niños corren muchos riesgos". Pero fue tan extraordinaria la solidaridad en los primeros días que compensaba cualquier mal rato. Fíjate que el primer sábado hasta comimos truchas gratinadas con ensaladas diversas. ¡Truchas de vivero! Y sobraba comida. Luego ya los festines se fueron acabando.

Sé que en otros albergues la convivencia se ha deteriorado. Supongo que es inevitable. Nosotros jerarquizamos de inmediato. Colchones Selther, lo más calientito, para señoras y niñas. Y nos preocupó usar bien el tiempo libre. Quisimos estimular la creatividad de los niños. El ISSSTE mandó artistas. Se canta, se juega. Es un fenómeno esto de los albergues. Al nuestro, no acuden sólo damnificados, sino indígenas sin empleo, que aquí comen porque el desastre del Centro Médico los dejó sin modo de vida, y todos tienen muchos hijos. Un burócrata el otro día les pidió identificación. Le dije: "¿Y usted qué? No es su dinero, y si hay damnificados en México son estos compañeros".

Es difícil aprender a razonar, estamos muy habituados a transar, a actuar sólo en lo individual. En las asambleas diarias comprobamos lo difícil de pensar colectivamente. Hace unos días alguien propuso que los que pudiésemos pagar las casas, que negociáramos. Le contesté: "¿Qué es lo más conveniente: abandonar a los viejos y a los que no tienen capacidad de defensa? ¿Qué no aprendimos nada del temblor y de la solidaridad?"

7 de octubre. *Los que están y los que son: la Comisión Nacional de Reconstrucción se instala*

La República se hizo carne y habitó entre nosotros. Al alcance de la mirada, el ya infrecuente paisaje de la Unidad Nacional, del país que resplandece al encarnar en sus mejores hijos. En la explanada interior del Museo de Antropología, cabe la casi prehispánica sombrilla, discurren los elegidos por la República para hacerse cargo de los símbolos (o viceversa). En el presídium, los altos poderes (y hieratismo es unificación facial: la lealtad y la disciplina armonizan los rasgos de los integrantes del Gabinete). En el sillerío, los gobernadores que hoy no asumirán la palabra, los subsecretarios de Estado, los senadores y diputados, los directores de empresas descentralizadas, los notables y los aspirantes, las Grandes Promesas Cumplidas y los ambiciosos en edad de ascenso irresistible. En fila, los ex-regentes de la Ciudad, los merecedores de nuestra gratitud dilapidada: el doctor Gustavo Baz, don Ernesto P. Uruchurtu (una leyenda que no se disipa gracias a la sonoridad de un apellido), don Alfonso Corona del Rosal, don Octavio Sentíes, el profesor Carlos Hank González (el otro centauro de la Revolución: mitad funcionario, mitad empresario). . .

Los notables: escritores, artistas, intelectuales. Los representantes de la oposición y de la imposición, las pruebas vivientes —me susurra un dialéctico— de que entre nosotros las diferencias siguen siendo cuantitativas y no cualitativas. O mejor: siguen siendo cualitativas y no cuantitativas. ¿Qué pasará el día que alguien, de veras, cuente con y represente a la mayoría?

En esta reunión se instalará la Comisión Nacional de Reconstrucción, consecuencia del reciente descubrimiento de la sociedad civil que asombró por igual al Estado y a los habitantes (sin voz ni voto) del Distrito Federal. Destapa el chorro verbal a nombre del movimiento obrero organizado, Ángel Olivo Solís, presidente del Congreso del Trabajo. Milagro del contenido y el continente: en su breve discurso caben todos los elementos de la Tradición: a] El propósito inquebrantable: embellecer el futuro de la Patria remodelando el pasado; b] El autoelogio como autocrítica: "El Congreso del Trabajo promueve entre las bases la búsqueda de alternativas a los problemas nacionales, aportando esfuerzos y asumiendo su responsabilidad histórica ante la Nación"; c] La transformación del Pueblo en candidato priista a la Presidencia: "Hemos presenciado la capacidad de movilización del pueblo, inspirado en la concordia y la solidaridad nacionales, como en los momentos decisivos de nuestra historia''; d] La resurrección de México sin necesidad de haberse muerto antes: "La Nación subsiste. El ser y quehacer de la República siguen vigentes"; e] La reedición de la fórmula Aquí-no-ha-pasado-nada-porque-lo-que-viene-es-mejor: "La Patria ha salido fortalecida, no sólo se ha ratificado la solidez de nuestras instituciones, sino la plena vigencia de nuestros valores, de nuestra cultura e identidad nacionales''.

Tiene la palabra el representante del Consejo Coordinador Empresarial. Elogia al gobierno y a los sectores sociales, lleva agua a su molino de acumulaciones ("Se impone la aplicación estricta de las técnicas de administración para maximizar los resultados y minimizar los costos''), se pronuncia por "cambios estructurales en el periodo post-sísmico'', pide la descentralización y la desconcentración capitalina y propone fastidiar a quienes (personas o empresas) deseen establecerse en el Valle de México, suprimiendo gradualmente los subsidios de la capital. La meta: que en una generación la ciudad de México no exceda de un crecimiento natural de menos del 1%. Mientras, se supone, los campesinos sin tierra se entercarán en el arraigo con tal de no defraudar a los desconcentradores.

El ingeniero Mario Hernández Posadas, líder de la Confederación Nacional Campesina, es inolvidable. Emplea las 70 bocinas de su voz en un fervorín más allá de la parodia. Lee como si conmoviera, hace pausas como si las necesitara, le alegra saber que vino a nombre de milpas y mantas de gratitud en los ejidos, y no de ideas o teorías. Es ilimitado como la vida: "La estructura orgánica de la CNC habrá de responder con seriedad''. Nos insta a rehacer nuestro destino "sobre las ruinas de la ciudad y las tumbas de nuestros muertos''. Y concluye sobrio como pancarta: la reconstrucción "tendrá buenos resultados porque habrá de coordinar nuestros esfuerzos el C. Presidente de la República, quien en horas aciagas para la nación ha dado muestras de su entereza y de su varonía, pero también de su emoción humana y de su limpia actuación ciudadana''. Y emite su profecía desinteresada: ". . .para que en tiempo breve, más pronto que tarde, podamos decir al mundo, que bajo la conducción de Miguel de la Madrid, enfrentamos la adversidad, y la vencimos''.

Al micrófono el ingeniero Fernando Favela, representante de la Unión Mexicana de Asociaciones de Ingenieros quien, de seguro con pruebas, nos sorprende: la historia de México está escrita por todos los mexicanos, nos conducen el espíritu sereno y la mano firme del Líder de la Nación y a los ingenieros les ha tocado "el privilegio de ser guardianes de dos de las manifestaciones del nacionalismo, el arte y la ciencia".

El discurso más aplaudido: el del doctor Miguel León-Portilla, representante de El Colegio Nacional. Con más exactitud, la ovación de la mañana la recibe una frase en náhuatl ("Con su venia, Señor Presidente") que el doctor Portilla dice y traduce: "En tanto que dure el mundo, no acabará la gloria y la fama de México-Tenochtitlan". El rector de la UNAM Jorge Carpizo le pide a la Comisión que explique para convencer, solicita libertades críticas y demanda retener la acción solidaria de la sociedad mexicana.

El gobernador del estado de México, licenciado Alfredo del Mazo es agresivo y contundente, y le imprime a su voz la energía que, desafortunadamente, aplasta, oprime, incinera y sepulta a sus palabras. Su discurso va del Informe a la Nación a la inseguridad retórica ("Nos conmovió la pena de ver nuestra ciudad capital herida...") y el recuerdo certificado ante notario: "Hace todavía muy poco, en tierra mexiquense, San Juanico nos mostró una realidad que supimos los mexicanos resolver: el liderazgo presidencial, la solidaridad nacional, las responsabilidades públicas y privadas atendieron con transparencia y oportunidad la grave emergencia". Así dijo.

Según el licenciado Del Mazo, nada tienen que hacer en medio de sus palabras quienes "recurren a la calumnia o a la exageración y dan cabida o propician historias o rumores que distorsionan la realidad". Sus alabanzas son cálido manto sobre el pueblo digno y generoso, el sentido de la oportunidad, el diseño nacional, el justo marco de referencia (del diseño), los gobiernos de los estados, el apoyo al campo y, last but never least, el Presidente de la República: "Ciudadano Presidente, los estados de la República nos sentimos contagiados de su emoción y vocación de servicio, nos sentimos comprometidos con su liderazgo sereno y firme. Su autoridad moral deviene de la práctica puntual de sus convicciones personales".

Que nadie ose decir que el 19 de septiembre no es parteaguas en la conciencia oficial.

Al acto instalador de la Comisión Nacional de Reconstrucción lo clausura el discurso del presidente Miguel de la Madrid. Él asocia una y otra vez Estado y sociedad, y considera ya imposible renunciar, desde el 19 de septiembre, a la presencia del pueblo, que desea organizarse como sociedad civil. Y de pronto, el Presidente problematiza el discurso oficial: "¿Cómo vamos a traducir los sufrimientos y las pérdidas en procesos activos que mejoren nuestra convivencia? ¿Cómo se articularán los esfuerzos de descentralización del

Estado con las tareas que llevará a cabo la sociedad? ¿Qué medidas concretas de ingreso público, de gasto del Estado, de tratamiento de la deuda pública interna y externa, de moneda y de crédito, de tratamientos fiscales, necesitamos ajustar o promover?'' A sus preguntas no les sucede en este momento respuesta alguna.

Estado y sociedad civil, o Estado y pueblo. Los satisfechos porque no hubo revolución y nadie se aprovechó arteramente de la confusión en el DF, creen poseer la fórmula de la ''normalización'': fúndese por decreto la Secretaría de la Sociedad Civil, que coordine la participación en casos de emergencia. Todo arreglado. La Secretaría de la Sociedad Civil ahorrará muchos trámites de los Comités de Reconstrucción donde, es de preverse, el gobierno le dará la palabra a unos cuantos concentrándose después en la dirección, organización, promoción y toma minuciosa de cada una de las acciones, grandes y pequeñas que se estamparán sobre la realidad del memorándum.

Las últimas gotas: "Tranquilos o no hay agua"

El 19 de septiembre el terremoto da lugar a más de 1 500 fallas en las tuberías, secundaria y primaria. Quedan sin agua cerca de 6 millones de habitantes del Valle de México. Activados por la desesperación, los sedientos provocan más de 7 mil fugas en la red de agua potable, rompen y destruyen con tal de llenar una o dos cubetas. En Ciudad Neza se retiran las tapas de las atarjeas, y en las colonias la gente se inmoviliza frente a los camiones-pipas forzando a los choferes a descargar el agua. Algunos llegan a extraer el agua de lugares insospechados. En algunos lugares la situación se repite cada dos o tres cuadras: la mujer con el niño en la espalda y un balde en cada mano, las hileras de cubetas, botes, jarrones, los tinacos vigilados por familias enteras, las pequeñas multitudes que impiden el tránsito de vehículos en su búsqueda ansiosa.

Concluye el servicio de aprovisionamiento de los particulares o se encarece hasta el delirio. *El agua de lujo.* Un garrafón de agua purificada cuesta hasta 4 mil pesos. La carga de una pipa se valúa entre 20 y 30 mil pesos. Una cubeta o un bote donde caben 10 o 12 litros cuesta 200 pesos. El gobierno anuncia la solución inmediata, y envía suministros a las zonas más necesitadas (bolsas de polietileno, pipas, tanques inflables, camiones cisternas), pero la reparación demora y el aprovisionamiento es desigual. Se da el caso de que una pandilla se apodera de válvulas de paso y cobra 100 pesos por un balde de 10 litros. Hay enfrentamientos a golpes por el uso de un tanque almacenador.

Escenas representativas

1☐—Fíjate, cómo sería la cosa que un diputado atajó a un pipero del Departamento Central, le pagó muy bien para que llenara sus cisternas y le ordenó tirar el resto. Un cuate se dio cuenta, movió a la gente y allí se pusieron frente a la pipa a que no pasara y ni manera de quitarlos. Vino la patrulla, arrestaron al pipero y el diputado se fue corriendo. (27 de septiembre.)

2☐Desde hace una hora, en la colonia se intensifica la lucha en torno al registro de agua. Unos mojan a los transeúntes y otros los regañan.
—No la tiren, no sean criminales. ¡La necesitamos para los niños, para guisar, para bañarlos! ¡Sean responsables!
—No hagan dramas, señoras, esta agua no sirve ni poniéndola a hervir media hora. Fíjense en el color ambarino.
—¿Y eso a mí qué? Llevo sin bañarme dos semanas. (2 de octubre.)

3☐En la cola, no hay lugar para el silencio
—¡Pinche vieja abusiva! Fórmese como todos, ¿que es de la Alta o que?
—Tranquilos o no hay agua.
—Y usted, ¿por qué se lleva cuatro cubetas, si nos tocan de a dos?
—¿Y eso qué chingados le importa?
El encargado de la pipa intenta conciliar.
—Paciencia, señores. Estamos reparando una fuga. Mañana seguro tienen agua en su casa.
—¿Y quién te va a creer?
—Si no me creen a mí, créanle al señor Regente.

EDITORIAL III ■ LA SOCIEDAD CIVIL

Entre nosotros, es accidentada la trayectoria semántica de la expresión *sociedad civil*. Durante mucho tiempo, sólo significa la ficción que el Estado tolera, la inexistente o siempre insuficiente autonomía de los gobernados. Luego, reintroducida por teóricos gramscianos, la expresión se restringe al debate académico. Al PRI no le hace falta: tiene ya a *el pueblo* registrado a su nombre. Luego de una etapa de recelo, los empresarios y el Partido Acción Nacional adoptan alborozados a la sociedad civil en su versión de "sectores decentes que representan al país", y la Iglesia ve en ella a otro instrumento para promulgar sus "derechos educativos", la negación frenética de los derechos del Estado. A la izquierda política el término le parece, por su heterodoxia ideológica, sospechoso, creíble y sospechoso.

Pero el terremoto determina el auge del término. Y ya el 22 de septiembre su uso se generaliza, al principio sinónimo de sociedad, sin ningún acento en los aspectos organizativos. Y a principios de octubre, la práctica es dominante: *sociedad civil* es el esfuerzo comunitario de autogestión y solidaridad, el espacio independiente del gobierno, en rigor la zona del antagonismo. Y las objeciones teóricas, por fundadas que sean, resultan inoperantes, llegan tarde. Cada comunidad, si quiere serlo, construye sobre la marcha sus propias definiciones, así la academia marxista las condene.

Ante el éxito del término, sustentado en el rechazo de la impunidad gubernamental, los funcionarios se lanzan a la recuperación de la confianza. Lo primero es elogiar profusamente manteniendo distancias: "La sociedad —resume el subsecretario Manuel Camacho— se expresó con vigor y el Estado en ningún momento perdió la seguridad en sí mismo". Algunos optan porque el gobierno se quede solo: "Los socorristas y voluntarios causan gran confusión, ya no son necesarios", dice el 24 de septiembre el general Ramón Mota Sánchez, jefe de la policía.

El mismo Presidente de la República manifiesta actitudes encontradas el mismo día (30 de septiembre). A los voluntarios del CREA les dice: "El gobierno no pretende monopolizar ni controlar el gran dinamismo del pueblo, al gobierno le corresponde orientar, conducir, coordinar con base en las demandas de la población. El régimen no pretende estatizar ni controlar la vida de la Nación, se respetan las libertades y la espontaneidad social". A los empresarios el Presidente los tranquiliza: "Sé muy bien que en estos casos hay el peligro de la anarquía, incluso anarquía que proviene a veces de la generosidad espontánea, de la iniciativa espontánea de la sociedad. Al gobierno le corresponde evitar que ocurra esta anarquía ya que es el representante global de la sociedad".

Que jamás ocurra el pleito, que no se distancien las dos fuerzas de nuestro equilibrio. Los funcionarios adulan y recomponen. El director de Pemex Mario Ramón Beteta es fraterno: "La desgracia estrechó vínculos de la sociedad civil y el gobierno''. Y el presidente Miguel de la Madrid, a la pregunta de Regino Díaz Redondo: ''¿Hay una sociedad civil enfrentada al gobierno o paralela a él?'', responde (*Excélsior*, 8 de diciembre de 1985):

> Le confieso que no tengo una respuesta en cuanto al concepto de sociedad civil, porque como usted sabe surge con el contraste. ¿Qué es sociedad civil y sociedad militar o sociedad gubernamental, o cuántas sociedades somos? Hay quienes inclusive dicen, ¿por qué ahora le llaman sociedad civil a lo que antes se decía lisa y llanamente pueblo? Hasta un caricaturista dijo que el término ''sociedad civil'' lo usó sabiendo que, como en otros tantos conceptos de la sociedad, de la economía y de la política, los términos a veces son ambivalentes y se entienden de distinta manera por gente diferente.
>
> La mayor parte de los individuos entiende por sociedad civil la parte de la sociedad que no está cumpliendo labores gubernamentales. El gobierno es órgano del Estado y el Estado comprende a su población por definición. El Estado lo entiende como la organización política de una sociedad organizada. En consecuencia, no creo que se pueda hablar de un divorcio entre Estado y sociedad como muchos sociólogos o politólogos lo hacen.

La sucesión de catástrofes deja oír las voces populares, un acontecimiento inusitado. Estamos frente a colectividades cuyo repertorio magnífico de hablas y experiencias, se ha ido construyendo en los intersticios de la industria cultural, al margen de los poderes y, desdichadamente, al margen casi siempre de la lectura. Detrás de una sociedad inerte y convencional, ni tradicionalista ni moderna, se descubrió la dinámica de grupos y sectores, combinados desigualmente, la mayoría de ellos suspendidos en sus manifestaciones críticas y creativas por las censuras del autoritarismo.

Ante estas sociedades vislumbradas, se opone la visión habitual, hecha a la medida del gusto tradicional por la frustración y por la destrucción de los ''sueños sociales''. Según algunos no hay tal emergencia comunitaria, se magnifica el altruismo inevitable en las catástrofes, y no se anticipa el desánimo. Al pasar ''la moda'' de la solidaridad, impera el catastrofismo lánguido. *Out* las brigadas; *in* las murmuraciones y la sorna que corroe los idealismos tempraneros.

Sin duda, en el proceso de la ayuda hubo triunfalismo, pero breve y muy localizado. La precaria sociedad civil no quiso repartirse el Zócalo, sino atender albergues, calles, edificios en ruinas, huérfanos y heridos, necesidades alimentarias y de salud. No se dio un "asalto místico al Monte de la Solidaridad", ni se perturbó el rumbo del capitalismo, pero sí, por unas semanas, se negaron valores de la ideología del individualismo (omnímoda en tiempos "normales"). Esto es lo hermoso dc las primeras jornadas: miles expusieron su vida por desconocidos, con hechos se expresaron necesidades democráticas.

Luego se emiten las melodías de la desesperanza: en el reflujo, se acrecientan desilusión y desencanto. Lo más importante ha acontecido, y una comunidad aprovechó al máximo la infrecuente oportunidad de existir de golpe, y verificó por unos días el alcance de sus poderes.

El debate se abre. ¿Qué es la sociedad civil, una parte del Estado, la zona de la autonomía ciudadana o el vocablo sociológico que, ante la falta de méritos curriculares del bienamado Pueblo, lo desplaza? Sobre la marcha se aclara la definición, al intensificar el terremoto las posiciones éticas. Por eso, los asesinatos en la Procuraduría se convierten en agresión política y moral a la ciudadanía. Antes, esto se hubiese enterrado en las páginas de policía, pero al ascender a la primera plana el respeto a la vida humana, lo policiaco revela su condición política. En 1981 los crímenes del río Tula (el grupo de colombianos torturados y asesinados por la Brigada Jaguar de la Policía Judicial para apoderarse del monto de sus robos bancarios), se extraviaron en la nota roja y sólo se examinaron en 1983. En las semanas del terremoto, las torturas y los asesinatos en una "sede de justicia" se vuelven de inmediato el debate que agota las confianzas mínimas en el aparato judicial.

La participación ciudadana, elemento indispensable del gobierno. A este esfuerzo la noción de *sociedad civil* le proporciona un centro unificador. Parte considerable del desastre urbano se debe a la patética desvinculación de grupos, sectores y clases, y a la falta de un idioma común, ajeno al muy atroz del consumismo y de la televisión comercial. El terremoto exige la rápida memorización de un vocabulario técnico (lo relativo al salvamento y a la construcción), y de un vocabulario teórico, al principio centrado en la expresión *sociedad civil*.

NOTICIERO IV ■ LAS REVELACIONES POLICIACAS

El domingo 22 de septiembre, en los escombros de la Procuraduría de Justicia del DF —informa el reportero Guillermo Valencia de *El*

Universal— se encuentra en la cajuela de un auto el cadáver del abogado penalista Saúl Ocampo, amordazado, vendado de los ojos, atado de pies y manos con cadenas metálicas. Al respecto, la versión de la Procuraduría es tenue: el cuerpo del abogado, desaparecido el 14 de septiembre, fue hallado el día 15 en su coche, estacionado en la Colonia Roma. Según el certificado de autopsia, divulgado por la procuradora Victoria Adato, el licenciado Ocampo murió por disparo de arma de fuego en el tórax. Según un experto del Servicio Médico Forense, el cadáver no presenta herida de bala, murió de asfixia y sus dedos estaban muy quemados.

De varios detenidos en la Procuraduría no se encuentran los cuerpos. (Versiones indemostrables en un sentido o en otro.) De las ruinas se rescatan el día 20 de septiembre los cadáveres de cuatro colombianos (Juan Antonio Hernández Valencia, Jaime Andrés y Julián Ruiz Quintero, y Héctor José Montoya Gómez) y dos mexicanos (Manuel Ramos y José Menchaca), aprehendidos quince días antes del terremoto, mantenidos en separos especiales, y —de acuerdo con los médicos forenses— torturados salvajemente. Dos de ellos por lo menos fallecen a resultas de las golpizas. El reportero Marco Antonio Vega de *El Universal*, atestigua que el cadáver de Johnny Hernández Valencia, de 17 años de edad, tiene "una herida penetrante de tórax causada por un objeto punzocortante". El cadáver presenta "maniobras de estrangulación", golpes numerosos y "surcos" en las muñecas y en los tobillos. A la madre de Johnny, Miriam Valencia, se le detiene mientras busca a su hijo.

La reacción oficial no es insólita. Según el director de la Policía Judicial del Distrito, Raúl Melgoza, la "banda de violadores" colombianos había sido puesta a disposición de la Procuraduría General de la República. La procuradora y el subprocurador René Paz Orta declaran: "No se tortura a nadie en la Procuraduría" y aseguran que el número de muertos allí encontrados "no llega a treinta" (según otros testimonios, también incomprobables, asciende a más de doscientos). La procuradora añade: "Es absurdo pensar en torturas, puesto que ya habían confesado". Y policías sádicos sólo en el cine "negro", uno supone. Días después, la policía presenta, acusados de narcotráfico, a los colombianos José Eduardo del Prado Sánchez, Miriam Valencia y Miguel Jiménez y a la israelí Clarisa Kaitz, que denuncian golpizas, inmersiones en el agua hasta asfixiarlos, choques eléctricos en los genitales, aplicación minuciosa en el cuerpo de cigarrillos encendidos. Según Miriam Valencia, su hijo y Montoya Gómez salieron con vida del terremoto, y fueron asesinados por agentes judiciales. (A ella se le deporta posteriormente.)

La embajada de Colombia en México protesta oficialmente y al mes, la procuradora admite que en la Procuraduría se violan los derechos humanos. Sin embargo, todavía se insiste: "Ninguno de los detenidos en los separos de la Procuraduría de Justicia del Distrito Federal pereció en el derrumbe del edificio durante el terremoto" (*Excélsior*, 26 de octubre). En defensa de la buena fama de la justicia mexicana, la diputación priista se-desgarra-el-alma, y se recita en la tribuna: "Por sobre las garantías constitucionales están los derechos de la familia". Si los delincuentes eran violadores, que paguen con tortura su pecado.

Del arrepentimiento

—Atrapados los pies por gruesas columnas de concreto de lo que fueron las oficinas de la Procuraduría de Justicia del Distrito Federal, un agente judicial miraba al cielo e imploraba a los rescatistas que acudieran en su auxilio. Que por favor lo sacaran de ahí. "Ayúdenme, ayúdenme, no vuelvo a ser un cabrón; juro que seré un buen hombre." Un ruido hizo correr al grupo improvisado de rescatistas . . . No se escucharon más los gritos (Zollo C., brigadista. En *Esto pasó en México*, Editorial Extemporáneos).

2 de octubre. La conversación con el Presidente

—Hoy sábado en la mañana marchamos hacia Los Pinos unas cinco mil personas, los niños al frente con pancartas: "Señor Presidente: mi abuelito y mi mamá se murieron y no tengo dinero"/"México quiero seguir creyendo en ti". Nos detuvieron ocho veces. A los del edificio Carranza les llegó la tentación: "Les damos 200 millones por el edificio. Corran que los espera el licenciado Pacheco, apúrense porque esta oferta no volverá a pasar". Y no corrieron. Los del Nuevo León llevaban la vieja manta, la anterior al temblor. Había mujeres enlutadas. Se atravesaron dos patrullas. Una señora les dijo: "Solución o huelga de hambre".

A Los Pinos entramos veinte personas. Nos recibieron el subsecretario de SEDUE, Gabino Fraga, y el secretario del Presidente, Emilio Gamboa. Pedimos ver a don Miguel. "Está muy ocupado." Una compañera se molestó: "Desde que andamos en esto, sólo hemos visto a tipos que prometen informar con puntualidad al superior. Nuestros problemas son gravísimos: muertos, desaparecidos, falta de hogar y ni siquiera tenemos un censo de cadáveres. Ya sé que no somos Plácido Domingo, pero pedimos por lo menos cinco minutos de respeto y que el Presidente nos vea un instante''. El secretario intervino: "La nación está consternada, hay que considerar, hemos sido tolerantes''.

Sin subir la voz, la compañera le replicó: "Más tolerante que la gente en los campamentos nadie, con neumonía, con falta de comida, en la angustia. Esto no puede ser. El gobierno elude su responsabilidad. No queremos andar año tras año acarreando pliegos petitorios. Somos 21 mil desalojados''. Poco después, llegó el Presidente, y se le entregó el pliego con nuestra exigencia de peritajes, rehabilitación de viviendas, indemnización y procesos judiciales a los responsables del abandono del Nuevo León. El Presidente informó de peritajes profundos, rechazó la intervención de peritos extranjeros y oyó de problemas particulares. Estuvimos cerca de una hora.

14 de octubre. La elegancia como ideología
(El empresario se explica levemente en un paréntesis
del Comité de Reconstrucción)

El lazo de la corbata, perfecto. Los movimientos de las manos, pulidos y decantados por generaciones. La elegancia, ideología que impresiona a los de abajo y satisface a los (escasísimos) de al lado. La mirada, una lección de astucia: nunca se ausenta, jamás se interesa en demasía. La expresión facial, a medio camino entre la rigidez y la naturalidad. El método polémico, la desaprobación gestual: un encogerse de hombros: ¡qué tontería!/ un trazo enérgico en el papel: ¿para esto me trajeron?/ un vuelo contenido de la mano: ¡eso ya lo sabían los sumerios, por favor!

Al lado de los argumentos que emanan de la mera presencia, los puntos de vista parecen trillados. Sí, ante la intervención grosera del Estado, la deuda pública es asunto menor. Los graves errores en materia de administración pública, que culminan en las expropiaciones de la Banca, y de los predios urbanos, generan la desconfianza que padecemos, objetivada en el alza del dólar.

Se ha roto la armonía, y él ha vivido para la armonía. Nuestro problema no es económico, sino psicológico, no hay paz social si la gente llega a su casa temerosa, ignorando si en su ausencia la robaron, la expropiaron, la invadieron los pobres. Sí, los empresarios creen en México, pero México ya debe corresponderle a la roca firme, el sostén del desarrollo personal: la iniciativa privada.

16 de octubre. *"Es muy peligroso levantar la mano"*

Algarabía, monotonía y suspense en el Museo Carrillo Gil, en la subasta en pro de damnificados que convoca la Secretaría de Educación Pública, previa generosa entrega de obras de artistas famosos, conocidos y en edad de promoción. A lo largo del día, el dinero ha fluido, reinstalando las esperanzas en el mercado interno de la pintura, revaluando artistas a los que se creía justa o injustamente desplazados, apoyando nuevos valores, alegrando a los dueños de galerías. La solidaridad apaga las discolerías, y aunque los compradores prefieren adquirir por interpósita persona, podrían no hacerlo: hoy todo el dinero que se exhibe se considera bienhabido.

Los precios son las estimaciones estéticas, son los prestigios inmanentes, son las etapas simultáneas del gusto, el conocimiento y la reiteración de los nombres. La calidad promedio de las obras es decorosa, y representen o no los cuadros subastados lo mejor de las obras de quienes los obsequiaron, se reafirma el alto nivel de los —digamos— consagrados en vida: Tamayo, Gunther Gerzso, Cuevas, Toledo, Vicente Rojo, Luis García Guerrero, Felguérez, Leonora Carrington. . . y el talento de muchos de los jóvenes que, luego de fatigosas polémicas por ellos ya no padecidas, algo saben: no hay más ruta que la múltiple.

Los minutos de tensión, de apremio, de sofocación. El habilísimo subastador declara el precio de salida por el cuadro de Tamayo, *Mujer desnuda*: quince millones de pesos. Aunque ya se sabía, el rumor incrédulo devasta la atestada sala del Museo. *¡15 millones de pesos!* (No traduzcan la cifra a dólares, déjenla reposar unos segundos en su antigua grandeza). *¡16 millones!* La voz que surge de un micrófono señala la presencia de otro grupo en el primer piso, que compite y adquiere mientras ve la escena en un monitor. 16 100. . . 16 300. . . 16 500. . . La emoción es real y se desprende de la nobleza de la subasta, del vuelo del dinero ajeno, de las reacciones vinculadas al juego y a la pérdida o la adquisición de fortunas. ¿Quién tendrá tanto dinero? ¿Por qué tanto dinero no le parece *tanto dinero* a quien lo tiene? ¿Por qué la riqueza fascina y divierte? Un joven con aspecto de intermediario (o de burgués disfrazado de oficinista) hace sus ofertas consultando un punto indistinguible, y alza la mano con timidez: *17.*

El subastador ríe, él ya se acostumbró a manejar las sesiones fijándose en las manos, nunca en los rostros, palpando el clima emocional a través de la decisión y la multiplicación de las manos, entendiéndose con el público a través de un *timing* muy preciso, que previa consulta instantánea de las manos permite la resolución veloz, e impide el cansancio. *17 100*, se oye en el micrófono. 17 300. . . 17 500. . . 17 800. . . Las risas nerviosas delatan y el Museo Carrillo Gil entero, sus pasillos que hierven con el zumbido de los culturati, y sus salones iluminados por el arte, se somete al trance hitchcockiano de intuir al vencedor, de soñar sus residencias, de suponer tras su chequera una tragedia. No habrá desenlace dramático, pero ya hay, desde este segundo, un final feliz contenido en los murmullos, en el triunfo comunitario ante el éxito de una sola persona.

18. . . La sonrisa del joven que levanta la mano es despreocupada y para mí, sospechosa. De ser suyo el dinero, ¿manifestaría tal serenidad? (O la pregunta es: de disponer uno de tal suma para compras filantrópicas, ¿se pondría nervioso?) La voz de las profundidades emerge: 18 300. . . 18 500. Los compradores y los espectadores ya son masa rugiente, que festeja no el duelo de dos titanes del cheque, sino las cifras. Es la hora de la exaltación del capital, así en abstracto, sin empresas que lo justifiquen ni adquisiciones que lo legitimen.

19. . . Un divertido, disciplinado pandemónium. Arriba, todos imaginan la identidad del multimillonario de abajo. El subastador no deja de sonreír, la oferta es excelente y la demanda es óptima. Un cuadro de Tamayo en el centro de un enfrentamiento de chequeras. 19 200. . . 19 500. . . 19 700. . . En unos segundos, el dato escueto, la apoteosis del deseo adquisitivo, la cantidad que marca un salto del mercado interno del arte mexicano, o más humildemente, que exhibe la complejidad del mercado en época de crisis. Sonríe el licenciado Pesqueira, secretario de Agricultura, arrellanado en el ámbito a su disposición, y se seca el sudor la coleccionista Lola Olmedo (que al día siguiente comprará un cuadro de Siqueiros, el retrato de Moisés Sáenz, y lo regalará a la Nación). Se aguarda y se cultiva la incredulidad. *20*, dice el joven y levanta la mano. *20 millones de pesos!!!* Un velo se rasga, una estatua se devela, la mayoría de edad del comprador autóctono.

20 100. La voz del Averno. El nativo se rinde, gana la voz sin rostro, y cinco minutos después avanza hacia la mesa de la subasta la pareja de Palm Springs que obtuvo el Tamayo. Pero ni las joyas de ella, ni el aspecto taciturno de él, modifican la impresión: al amparo de la generosidad, no hay espectáculo más regocijante a corto plazo, y más deprimente diez minutos después, que el de las fortunas ajenas.

Al mes del temblor. El empresario y el populismo

—¿De qué sociedad civil hablan? Por más de medio siglo, nosotros los empresarios hemos sido toda la sociedad disponible, civil o como quieran llamarlo, hemos sabido cómo tratar con el Estado, de igual a igual o con el respeto debido al proveedor, le admitimos exención de impuestos y le rechazamos el pulque, la barbacoa y las recomendaciones para el ISSSTE. Ante el mundo libre, o sea ante nuestros acreedores, los empresarios somos la prueba última: aquí todavía es posible el pluralismo democrático, México aún no es totalitario. Si nos agreden, queda abierto el camino hacia La Habana. Sabemos cómo opera la pérdida de libertades y por eso, por principio, no por ver lastimados nuestros intereses, impugnamos la expropiación de predios y edificios del 11 de octubre. ¿Dónde quedó el respeto a la Constitución? ¿Por qué le llama *expropiación* al robo? Con razón mi hijo me decía ayer: "¿Y para esto te sacrificaste juntándole dinero a las viudas de los pobrecitos?"

Insisto. No protegemos intereses personales. ¿Quién podría acusar al empresario mexicano de pequeñez de alma? Al proteger la propiedad privada defendemos la raíz del desarrollo espiritual, de la Persona, del capitalismo social. La propiedad privada arraiga al hombre en el gran esquema del Universo, lo distingue de las fieras y de los primitivos, le da plena conciencia de su humanidad. Poseo luego existo. Por eso lo advertimos a los ciudadanos decentes: "Nomás acepten pasivamente que el gobierno se quede así nomás con lo que es legítimamente suyo, fruto del esfuerzo de generaciones o de la iniciativa de ustedes, y se quedarán cuidando nomás sus recuerdos". Que no ocurra lo fatal, no caigamos de nuevo en el lodazal del populismo, olvidándonos de que en México el verdadero interés social está ligado al desarrollo de la empresa. Y además, ¡qué falta de imaginación del gobierno!: cerca de Toluca o de Querétaro hay muchos terrenos donde cabrían sin problemas miles de damnificados. Se evitan una monstruosidad, descongestionan la capital y no inducen a la pérdida de la confianza.

La repetición que tranquiliza

El locutor le pregunta por tercera vez al contralor general del Departamento Central: "Entonces, ¿a nadie le van a quitar su casa?". *No, a nadie.* "Entonces, ¿no corren peligro los propietarios de casas registradas como terrenos, de casas particulares, talleres, comercios, imprentas, lavanderías?'' *No, no corren*. ''Perdone que insista para aclarar. ¿A nadie le van a quitar su casa?'' *A nadie*. La repetición es mecánica y desesperada, opone el énfasis neutral a los rumores, al miedo de perder la casa en Bosques de las Lomas, al soviet en 1985, el bolchevismo priista. Díganlo de nuevo, reitérenlo: *A nadie le quitaremos su casa*.

La filantropía sin más

Julio Iglesias —corbata azul, traje oscuro— canta ''Ella'', cierra dulcemente los ojos, le regala a la canción de José Alfredo un paisaje de bodas de plata, se mece como herido por un rayo de fotonovela, y sufre bonitamente con el mariachi. Los afortunados lo aplauden. Pagaron cien mil pesos por cabeza con tal de solidarizarse con la solidaridad de Julio, la actuación especial ''Para México, con amor''. Julio termina y musita con el susurro que es conquista libidinal: ''Gracias México''. De smoking, Raúl Velasco explica el amor entre los pueblos. A Julio le importa tanto este gesto de Julio que, para su difusión ha traído consigo reporteros y fotógrafos de las publicaciones hispánicas más importantes, entre ellas y por supuesto *Hola*. La prensa del corazón con el corazón en la mano. Que filmen al mismo tiempo a tu mano izquierda y a tu mano derecha. A Gustavo Petricioli, director de Nafinsa, Julio Iglesias le entrega (''simbólicamente'', asegura Velasco) 30 millones de pesos para el Fondo de Reconstrucción. Don Gustavo los recibe: ''Gracias, don Julio, por darnos a través de su voz, su mano de amigo. Gracias a Televisa. . . El gobierno se compromete a utilizar en forma transparente, en forma honesta, el esfuerzo de todos ustedes''. *La transparencia*: el tributo del Estado a la desconfianza.

La prensa hispana registra cada instante del acto desinteresado.

EDITORIAL IV ■ LOS MEDIOS MASIVOS

En el programa *Hoy mismo*, de Televisa, la locutora Lourdes Guerrero inicia un monólogo que muchos recordarán.

—Está temblando, está temblando un poquitito. No se asusten, vamos a quedarnos. . . Les doy la hora. . . Siete de la mañana. . . ¡Ah, chihuahua! Siete de la mañana 19 minutos 42 segundos, tiempo del centro de México. . . Sigue temblando un poquitito, pero vamos a tomarlo con gran tranquilidad. . . Vamos a esperar un segundo para poder hablar. . .

El 19 de septiembre el papel de los medios electrónicos es definitivo. Con la ciudad incomunicada interna y externamente, los medios (en especial, la radio, ya que Televisa queda fuera del aire la mañana del 19 de septiembre), proporcionan fragmentos de información muy necesarios, sustituyen a la red tradicional de seguridad y confianza, atenúan el pánico, tranquilizan a cientos de miles de personas y son inapreciables voces comunitarias. En la televisión la reacción es —en medio de la confusión extrema— útil y sermonera. Al cabo de diez o doce horas, el hábito se impone. Se minimiza con entusiasmo el desastre, se miente, se adula a los funcionarios, se protegen los intereses específicos: Imevisión desea probar que el temblor se produjo con tal de realzar la eficacia gubernamental, y Televisa enumera seguridades para el Mundial de Futbol: "Nada pasa. Los estadios, incólumes. La afición, idolátrica. Las camisetas, a la venta".

No sólo el interés económico interviene en este esfuerzo mitómano. La industria del espectáculo depende en mucho de certidumbres psicológicas inamovibles: ésta es la familia, así piensa, así actúa, así se deja influir por la publicidad, así consume. Ante el fenómeno de la solidaridad que se organiza, no hay respuestas, los encargados de la televisión no conciben una sociedad que actúa por cuenta propia. Más vale insistir en lo "humano" de la noticia: "¿Qué sintió usted cuando vio a la viga aplastar a su marido?"/ "Señor, usted lleva aquí atrapado 122 horas, ¿qué mensaje quiere enviarle al pueblo de México?" La noticia no tiene ángulos sociales, sólo "humanos". A Televisa e Imevisión les apasiona la conversión del terremoto en melodrama (paisaje conocido), y los locutores rebajan los acontecimientos con sonrisitas y frases, y acaparan el sentimentalismo, entre adjetivaciones lacrimosas y anécdotas tremendistas.

La prensa sí cubre por un tiempo funciones indispensables. De hecho los primeros días los reporteros son también voluntarios, y a su tarea habitual incorporan el desempeño cívico. Entre sus lectores hay miedo o, si se quiere, paranoia, pero el ánimo público es racional, y no obstante el amarillismo empeñado en el lado apocalíptico ("¡SIGUE TEMBLANDO!") o telenovelero ("¡AÚN RESPIRA!"), la prensa advierte lo sustancial, y le asegura a los movimientos de damnificados una repercusión inesperada. Con detalle, se nos entera de la lucha de los habitantes de Tlatelolco, del proceso organizativo de los vecinos de la Morelos, Tepito y la Guerrero, del forcejeo con los dueños de las fábricas de vestidos, de la formación de grupos alternativos, de la resistencia de médicos y enfermeros del Hospital

General, de los damnificados novedosos que ya no exigen pasivamente sus derechos. Sin la prensa, estos movimientos no se habrían vinculado internamente con la rapidez precisada, y no habría persistido, hasta donde fue posible, el apoyo externo.

Ejemplos doblemente memorables

"Todo está igual. Edificios más o edificios menos, pero ustedes no tienen por qué sentirse distintos. El locutor untuoso sale a cuadro y nos invita a acompañarlo a un recorrido por la ciudad eterna. Fíjense, el Ángel de la Independencia se cayó en 1957, eso sí, pero ahora ni quien rinda su estoicismo. Admiren la estolidez del Castillo de Chapultepec, templo mayor del turismo imperial. Ni cuarteaduras tiene. . ." El comunicador Raúl Velasco se ve algo preocupado. (El mensaje de optimismo rebajado por la obligación de pronunciar un mensaje optimista.) No exageremos, dice, no fue para tanto, yo me alarmé mucho en España cuando lo supe, pero con todo respeto, los europeos son muy exagerados. Nomás llegué aquí y suspiré aliviado: mi familia estaba muy bien, y en condiciones muy aceptables la cocinera, el jardinero, el mayordomo, las mucamas. ¡Qué país tan maravilloso que ni siquiera la servidumbre se colapsó!. . . El locutor compone debidamente el rostro para hipnotizar a las amas de casa, y señala en el mapa de la ciudad la porción afectada. "¿Ya ven? Es un pedacito." Lástima que él no haya conseguido un mapa del cosmos. ¿Qué son, ya para exagerar, 4 mil edificios y 20 mil muertos con relación a las galaxias? (22 de septiembre.)

El reportero televisivo se desespera. La oportunidad de la vida del entrevistado y sólo se le ocurre pedir agua. Allí abajo atrapado, desde hace cuatro días, durante horas interminables que debió emplear en pulir sus frases para cuando llegase el momento supremo ante la cámara, el micrófono, el país, la red internacional. . . Y sólo pide agua. ¡Qué anticlimático! Era el chance único de un mensaje de amor y paz, un saludo cariñoso a la familia, un apoyo a la fe, la que fuera, menos el estorbo de las necesidades de un ser humano. ¿No le bastaba la garantía de un micrófono? Por fortuna, medita el reportero, no es muy común tal falta de colaboración, se ha convencido a muchos de los participantes en el rescate para que no miren a las cámaras sino a la víctima que dejará de serlo en breve. *Así, así, con ternura, con alegría, recuérdenlo, su imagen está siendo trasladada a millones de hogares. Eso, no miren a la cámara, Bien, muy bien.* (25 de septiembre.)

—Pagábamos 600 pesos de renta, por el rinconcito. El dueño, luego del terremoto, vino y nos propuso: "Compren el terreno", pero ustedes comprenderán que si pagábamos esa renta, es porque apenas nos alcanzaba para pagar esa renta. ¿Sí me explico? ¿De dónde iban a venir los tres millones? Bueno, no tuvimos desgracias pero nos quedamos sin casa y nos fuimos al albergue Leandro Valle. Allí nos trataron bien y la cocinera nos invitaba a ayudarla preparando comida. Nos reubicaron luego, y hoy nos dijeron: "Se van a Jalpa, la casa les va a salir en un millón 700 mil pesos, y deben dar de enganche 50 mil pesos, y el resto en mensualidades de 20 mil primero y de 15 mil después". Muchas gracias, ¿pero de dónde? Total que fuimos a ver la famosa Jalpa y allí están las casas, digo si son casas las paredes sin los techos. ¿Dónde vamos a vivir? En el albergue ya faltan víveres, no hay lo indispensable, necesitamos vale para sacar un jabón. ¿Dónde está la ayuda? No queremos regalos, sólo vivienda digna para nuestros hijos. Si nos mandan lejos, ¿en qué van a trabajar nuestros esposos? ¿Los quieren de rateros? Somos pobres e ignorantes, pero dignos. No pedimos pan. Nosotros los mexicanos aunque sea un sope, pero lo tenemos: Queremos una vivienda. No tenemos Infonavit ni Fovissste, porque nuestros maridos no pertenecían a sindicato alguno. Y todo empeora. Del albergue ya nos quitaron a los doctores. A donde nos mandan no hay escuelas. Nosotras todavía tenemos energía, pero en el albergue ya están corriendo a una señorita anciana y enferma. ¿A dónde va a ir, a morir en la calle como un animal?

EXPEDIENTE III ■ "COSTURERAS AL PODER/ LOS PATRONES A COSER"

21 de septiembre. La vigilia

Ellas ignorarán siempre de dónde surgió la destreza que les permitió moverse con suprema agilidad entre los vaivenes, descender del tercer o el cuarto piso del edificio usando telas amarradas, prefiriendo caerse y matarse antes que otro segundo en el infierno. Ellas recuerdan: el edificio estaba —digamos— hecho un arco, se derrumbaban los muros, las escaleras despedazadas, el polvo lo nublaba todo, las máquinas y los trozos de concreto parecían volar, y había que salir de allí como fuese. Al reportero, la joven llorosa le cuenta: "Yo estaba en el taller de costura y me iba a arrodillar junto a mis compañeras ante el altar de la Virgen de Guadalupe, cuando decidí meterme abajo de una máquina. Eso me salvó. Salí por un huequito. Las demás murieron rezando. Dios se los tendrá en cuenta".

Ahora, en la calle de San Antonio Abad, las sobrevivientes se escuchan a sí mismas decir: "Rompí los vidrios con las manos, la angustia me empujaba", observan a periodistas, voluntarios y curiosos, que memorizan los edificios triturados, conversan erráticamente con los parientes (los deudos), y ante la escasa movilización oficial comprueban que también en el desastre hay jerarquías. Las costureras insisten: los patrones sólo quieren retirar las máquinas y llevarse cajas fuertes y mercancías; les tiene sin cuidado la vida de nuestras compañeras y la extracción de sus cuerpos.

Pronto, la prensa localiza el tema de "interés humano": la cruel explotación de estas mujeres. Abundan reportajes, entrevistas, artículos. Las costureras, epifoco moral del sismo. Hasta el 18 de septiembre de 1985, algo se sabía de su situación, desde luego, pero a nadie parecía afectarle el drama de los seres que se consumían uncidos a la rutina implacable (coser, cortar, estampar), mientras los industriales viajaban por el Mediterráneo y los hijos de los industriales adoraban ese sobresueldo estético de los penthouse de La Jolla o Houston, las puestas de sol. Pero con el sufrimiento ajeno se vive, y la información sobre las costureras se aletargaba —denuncia previsible— mientras los patrones se *coludían* (verbo lejano) con los líderes charros, los funcionarios de la Secretaría del Trabajo, los jueces.

¿Qué se le va a hacer? Las costureras eran "esclavas tradicionales", y su humillación resultaba "algo imposible de modificar, un mal del siglo". Pero al sacar a flote el sismo su existencia sin derechos, algo ocurre. La prensa sin mayores distingos ideológicos, hace suya la causa de estas mujeres, en una muy infrecuente cruzada moral. A diario y por cerca de dos meses, se les entrevista, y pronto la opinión pública tiene la información más detallada posible: no se les concede el salario mínimo, trabajan nueve o diez horas diarias, no tienen derechos de antigüedad, no las protege sindicato alguno, apenas unas cuantas utilizan el Seguro Social, padecen —bajo un trato insolente— jornadas de casi todo un día sin dormir, se les sanciona si checan tarjeta con tres minutos de retraso, no hay vacaciones porque al patrón le urge entregar trabajo, se les dan diez minutos de descanso al día, el pago por el tiempo extra es simbólico, se les descuentan los días que no acuden por enfermedad, se les despoja de sus mínimas compensaciones (por ejemplo, con tal de no pagarles el aguinaldo, el patrón las despide a principios de diciembre y las recontrata a principios de enero).

En su reportaje exhaustivo (*La Jornada*, 7 de noviembre), Sara Lovera proporciona datos contundentes:

- □ 700 mil trabajadoras de la confección en el país.
- □ 40 mil costureras sin empleo debido al sismo.
- □ 50 por ciento de la producción en talleres clandestinos.
- □ 51.33 por ciento de trabajadoras con contratos semanales.
- □ 18.66 por ciento de trabajadoras de planta.
- □ 73.33 por ciento de trabajadoras que no saben lo que es ni para qué sirve un sindicato.
- □ 89.35 por ciento de trabajadoras convencidas de que el líder sindical es nombrado por la empresa.

De la pasividad de las trabajadoras hay explicaciones. Según el sociólogo Moisés Guzmán el miedo a perder el empleo las ha llevado a soportar abusos económicos e incluso de tipo sexual. Para los patrones, el tipo ideal de costurera es soltera, entre diecinueve y veinticinco años de edad, sin hijos (los ocultan), cuarto año de primaria promedio, indiferencia por la política o el sindicalismo, carencia de aspiraciones.

El apoyo de la prensa activa la lucha y enmarca la desesperación. Al principio, entre discusiones con los soldados, los familiares remueven "a mano pelada" los escombros. El escándalo presiona un tanto tardíamente sobre las autoridades y el 7 de octubre se inicia el rescate de cuerpos. Frente a las ruinas, las costureras protestan: "¿Será porque somos de escasos recursos y faltas de cultura, por lo que nos tienen olvidadas, o porque se trata solamente de muertos?. . . Son seres humanos, como usted y yo, las mujeres allí sepultadas, tienen hijos, madre, padre, que lloran por volverlas a ver, aunque sea un momento".

3 de octubre. Un testimonio

—El taller en que trabajaba era clandestino y hasta ahora lo supe. Ninguna de nosotras —costureras, terminadoras, overlistas— sabía el nombre del dueño o la razón social del taller. Laborábamos de 8 de la mañana a 6 de la tarde de lunes a sábado, y ganábamos 5 mil o 7 mil pesos a la semana, y si nos iba muy bien 8 mil. A las nuevas y a las viejas nos separaban y entre nosotras apenas nos conocíamos.

Creo que el terremoto nos enseñó nuestra verdadera cara, la de nosotras, la de nuestras madres y abuelas, y la de las autoridades que, la verdad, se hacían los tontos. Y sí que hemos cambiado. Se nos acabó un hogar, pero un hogar al que no volveríamos. Ya no creo en nada de esto, de portarme bien para que me exploten. Pero sí creo en que unidas haremos algo. Antes, los problemas de cada quien eran de cada quien. Y por eso nos iba tan mal. Ahora estamos preparadas para todo. No nos van a pisotear y si quieren hacerlo no será tan fácil. El que venga no se enfrentará a las costureras solas, sino al pueblo.

Murieron muchas, muchas. Pero no se han ido, se lo juro, están vivas en nosotras. Ahí los ve, arrastrando como basura todo junto, cascajos y muertos, pero la basura son ellos, nomás que no se han dado cuenta. En cambio, nosotras sabemos lo que somos. Somos jodidos y como jodidos vamos a responder. A lo mejor esta palabra suena muy vulgar o que no debe ser en una mujer, pero es lo que somos, *jodidos*.

Sí, al principio todavía estaban vivas muchas compañeras, pero nadie las auxilió y se murieron. Los soldados sólo acordonaron, por eso no nos llegaba ayuda de nadie. Y el trabajo del gobierno empezó dos semanas después. *¡Dos semanas después!.* . . En el cambio que sufrimos hay como escalones. Si no los hubiera, ¿qué haríamos aquí? Perdimos amigos, familiares y el trabajo. Nosotras llorábamos mientras los patrones sacaban sus cajas fuertes, sus máquinas, sus mercancías. Y se nos quitó la gana de llorar. En los primeros días, una señora nos gritó: "¿A qué se quedan? Váyanse a vender quesadillas". Ése no es el problema. El problema es que todas las que murieron, la mayoría madres solteras, nos heredaron sus hijos. No podemos estar haciendo quesadillas mientras a ellas no se les hace justicia.

7 de octubre. Martín, obrero de Dimension Weld de México (edificio derruido en San Antonio Abad 164)

Su testimonio es y quiere ser preciso, es y quiere ser reiterativo. Trabaja en una fábrica de maquila, aplicaciones de plástico y anexas, en donde por fortuna no hubo daños personales. Su lucha, y la de quienes ahora lo rodean ansiosa y silenciosamente, es evitar que el patrón se lleve esas 30 máquinas eléctricas de manufactura japonesa, que son la garantía del pago de salarios, de indemnizaciones. Martín insiste: al patrón no se le puede creer, porque las únicas promesas que cumple son las amenazas. Se jala las máquinas, y ojos que te vieron ir. Fíjese, murmura con apasionamiento, a él le vale madre la gente, lo que le importa es la mercancía, como a los de Topeka, obsesionados con sus cajas.

El patrón se llama Elías Serur, y somos 150 obreros no sindicalizados, la gran mayoría mujeres. En Dimension Weld se despedía a quienes intentaban la organización, y una empleada con quince años de antigüedad ganaba 10 300 pesos a la semana. Total, que el 20 de septiembre el patrón nos reunió, nos contó que se declaraba en quiebra, nos dio a cada uno 5 mil pesos, y luego nos llevó a una camioneta chocada y vieja que tiene, y nos dijo: "Véndanla y repártanse el dinero". ¿A quién íbamos a engañar con ese traste? El patrón llevaba unos anillos como de fantasía y quería dárnoslos. De a tiro qué nos cree. Y para acabarla, insistió: "No hay ley que me obligue a liquidar a nadie, porque no tengo nada. No soy Dios ni banco para resolver problemas. Tengo muchos gastos que solventar. Hagan lo que hagan no podrán contra mí. No puedo pagarles, porque todos mis bienes están allí. Sean pacientes, y recuerden que esto sucedió porque Dios lo quiso".

—Creíamos tanto en el patrón que al principio aguardamos. A los ocho días extrajo parte de su maquinaria y nos prometió empezar de nuevo en un año, contrataría a algunos, no a todos. Y lo mejor que podríamos hacer era buscar trabajo.

La mujer del suéter rojo interrumpe a Martín y testifica. Describe las nueve o diez horas diarias de labor intensa, encadenadas a la máquina de coser, ella lleva quince años, desde que se fundó la empresa, y tiene contrato individual de trabajo, pero ésa no es la norma. No hay prestaciones. El tiempo extra lo manejan fuera de nómina, si una tiene necesidades, digamos de un préstamo de 30 mil pesos, si se confiesa y se hinca tal vez le presten mil. Pero eso sí, ni un minuto se les perdona, a concluir las 1 300 pantaletas, los 1 300 fondos o las 1 200 playeras a maquilar.

El relato dickensiano de la abogada es, con el anacronismo de los paisajes fabriles que permitirán el esplendor de las colonias residenciales, con los miles y cientos de miles y millones sacrificados impunemente para acelerar nuestra Revolución Industrial. ¿Para qué darles, por ejemplo, a estas compañeras trabajos de planta pudiendo contratarlas por un plazo corto, y luego despedirlas, al fin hay muchas igual de necesitadas? Ella evoca el caso de una señora que asea los baños y lava platos en la cocina, el patrón halló un cubierto sucio, y la corrió. Así debe ser, y para que esplenda la perfección del mundo empresarial al margen de la ley, prodíganse abogados astutos, dinero que adhiere voluntades de jueces y funcionarios, evasión de impuestos, ocultamiento de utilidades, el edén capitalista.

"¿Cree usted eso justo?", me dice una joven, interrumpiendo a la abogada. "Por eso hemos decidido impedir la salida de las veinte máquinas pequeñas. Valen tres millones de pesos cada una. Son nuestra garantía de indemnización." El grupo que oye las explicaciones se amplía ante la indiferencia de los soldados, y de los trabajadores del Departamento Central. "Miren señores periodistas —argumenta Martín —si el patrón se lleva las máquinas nunca lo volvemos a ver. Quiere deshacerse de nosotros. Nos amenaza, asegura que en la Secretaría del Trabajo le hacen mucho caso, que tiene un contrato con el ejército. Por eso hacemos guardia día y noche."

Y Martín sigue explicando, esa fábrica como todas las de la zona, Topeka, Annabel, Amal, funcionan gracias a la mordida. Así lo arreglan todo. Viene alguien a revisar las condiciones de seguridad contra incendios. Billete y autorización. A nosotros ni batas ni botas ni mascarillas para los solventes, y cuando las compañeras se queman (porque hay sobrecarga de calor en las máquinas, son quemaduras de tercer grado, muy enconosas, muy infecciosas), ni un médico ni para remedio.

Se acerca al grupo el dueño, el señor Elías Serur, vestido con la modestia y el gusto de quien lo ha perdido todo en la vida menos la capacidad de convencer: "Lo que pasa es que ustedes ya no quieren trabajar, y por eso me traen a los periodistas a ver si yo me apantallo. Pero delante de ellos se los repito: tenemos que dar gracias a Dios de que nuestra maquinaria no se dañó. Si ustedes quieren impedir su salida, deben traer una carta *no-ta-rial* es decir, *ante notario* ¿ya saben lo que es? Ustedes saben lo que hacen, yo les garantizo el trabajo". Las trabajadoras protestan, le rebaten sus argumentos. Él las observa despreciativamente: "No esperen que para mañana se instale aquí una fábrica. Ni ustedes son hadas ni yo soy mago. Y a mí no me digan nada. Díganselo a la ley. La ley es el gobierno. Denle gracias a Dios, ustedes son de los pocos que van a tener chamba en el mismo lugar. Pero qué les estoy diciendo, lo que pasa es que ya le agarraron el sabor a la flojera".

Señor Elías se jacta, sonríe, finge ingenio y destreza verbal. Observa con ira a los aliados de sus empleados, feministas y adolescentes del CCH. Insiste: "Yo les pagué religiosamente". Una mujer interrumpe: "Sí, con estampitas". *Señor Elías* se controla y replica: "Ustedes son privilegiados. Mejor que tener empleo, no hay nada. Y si ahorita hablan más de la cuenta, es porque le tienen miedo al trabajo''. Y lanza el golpe final: "No me morí porque Dios es grande. Mi vida entera está quebrada. Y ahora me vienen con esto". Una obrera ignora la declamación autobiográfica y le precisa el monto de las indemnizaciones, de 300 mil a un millón de pesos, así muchas ganaran menos del salario mínimo. *Señor Elías* se aburre: "A ver si convencen a la ley". Se le pregunta por el destino de las máquinas. Es displicente: "Se van a una bodega. Vayan algunos de ustedes acompañándolas. A ver si se entretienen. Y ni crean que van a impedir nada. Para eso está la ley". Y se aleja hacia donde lo espera un abogado laboral, o alguien que merece serlo por el tamaño de su portafolio.

Unos nacen con economía

—Yo nunca había ni repartido un volante, pero aquí se aprende. Fíjese ayer fuimos a volantear y platicábamos con una compañera del taller de allí de Bolívar. Salió el patrón y la regañó. "¿Y tú que haces aquí y qué tienes que estar hablando con ellos?" Y la señora agarró su volante y se fue. Eso es lo que ya no queremos, la humillación. Y el trato que nos daban. Cuando había que firmar el contrato, decía el patrón: "¿Para qué van a leer esto? Si ni saben. Fírmenlo nomás muchachas". El sábado después del temblor fuimos con el abogado del patrón y le reclamamos, 48 mil pesos de indemnización eran una miseria. Se enojó: "Ustedes nacieron igual que yo. Todos tuvimos la misma oportunidad. Si no pueden conseguir un empleo, allá ustedes. Yo ya ven lo que soy". Esto no es cierto. Unos nacen con economía, otras nacemos sin economía.

El reconocimiento. El drama que se volvió sindicato

Ya no es posible sacar de modo impune la maquinaria, y a principios de octubre, en acto inusitado, la Junta Federal de Conciliación y Arbitraje, al no estar en funciones la Junta Local por el derrumbe de su edificio, reconoce la justicia de la demanda y decreta el embargo precautorio de la maquinaria.

La intervención de grupos feministas (el Colectivo Revolución Integral, el Grupo Autónomo de Mujeres Universitarias, las jóvenes de la revista *La Guillotina*, las mujeres del PRT) resulta decisiva. Se crea la Brigada de Apoyo a las Costureras del Centro. Casi naturalmente, hacen acto de presencia numerosas *instancias* (como ahora se dice): las grúas del Departamento Central, los sindicatos universitarios, el campamento Plácido y José Domingo, el Bufete Jurídico Gratuito de la UAM Azcapotzalco, grupos religiosos católicos y protestantes.

Y ya no hay que ir a buscar trabajadoras de otras fábricas. Acuden en grupos de tres o cuatro, ya no más las solitarias a la espera de la paga inexistente o del resurgimiento del patrón ("Espérenme aquí" o "No habrá recontratación"). Vienen por su cuenta, y el número es tal que permite formar el 3 de octubre la Promotora de Costureras en Lucha. Esto, mientras en la Cámara de la Industria del Vestido —refiere Sara Lovera— uno de sus asesores jurídicos, Federico Anaya, derrama filantropía: "Sólo que quieran mucho a las costureras les deben pagar y no se preocupen por los salarios".

Se modifica el aspecto de esas dos calles de San Antonio Abad: tiendas de campaña, maquinaria pesada, reporteros a cualquier hora, activistas, voluntarios, tres escritorios, máquinas de escribir. Las denuncias no se interrumpen, algunos funcionarios las oyen y taquimecanógrafas de la Procuraduría de la Defensa del Trabajo transcriben.

Y el gobierno reconoce casi con júbilo la causa de las costureras. El Departamento del Distrito Federal y la Secretaría del Trabajo les ofrecen asesoría y defensa legal gratuita. La CTM responsabiliza de la explotación a los grandes almacenes (El Puerto de Liverpool, El Palacio de Hierro, El Puerto de Veracruz), para quienes maquilan intermediarios, y el líder Fidel Velázquez se da el lujo del gracejo, al interrogársele sobre la presunta complicidad del burócrata cetemista Joaquín Gamboa Pascoe: "También de mí dicen que soy cómplice, pero yo no tengo nada que ver con las costureras porque mi ropa la cosen en casa" (16 de octubre). A la andanada responde puerilmente el dirigente de los industriales del vestido, Gabriel Carrasco: "No hay costureras muertas en el interior de las fábricas. Los trabajadores empezaban a laborar a las ocho de la mañana. Los muertos fueron quienes vivían en los edificios, no obreros" (5 de octubre).

El presidente De la Madrid da instrucciones: rescate prioritario de los cadáveres, garantías laborales a las trabajadoras, atención a sus demandas jurídicas, apoyos fiscales y crediticios para restaurar la industria del vestido.

Los avances externos apuntalan el proceso organizativo. A diario centenares de mujeres se reúnen en el campamento de San Antonio Abad, botean y distribuyen volantes, tienen éxito y fracasan en su intento de atraer más compañeras, discuten sus demandas, hablan, explican ante la prensa su miseria.

El apoyo persiste. Desde el 7 de octubre funciona el Comité Feminista de Solidaridad con las trabajadoras damnificadas, continúan las despensas y dinero en efectivo pese a que disminuye en todas partes la fiebre de la generosidad. Lo más importante: la prensa no abandona el tema y le confiere al asunto una dimensión nacional, y gracias a esto, y al tiempo que le roba a su trabajo para echarle un vistazo a los periódicos, se llama a ultraje el secretario del Trabajo Arsenio Farell, sufre una iluminación jurídica y califica de "colusión monstruosa" a la existente entre autoridades, sindicatos, jueces y empresarios (17 de octubre). La Junta Federal de Conciliación y Arbitraje lanza una arriesgada profecía: se consignará a los patrones reacios a pagar el salario mínimo. La Federación Revolucionaria de Obreros y Campesinos (FROC) expulsa a cinco líderes acusados de vender contratos de protección en agravio de costureras y, semanas más tarde, expresiones efímeras de lo increíble: el 5 de noviembre formal prisión al señor Aurelio Macías, propietario de la fábrica de ropa Fillol, S.A., y a su abogado René Félix por adjudicarse maquinaria embargada en favor de 80 trabajadores. El 7 de noviembre, cárcel a Rafael y Alfredo Harbari, por sustraer maquinaria.

El 19 de octubre, un clímax: la recién formada Unión de Costureras en Lucha se decide por la nueva ruta clásica: de la columna de la Independencia a la Residencia Presidencial de Los Pinos. Tres o cuatro mil trabajadoras y sus aliados marchan, estrenan orgullos y seguridades psicológicas, demandan ver al Presidente, discuten con los enviados y por fin, en acto para ellos trascendental, se entrevistan con el licenciado De la Madrid, quien les notifica la formación de una comisión negociadora, manifiesta su doble preocupación, por ellas y por los industriales del vestido, y las remite con el licenciado Farell.

Allí, mágicamente, aguarda eficaz y solícita la burocracia. Cuatro ministros, abogados, café y sonrisas de comprensión. Se ordenará fiscalmente la industria, ya no será éste un sector abandonado, habrá registro sindical, pásenles el machote, examinen el contrato-ley. El domingo, al cabo de una reunión prolongada, ocho mil costureras de más de 40 fábricas, constituyen el Sindicato Nacional 19 de Septiembre, con Evangelina Corona de secretaria general (fabrica jeans, 47 años de edad). Se obtiene en un día el reconocimiento de existencia que suele tardar de dos a cinco años. El 21 de octubre Farell les entrega la constancia de registro, y las arenga:

"El Presidente de la República cumple la palabra empeñada". La atmósfera es triunfalista, pero faltan los detalles, y los detalles son el reino de los abogados patronales.

Al acto asiste Gabriel Carrasco, presidente de la Cámara Nacional de la Industria del Vestido, cuya autoridad es resistida por vez primera. ¿Cómo, se le pregunta, después de tantos años, sólo ahora se enteran ustedes de lo que ocurría? ¿De qué tamaño era el fraude fiscal de las 500 empresas en la zona de desastre que obtenían utilidades anuales de 50 mil millones de pesos? Carrasco pospone las contestaciones, y se permite un sermón. Las costureras deberían sentirse agradecidas por pertenecer a la industria que es la número uno en la generación de empleos y aporta el 3 por ciento del producto interno bruto. Una joven le responde:

Estamos orgullosas de ser costureras, pero no nos da orgullo pertenecer a esa industria que durante todo el tiempo ha hecho ofrecimientos incumplidos; a usted no se le invitó, se le obligó a venir aquí porque ya estamos desesperadas. (*La Jornada*, 21 de octubre.)

"Nos vemos en la Secretaría del Trabajo"

El Sindicato enfrenta graves problemas: el retiro de maquinaria y materiales de algunas fábricas; los obstáculos para una presencia de veras nacional; el ataque empresarial (de Coparmex) que señala la "infiltración socialista" en el Sindicato; la extrema penuria de las trabajadoras; la ausencia de contratos importantes; la desinformación y la resignación de la mayoría; la lucha por liquidaciones e indemnizaciones; la resistencia al desalojo en San Antonio Abad. El líder Fidel Velázquez proclama "Gente extraña maneja la naciente organización de costureras", y hay que salirle al paso, y declarar la autonomía.

Sin embargo, las autoridades y la prensa siguen interesados, y eso solidifica otras victorias: los deudos no tendrán que presentar el acta de defunción, se estudiará el seguro de desempleo, no prescribirán las demandas, se les pagará hasta que se les reinstale o reubique, y se les consultará sobre la reubicación. Entre las costureras y sus aliados el ánimo es beligerante, y se interrumpen asambleas para evitar que algún dueño arranque con telas y maquinarias. Se examina la prensa (se instala un periódico mural con las noticias del día sobre costureras). Antes —informan feministas conocedoras del gremio— llevaba meses persuadir a una trabajadora de la existencia de sus derechos. Ahora el avance es rapidísimo. Si un patrón llega y las cita en la fábrica, le responden: "Nos vemos en la Secretaría del Trabajo". Las antes tímidas son las militantes de urgencia de las brigadas.

A más de un mes del terremoto, las trabajadoras viven, sin contradicción alguna, entre el entusiasmo y la desesperación. En el clima del activismo son ya distintas, hablaron con el Presidente, y los secretarios de Estado, tienen broncas políticas en sus hogares con maridos y compañeros, se han vuelto proselitistas. Pero ya viene el fin de mes, deben una renta, y viven en lugares muy apartados (Neza, el estado de Hidalgo, las Aguilitas, Naucalpan). Apenas les sirve el "boteo libre" de los fines de semana, donde cada una usa el dinero recaudado, y quieren trabajar, lo necesitan. Pero en condiciones anímicas distintas: muchas no se emplearán con los antiguos tiranos (los que no desaparecieron), y no admitirán la sujeción tradicional. Por eso su salida óptima son las cooperativas, que requieren apoyo, crédito, registro.

4 de noviembre. La toma de la Secretaría del Trabajo
(Los patrones por las ventanas)

En el paisaje en ruinas, junto a la tienda de campaña, un mitin-asamblea permanente. El horario se establece. A las 4, Jean. A las 4:20 Tabe. A las 4:40 Skylon. A las 4:45 Creaciones Pop. A las 5 Brusette y Dimension Weld. A las 5:20 Mayosi.

Ropa, alimentos, cobijas. En una hora veo desfilar enviados fugaces de diputados, predicadores de la dianética, voluntarias de San Ángel, representantes del SITUAM, del STUNAM y de sindicatos pequeños. Un grupo feminista reparte la comida.

Una costurera de la fábrica Mayosi, S.A., informa:

—Como pudimos, a las once de la mañana nos presentamos en el Ajusco, donde está la Secretaría del Trabajo. Íbamos a ver qué pasaba con las promesas de los patrones: pagarnos a todas las damnificadas, nada de reubicación en nuevos talleres, tres meses de indemnización, doce días por año de antigüedad, veinte días por el absoluto olvido de nuestros derechos, vacaciones, aguinaldo, utilidades. . . Ellos aceptaron primero, y sus nuevos abogados los convencieron de dar marcha atrás.

A las cinco de la tarde, los patrones seguían entercados en no hacernos caso, y además, eran sólo 18, de las 83 fábricas que agrupa el Sindicato 19 de Septiembre. Además, habían amenazado desde el 2 de octubre con suspensión indefinida de labores.

Nos desesperamos y les dimos una hora de plazo para que cedieran. Nos basamos en lo dicho por el abogado de la Secretaría: "De aquí nadie se va si no hay acuerdo". Yo no lo vi, pero me contaron que una compañera, de las mil que éramos, se le enfrentó al abogado de los patrones: "Mire señor, dése de santos que nomás pedimos lo reciente. Si reclamamos todo lo que nos dejaron de pagar por años, no les alcanzaría ni vendiendo sus casotas, sus máquinas, sus telas". Luego cerramos las puertas, los patrones quisieron salirse por las ventanas, y ya sintiéndose acorralados quitaron vidrios para largarse por detrás. Rodeamos el edificio y sí, es cierto, hicimos escándalo, pero con el fin de que respetaran nuestros derechos. Pensamos: "A lo mejor con un poquito de bronca logramos algo, porque negociando nos tienen hasta el Día del Juicio".

Yo no estaba dentro del grupo de negociaciones, sino afuera con las demás compañeras, apoyando con nuestra presencia. Nos quisieron echar brava los mismos trabajadores de ahí, porque les molestó que exigiéramos nuestros derechos. Como ni dejaban entrar ni dejábamos salir a las personas quisieron asustarnos, que nos iban a echar a las patrullas, que al ejército. Los patrones empezaron a irse primero, luego los trabajadores de la Secretaría (era su hora de salida) y como estábamos en custodia, a todos los estuvimos deteniendo, pues no sabíamos si eran patrones o el personal, y no distinguíamos las amenazas si eran de patrones o de trabajadores de ahí mismo.

Como somos unión, entre todas decidimos tomar la Secretaría, y lo hicimos de las seis de la tarde a las once y media de la noche. No sacamos ventaja de esa medida, ninguna, pero necesitábamos hacerlo, porque los patrones no llegaban a ningún acuerdo. Querían tratar fábrica por fábrica, acostumbrados a lavarnos el cerebro, a hacer lo que querían. . . pero eso era antes, ahora luchamos todas y es justo que a todas se nos resuelva el problema. Y cómo cambiaron los patrones: al ver que tomamos la Secretaría, simple y sencillamente por su dinero querían salirse y dejarnos ahí. Exigieron la presencia de granaderos, porque tenían miedo. ¡Imagínese! ¡Miedo de nosotras!

(Interviene una costurera de Maquilas Tabe y Multiconfecciones, S.A.)

—Para nosotras, haber tomado la Secretaría fue un hecho muy significativo, ya que somos costureras y siempre hemos sido explotadas. Tengo cinco años trabajando para mi patrón Jaime Calage, y no es justo que me dijera: "Mira, de tus cinco años te voy a dar 46 000 pesos". A compañeras con 18 y 19 años de antigüedad, se les dio 130 000 pesos, eso fue una burla. Una semana después del sismo se presentó el patrón y nos dio nuestra raya: "Muchachas, lo de su caja se los entrego hasta el 6 de diciembre, y hasta luego". Nosotras contratamos un dizque abogado, Vicente Morales, que según esto iba a resolver el problema: nos traía de plática en plática, le íbamos a dar el 30 por ciento, pero él se vendió a nuestro patrón. Lo único que quería era alargar esto. Este abogado orilló a muchas, cabezas de familia, a aceptar lo que se les dio, una miseria. A mí me dio 46 000, a otras 36 a otras 26. . . por cinco años de trabajo.

Nuestro patrón no quiere ya nada con el Sindicato, él quiere arreglarse directamente con nosotras. A una compañera le habló por teléfono para que nos convenciera, ella le contestó: "Yo no puedo convencerlas ya que yo pienso por mí misma y ellas también por sí solas, yo no pienso por las demás".

Le cuento una cosa: en las negociaciones con el patrón, en Avenida Chapultepec (20 días después del sismo), él, a gritos, le enseñó a una de mis compañeras unos recortes de periódico, con frases inclusive que ella no había dicho. (Seguro el reportero se confundió.) El patrón le dijo a mi amiga: "Si acepta lo que le doy, olvido lo de este recorte". Ella se indignó: "Usted me comprueba que yo dije eso, y si usted me levanta un acta, yo hago lo mismo".

Los propietarios quieren asustarnos y sacarnos de aquí, a ellos no les conviene el Sindicato. ¿Cómo le va a convenir que a quien tiene 19 años le toque arriba de un millón de pesos? Si ya le dio 130 mil se ahorró 870 mil. Mi patrón sí tiene mucho dinero, las prendas que hacíamos eran muy finas, para Sanborns, Suburbia, Liverpool; inclusive compró hace poco como 25 máquinas, y él nos decía que costaba más de un millón cada una.

7 de noviembre. La interminable marcha

—Aquí nos tiene de nuevo, del Ángel de la Independencia a Los Pinos. No es que nos guste mucho la ruta y qué más quisiéramos que no estorbar el tráfico, pero no nos dejan otra. Le cuento: hace tres días tomamos la Secretaría del Trabajo, lo que nos pareció increíble, y les dimos un plazo de 48 horas para resolvernos. Ayer volvimos a la Secretaría y no nos dejaron entrar, que ya habíamos hecho mucho desorden. No fue desorden ni desorganización, tenemos todo el derecho a actuar así, qué podemos hacer si ni escuchan ni solucionan ni le paran a las promesas.

Por eso volvemos a Los Pinos. El Presidente nos trató muy bien, y nos mandó con el secretario del Trabajo, Farell, que nomás nos trae dando vueltas. Él nos dijo que estaba de nuestra parte, pero por actitudes que toma lo creemos aliado con los patrones, ellos son los de la fuerza económica, y nosotras no tenemos nada. Me acuerdo que mi patrón repetía: "Prefiero darle dinero a un abogado que a una costurera". Tratan de cansarnos y desunirnos y dejar esto como empezó, cuando el patrón decía "bueno, no sobra la que se queda, ni falta la que se va". Una compañera se salió dos meses antes del sismo y no recibió ni un centavo: "No le doy nada porque no tengo costumbre de dar", dijo el patrón. Él prefería aburrirnos a despedirnos, así nos íbamos solas y se ahorraba el dinero, aunque fuese tan poco.

El Presidente nos aseguró su ayuda y debe cumplirnos. Por desgracia la gente de su confianza que debía auxiliarnos le ha fallado. Nosotras sólo sabemos que se nos niega lo prometido, y la única persona capaz de resolver este problema es el Presidente, sí sólo él. Él debe comprender que somos madres de familia, muchas le hacemos de padre y madre a la vez.

¿Sabe qué nos pareció lo más bonito de hace tres días? En el Ajusco parecía lo de siempre: ellos adentro y nosotras afuera. . . hasta que tomamos la Secretaría, y ellos estuvieron afuera y nosotras adentro.

NOTICIERO V ■ EL PLAN DN-III

Un consenso capitalino: aunque el gobierno no lo acepta, jamás se aplicó el Plan DN-III de la Secretaría de la Defensa Nacional propio para zonas rurales, y que nace en 1966 al desbordarse el río Pánuco. El plan se ajusta a un propósito básico: "aminorar los efectos de un desastre mediante la aplicación de medidas preventivas y de urgencias, coordinando los apoyos proporcionados por las dependencias de la administración pública federal, y paraestatal, organismos privados, agrupaciones civiles voluntarias y ciudadanía en general. Se busca mantener la confianza en la capacidad de las instituciones nacionales y optimizar los recursos asignados para hacer frente al desastre. . . Cuando la situación se emergencia se ha superado y las autoridades asumen el control de la situación, el Ejército Mexicano se integra como un colaborador más".

En la mañana del 19 de septiembre, el Presidente decreta la implantación del Plan DN-III. Pero el ejército no coordina, y lo más visible es el espectáculo de soldados resguardando edificios y acordonando las zonas más dañadas, así participe también en otras tareas. ¿Por qué? Entre muchas hipótesis, circula la siguiente: el Plan exige suspensión de garantías constitucionales y supeditación de las autoridades civiles a las militares. Esto no se hace necesario al no darse las turbas que asalten ruinas y almacenes, y —probablemente— al calcularse el alto costo político del dominio militar en la ciudad. Al margen de la hipótesis, lo cierto es que los militares nunca pretenden la dirección de las maniobras oficiales, y en un momento u otro los coordinadores resultan ser el Presidente de la República, el regente Aguirre y el secretario de Gobernación. Los soldados colaboran en el rescate, y también corren riesgos, pero a su imagen pública la enturbian las actitudes intransigentes en los acordonamientos. Entre las ruinas, y a lo largo de dos semanas, discuten con acritud civiles y militares. Un ingeniero que coordina un grupo de voluntarios, le declara al reportero: "¿Sabe usted en qué consiste el Plan DN-III? Se lo voy a decir. Consiste en que los soldados van de tres en tres con sus radios y sus ametralladoras intimidando a los voluntarios y peleándose con los brigadistas extranjeros" (*La Jornada*, 26 de septiembre). Hay múltiples acusaciones de robo contra los soldados, en especial en Tlatelolco. Los rescatistas se indignan: "Dificultades, miles, y más con los soldados que creen que por llevar un uniforme ya uno debe hacerles caso a sus órdenes irracionales e ilógicas, las que no atendimos desde luego", dice el coordinador de los trabajos en Conalep (*Excélsior*, 23 de septiembre), y el dirigente del rescate en el Hotel Romano es vehemente: "Señorita, usted que es de la prensa, escríbalo por favor, el ejército simplemente no autoriza que traigamos nuestra herramienta, porque tienen que pedir autorización, y mientras qué, la gente se muere" (*Novedades*, 30 de septiembre).

No se unifican las versiones. Según el secretario de la Defensa, el Plan DN-III "fue puesto en acción ciento por ciento" (*La Jornada*, 12 de octubre). En la Cámara, el teniente coronel Rodolfo Linares, diputado federal por Oaxaca, desmiente a la opinión pública:

Son injustos e injustificados los ataques y crítica que se han hecho en contra del ejército en relación con las labores de salvamento. El Plan DN-III no se aplicó en la ciudad de México y por lo mismo no puede hablarse de un fracaso o inoperancia.

Al mes del sismo, el general Juan Arévalo Gardoqui, secretario de la Defensa, le explica a una comisión de diputados: "Sé perfectamente que las medidas de seguridad y orden no son del agrado de muchas personas, máxime si están afectados sentimental y emocionalmente por las tragedias, en especial cuando sus parientes están muertos o en peligro de fallecer... ¿Pero qué es preferible: salvar vidas o causar más muertes? Si no se hubieran aplicado las medidas disciplinarias, muchas personas hubieran intentado ingresar en los edificios dañados y con toda seguridad la mayoría de ellas, debido a su desesperación, no hubieran salido de ellos. Reconozco que la severidad de las medidas adoptadas en el Plan DN-III no son de ninguna manera para complacer a todo el mundo, para que el ejército sea aplaudido, sino para mantener el orden, la disciplina, evitar más muertes, robos, saqueos... Prefiero la crítica a haber sido responsable de más muertos por tolerancia, por falta de disciplina, por complacencia. Esto hubiera sido peor" (*Excélsior*, 19 de octubre de 1985).

Los damnificados en el Centro

Al antiguo Centro de la capital, el terremoto del 19 de septiembre de 1985 le despliega el aspecto en forma inequívoca, más que cambiárselo radicalmente. Entre otros elementos, el cascajo, la selva de objetos ya sin dueño, los refugiados en la calle, la tragedia que sustituye a la desolación de todos los días, hacen evidente el desastre social que anticipó la furia geológica. Tras medio siglo de permanecer virtualmente intocadas, sobre las zonas del centro desciende una claridad inexorable, que disipa en minutos la confusión ancestral entre miseria y pintoresquismo.

¿Qué había mantenido la diferencia (interna y externa) ante una marginación tan atroz? Ni denuncias políticas, ni reportajes escritos y televisivos ni testimonios de los sentidos, alcanzan lo que el terremoto obtiene en instantes, desmitificar de raíz y hacer visible la sordidez antes considerada "lo natural". Ya se admite: esto también es el México Legendario: vecindades sin mantenimiento alguno y a las órdenes del cochambre, hacinamientos que no consiente armonía familiar alguna, rencor frenético contra la política de quienes jamás se ven a sí mismos como ciudadanos, psicología del ghetto que ejerce la mayor violencia contra los seres próximos, autoridades que ven en las protestas puros rezongos, caseros cuya prepotencia prolonga la arbitrariedad de los empleadores, "olor a fracaso". El sistema de rentas congeladas ayuda a las economías familiares, pero lo más caro del mundo es ser pobre y nada evita el altísimo costo de habitar lugares con servicios precarios y atroces reglas de juego.

Esto se reconocerá a partir del 19 de septiembre de 1985, transcurridos los momentos más profundamente catárticos del llanto, el dolor, la búsqueda de familiares y amigos, la ocupación penosa de aceras y camellones, el estupor de las pérdidas simultáneas. Luego, en la intemperie, en el reacomodo en campamentos y albergues, apiñados en los resquicios que ofrecen parientes y compadres, las preguntas adquieren un tono encarnizado: ¿por qué nunca nos hemos organizado para vivir de manera más humana? La queja se politiza: nos quedamos sin nada, ¿y a quién exigirle? Mientras estudiantes, amas de casa, profesionistas, médicos y religiosos prestan ayuda voluntaria, en las zonas más afectadas por el sismo —el barrio de Tepito, las colonias Guerrero, Morelos, Valle Gómez— van creciendo las organizaciones vecinales. Algunas ya existían pero eran débiles o inconstantes, y lo que surge necesita sistematizar el conocimiento urbano, lo que incluye la lógica de los funcionarios y el recuento preciso de las propias fuerzas.

En reuniones vecinales, el aprendizaje es rápido. Al principio, muy pocos saben qué decir, a quién dirigir el discurso, cuáles son sus derechos, cómo manejar el idioma de las asambleas. La pedagogía de la necesidad le roba el estilo a las discusiones partidarias o estudiantiles, y entre sectarismos, intentos caudillistas, logorrea, regaños a quien dice lo mismo que uno pero antes o después, y desinformación muy en deuda con el culto al rumor, se origina una nueva conciencia, cuya esencia es la relación distinta con el gobierno, ya no desde las posiciones del mendicante y el "menor de edad" civil. Escúchame, Estado, ¿qué vas a hacer por nosotros los marginados de la economía? A ti, causante notorio de harapos y ruinas, te corresponde dotarnos de viviendas, escuelas, luz eléctrica, agua potable. Tú debes hacerlo. No en vano eres el padre de todos los mexicanos.

Asambleas, marchas, plantones, declaraciones, ocupación de antesalas. Los colonos o vecinos memorizan con celeridad la información pertinente sobre siglas, distribución de responsabilidades de las oficinas de gobierno, horarios reales de oficinas, puntos neurálgicos de la administración. Y, lo más importante, se van cerciorando de los alcances de su fuerza organizativa, de su significado político y simbólico.

Las consecuencias de una expropiación

Tómese el ejemplo de la colonia Morelos: 15.5% de las viviendas afectadas por entero; 72.2% parcialmente afectadas; 11.0% no afectadas. Y, de manera previsible, en el 53.9% de las viviendas totalmente destruidas se pagaba menos de 500 pesos de renta, y en las menos afectadas se pagaba más de 15 mil pesos de renta.

En las primeras semanas llega pronto y con abundancia la ayuda negada desde siempre, pero es complicado encauzarla, hay denuncias de malos usos y de almacenamiento inexplicable de los envíos del exterior, se sospecha de las intenciones catequizadoras de las organizaciones religiosas (cuya aportación es generosa), y de las intenciones mediatizadoras del PRI y del Departamento Central. Y hay que seguir viviendo en los campamentos.

Deseosos de alternativas, radicalizados políticamente, o por lo menos ya afirmados en la libertad de expresión, los damnificados imaginan proyectos autogestionarios, hablan con jóvenes arquitectos, se asesoran con expertos de los organismos internacionales que dan dinero para la reconstrucción. Pero no avanzan mucho. El gobierno concentra los recursos, la construcción es carísima. Y el frío, la lluvia, el calor excesivo, los accidentes, la falta de espacio mínimo, la aglomeración, hacen ardua la vida en los campamentos (a veces llamados "gallineros"). Además, y comprensiblemente, abundan los enfrentamientos con las autoridades y entre ellos mismos, languidece el aprovisionamiento, hay desmoralización y hostilidades por la convivencia, en un albergue —el ejemplo es típico— hay cuatro sanitarios de hombres, cuatro de mujeres y veinte regaderas ¡para mil personas! Se mal come, faltan vacunas, se bebe agua contaminada, se camina entre un trajín de colchones y sillas, se cuidan al extremo los "papeles esenciales": actas de nacimiento, actas de matrimonio o de divorcio, recibos de renta, boletas de escuela. Se vive en la nostalgia hiriente y en el temor: perderemos los predios, se esfumarán nuestros derechos, hijos y padres habrán muerto en vano sin siquiera transformarse en esa apoteosis de la familia que es un título de propiedad.

Miles se resisten al traslado a los albergues oficiales. Prefieren el hacinamiento en calles y jardines, las visitas fugaces al almacén en la Sala de Armas del auditorio de la Magdalena Mixhuca, donde se surten de ropa y zapatos viejos, los pleitos con los caseros, los combates feroces en derredor de las tomas de agua. Lo que sea, con tal de no alejarse de sus antiguas viviendas.

La actividad autogestionaria es significativa, pero reducida, y los vecinos se concentran en las consecuencias del decreto de expropiación de edificios y predios urbanos del 11 de octubre de 1985, que afecta a siete mil inmuebles, y cuya superficie se destinará a la renovación habitacional. El decreto —recibido con entusiasmo— revela a los pocos días sus numerosas fallas, técnicas y políticas. Se preparó al vapor, muchas expropiaciones no proceden, otras no se hicieron, el catastro consultado desborda errores. . . Al principio se le defiende a secas. Dice el Presidente: "Al expropiar no busco la popularidad". Pero luego el regente del DDF Ramón Aguirre asume la culpa, y también el Presidente se autocritica: "Le confieso —le declara al director de *Excélsior* Regino Díaz Redondo— que no vi la lista del decreto en sus detalles; yo di los criterios; ahora veo que probablemente debí haberla visto, pero tenía muchas cosas que hacer". Y sin embargo, la expropiación, reconocimiento de un problema gigantesco, es punto de partida para la impostergable reforma urbana.

La derecha ataca el decreto con ferocidad, el PAN lo considera "un elemento más de incertidumbre", los empresarios de Monterrey le exigen al Fondo Monetario Internacional que revise la conducta errática o errónea del gobierno, y Nicolás Madáhuar, presidente de la Confederación de Cámaras Nacionales de Comercio pontifica: "La expropiación acabará de una vez por todas con la confianza de la sociedad". Gerardo Garza Sada, presidente de la Canaco de Monterrey juzga la medida "populachera y estatizante, y la repudiamos porque el ejemplo cundirá en el resto del país".

Algo muestra la ira empresarial: no obstante sus fallas, el Decreto facilita procesos impostergables.

La solidaridad entre las clases

—Lo pensé rápido: nada valía tanto, ni mis planes de trabajo ni mi tesis ni la universidad para el posgrado. ¡Nada! Todo lo mío era vanidad comparado con el sufrimiento de miles.

—¿Cómo me iba a importar comprarme el automóvil? ¿Cómo me iba a ir si escuchaba las voces de mis semejantes? Me imaginé a mí mismo bajo aquello; le di gracias a Dios y me quedé a ayudar.

Desde el 19 de septiembre en las universidades privadas (Iberoamericana, Anáhuac, Lasalle, ITAM) la afluencia de voluntarios es importante. Se reúnen toneladas de víveres, medicinas, dulces, juguetes, cobijas, linternas, ropa, cubrebocas, agua electropura, cereales, etcétera. Una familia trae de Houston en un avión particular mil kilogramos de oxígeno. Desde el Centro de Comunicaciones de la Anáhuac se llama a 39 países. A la prensa, los jóvenes declaran: "De alguna manera con esto nos estamos quitando la imagen de niños bonitos, nadamás porque pertenecemos a la clase acomodada". Se organiza en la discoteca Magic Circus el Coctel ProDamnificados, como parte de la campaña "Ayúdanos a Ayudar". El grupo Gente Nueva emprende el programa "Compartamos" y prepara el disco *Dame tu mano*. Se forman decenas de brigadas y los Legionarios de Cristo los exhortan: "Recuerden que hay gente que no está en las mismas condiciones que ustedes". En las juntas, se entona la canción adhoc compuesta por un brigadista: "Regalaré una rosa a tu vida". A la revista *Impacto* una brigadista de la Anáhuac le expresa su posición:

—Los damnificados son gente como tú y como yo, por eso no es difícil compenetrarse con su dolor y compartirlo. Pero lo más importante y trascendente es no sólo comprometer el sentimiento sino la vida con esos hombres y mujeres. La principal motivación que puedo tener para continuar trabajando no es nada parecido a un fantasma con cara de deber. Lo que necesito es meditar en la realidad de yo no voy a acabar sola con el dolor, pero si dejo de hacer mi parte nadie lo hará por mí y, además, yo siempre he querido cambiar el mundo, hacerlo mejor, creo que ahora es cuando debo comenzar a ejercer mi responsabilidad. Nadie tiene que agradecerme o retribuirme por ayudar, considero que es, en cierto sentido obligatorio ayudar al prójimo. No creo que ésta sea una obra de caridad, es cuestión de justicia. Definitivamente esto me ha servido para darme cuenta de que en mi país no faltan oportunidades para hacer justicia a los necesitados pero yo no soy dueña de todas las riquezas de la tierra. Creo que una estrecha colaboración entre los jóvenes, el gobierno y la iniciativa privada es básica para unir la fuerza y los medios de reconstrucción.

EDITORIAL V ■ LOS PARTIDOS POLÍTICOS

Nuevo lugar común: el terremoto rebasó a los partidos políticos, que ni coordinaron el rescate ni organizaron las demandas. Esto se debe, creo, a diversos factores.

□ Si de algo carecen los partidos es de *militantes* que complementen la actividad de los cuadros profesionales. A diferencia de los grupúsculos que sólo disponen de militantes, a los partidos los caracterizan las muy escasas posibilidades movilizadoras de sus apa-

Prólogo
Lo marginal en el centro

¿Cuánto falta en México para el pleno ejercicio de la democracia? Desde su prédica del frenesí que nada cambia ("La modernización es, digamos, una sociedad computarizada pero inmóvil"), la clase gobernante desprecia lo que ve o cree ver: masas ingobernables por irredimibles, masas indóciles y sumisas, masas regidas por el complicado matrimonio entre la obediencia y el relajo. En el otro extremo, quienes ejercen la democracia desde abajo y sin pedir permiso, amplían sus derechos ejerciéndolos.

Para estos grupos, la democracia es en lo fundamental el aprendizaje de la resistencia civil, que se inicia en la defensa de la legalidad, ante la ilegalidad practicada desde las esferas del poder económico y político. Y democracia es, también, la terquedad indignada, el abandono de fórmulas del martirologio, el apego a la racionalidad, la búsqueda del avance gradual, la estrategia de la movilización permanente: plantones, marchas, mítines, asambleas, exigencia de diálogo con las autoridades correspondientes, boteo, volanteo, pintas, ocasionales huelgas de hambre, arduos viajes a la capital para instalar campamentos de la Dignidad. . . Los métodos de rehabilitación democrática cansan y recuperan, desgastan y liberan a sus practicantes que explican sin cesar la índole justa de este movimiento, sometidos al ritmo de una manifestación tras otra, una reunión tras otra, repartir volantes y redactar desplegados dirigidos a esa opinión pública que al principio son nada más ellos mismos, su única sociedad civil al alcance, que establece querellas y motivos entre discusiones ásperas y antesalas en la oficina del secretario del secretario del Secretario.

A las marchas y las asambleas, a los júbilos y los resentimientos, los ordena el deseo de autonomía. A la gente (el pueblo) (las comunidades) le urge conducir sus propios destinos. Ya el paternalismo agotó sus persuasiones, y el ensueño del Progreso infinito ha resultado devastador. Al ahondar la crisis económica las sensaciones de

Sin proyecto de nación ni organizaciones urbanas, el Partido Acción Nacional, rencor vivo a la hora del voto, se confunde ante los acontecimientos. Rebasado con creces, se confina en su vieja táctica de las agresiones verbales, se encierra en los discursos semivibrantes de la Cámara de Diputados donde —¿qué más?— exige transparencia en el manejo de la ayuda externa (demanda que no encabeza), y se sumerge en la histeria contra el Decreto de Expropiación, en pleno culto adorador de la propiedad privada.

En cuanto a la izquierda, no es fácil clarificar su presencia. Si bien quienes impulsan los movimientos de damnificados pertenecen a la izquierda social, la izquierda política paga caro su concepción unidimensional del partido, su trayectoria autoritaria, su negación de la vida cotidiana. Entre sus convicciones históricas, destaca el control piramidal de la vida partidaria (¡el "centralismo democrático"!), y la desconfianza ante lo que no sea político, y esto incluye las movilizaciones sociales. Al extinguirse la militancia "totalizadora", las burocracias no amplían su temática.

En septiembre y octubre de 1985, los partidos fracasaron porque las circunstancias exigen acciones flexibles, porque su membresía es en verdad raquítica, y porque, cada uno a su modo, desconfían acerbamente de la sociedad civil.

24 de octubre. El Foro de los Damnificados

En el auditorio de la Unidad Habitacional Adolfo López Mateos, ingratamente conocido como Tlatelolco (¿Llegará el día en que nadie conozca a qué personaje representan las estatuas de don José López Portillo?), el primer Foro de los Damnificados, que unificará las demandas de las colonias Nicolás Bravo, Narvarte, Asturias, Guerrero, Pensil, Roma y Valle Gómez, del Centro Morelos, de la Unión Inquilinaria y de Damnificados de Tepicentro, de Conamup, del Frente Único E. Carranza, del Sindicato de Costureras, de las cinco agrupaciones de Tlatelolco, del Colectivo Feminista Cuarto Creciente. . . ¡Detente reportero! Has caído en el universo de la autogestión, y la desconfianza orgánica ante el gobierno: "Exigimos que se traslade el dominio a los usuarios, para congelar el uso del suelo y evitar que el suelo regrese al mercado especulativo".

Es la hora de la Asamblea, esa boa constrictora cuyo enérgico y vibrante letargo ha aniquilado generaciones enteras de izquierda ("Miren compañeros. . .", las últimas palabras de casi todos los movimientos). Pero si la Asamblea es la arena movediza del desgaste, la conversión de intenciones en frases y de causas en burocracias efímeras, también es la educación insoslayable y la prueba de fuego: si un movimiento sobrevive a sus asambleas, sobrevivirá a sus enemigos.

Un compañero se opone a un punto del pliego petitorio. Como damnificados —considera— no nos toca profundizar en la demanda de la expropiación o nacionalización de la industria farmacéutica, y menos aún hacer este planteamiento ahora, por justo que sea. Se le replica: al contrario, ahora es la oportunidad porque se nos oye. Un abogado juzga inútil proponer una expropiación de edificios y lotes baldíos sin indemnización. No es posible, y aquí no procede la ley de nacionalización, se violaría el ordenamiento constitucional. Aguardo una respuesta que desdeñe la "legalidad burguesa" y me frustro. Quien contesta sólo dice: "No es un problema técnico-legal, sino el señalamiento de una contradicción. Fíjense, compañeros, han expropiado edificios de renta congelada. Antes el casero lo que realmente tenía era terreno, y cada mes se jodía y hacía corajes contra el pinche gobierno al recibir sus 60 o sus 80 pesotes de renta. Ahora, el casero resentido se convierte en el expropiado satisfecho, y los jodidos serán quienes paguen 60 y 80 mil pesos mensuales. Ya nos lo dijeron todos: el costo de las rentas será el valor de la indemnización más el valor de la remodelación. Es decir, nos haremos cargo del temblor y del sistema capitalista".

La diferencia de esta asamblea con la Asamblea mítica, es la índole premiosa de los temas: rentas, indemnizaciones, expropiaciones, mecanismos legales, observaciones al *Diario Oficial*, referencias a disposiciones del Reglamento de la Construcción. Se pierde santidad ideológica, se gana en conocimiento urbano. Y la ansiedad pedagógica determina el final desdramatizado del primer Foro de Damnificados. Suben al proscenio veintidós personas representando a sus organizaciones, y se integra la Coordinadora Única de Damnificados de la ciudad de México, la CUD. Aplauso breve. Aquí no hay la vocación escénica de las sesiones de la Reconstrucción. Falta la emoción que enmarca a la ineficiencia, falta la firma de conocimiento de nuestra burocracia.

25 de octubre. *"Ya no podemos seguir viviendo en las calles"*

El chavo se enardece: "Esto es indiscutible, compañeros, ya no podemos seguir viviendo en las calles. No es justo, no es humano, no es soportable. Por eso nos lanzamos a la autoconstrucción y por esto defenderemos a capa y espada la primera vecindad que hagamos''.

En el local del Sindicato El Ánfora, se realiza la asamblea de la Unión Popular Inquilinaria de la Colonia Morelos y de la Peña Morelos. El local me obliga a la evocación: aquí, el 4 y 5 de agosto de 1960, se efectuó el Primer Congreso pro Liberación de Presos Políticos, presidido por David Alfaro Siqueiros y don Filomeno Mata, hijo. Éramos pocos, y —como hoy se diría— la capacidad de negociación era escasa. Hubo porras contra el presidente López Mateos, provocaciones de agentes con aspecto de agentes, manifiesto a la Nación de 40 cuartillas que se redujeron a media página. En el éxtasis de los pocos que se creen muchedumbres alguien propuso ir al cercano penal de Lecumberri a dejar en libertad a Demetrio Vallejo y Valentín Campa. Otro lo contradijo: ''Un momento, compañero, todavía no tenemos *objetivamente* la fuerza''. Cuatro días después, se detiene a Siqueiros y a don Filomeno acusándolos de ''disolución social''. . .

Veinticinco años después a los activistas grupusculares los remplaza un auditorio compacto de amas de casa, padres de familia, jóvenes obreros y estudiantes, niños que se politizan sin escuelas activas de por medio. Frente a la mesa que resguarda al presídium, un dirigente señala una hilera de cartelones: ''Vamos a explicar estos papelotes, uno por uno''. Habla con lentitud, y forja sobre la marcha la pedagogía del autogobierno, a satisfacción de los presentes. Lo primero es explicar una vez más la desconfianza al gobierno: ''Muchos organismos internacionales no han querido dar dinero al gobierno, porque saben que hay corrupción; prefieren a las organizaciones populares. Pero no nos darán dinero si la única garantía es nuestra bonita cara. Por eso, debemos constituirnos en asociación civil''. Se detiene y recapitula:

—¿Hasta ahorita vamos claro, compañeros?

—¡sííí!

Los *titulares del proyecto* son los inquilinos de la Morelos, la Unión de Vecinos de la Colonia Guerrero, Casa y Ciudad, A.C., Fomento Cultural, A.C., Corporativo de Estudios y Asesoría Jurídica, Parroquia Los Ángeles. El líder es parsimonioso, cuantifica los ingresos, explica que los egresos se aplicarán a gastos del proyecto (materiales, etcétera), no a gastos de la Unión. En cuanto a los créditos, la Unión Popular Inquilinaria decidirá a quiénes se les otorga, de acuerdo a requisitos forzosos: compromiso de pago, trabajo colectivo. . .

El costo aproximado de cada vivienda nueva: 400 mil pesos. Los intereses serán más bajos que los del gobierno y las modalidades de pago se ajustarán a la condición económica de cada quien. Así por ejemplo, quienes entreguen el 10% del ingreso familiar, pagarán, 3 800 pesos en 70 mensualidades, y quienes aporten el 25% del ingreso pagarán 9 500 pesos en 37 mensualidades. Estos pasos se aplican igualmente a los créditos para reparación. La Asamblea decidirá de los casos extraordinarios (aquellos sin posibilidad de recuperación, jubilados, inválidos, etcétera). La directiva propone el rechazo de las cooperativas impulsadas por el PRI, que llevarían al control y a las imposiciones habituales.

Los asistentes examinan con toda seriedad especificaciones y aclaraciones. Es su porvenir inmediato, y es la inserción personal en el destino colectivo. Hasta ahora han vivido postergados, jamás se tomaron en cuenta sus puntos de vista, sólo se les requería como masa portátil en las giras del candidato por este distrito, o en las inauguraciones con sonrisa adjunta del diputado. Desde el 19 de septiembre están hartos de la intemperie, de las visitas presuntuosas de funcionarios, de la insalubridad, de la curiosidad veloz de los automovilistas, del fin de su mínima privacidad. *Aplauden*: la Unión de la Colonia Morelos y la Peña Morelos se constituyen en asociación civil. *Aplauden*: el lunes próximo se inicia la reconstrucción de la vecindad de Obreros 12. *Aplauden*: hoy podemos reconstruir alrededor de 100 viviendas. Son insuficientes, pero es un comienzo sólido.

De seguro, este chavo tan preciso. algo o mucho ha aprendido del asambleísmo estudiantil, pero su oratoria es novedosa. Pretende conmover con hechos y cifras, e inculcar una noción en sus oyentes, en esos compas que son sus vecinos: el control de las cosas y de la vida, está aquí, a nuestro alcance, y el poder colectivo no depende fatalmente de oficinas de lujo, donde el funcionario oscila entre la altivez y el tedio a los cinco minutos de diálogo forzado con los damnificados. El poder colectivo, y la confianza del chavo es la apoteosis de su teoría, también surgirá en locales maliluminados, con las veladoras que ciñen a la imprescindible Guadalupana, con mujeres cuya edad sepulta rasgos vencidos, con hombres gastados por la falta de alternativas.

—Todo depende del trabajo de ustedes. Nos urge ser independientes porque la sumisión no es el camino, nos quieren meter a un cajón donde no vamos a decidir nada, lo harán por nosotros. El gobierno quiere instalar palomares, condominios de altos pisos, donde todo lo comunal se pierde. Nosotros queremos conservar un estilo de vida, una cultura, un modo de ser. No queremos multifamiliares de cinco o más pisos, porque eso dificulta o impide que estemos unidos, y sólo unidos podremos ser dignos. ¿Cómo se le hace para que la dignidad venga de uno en uno?

De modo súbito, desaparece la información y emerge el mensaje, la rabia que es punto de vista.

—Va a ser necesario que perdamos el miedo y nos atrevamos a gobernar en nuestra propia colonia. El gobierno no ha estado aquí. Aquí nosotros somos gobierno. Nos hemos encargado de la salud, de la remoción de piedras y escombros, de la comida, del agua, de la repartición de víveres, de todo. Somos muchos y vamos a ser más.

Gritan:

—*Las casas se cayeron/el sismo las tiró/Nosotros las haremos/con la organización.*

La conclusión está a cargo de un adolescente:

—Decimos con los hechos que nos importa quedarnos en este barrio. Por eso necesitamos que todos estén bien informados. Por favor, pregunten, expresen sus dudas, no sean como antes.

Se acerca una señora al micrófono, lo observa con desconfianza, está a punto de arrepentirse, retrocede, se dice a sí misma una frase en voz baja, y por fin se atreve:

—¿Se le va a comprar al gobierno lo que expropió?

La respuesta es didáctica, el compañero se engolosina con el uso de la palabra, la asamblea se disuelve.

26 de octubre, 6 de la tarde. Con ustedes, la fabulosa, la única, la irrepetible. . .

En el Palacio de los Deportes, el Radiotón, a beneficio de los damnificados es, antes que suceda, un éxito: el acto se comercializó, y ya se han ganado 100 millones de pesos, sin contar lo recabado en la taquilla. Apenas iluminado, pésimamente sonorizado, lúgubre, hoy el Palacio de los Deportes alberga a un público que se cronometra a la perfección. A cada anuncio, un grito festivo que dure exactamente medio segundo. El locutor menciona una vez más las bondades de la Cámara Nacional de la Industria de la Radio, certifica que 600 radioemisoras transmiten el gran acontecimiento en toda la República sojuzgando 40 millones de aparatos y. . . ¡no se vaya todavía! Falta el Príncipe de la Canción (*alarido*), y la jarochísima Yuri (*alarido*), y el azote de las mochilas azules Pedrito Fernández (*alarido*) y Manoella Torres (*alarido*) y el cuñadísimo Abraham Méndez (*alarido*). Un público tan exacto en sus alborozos se formó de seguro en los grandes estudios de Televisa, regido por las indicaciones del floor mánager, habituado a ver en la ovación el preámbulo del comercial.

¿Ya ven? La industria del espectáculo es generosa con los damnificados. El Antiguo Ídolo del Rock se pasea cerca del templete con ganas de ser reconocido. Admiradoras no le han de faltar. Llegan dos y le piden autógrafo. El Ídolo Jubilado accede de inmediato y extiende un amoroso recado, que contradice su práctica de otros tiempos, un garabato si les iba bien a las solicitantes. Un fotógrafo lo reconoce y lo acomoda en una pose. Un solo flashazo, y a otra cosa. Decepcionado, el-Ídolo-que-fue aguarda. Es su turno. . . y un ruido majestuoso interrumpe su meditación. Guaruras, admiradoras, fotógrafos, periodistas se agolpan a recibir al Príncipe José José que atraviesa entre vallas anhelantes, sonríe a ciegas, lanza un beso que hendiendo el aire se volvió autógrafo, se deja conducir hacia el Gran Alarido. . . y no advierte la sonrisa de íntima amistad y la mano vanamente tendida del Viejo Ídolo, hecho a un lado por el tropel. Antes de cantar, el Príncipe aprecia y apoya las causas nobles y el Ídolo de Antaño captura a un periodista que, cruel como la Naturaleza, no anota sus declaraciones exclusivas.

27 de octubre. La rifa de los objetos prestigiosos

Dos de la tarde en la Alberca Olímpica. La muchedumbre de adolescentes se reúne a probar con su solidaridad en la rifa de la Organización de Fans en Auxilio de los Damnificados. Por 500 pesos, un chavo, tiene el derecho de convivenciar (sic) con ídolos de la juventud y obtener gloriosamente:

☐ El saco que usó Manuel Saval en la conocida telenovela *Los años pasan*.

☐ Los pantalones que inspiraron a Ricki Luis para su canción "Tengo un mes con el mismo pantalón".

☐ La playera estelarizada por Pedrito Fernández en el film *La niña de los hoyitos*.

☐ El cinturón que ciñó la cintura de Juan Santana en *Jesucristo Superestrella*.

☐ El pantalón de satín y la playera que prodigó Ernesto Laguardia en la serie universitaria de Televisa "Cachún, Cachún".

☐ Uno de los "payasitos" más queridos de la actriz Elizabeth Aguilar.

□ Un gorro de mink que coronó las sienes de la vedette Irán Eory.

□ El overol dinamizado por Rosa Gloria Chagoyán en la película *Lola la Trailera*.

□ El negligée que complementó la actuación de Grace Renat en la comedia *Los años pasan*.

□ Un saco y unas zapatillas fluorescentes de la cantante Tatiana.

Felices, los afortunados enseñan sus trofeos. ¿Y qué desmitificador tendría éxito ante tanto alborozo?

28 de octubre. *El Regente en la pantalla chica*

Hay que salirle al paso a los murmuradores, a los amargados, a los críticos de café. Tenemos el poder y nos portamos como si fuéramos la oposición a la que sólo le dejaron el control de las instituciones. Si la televisión es la influencia ante el trono hogareño, es tiempo de dominar la técnica, de aprender las perseverancias faciales, los tonos de voz seductores, las miradas neutras, el ocultamiento de la papada, el engalanamiento del perfil. Si el Sistema quiere sobrevivir (y el Sistema *quiere sobrevivir*; de otro modo actuaría frívolamente y haría de las reuniones de los Comités de Reconstrucción nuevas sesiones del PRI en campaña, en vez de los simposios platónicos y hegelianos de hoy), deberá adquirir los secretos de la pantalla casera. De hoy en adelante, sólo por el rating nos enteraremos del amor orgánico de un político y su pueblo.

Uno imagina la situación, y se inaugura como cronista adivinatorio. El Señor Regente Ramón Aguirre se humedece los labios. Los comunicólogos de guardia afinan detalles, se acercan al monitor con cuidado, exigen pequeñas pruebas. ¡*Ya está*! A enfrentarse con el Monstruo, el Ojo de Polifemo, la Caja de Pandora. El Señor Regente se acomoda y condensa en una sonrisa su afabilidad y su don de gentes. Ahora a persuadir y apaciguar. ¿A dónde irán los contribuyentes que más valgan? ¿A pasarse días y noches en asambleas vecinales, a descuidar vidas y carreras por una solidaridad ya en buenas manos? Lanza el ademán que —le aseguraron— transmite seguridades psicológicas y explica: "La expropiación no es una medida socializante o estatizante, porque el gobierno no se quedará con las casas y lotes, y además no es algo nuevo ni extraño, como tampoco lo es en otros países de orientación capitalista o economía mixta como el nuestro".

Los expertos sonríen. Va bien el mensaje. Ahora entramos a la parte llamada en el diseño comunicacional "Viabilidad ética". Si el instinto capitalista está alebrestado, adormezcámoslo con llamados a la moral eterna: "No hay razón para inquietarse por esta medida humanitaria del gobierno para ayudar a nuestros hermanos, a ciudadanos que tanto lo necesitan". Los 40 goles del humanismo: "Debemos ser más humanos; debemos ser más solidarios; debemos ser más comprensivos. No debemos ser egoístas y pensar sólo en nuestros intereses". Los comunicólogos sonríen de premisa a premisa. Ahora sí le movimos el tapete a la gélida ciudadanía.

El equipo sigue absorto la grabación. Se recomendó un solo tono de voz, una lectura sin precipitaciones para compensar la monotonía y un semblante reposado. Misión cumplida. Ahora viene el capítulo de las Grandes Revelaciones. En 1985, el gobierno federal descubre la injusticia social: "No podemos cerrar los ojos y olvidarnos que en esta ciudad existen zonas verdaderamente miserables y que allí viven seres humanos como nosotros, que ahí hay niños desnutridos, que ahí hay gente que con un poco de apoyo nuestro encontrarán una morada y una vida más digna".

De la Creación de la Confianza y de la Instalación de la Conciencia, se transita a la Verdad Dolorosa (capítulo que sigue a "Gratitud para con la Ciudadanía"). En la zona de derrumbes se extrajeron más de 3 mil cadáveres, pero en cambio se salvó a 4 mil personas. Mil tantos a favor de la Vida. Los comunicólogos aprueban con aspavientos. ¡Qué habilidad! Se emite la cifra de modo precavido (más de 3 mil pueden ser 10 mil o 20 mil) y el ánimo y la seguridad retornan, los hoteles se colman de nuevo, hay batallas por conseguir reservaciones para el Mundial de Futbol. Reconozcan —dice el mensaje subliminal, celosamente manejado por los comunicólogos— que 3 mil muertos es un costo módico, y acepten igualmente que de no darse el decreto expropiatorio, los desahucios habrían sido violentos, la paz social se habría dañado y cada uno de ustedes, ciudadanos, hubiese requerido de un pistolero.

Los expertos aplauden y el gobierno avanza a pasos agigantados en el terreno de la comunicación social.

1 y 2 de noviembre. Y era nuestra herencia una red de presagios

Santos, fieles y difuntos. A las 7:19 de la noche distintos grupos en Tepito y en el Zócalo guardan un minuto de silencio. Dos horas más tarde, en Tlatelolco, ante las ruinas del edificio Nuevo León (fosas, muebles quemados, restos de libros), una señora con chamarra beisbolera repite el rosario, y solloza en las pausas. A su lado, en una enorme pancarta, la inevitable "calavera":

Eibenschutz los mandó al hoyo.
Carrillo Arena los enterró.
Don Miki se hace maje,
y el Procu dice: "Nada pasó".

El culto a los muertos —prehispánico, colonial, del México de Posada— se renueva. A las ofrendas, el zempasúchitl, las calaveras de azúcar, las rimas burlonas sobre la condición perecedera, las calaveras del arte popular, se agrega el gusto por la poesía. Se leen textos de Octavio Paz, Efraín Huerta, Xavier Villaurrutia, Rosario Castellanos, José Carlos Becerra, José Emilio Pacheco. Luego tiene lugar un servicio ecuménico.

En su fervorín, el obispo Luis Mena rehace por su cuenta el dogma: "El cielo no lo ganan los flojos ni los cobardes, sino los que cumplen con los demás". Al finalizar la liturgia, los vecinos vocean su sentencia: "Para las autoridades que permitieron el desastre del Nuevo León, el fuego eterno".

En el parque "Ignacio Chávez", entre el Centro Médico y el Multifamiliar Juárez, se concelebra una ofrenda: "Si con él morimos, viviremos con él", en un paisaje de velas y veladoras. El sacerdote Miguel Concha predica: "Dios no se confunde con la naturaleza. Dios no está presente en las catástrofes. Más bien, siempre está ausente en las desgracias. Debemos vivir este día reforzando nuestra solidaridad que nos ha permitido organizarnos y mantenernos en comunidad. . . Las expropiaciones [de lotes y terrenos] no son inmorales. Por el contrario: son morales y legítimas. El Evangelio dice que se debe hacer el bien común para lograr mejores condiciones económicas, sociales y políticas. Y el decreto busca precisamente atender a la utilidad pública, pero también se debe cumplir con el derecho a la vivienda".

Grandes aplausos. A un lado, los integrantes de la Nueva Canción han instalado un altar al músico Rockdrigo, fallecido el 19 de septiembre, con dotación de caguamas, "para que se anime el maestro".

En la tarde del día 2, en el Zócalo, la gente forma una amplísima valla y presencia el descenso del símbolo patrio. Al irse los soldados, se acercan al asta-bandera y van haciendo una cruz gigantesca con veladoras y zempasúchiles. Una banda de pueblo aviva la melancolía puntuada por ofrendas personales, rezos, llantos. ("¿Por qué a él? ¿Por qué no a mí?"). En pequeños círculos, se lee poesía entre el silencio atento:

No digamos la palabra del canto,
cantemos. Alrededor de los huesos,
en los panteones, cantemos.
Al lado de los agonizantes,
de las parturientas, de los quebrados, de los presos,
de los trabajadores, cantemos.
Bailemos, bebamos, volemos.
Ronda del fuego, círculo de sombras,
con los brazos en alto, que la muerte llega.

Jaime Sabines, de "Sigue la muerte"

Al fin se encuentran dos grandes tradiciones mexicanas.

8 de noviembre. Aquí no es mesón. . .

Un dirigente de la Coordinadora Única de Damnificados:
—No, si la cosa no era canjear condiciones jodidas por condiciones todavía más jodidas, y el estar en la vil calle por el vivir en la vil calle. La solución era provisional y ahora parece que las autoridades están felices: Las vecindades han muerto. ¡Vivan los campamentos! Éstos aumentan mientras arrecia el frío y se deterioran las condiciones de salud y alojamiento. Hijo, la cosa está del carajo, con perdón del estado de ánimo. Los que recibieron casas en unidades del estado de México ya se volvieron a los albergues o con sus familias. Las viviendas no tienen servicios, no hay centros de abasto, el transporte es carísimo y eterno: tres o cuatro horas. Todos andan nerviosos y azotados, en la pura mentadera de madres. Por fortuna, algo nos queda de espíritu de comunidad, no lo que quisiéramos, pero mucho más de lo que había, si no, ya nos estaríamos estrangulando unos a otros.

9 de noviembre. Los damnificados de Tehuantepec 12

—Como 46 personas nos presentamos en la residencia provisional de la Procuraduría del Distrito, con la manta más larga que he visto:

"Ciudadano Presidente de la República. C. Autoridades correspondientes. Los condóminos del edificio Tehuantepec 12, Colonia Roma, exigimos justicia ante el asesinato colectivo de más de 80 personas, cometido con los habitantes de nuestro edificio. No permitiremos que se oculte o se encubra la acción de la justicia como en casos similares. Estaremos en constante observación de los actos de las autoridades."

El portero nos cerró el paso. Le argumenté: "Señor, ésta es una oficina pública, y usted debe admitirnos a todos". Al cabo de mucho argüende entró una comisión y los demás se quedaron sobre el camellón. Eran las diez de la mañana.

Dentro, iba y venía una multitud de secretarios. Nos sentaron en un jardín muy grande, y se nos dijo que era la casa de la Procuradora Victoria Adato de Ibarra, habilitada como oficina pública. Como a la una nos recibió la Procuradora, muy atenta. Nos informó: "Ya el Ministerio Público está advertido y citará a las personas que, según ustedes, son causantes del daño. Pero no prejuzguen". Se refería a los dueños del edificio y a la compañía constructora. Ya para despedirse, compartió la aflicción y se le humedecieron los ojos. Sí, ella y su gente se estuvieron tres días seguidos sin dormir, del 19 al 22 de septiembre. Y eso le permitía entender tragedias como la nuestra.

12 de diciembre: Una profecía de la Gran Pirámide

—Nunca se sabe quién comienza los rumores, pero ya para mediados de octubre, corrió por todas partes el anuncio del gran temblor. Se dijo que la Virgen de Guadalupe, enojada con la pecaminosidad de los mexicanos, se lo profetizó a unos niños de la colonia Morelos. También se achacó el pronóstico a una bruja, aunque lo más probable es que los inventores fueran los periódicos de la tarde. El caso es que la predicción se difundió extraordinariamente y muchos creyeron en ella. "El 12 va a temblar. Dicen que en la Basílica sólo de eso se habla. Que es por nuestra forma de vivir." En mi edificio, yo me propuse chotear a quien me saliera con esa patraña, pero no fui muy efectivo, porque el 11 en la noche cuatro familias se fueron de la ciudad, con sus parientes o de vacaciones o qué sé yo.

Al día siguiente regresaron sin dar explicaciones.

San Juanico: los hechos, las interpretaciones, las mitologías

1. Panorama del desastre

I ■ LA CATÁSTROFE

A las 5:40 horas de la madrugada, aproximadamente, el lunes 19 de noviembre de 1984, "el cielo se encendió de golpe" en San Juan Ixhuatepec o San Juanico, una colonia popular del estado de México. Por la fuerza de la explosión en las instalaciones de Pemex, la primera de siete en cadena, las llamas —se dice— alcanzan en algún momento los dos kilómetros de altura y vuelan a 300 metros o más los tanques de acero, de 12 metros de largo y 2.5 metros de diámetro, y más de 30 toneladas de peso (hay pedazos de tanque que viajan cerca de dos kilómetros). El hongo ilumina un ámbito enorme, que incluye los municipios de Santa Clara, Tlalnepantla y Ecatepec.

(En San Juanico, el gas proveniente de las refinerías de Poza Rica, Minatitlán, Coatzacoalcos y Azcapotzalco, se almacenaba en dos esferas, cada una con capacidad de 15 mil barriles de gas butano, y en 22 tanques "salchicha".)

Según la cronología establecida por Eduardo Barceló (*El infierno tiene nombre. . . San Juanico,* Editora Moderna, México, 1985), la segunda explosión ocurre a las 5:48 horas. El fuego devasta a San Juan Ixhuatepec. En muchas casas, todos los habitantes mueren al instante, familias enteras abrazadas en la desesperación o aún dormidas. Los demás salen a la calle como pueden, en pijamas, calzoncillos o absolutamente desnudos, en el pleno estupor de la huida. Algunos van envueltos en llamas. A las 6:20 horas, la tercera explosión, de alcances mucho mayores. Un tanque "salchicha" se precipita y destruye un garage y un segundo piso. Calor extremo, luz enceguecedora, temblores de tierra, ruinas, hoyancos, montañas de cascajo y el "diluvio ígneo" que arrasa las casas y los enseres, y profundiza el paisaje de escombros, lamentos, cuerpos calcinados dentro y fuera de las viviendas. Humo, polvo, olor omnipresente a gas. El espectáculo convoca de inmediato las asociaciones apocalípticas que locutores y público repetirán a lo largo del día: "Esto parece el fin del mundo". En los sitios vecinos, hombres y mujeres se arrodillan a media calle y rezan.

A las 6:22 horas acuden los primeros carros de bomberos del Distrito Federal, al mando del coronel Benito Pérez González. A las 6:24, la cuarta explosión. Otro tanque "salchicha" cae sobre tres viviendas. A las 6:30, ambulancias del DF y del estado de México. Se inicia la coordinación. A las 7 de la mañana, la radio informa de la destrucción de 600 casas. Quinta explosión, menor, a las 7:03 horas. Siete minutos después, arde una esfera de gas butano y la lengua de fuego alcanza más de ochenta metros de altura.

La radio y la televisión difunden testimonios. Uno típico, el de Hermelinda Gómez Cruz, secretaria de 19 años, que le cuenta al reportero Rubén Martí (*El día que el fuego destruyó San Juan Ixhuatepec*):

Serían las seis de la mañana. Toda la colonia parecía un gran infierno. Yo me había dado cuenta de cuatro o cinco explosiones. En mi casa todo se había sacudido; escuché muchos gritos de mi mamá, de mi papá, de mis hermanos y mis tíos, éramos nueve en total. No podía darme cuenta de nada, sólo veía que todo el mundo corría; era de madrugada pero la luz del fuego era tan intensa que parecía como si fuera el mediodía; les grité a mis familiares, pero parece que nadie me escuchaba; me tapé como pude con una cobija y salí a la calle; afuera todo era correderos y alaridos; entre las explosiones y el fuego se escuchaba algo así como el ruido de un avión, creo que era el gas que se salía; comencé a caminar porque no se me ocurría otra cosa, tropecé con algo que casi me hizo caer, cuando advertí que era un cuerpo en la banqueta y sentí que olía a carne quemada, me sacudí de miedo y me volví loca. Caminé mucho, mucho rato, no me acuerdo cuánto ni por dónde, hasta que unos ambulantes me encontraron y me subieron a una camioneta, me llevaron a la Villa de Guadalupe y no supe más. . . ¡Papacito! ¡Mamacita! ¿Dónde están? Mire, ya los busqué por todas partes. No están en ninguna lista de heridos ni en las de Locatel. Dios mío. Yo creo que todos murieron. Después quise ir a la casa, pero unos soldados no me dejaron acercarme. No sé en dónde buscarlos.

Desde las siete, el esfuerzo del cuerpo de bomberos se concentra en impedir la explosión de la esfera, que provocaría un desastre aún más drástico. Los bomberos y los socorristas (de la Cruz Roja, la Cruz Verde, etcétera) inician la evacuación de los habitantes de las colonias aledañas a San Juanico. A las 8:10, el III Batallón de la Policía Militar acordona la zona, evita el paso a los sitios más riesgosos y dirige la salida de quienes aún se resisten a hacerlo. Los socorristas trasladan heridos, muchos de ellos mutilados y en condiciones muy graves, a distintos hospitales.

Se corre sobre cadáveres. En la carretera México-Pachuca el tránsito se congestiona. Los damnificados suplican se les aleje del infierno. El Rancho Grande de la Villa y la explanada de la estación Indios Verdes del Metro son vastos campos de refugiados. El humo negro de las esferas impregna la atmósfera de gases tóxicos. Eduardo Barceló traza conmovedoramente un panorama del caos: queda hecha trizas la vía del ferrocarril que pasa entre la gasera y las primeras casas de lo que allí se llamaba la "cepe" (Ciudad Perdida); los tanques de gas empujados por las llamas rebotan amenazando alcanzar las instalaciones de las gaseras privadas; los autobuses de la Ruta 100 y vehículos particulares se llevan apiñados a los habitantes de la zona. Cada "redivivo" acumula anécdotas del horror: la huella sobre las aceras de pies ensangrentados; las lenguas de fuego que en un segundo desaparecen personas; el pánico que se multiplica en gritos al vacío: "Sálvense. Todos afuera. Esto va a explotar. Es el fin del mundo"; las teas humanas que se revuelcan en la calle sin que nadie pueda auxiliarlas; los bomberos que le solicitan a socorristas y periodistas: "Recen por nosotros"; el zumbido del gas; el silencio en los autobuses atestados; los 200 mil evacuados por el Sistema de Transporte Colectivo; los heridos graves y los agonizantes en los hospitales.

A las 8:20 horas, se presenta el general Ramón Mota Sánchez, secretario de Protección y Vialidad. Minutos después, el gobernador del estado de México, Alfredo del Mazo. A las 9 de la mañana, las últimas explosiones. va sin consecuencias. A las 10:30 horas. el Presidente de la República, Miguel de la Madrid, ordena la ejecución del Plan DN III. A las 11, el general Mota declara la situación bajo control. Los socorristas —cubiertos con tapabocas— entran a las casas, van y vienen, multiplican esfuerzos, traen heridos, muertos o solamente, en bolsas de poliuretano, restos mutilados (cuerpos sin cabeza, brazos, piernas, cenizas). En las calles, aúllan los animales quemados. Los policías los sacrifican para ahorrarles sufrimientos.

Los granaderos controlan la situación y evitan el saqueo. Durante quince horas, soldados, socorristas y policías remueven escombros, atienden heridos, juntan huesos y cenizas, calman como pueden los interminables brotes de histeria. Juan Martín Chávez, socorrista (del Cuerpo de Socorro Voluntario) le cuenta a Barceló:

No nos dejaban pasar, pero como a las 7 pasaron las ambulancias de mi grupo y corriendo las alcancé. Así pasamos el cordón y comenzamos a trabajar. Lo primero que vi fue a unos socorristas de la Cruz Roja que sacaban bolsas y petacas llenas de miembros humanos. Todo olía a gas y a carne quemada. Vivos, de los habitantes no había, sólo muertos. No puedo decir cuántos vi. Si cien o mil. Tal vez exageraría o me quedaría corto. Pero eso era espantoso. Yo creía que ya estaba curtido en eso de ver muertos y sangre, pero fue pavoroso ver cómo se revolvían cadáveres de animales y humanos. Todos los cuerpos estaban mutilados y quemados. Compañeros que llegaron desde temprano me platicaron que por la mañana habían visto ríos de lumbre que se lanzaban sobre las personas que corrían tratando de alejarse entre gritos desgarradores. Al ver aquel cuadro de brazos y piernas, al tratar de levantar cadáveres que se deshacían entre las manos, sentí enloquecer. Pero si lo que vi en la noche fue feo, lo que presencié el martes por la mañana fue espantoso. Había huellas de sangre por todas partes, como si hubieran salpicado el asfalto, las paredes, las fachadas de las casas. El lodo estaba revuelto con sangre y había cuerpos tirados por todas partes. Sacaban los cadáveres en camiones de redilas. Definitivamente es mi más dura experiencia como socorrista.

Los bomberos y los técnicos de Pemex permanecen junto a las esferas, sin retroceder, con estoicismo. A las 13:15 horas, dejan que se continúe quemando el gas de tanques y esferas hasta que se consuma totalmente.

III ■ EL ÉXODO Y LA SOLIDARIDAD

Como pueden, de la zona afectada escapan medio millón de personas, semidesnudas, descalzas, llagadas, gritando, rezando "La Magnífica" obsesivamente. La televisión empieza a transmitir y la noticia suspende gran parte de las actividades en la ciudad. Millones en la capital y en el resto del país siguen con atención los acontecimientos. Los locutores prodigan vocablos paroxísticos: "infierno, escenas dantescas, tremebundo, horrible". Nada alcanza la contundencia de las imágenes: los depósitos ardiendo, el llanto, la búsqueda de los familiares, las camillas que transportan restos, los heridos, la felicidad dolida de los sobrevivientes, las frases convulsas ("Perder un hijo duele mucho, pero perder la esperanza es como morir"), los ancianos que arrastran niños y salvan algunas de sus escasas propiedades.

Se organiza el desalojo de las colonias San Juanico, Unidad CTM, Cerro Gordo, Caracoles, Constitución de 1917, San Miguel y La Calavera. En otros lados, se generaliza el éxodo (cerca de 300 mil personas abandonan sus hogares). Dentro de lo posible, la respuesta a la catástrofe es eficaz. El gobierno federal y el del estado de México movilizan todos sus recursos: patrullas, ambulancias, camiones de la Ruta 100, médicos, enfermeros. . . El ejército y la policía atienden los congestionamientos de tránsito. Se cierra la carretera México-Laredo a la circulación, de los Indios Verdes a Ecatepec, y sólo se permite el paso a unidades de rescate, bomberos y policías.

Se habilitan todas las camas disponibles en los centros médicos y, al colmarse el cupo, se improvisan hospitales en albergues, escuelas, casas y en la antigua Basílica de Guadalupe. Surge de inmediato la ayuda del pueblo, cuyo fondo visual a lo largo del día es la hazaña profesional y humana de bomberos, médicos, socorristas, trabajadores voluntarios. Aparece una red de convoyes, y la gente compra en los almacenes, para regalarlos de inmediato, pañales, biberones, cobijas, leche en polvo. En casas y restaurantes se hierven miles de litros de agua para los pequeños. Se juntan cerros de ropa, zapatos y medicamentos. En autos particulares y en taxis se llevan a los sitios señalados dinero, comida, abrigos, suéteres, sacos, chamarras, pantalones, sueros. Los vendedores ambulantes regalan su mercancía: juguetes, tamales. Es enorme la contribución en efectivo. En casas y departamentos se atiende a los damnificados. Centenares de médicos, enfermeras y monjas se presentan en los albergues. Gente muy pobre regala sus anafres para hacer café y sopa. Todas las organizaciones (sindicales, partidarias, religiosas, civiles) prometen y dan auxilio. En el albergue instalado en el Politécnico, se atiende durante el día a 18 mil personas, y sobran víveres.

Movilizados por la televisión y la radio —la información de Televisa fue importante; modesta, la de los canales oficiales 13 y 11— millones de individuos se apropian emotivamente de la tragedia, se enteran de sus proporciones, se afligen y desean cooperar. *La solidaridad,* el término tan prodigado en relación a San Juanico, es fenómeno genuino, espontáneo, conmovedor, una respuesta inesperada para quienes veían (veíamos) en la crisis económica al gran potenciador del egoísmo. Luego, algunos afirmarán que se trata de una "solidaridad manipulada" por Televisa. Nada más falso. En su concreción inesperada y admirable, la solidaridad es algo sobrio y sencillo: la preocupación por *seres como uno,* la necesidad de corresponsabilizarse por la tragedia, de igualarse con las víctimas a través de actos de amor anónimo.

Entrevistados, los donadores de sangre repetían, casi sin variantes, la misma frase: "Son nuestros hermanos y hay que hacer algo por ellos". Hay antecedentes de esta generosidad infalsificable (uno notorio, la ayuda a las víctimas del terremoto de Managua) pero jamás, en las décadas últimas, se habían mostrado a tal punto, en potencia y acto, la compasión y el desprendimiento que, de entrada, renuncian a cualquier gratitud. Fue, si se quiere, la solidaridad del pueblo consigo mismo, un esfuerzo democratizador desde abajo. Quienes arriesgaron sus vidas en la zona del desastre, dieron dinero y objetos, asistieron a las víctimas en los refugios improvisados, y llevaron a sus casas a los prófugos de la explosión, sabían muy bien, aunque no lo verbalizaran, que ejercían sus derechos humanos y civiles, y hacían suyo ese pacto nacional por lo común tan ignorado.

En este orden de cosas, no tiene el menor sentido la tesis de la manipulación, que sólo reitera, con frases "comunicológicas", la vieja idea del "pueblo de borregos". ¿Qué argumentos más persuasivos que los contemplados en la televisión, los testimonios oídos en la radio, los ríos humanos desgajándose desde los cerros, en harapos, sangrantes, con miradas de extravío y temor? No niegan tampoco la existencia de una hazaña popular los cientos de policías o civiles que entraron a las casas abandonadas para llevarse aparatos eléctricos, ropa, pequeños muebles. Interrogados por los reporteros de Televisa —jueces providenciales del Gran Milenio— los ladrones no conseguían armar justificación alguna. Con los objetos robados en la mano, estos "buitres" o "aves de rapiña", lo confesaban todo desde el aspecto: en su mayoría, actuaron por hambre, por necesidades perentorias.

Será el abuso retórico desde el día mismo de la tragedia lo que distorsione la presencia de la solidaridad. En pos de una explicación general, los funcionarios ven en la consecuencia a la causa: "El accidente probó la magnífica solidaridad del pueblo. Somos un país unido en lo esencial''. Si algo, ''el accidente'' prueba la falta de solidaridad que norma la vida nacional, el desdén ante la vida humana, la desunión esencial. La repetición de la fórmula "San Juanico y la solidaridad" identifica publicitariamente ambos términos, y oculta, de modo creciente, un impulso extraordinario.

IV ■ LA NUEVA FUNDACIÓN DE AZTLÁN

Todos lo sabían pero nadie lo creía. Pese a lo dicho en contrario en los primeros días, el poblado de San Juan Ixhuatepec o San Juanico ya existía en 1961, cuando Pemex inicia la construcción de la planta almacenadora y distribuidora de gas. Según el reportaje de Cabildo, Campa y Hernández (*Proceso*, 421), su historia es la típica de la expansión del estado de México, la depredación habitual: a una ampliación urbano-ejidal de 1925 la sucede, en los sesentas, el crecimiento desenfrenado, producto de la necesidad de vivir lo más cerca que se pueda del Gran Surtidor de Empleo, la capital. Las 300 hectáreas de la zona, propiedad de ejidatarios (que emigran) y de latifundistas urbanos, reciben a oleadas de "paracaidistas", muy probablemente dirigidos; el gobierno federal expropia los terrenos ejidales, y los latifundistas (Rosa Morales, Eduviges Soriano y Mena Rum) fraccionan y venden sus terrenos con óptimas ganancias. La estrategia atribuida a Carlos Hank González ("Adquiere grandes extensiones a bajísimos precios, aguarda, deja que te invadan una parte, haz que el gobierno que es también tu socio te compre a precios altísimos la zona invadida, y fracciona el resto") se aplica en San Juanico con leves variantes. En 1977, se inicia la regularización de la tenencia de la tierra y esto, aunado a la prestación de servicios, intensifica los asentamientos. A principios de 1984, según el censo de Tlalnepantla, la zona de San Juan Ixhuatepec cuenta con una población fija de 45 mil habitantes y una población flotante de otros 25 mil. Estos datos son seguramente muy moderados.

Las imágenes captadas por los camarógrafos de TV que recorrieron en helicóptero las zonas contiguas al desastre corroboran lo evidente: en todo el cinturón conurbano ha sido muy rentable "la falta de previsión" de los gobernantes que, por lo común, han aprovechado la expansión inevitable (los inmigrantes "votan con los pies" y le confieren a sus "hacinamientos monstruosos" la racionalidad de la sobrevivencia) y han desprendido de allí fortunas o, en el caso paradigmático de Carlos Hank, imperios económicos. Como los de Ecatepec o Ciudad Nezahualcóyotl, los habitantes de San Juanico llegaron a su destino por rumores o avisos de parentela, se instalaron lo más cerca que pudieron de la frontera del empleo (la Tercera Frontera de México) en casas de cartón al principio y luego de materiales baratos, y lucharon dificultosamente por agua, luz, drenaje, pavimentación, escuelas, transportes, atención médica. Son la-Suburbia-a-su-pesar, quienes viajan dos o tres horas diarias para arribar al sitio de la chamba y de regreso; quienes viven rodeados de automóviles de segunda mano, de refrigeradores usados, mobiliarios chafa, promesas de aumentos de salario, ilusiones postergables sobre el porvenir de los hijos. Distantes, los Administradores Públicos (hasta hace muy poco, funcionarios-fraccionadores y funcionarios-empresarios) lucran y usan el tiempo público de su mandato en obras costosas y no siempre inútiles, posposición de problemas y autoexaltaciones. No hay de otra, la tradición es la imposibilidad de cualquier proyecto democrático de crecimiento urbano. "Nos vencen las circunstancias, la incontinencia demográfica." Cada resignación engendra la siguiente.

V ■ LA BOMBA DE TIEMPO

Por una u otra razón, en la información sobre San Juanico, tan colmada de entusiasmo "ante la solidaridad, que borraba todo lo demás", se omitieron hechos básicos:

□ La concentración en la zona, que contravenía medidas expresas, de empresas gaseras: Unigás, Vel-a-gas, Gas y Servicio, Bello-Gas, Gas Metropolitano y Gasomático, que proporcionaban más del 40% del suministro al Distrito Federal.

□ La violación por parte de Pemex del Instructivo para la Proyección y Ejecución de Obras e Instalaciones Relativas a Plantas de Almacenamiento de Gas Licuado de Petróleo, de la Ley del Petróleo, que señala en el artículo tercero:

Las plantas de almacenamiento se ubicarán fuera de las zonas residenciales y lugares densamente poblados o construidos. Su ubicación requerirá aprobación previa de la Secretaría de Salubridad y Asistencia. Las construcciones colindantes deberán estar libres de riesgos probables para la seguridad de las plantas y no se permitirá que en ellos se establezcan estos riesgos (publicado en el *Diario Oficial,* 21 de diciembre de 1970).

☐ La irresponsabilidad ante las denuncias constantes sobre las condiciones de seguridad en San Juanico. El 22 de agosto de 1984, un incendio obligó a la gente a salir todo el día de sus casas. El señor Antonio Noriega le contó al periodista Barceló: "Dijeron que se habían quemado unas cajas de madera y unas tablas, pero la verdad es que algo andaba mal porque también tronó muy feo todo, aunque no como en esta ocasión. Y luego, desde ocho días antes de esta tragedia, empezó entre la gente el escándalo del gas, porque el mechero despedía llamas para todas partes y la lumbre se hacía bolas arriba. Protestamos y algunas personas dijeron que no había falla en las instalaciones, sino que se trataba de descuidos, porque los empleados de seguridad de Pemex se emborrachaban en horas de trabajo".

☐ La indiferencia ante las denuncias de técnicos: falta de mantenimiento y fatiga en las tuberías de Pemex; altos riesgos por la cercanía del consorcio gasero, en contravención de las disposiciones de la Secretaría de Industria y Comercio.

☐ El grave peligro de una toma sin medidor que conectaba directamente al área de bombas de la planta de Pemex con las instalaciones de Unigás. Esto es parte de la intensa corrupción que desde el gobierno de Miguel Alemán se genera con la entrega de gasolinerías a políticos, artistas, exfuncionarios y funcionarios de Pemex, y la concesión del gas a particulares, con el argumento de que era incosteable. Denuncia el señor Salvador Hernández (*Proceso,* 421), quien trabajó 17 años en la planta de San Juanico:

En el fondo, para nosotros, hubo corrupción. Tenemos conocimiento, es un secreto a voces entre los trabajadores, que existe una línea derivada, simulando la purga a uno de los drenajes, que va a comunicar con el río de Los Remedios. Pero esa línea tiene por un lado lo que se conoce como un *by pass* (paso paralelo), supuestamente para utilizarse cuando se bloqueara el medidor. Por la noche, se cerraba una llave para abrir la otra y dar paso al gas que llenaba los tanques de las compañías gaseras sin registrar a Pemex. Esto lo pusimos en conocimiento de la policía de

Protección y Seguridad de Pemex el año pasado y no sabemos en qué paró todo.

☐ Según los vecinos, en días anteriores a la tragedia, el olor de gas era más penetrante que el habitual, y el gas, al salir, producía un zumbido similar al de los jets. También, el fuego del quemador, conocido como "mechón", lanzaba llamas calificadas de anormales (E. Barceló), y horas antes del desastre, cundieron los signos de peligro.

☐ Un testimonio insospechable: el 19 de noviembre el secretario general del Sindicato de Trabajadores Petroleros, Salvador Barragán Camacho, declara: "Desde hace años, el sindicato ha demandado que se haga una revisión general de todas las instalaciones de Petróleos Mexicanos para garantizar las medidas de seguridad. Las instalaciones están deterioradas o son deficientes. . . Son muchos los 18 de marzo que el sindicato ha reiterado que se hagan revisiones a fondo para evitar siniestros como el ocurrido el 19 de noviembre" (el senador Barragán se desdice dos días después, felicitando a Pemex).

A juzgar por los testimonios (no refutados), un sector considerable de los habitantes de la zona, y de San Juanico en particular, estaban conscientes del riesgo que corrían, y sin embargo no abandonaban el sitio no tanto por fe en las declaraciones del gobierno, sino por la desesperación tranquila y, con frecuencia, sonriente, que engendra la falta de alternativas. Enterados inevitablemente de su situación, no se quedaron allí por inconsciencia machista, sino por la primera seguridad de la sobrevivencia: el hogar propio. Como millones de mexicanos a lo largo del país (por condiciones laborales o habitacionales), veían en la contigüidad del peligro otra de las condiciones de la pobreza, y usaron a modo de compensación psicológica la fe implícita o explícita en su buena suerte. Fueron presas de la falta de opciones (¿adónde ir que no haya problemas?), de la vileza de fraccionadores, del descuido de expertos de Pemex y autoridades locales y estatales. . . y de la desinformación: ¿qué resonancia nacional han tenido los otros desastres humanos causados por errores operativos de Pemex? ¿Qué datos confiables había (y hay) sobre los cientos de kilómetros de gasoducto que atraviesan la ciudad de México, con tuberías en pésimo estado, instaladas hace 30 o 40 años?

El día de la tragedia se reiteraron los usos ilimitados de la televisión y —lo que no es lo mismo— la eficacia de Televisa cuando sólo está parcialmente al servicio de sus fines habituales. El espectador se ha acostumbrado a ver en el modelo de Televisa el sentido genuino de la televisión, y de esa identificación tan vigorosa se desprenden estilos arrogantes y seguridades de que lo dicho desde la pantalla es la verdad estricta. Por si a alguien le puede interesar, se probó que la mayor fuerza de Televisa deriva, en primera instancia, de esa confusión entre *medio electrónico* y *uso comercial del medio,* y luego, de la creencia en el maniobreo gubernamental en materia informativa (parte del recelo generalizado hacia lo estatal). Con increíble torpeza, en el canal 13 se minimizó la tragedia en las primeras horas y se responsabilizó a Unigás, mientras se procuraba hacer pasar por dolido aturdimiento su pobreza de recursos técnicos y humanos.

¿Qué es *lo confiable*? En el ámbito de los medios electrónicos, lo más frecuente, lo institucionalizado por la repetición. La condición "hogareña" de los locutores, su integración forzada al ámbito casero, fue un factor que contrastó con la lejanía y la falta de rostro público de la mayoría de los funcionarios que, por lo demás, malgastaron casi todas sus intervenciones en el autobombo gubernamental, y en anticipar la gratitud popular. O, en los casos extremos, en el regaño y la incomodidad contenida a duras penas. Así, memorablemente, el director de Pemex, Mario Ramón Beteta, a la pregunta de si Pemex indemnizaría a las víctimas, repuso: "Si de indemnización se habla, ojalá a nosotros también nos toque". Solemne, el gobernador del estado de México se enfadó con la prensa, le exigió rigor y freno al amarillismo para que ya no difundieran irresponsablemente la cifra ¡de 60 muertos! ¿Qué se pretendía? ¿Allegarle a Pemex despensas y ropas? ¿Medir cuantitativamente el desastre? ¿Suavizar el pánico rebajando las cifras?

Sin espacio propio (sin considerar, de hecho, al canal 13 como algo que les perteneciera), funcionarios y líderes sindicales le rindieron cuentas a los locutores Guillermo Ochoa y Jacobo Zabludovsky, usaron a Televisa como tribuna y confesionario e hicieron esfuerzos casi siempre patéticos para disimular su nerviosismo (acostumbrados a la docilidad del manejo de prensa, y no a la inmediatez de la televisión en instantes críticos). Mientras, los espectadores hablaban para ofrecer ayuda, aportaban datos, veían a la solidaridad

133

convertirse en un espectáculo paralelo al de las implacables imágenes mortuorias.

Para comunicarse con las masas, los funcionarios sólo confían en la televisión: para enfrentarse a la televisión los funcionarios sólo disponen de consejos mal retenidos sobre la serenidad y la seriedad.

VII ■ EL DUELO

Cinco horas después de la explosión inicial arriban al Centro Cívico de Tulpetlac, estado de México, los primeros cadáveres, mutilados y desfigurados, que se registran como desconocidos. Desde ese momento, una preocupación oficial es filtrar a cuentagotas la dimensión de la catástrofe. A mediodía, se habla de ochenta muertos. En la noche, se reconocen 100 o 150. Sin embargo, los periódicos de la tarde abundan en cifras mucho más dramáticas. Uno de ellos dio cuenta del hallazgo de cerca de 400 cadáveres de obreros y trabajadores de la Planta de Distribución de Productos Refinados y de Unigás (posteriormente, se negó el hecho). A lo largo de una semana continúa el forcejeo y, a la postre, se admiten cifras: 500 muertos; 2 000 heridos; 10 000 damnificados; 1 500 casas destruidas. Los vecinos de San Juanico y de los alrededores han insistido en que estas cifras son un escamoteo fúnebre. ¿Quién contabilizó? ¿En cuántas ocasiones no metieron en féretros tres o cuatro restos humanos? ¿Cómo dar cuenta exacta de los volatilizados? ¿Quién llevó el registro de los desaparecidos? ¿Cuántos se desintegraron sin dejar literalmente huella? Los vecinos calculan unos 2 000 muertos por lo menos. Su palabra contra la de las autoridades, las agencias del Ministerio Público de Tlalnepantla, Ecatepec y Xalostoc.

El 20 de noviembre se amplía a marchas forzadas el cementerio en las faldas de un cerro en la colonia Caracoles. Rubén Martí describe el traslado en ambulancias, carrozas y camiones de redilas. Una manta: "Exigimos la verdad en el número de muertos. No más mentiras". Pocos familiares de las víctimas. A la mayoría se les inhuma sin identificación (sólo 16 de los 296 sepultados son reconocidos). El entierro se apresura porque las autoridades sanitarias temen una epidemia, por el estado de descomposición de los restos. Un sacerdote ciego preside los oficios. No hay funcionarios presentes, ni siquiera los municipales. Los voluntarios cargan los ataúdes y cuando el bulldozer que abrió las zanjas se dispone a cubrirlas, solicitan ser los sepultureros. Sobre los féretros se depositan capas de cal y argamasa, para prevenir brotes infecciosos. El entierro dura hora y media. Son trescientas mil personas en la valla fúnebre a lo largo de Ecatepec, y cinco mil los asistentes en el panteón.

VIII ■ LA RESPONSABILIDAD

Al principio, el director de Pemex responsabiliza a la empresa Unigás. El vocero oficial de Pemex, Salvador del Río, afirma: "La terminal de almacenamiento de Ixhuatepec operaba sin ningún contratiempo hasta el momento del incendio, de lo que se infiere que el fuego se inició en el exterior". El primer comunicado de prensa de Pemex es categórico: "El fuego se comunicó a la planta desde un área vecina. La prueba es que el bombeo de los ductos hasta la planta de Ixhuatepec se mantuvo a su nivel normal hasta las 6:40 del lunes 19, posteriormente a que se recibió el reporte de la explosión. Ello indica que la operación de la planta era la adecuada". El secretario de Energía, Minas e Industria Paraestatal, Francisco Labastida, descarta que el incendio se iniciase en Pemex y precisa: fue en Unigás. Luego informa: no se reconstruirá la planta de San Juan Ixhuatepec y en su lugar se construirá un parque de recreo; se cuidará ya el respeto escrupuloso a las nuevas medidas de seguridad.

Hay promesas de inmediato: 4 000 millones de pesos a un plan de financiamiento para la reconstrucción de casas dañadas (cortesía del Fondo de Solidaridad de los Trabajadores); 600 casas en un nuevo fraccionamiento; seguridades de restitución del patrimonio. Hay altruismo: del 19 de noviembre al 14 de diciembre, las donaciones de instituciones públicas y privadas ascienden a 648 millones 600 mil pesos. (En febrero de 1985, el total es de 750 millones.) Y hay el deseo de aplazar el dictamen. El 22 de noviembre, el licenciado Beteta asegura: "Es imposible conocer las causas de la explosión de la planta de gas", y el 26 de noviembre, ante la Comisión de Energéticos de la Cámara de Diputados, reitera: "El accidente no se inició en la planta de Pemex, ya que las instalaciones son sometidas a una rigurosa vigilancia y a un mantenimiento". Ya en diciembre, el director es más humilde: "Es imposible conocer las causas de la explosión y en dónde se originó". El 18 de diciembre, ante el presidente Miguel de la Madrid, asume a nombre de Pemex la responsabilidad moral. Luego, casi sorpresivamente, la rendición. El 27 de diciembre, Pemex acepta el informe de la Dirección de Servicios Periciales de la Procuraduría General de la República, según el cual el siniestro se origina en una fuga masiva de gas en el sector de tan-

135

ques horizontales de las instalaciones de Pemex. Recapitula el dictamen, luego de señalar su condición de fruto de una indagación exhaustiva:

> Hubo un estallido como consecuencia de la fuga de gas, que presumiblemente tuvo su punto de ignición en un quemador de la planta de Pemex, en donde posteriormente ocurrieron explosiones de tanques y otros artefactos.

Concluye la Dirección de Servicios Periciales: Pemex deberá entregar a las autoridades la cantidad necesaria para efectuar los resarcimientos por daños materiales en los bienes, y cubrir indemnizaciones en daños personales. Contrito el ánimo, Pemex anuncia el pago del 2 al 22 de enero de 1985. La primera cifra probable: 500 millones de pesos. Después, los damnificados exigen tres mil millones.

IX ■ "EL ACCIDENTE"

Por más que todavía se repita, nunca se justificó el uso del término *accidente*, aplicado al desastre de San Juanico. Lo contrario de *accidente* no es por fuerza *sabotaje*, sino *negligencia institucional*, lo que se aclara si recurrimos a una definición clásica: "*Accidente*: suceso eventual que altera el orden de las cosas". El orden de las cosas en San Juan Ixhuatepec (descuido, corrupciones mayores o menores, olvido programado de las condiciones de seguridad, desatención de las protestas, jactancia que considera imposibles los percances de consideración, fe en el círculo protector de las inercias) no se alteró, sólo alcanzó su culminación dramática y allí encajó perfectamente la catástrofe.

En materia de seguridad pública, son muchos años de permitirlo todo, con la certidumbre de que "nada pasa" (de que nada les pasa a quienes, desde sus resguardos privilegiados, lo permiten todo). . . *Aquí hay un poblacho. ¿Instalamos la planta?* Seguro, nunca se quejan y por si lo hicieran, les enumeramos los beneficios: empleo para sus hijos, clientela para los pequeños comercios, mayores facilidades de transporte. *Aquí vienen más y más precaristas y prófugos del campo. ¿Los corremos?* ¿Para qué? La incontinencia sexual del ocio aniquila cualquier control, vendrán otros, nunca le temen a nada, lo peor ya les pasó y, además, aquí no hay peligro, no nos haremos mala sangre si unos necios deciden jugársela. Si les advertimos del riesgo, crece la alarma. Si crece la alarma, habrá que revisar equipos y modificar sistemas. Si a resultas de la revisión, se decide adquirir equipos nuevos, no nos tocarán a nosotros los porcentajes. Así que allá ellos.

Y el superintendente se encoge de hombros, y el perito sonríe, y el alto empleado piensa en su ascenso, y el representante del estado de México firma, y los superiores aprueban, sin saber y sin desconocer, ya montada la mecánica del desdén, la impunidad y sordera (entre las revelaciones de San Juanico, figuran tres actas de la Comisión Mixta de Higiene y Seguridad Industrial, del 17 de septiembre, 5 de octubre y 5 de noviembre [*Proceso*, 423], sobre el peligroso estado de las instalaciones de Pemex, el descuido en el mantenimiento, las válvulas de hidrantes que no sellan, la falta de iluminación, el material dañado, las mangueras y acopladoras en mal estado, la urgencia de retirar pasto y basura. . .).

¿Qué tan persuasivas resultan las campañas ecológicas? No mucho, mientras se anuncie que los peligros recaen sobre contingentes populares y generaciones venideras. Desde hace una década, por lo menos, grupos de profesionistas, científicos, intelectuales, periodistas, han señalado el atropello ecológico y humano que comportan las operaciones de Pemex, lagos y océanos contaminados, desaparición de especies marítimas y selváticas, violación de derechos campesinos, grave envenenamiento de la atmósfera. La respuesta implícita rinde culto al Progreso: "Quien quiera vivir en una nación moderna, que no llore por la contaminación ambiental. Fíjense en Tokio y en Los Ángeles. Comemos del Petróleo, no de los rezos ecológicos". De vez en cuando, los administradores se dan por enterados de las denuncias de grupos o comunidades, se irritan ante "las falsedades y calumnias", prueban con cifras recién hechecitas que la contaminación en México es inferior a la de Nueva Guinea, y se deleitan con la publicidad de aquietamiento cívico. Lo Verde es Vida.

Casi siempre, un silencio que en sí mismo es una mentira. En esto, ni Pemex ni el complejo industrial se apartan del hábito más profundo de la sucesión de regímenes "de la Revolución Mexicana": el rechazo de la autocrítica, asociada siempre a la confesión de debilidad. A la letra, el silogismo dice: gobernar es jamás compartir el mando; actuar por presión de la crítica es compartir el mando; ergo, quien incurre en la autocrítica está dejando de gobernar. Mejor, negar la evidencia de los hechos y, si la rectificación es inevitable, proceder como si a nadie se le hubiese ocurrido antes: "El gobierno, preocupado por el bienestar nacional, ha decidido. . ."

Al ser, en esta cultura, incompatible la autocrítica con *la dignidad del poder,* quedan a mano diversos recursos. El predilecto es "la conspiración al servicio de intereses inconfesables". Si esto no es posible, culpar a las circunstancias internacionales, lanzar acusaciones implícitas al régimen anterior y catalogar los buenos propósitos. En el caso de San Juanico, la maniobra autoexculpatoria se configura el 19 y el 20 de noviembre de 1984, aprovechando a ese retrato brumoso y exacto del Sistema, los Funcionarios Menores, que para dejar o no dejar de serlo, deben vivir en continua alabanza de sus superiores: "Consciente del drama que enluta a muchos hogares, el Señor Regente ordenó. . ." "Debido a las rápidas disposiciones de la administración federal, se ha conseguido. . ." No hay límite a la tendencia a extraer dividendos de la tragedia. Transcurridas las primeras horas, el elogio a los contribuyentes: "Esta deslumbrante muestra de solidaridad nos llena de orgullo a los mexicanos". Controlada la situación, las promesas de seguridad: "Se protegerá a la ciudadanía. . . Se investigará a fondo". Hay actos de "realismo mágico": la última imagen de un programa sobre la rehabilitación de San Juanico es un pergamino que dice: "Los habitantes de San Juanico le dan las gracias al Señor Presidente de la República". Hay intercambio de discreciones: el cacique del sindicato petrolero, Joaquín Hernández Galicia, entona el himno de la concordia: "Aunque nos costase la vida podríamos cobrar las agresiones aprovechando la gran tragedia de San Juan Ixhuatepec, donde también murieron petroleros; pero no, en el gremio hay hombres, hay amigos y gente leal que ante el gran siniestro nos unimos con Pemex para enfrentar la tragedia y el dolor". Hay satisfacción ante la abundancia desde el mismo 19 de noviembre, y el delegado de la Gustavo A. Madero se solaza: "Tal generosidad y voluntad expresadas [de los donativos] han satisfecho con exceso las necesidades de las personas damnificadas". Hay la joya declarativa: el director de Prevención y Control de la Contaminación Atmosférica del DDF, Enrique Riva Palacio, se ufana: "En San Juanico se pondrá en marcha un programa de amortiguamiento visual" (modo sencillo de referirse al jardín que sustituiría a la planta de Pemex).

No hacen mayor falta los resultados de la investigación oficial. Lo fundamental lo dan a conocer durante tres días las imágenes reiteradas en los periódicos y la televisión. Al permitírsele a "la mancha urbana" (elegante sustituto de "la lepra de la pobreza") atrapar y ceñir a las instalaciones de Pemex y de las empresas gaseras, se propició la tragedia a un plazo indeterminado. La frase de Keynes ("A largo plazo todos estaremos muertos") se sustituye ritualmente: "A mediano plazo ya no estará aquí el funcionario que aprobó el asentamiento". Tan brutal "falta de previsión" obligaba a una apreciación detallada de lo sucedido, así no sea muy realista esperar de un gobierno (de cualquier gobierno) que le conceda puntos a la oposición. Pero ante cámaras y micrófonos, el Estado sólo reconoce ser la solución: "Lo fundamental para nosotros no es tanto encontrar quién fue el responsable, sino ayudar a los damnificados". Hallar al *responsable* sería proclamar el fracaso de una política que es en rigor un gajo de la historia del capitalismo industrial y de su creación salvaje de ruinas acechadas por el "ejército industrial de reserva".

Pasados los días de rescate y duelo, no disminuye en lo mínimo el triunfalismo del discurso oficial, no se reconocen errores (que en la lógica capitalista no lo son tanto; más bien "percances en el proceso de abaratamiento de costos"), ni se replantea en forma alguna el endiosamiento del progreso, el proyecto que ha querido agotar en tres generaciones todos los recursos del país. Éste es el fondo del debate: para el Estado, lo de San Juanico es "anécdota dolorosa", algo que no debió ocurrir, pero que no se transforma en objeción significativa de sus planes de desarrollo. Sincera o rígidamente actuada, la aflicción estatal no reconsidera una política, sino los inconvenientes que a esa política le provocan "anécdotas dolorosas". Por eso, no sé si Enrique Krauze tiene razón cuando señala la "insensibilidad moral" del Estado al no suspender el desfile deportivo del 20 de noviembre y al no igualar siquiera la conducta del Ayuntamiento de Madrid, que puso la bandera española a media asta en señal de duelo por el desastre industrial mexicano. En todo caso, considero una equivocación mayor del Estado no aceptar en la tragedia del 19 de noviembre más causa o antecedente que la tragedia misma.

X ■ EL MODO DE PRODUCCIÓN ALEMANISTA

En la indiferencia por la vida humana se ha fundado el capitalismo que padecemos. El hacinamiento con-diversión-a-horas-fijas es "ilusión de libertad" para las masas, y su meta es la explotación exhaustiva de lo que esté a su alcance (la iniciativa privada resumió su filosofía en una consigna, transmitida a la mentalidad estatal: "Todo el dinero y pronto". Sólo las cuentas bancarias son logros imperecederos. Por eso, la corrupción gubernamental en este siglo le debe más al contagio de la prisa adquisitiva de industriales y empresarios que a las concepciones del patrimonialismo). Con tal de darle libre curso a su ánimo voraz, el capitalismo mexicano rindió tributo verbal a la Eficacia y la Productividad y, en la práctica, promovió la ineficacia y la improvisación laboral, no por resignarse ante el inalcanzable desarrollo tecnológico, sino como estrategia de fraude. El pretexto resultó irresistible para un número de industriales mucho mayor del que se admite: si la renovación tecnológica adecuada es tan cara y está tan fuera de nuestras posibilidades, hagamos de nuestras limitaciones otra fuente de riqueza. Bienvenidas entonces la indiferencia ante las normas de calidad, y la intensificación de la fatiga y de las pésimas condiciones de seguridad de los trabajadores. *Producir mucho* ha sido frase con traducción simultánea: "producir a como dé lugar, como salga, engañando al fisco, empleando materiales deleznables y al costo humano que sea preciso". (La generalización es válida porque la suma de las excepciones no nulifica el criterio general.)

En tal ánimo depredatorio se engendra, masivamente, la famosa "irresponsabilidad" a la que algunos atribuyen los desastres industriales ("El trabajador se descuidó. . . El operador estaba borracho"). Pero la *irresponsabilidad* alentada por el capitalismo no es falla caracterológica del mexicano, sino un programa a gran escala que incluye la burla a las exigencias mínimas de consumidores y usuarios, el rechazo a cualquier capacitación laboral y la identificación entre "mano de obra no calificada" y "rasgos idiosincráticos". Es el ámbito del caos rigurosamente aprovechado, de la santificación de ineptitudes que garantiza el éxito de la campaña ideológica y cultural donde, fatalistamente, El Mexicano (categoría inventada para su mejor estudio y aprovechamiento) es siempre una criatura del descuido.

XI ■ LA POLITIZACIÓN DE LA TRAGEDIA. LOS DAMNIFICADOS

En respuesta a críticas, un ideólogo del PRI se negó a "revestir con signos políticos el intenso dolor humano colectivo". Si hay un dolor que no admite politización, es también *uso político* de la desgracia aislarla, como suceso sin antecedentes ni consecuencias, y olvidarse de la que quizás sea su causa más destacada: la conversión de Pemex de industria básica en *razón de ser* del presupuesto federal, ante la cual todas las demás consideraciones resultan secundarias. Pemex es primero, y esto explica en gran medida por qué, pese al ministerio de Estado centrado ya en esta palabra, la ecología es, en lo básico, asunto ajeno a los programas de gobierno. *Escojan: o Pemex o el cuidado de la ecología. ¿O les gustaría disfrutar de un aire purísimo pero en chozas y cavernas?* Y si tanto les preocupa, un consejo sardónico: adiestren a sus hijos para que construyan la democracia con escafandras y bajo tierra (el oxígeno, entre los elementos de la nostalgia de los años cuarenta).

El de México es, en todo lo que no se relaciona con la vigilante conservación del poder, un-Estado-a-corto-plazo: todo se programa de aquí a la erosión de estas tierras, de aquí a la designación del nuevo gobernador o del nuevo jefe de oficina, de aquí a la desaparición de estos bosques, de aquí al próximo sexenio, cuando a otros les toque oír errátilmente las protestas. Y el-Estado-a-corto-plazo sólo se atiene a sus realidades más estrictas, la fe en las fuerzas públicas y en el suministro económico de Pemex, los elementos que neutralizan o minimizan las "bombas de tiempo" que cada administración le entrega a la siguiente. Y en el caso de San Juanico tal jerarquización estricta obliga a una "táctica de ocultamiento": hacer que el hecho transite paulatinamente de tragedia industrial de la nación a drama de pueblo.

En el ocultamiento, la ayuda a los damnificados desempeñó un papel fundamental. Transcurrida la solidaridad espontánea, sobreviene el control institucional de las donaciones con su folclor urbano inevitable: el Canal 13 subasta, por ejemplo, la ropa que usó el actor Héctor Suárez en *El Miluso*s, el uniforme del mánager de los Diablos Rojos, la sudadera de un entrenador de basquetbol, el anillo de la buena suerte de un locutor. El primer día, la Secretaría de Gobernación rehúsa agradecidamente los ofrecimientos de ayuda de gobiernos extranjeros (con excepción de cinco millones de pesos que entregó el embajador de Estados Unidos), y aclara: "La solidaridad del pueblo mexicano ha excedido las necesidades de ropa, utensilios domésticos y medicinas", pero en las semanas siguientes las quejas de los damnificados matizan el panorama. La ayuda fue extraordinaria, ¿pero en dónde está, en quiénes se ha vertido el dinero, las toneladas de alimentos, los 4 200 millones de pesos del Fondo de Solidaridad, las casas ofrecidas por el Infonavit, las licuadoras, las estufas, las vajillas, los refrigeradores, los días de sueldo de sindicatos, el importe de las ventas globales de Bimbo y Comercial Mexicana en una jornada, el dinero de los festivales, y los encuentros de box, los bazares navideños de las secretarías de Estado? Las quejas se acrecientan, pero la solución rectificadora no llega: no hay censo de los desaparecidos, no se investigan sus nombres, no se establece debidamente la lista de los damnificados.

A las dos semanas del desastre, en las paredes de casas y comercios de San Juanico, hay pintas: "Fuera Pemex / San Juanico, igual que Hiroshima, en el desastre / Pemex asesino / Respeto a los caídos, desprecio a los culpables / Dónde está la ayuda" (*Proceso* 423). Listones negros, larguísimas colas para obtener víveres, atención médica, cobijas, colchones, catres. El reparto es raquítico y algunos productos de las despensas son inservibles o están echados a perder. La señora Irma Maceda le explica la situación a los reporteros Campa y Monje: "La atención que hemos recibido es mínima. Apenas nos dan para comer. Son puras mentiras. Si es cierto que hay suficientes alimentos y ropa, ¿por qué no los hemos visto?" El gobierno reconoce los derechos de 153 familias cuyas viviendas fueron arrasadas. Se ofrecen casas en la colonia del Valle de Anáhuac, desde ahora Colonia Nueva Solidaridad. Quienes las aceptan, en su mayoría ex arrendadores en San Juanico, las encuentran pequeñísimas, alejadas por completo del mucho mas espacioso modelo rural de las autoconstrucciones de San Juanico.

La pobreza se topa con la burocracia. Promesas, papeleo, colas, frustraciones, aprendizaje de siglas pomposas (Instituto de Acción e Integración Urbana del Gobierno del Estado, por ejemplo), búsqueda de documentos que acrediten la existencia, ofrecimientos de los que ya nadie informa al cabo de una semana. Mucho se entrega, pero lo que falta es considerable. Todavía en un mitin de febrero, se denuncian las indemnizaciones ridículas, las amenazas para impedir la presentación de nuevas demandas por reparación de daños, el hurto de dinero y, lo último, los trapos viejos, los pares de zapatos disparejos y las migajas de los comestibles que se les dieron como prueba del amor comunitario (*La Jornada*, 17 de febrero de 1985).

XII ■ LA ORGANIZACIÓN Y LAS REPRESIONES

Antes de la catástrofe, en San Juanico no había de hecho organización alguna de vecinos. A los tres días de la explosión, empiezan las asambleas populares. Poco a poco los vecinos se animan, discuten, quieren persuadir a los reporteros, forman comisiones para ir con las autoridades, se enfrentan a murallas burocráticas, se ven cercados por los gestores del PRI y los activistas de izquierda. Sus exigencias fundamentales: información detallada de la ayuda recibida y que el pueblo administre los recursos.

Como respuesta, mantas del PRI que proclaman el apoyo al gobierno, la gratitud imperecedera. Ya los de San Juanico han dejado de ser las Víctimas del Día; son meros habitantes de una "zona remodelable". Ellos argumentan hasta la exasperación, y demandan la rectificación del número de muertos, las indemnizaciones justas (que no deben ser menores, por persona fallecida, de 3 millones 500 mil pesos, sin deducciones por ningún concepto), el *carnet abierto,* con reconocimiento oficial para que con él reciban atención médica o psicológica los afectados física o moralmente por el desastre, la cirugía plástica para las personas con marcas en la cara o en el cuerpo.

El forcejeo con las autoridades se ritualiza. Un organizador de mítines es asesinado. El párroco de San Juanico es trasladado a otro sitio "por su actitud rebelde". Aislados, los vecinos ven convertirse en rezongo alegórico su exigencia de reubicación inmediata de la zona de las empresas gaseras y de las industrias peligrosas. Es inútil. Dejaron de ser noticia y se volvieron paisaje "pintoresco", los habitantes de una colonia popular, a quienes sus autoridades harán caso "cuando lo juzguen pertinente y en la medida en que sea justo".

[20 de febrero de 1985]

2. De las consecuencias sociales

¿POR QUÉ PASARON DE MODA LOS CHISTES DE SAN JUANICO?
R: PORQUE SE QUEMARON MUY RÁPIDO

Antología temática A

1. ¿Cuál es el colmo de los habitantes de San Juanico?
R: Pedir que les incineren a sus muertos.
2. ¿A qué juegan los niños de San Juanico?
R: A las manitas calientes.
3. ¿Por qué se enojaron los de Tepito con los de San Juanico?
R: Porque no los invitaron al reventón.
4. Una señora va a adoptar a un niño de San Juanico y le preguntan en qué término lo quiere.

A menos de dos semanas de la tragedia, aparece de golpe, pulida, homogénea, la epidemia de chistes sobre San Juanico. La clase media se ha topado con otro filón de temas de conversación casual, refrendando el éxito de los insultos aderezados contra quienes se considera primitivos o ignorantes o estúpidos o socialmente repugnantes o simplemente feos (nada mejora tanto los chistes como la hostilidad previa contra su objetivo).

En este caso, una novedad es la ausencia de remilgos. La señora de sociedad va con su peinador y le cuenta: *"¿Qué te pareció lo de San Juanico? ¡Qué barbaridad! Si llega a pasar en Las Lomas, es una tragedia"*. Al contar el chiste, nadie se siente obligado a justificarse. Está claro: el choteo vale porque nos divierte, nos ampara la tradición del 2 de noviembre, o la existencia misma de San Juanico o, sobre todo, lo que sabe de su auditorio el portador de la estafeta de la burla memorizada. A los chistes de San Juanico los hace permisibles el éxito en cadena. El primero a quien se le contaron los festejó, y de allí en adelante, la falta de resistencia social fue el gran aval humorístico.

A modo de ubicación panorámica quizá valga la comparación con una "moda" cultural de Estados Unidos: los chistes de escarnio contra las minorías. En su análisis de los *tasteless jokes* o chistes de mal gusto, Walter Goodman los explica a partir de una causa general, la liberación progresiva del lenguaje, y de una más específica: quienes derivan su sentido del humor del insulto obsesivo a negros, polacos (considerados sinónimo de "tontería"), homosexuales o inválidos, no hallarían espacio para sus ataques, si estas minorías no hubiesen fortalecido grandemente su posición. Los que se ríen de los *tasteless jokes* no son necesariamente ultrarreaccionarios; su reacción feliz es más fácil porque los insultados "ya la han hecho" de alguna manera. Probablemente los insultos resulten también un homenaje invertido a negros, homosexuales, inválidos, por haber alcanzado un sitio más sólido en la sociedad norteamericana, en comparación con el muy precario ocupado hasta hace poco.

Lo anterior no se aplica al caso de México, donde, por el contrario, algunas minorías y todas las mayorías sujetas a vituperio distan mucho de "haberla hecho", en el orden de los avances sociales y económicos. Al "humor público" lo han guiado por lo común sensaciones de prepotencia, que depositan el hallazgo cómico en la superioridad manifiesta de quien celebra el chiste. Es el humor del pre-

19 de septiembre de 1985: el sismo, la destrucción, el miedo, el dolor, la indiferencia que encubre al pánico.

"*Y sentí la obligación de ayudar, porque eran seres humanos como yo, y porque nosotros teníamos que hacer las cosas.*"

> *"Fueron días febriles. Yo apenas me daba cuenta de si dormía o comía, de si me las entendía o no con los hedores y el polvo."*

Andrés Garay, Archivo *La Jornada*

Pedro Valtierra, Archivo *La Jornada*

Las costureras: "El patrón nos dijo: '¿Ustedes qué hacen aquí? Y le contestamos: 'Nos organizamos para no dejarnos de gente como usted'."

Herón Alemán, Imagenlatina

Herón Alemán, Imagenlatina

San Juanico. Noviembre de 1984. La explosión, la tragedia por la que el gobierno no quiere responsabilizarse, la solidaridad ciudadana.

Juan Miranda, Archivo *Proceso*

Marco Antonio Cruz, Imagenlatina

La COCEI en Juchitán. La insurrección municipal, la demanda de respeto al voto.

**Las mujeres juchitecas hacen uso de sus derechos, y
el gobierno de sus recursos inhibitorios.**

Herón Alemán, Archivo *Proceso*

Herón Alemán, Archivo *Proceso*

La recuperación del magisterio democrático y el enfrentamiento con Vanguardia Revolucionaria.

El Campamento de la Dignidad (1986). La metamorfosis cívica del "apostolado".

"*Que todo el Estadio sea una sola bandera, que todas las banderas sean un solo estadio.*"

Juan Miranda, Archivo *Proceso*

Pedro Valtierra, Archivo *Proceso*

"Si no celebramos a los héroes ahora que los tenemos, ¿qué pasará mañana cuando nos dejen con los de siempre?"

El movimiento urbano-popular: la lucha contra la ciudad y desde la ciudad, la militancia femenina.

HOY EL CRIMINAL
Y ME LLEVA LA TRISTEZA

El CEU (enero y febrero de 1987): los debates transmitidos por Radio UNAM. Por mi raza (tres veces) hablará el espíritu (una sola vez).

Andrés Garay, Archivo *Proceso*

Heriberto Rodríguez, Archivo *Proceso*

Herón Alemán, Archivo *Proceso*

"Volvimos y fuimos efectivamente miles."

Andrés Garay, Archivo _Proceso_

Marco Antonio Cruz, Archivo _Proceso_

coz descubrimiento masculino de los "misterios del sexo" (los chistes de Pepito), de la inferioridad *natural* de la mujer (situación bufa por excelencia), de la semihumanidad de los indígenas (que hablan mal el español porque viven debajo de la realidad), de la chacota a costa de los homosexuales (definidos jocundamente desde la descripción: "Iban unos cachagranizo por la calle. . ."), del desprecio a los pobres, a los viejos, a los inválidos, a los que soportan algún defecto físico. Muchos de estos chistes ni siquiera necesitan serlo, basta arremedar la "media lengua" del indígena, las dificultades de comprensión de "mormados" y gangosos, la voz quebradiza y sensualona de los homosexuales. . . y la risa exalta la conciencia de la salud, el ánimo civilizado, la normalidad sexual y psíquica de quien la emite.

En Estados Unidos hay quienes sostienen, funcionarios incluso, que los chistes contra las minorías son catárticos: si el odio está allí, será oportuno todo lo que destape la presión. En México, hasta donde esto es perceptible, estos chistes no resultan, a excepción de los dirigidos a los homosexuales, expresiones de odio sino breves ceremonias de predominio. *El chiste de este chiste es que confirma, con relajo, lo que yo ya sabía de esta especie degradada.* Por lo demás, aún no se inicia responsablemente el examen de la opresión psíquica y social que estos chistes condensan, amplían y divulgan. En este sentido, los medios masivos, al continuar la tradición del teatro frívolo, confirman con sus estereotipos del indígena (Madaleno, la India María, los personajes de Luis de Alba, etcétera) la imagen que la realidad sustenta. Pero todavía no parece oportuno el análisis crítico y la denuncia política de estas manifestaciones del desprecio que se divierte.

Antología temática B

5. ¿Por qué los habitantes de San Juanico no pusieron arbolitos de Navidad este año?
R: Porque le tienen miedo a las esferas.
6. Ahora el día de fiesta para los de San Juanico ¡será el Miércoles de Ceniza!
7. ¿Cómo se le hace para que quepan 90 niños de San Juanico en un Volkswagen?
R: ¡Metiéndolos en un cenicero!
8: ¿Qué le pidieron los niños de San Juanico a los Reyes Magos?
R: Un carrito de bomberos.

En los últimos 10 o 15 años, un nuevo humor se ha impuesto, fruto de las concentraciones urbanas y del acoso demográfico que azora a las élites. La novedad explicable de este humor es que lo comparten muchos de los agredidos (la internacionalización del racismo) y que surge en torno a una palabra, *naco*, que de inmediato desata una turba de imágenes donde el delito mayor del hombre es no parecerse a Robert Redford. El término *naco* sustituye a *la raza de bronce* (¡*clang!*, ¡*clang!*) y hace las veces de nicho racista y clasista, elemento de autodenigración que quiere ser técnica de exculpamiento, y fuente de humor diversificado, donde *lo naco* es sinónimo, a conveniencia, de mal gusto, dejadez, apariencia terrífica, tontería fatal: "¿Cómo llamas a un naco con medio cerebro? R: Superdotado". Y el cuento típico:

Llega un naco a un restaurante de la Zona Rosa. Revisa con cuidado el menú y exige: "Para empezar, me da un giuseppe verticelli". El mesero palidece: "Perdón, señor, ése es el propietario".

Como de costumbre, muchos de estos chistes son adaptaciones de los correspondientes en Norteamérica, y dependen en gran medida de la imitación —con homenajes de reconocimiento formativo a Cantinflas, Resortes, Mantequilla, David Silva y Héctor Suárez— de la voz y los ademanes del naco. En medio del vituperio de la nueva especie, los cómicos atisban un filón (interpretarán a nacos para complacer a sus espectadores agrediéndolos), y el cine vislumbra una veta temática y fisonómica. El impulso de la palabra *naco* es tan fuerte que por sí solo dicta situaciones, personajes, atmósferas urbanas (de "la región más transparente" al "hoyo naco"). Si las películas de ficheras recrean lo que la burguesía (y sus alrededores sentimentales) califican de *naquez, El Milusos* y su interminable secuela, al mostrar la odisea de los inadaptables, le consigue por fin un rostro perdurable al naco: *¿A qué vienes? ¿Por qué no te largas a tu madriguera? ¡Mírate la cara! ¡Contémplate la expresión de asombro ante la modernidad! No estás en el rancho y ya deja de venerar los poderes del interruptor de luz. Sí, para eso sirve.*

Se establece el nuevo arquetipo del humor instantáneo. ¿Quién más apto para suscitar carcajadas que el alejado desde siempre del ideal gringo y de las bondades del capitalismo? El naco es un chiste viviente mientras se quede en su lugar, maldiciendo al cielo que no le consigue trabajo y adhiriéndose, en las buenas, al *polyester look*. La adivinanza remite al humor remodelado de oficina: ¿Qué fue primero: el naco o el taco? El prestigio negativo del naco crece con cada nativo cobrizo que se siente criollo.

Todo está dispuesto para el florecimiento de un efímero pero sustancial subgénero del "humor naco", los chistes de San Juanico. Al respecto, la pregunta inevitable: ¿cómo pudieron cristalizar tan estruendosamente? Dos semanas antes de que cundieran, la catástrofe del 19 de noviembre convocó la actitud magnífica de los ciudadanos ante los riesgos del futuro inmediato. El Estado y los medios masivos festejaron sin tregua tal acontecimiento, que por momentos opacaba al desastre mismo. . . y pasado el fallido escamoteo ("Donde dice *devastación* ponga *solidaridad*"), emergió, sobre todo en los sectores medios, la extrañeza: tampoco somos tan nobles. Desde el recelo ante la generosidad colectiva, brotaron los chistes de San Juanico, primero, hasta donde se sabe, en las escuelas particulares, luego en las oficiales y, al final, consagratoriamente, en las rutinas de los cómicos de cabaret.

Antología temática C

9. ¿Cuál es el refresco preferido de los habitantes de San Juanico?
R: Tehuacán sin gas.
10. ¿Cuál es la línea aérea preferida de los habitantes de San Juanico?
R: Aeropemex.
11. ¿Qué le pidieron los niños de San Juanico a Santa Clos?
R: Una pelota para jugar a los quemados.

El cómico concluye su chiste y aguarda la carcajada atronadora y la ovación. No falla. Noche tras noche, los chistes de San Juanico levantan el show, prueban la eficacia de la comunicación, *ándele, deje a esa señora, que es casada, no vaya a terminar como Juana de Arco en San Juanico, ya los quisiera ver a ustedes también rostizados. . .*

Es axiomático. El cómico se explica la hilaridad porque el tema está de moda, porque el mexicano gracias a Posada y a la desnutrición se ríe de la muerte, porque si yo de ésta me salvé mejor me río. Otros, en campos más doctrinarios, interpretan diversamente los chistes de San Juanico:

—son la catarsis de una sociedad culpable que, incapaz de soportar por más tiempo la tensión, pretende exorcizar con risas lo que de otra manera sería insoportable.

—son fiel expresión del tradicional sentido del humor macabro de nuestro pueblo que, como ya es proverbial, "se divierte jugando a los volados con la vida, y a veces, con la muerte".

—son una muestra de solidaridad "confianzuda", el método más fácil para prolongar el contacto con una realidad apenas percibida.

—son "una forma de hacer reír y por tanto un especial concepto de cómo enfrenta un sector de mexicanos la realidad que. . . con la crisis económica se ha fecundado con inusitado vigor: pienso que se trata simplemente de la práctica nacional del llamado humor negro" (Edmundo González Llaca, *Excélsior*, 20 de diciembre).

Al carecer de las cualidades de quien se sumerge en el inconsciente colectivo, ratifico mi creencia inicial: los chistes de San Juanico son una variante de los chistes de nacos, y son otra vertiente del humor, *político* en primera y última instancia, según el cual lo más notorio de la marginación económica y social es su condición hilarante ("Traían unos harapos que te morías de risa"). La culpa, la catarsis, la psiquis dolorida, la irresponsabilidad tradicional, el coqueteo con la Huesuda, el humor negro, son exégesis maravillosas para otra circunstancia. En lo relativo a la catarsis, no recuerdo chistes judíos sobre Auschwitz o, en México, ingeniosidad alguna sobre la matanza del 2 de octubre. Hay descargas emocionales que no admiten la vía del chiste. En lo tocante al "humor negro", éste (en la medida en que es definible) se ha centrado en la familiaridad con lo macabro, en el juego literario con sentimientos tan sacralizados como el terror a la muerte o el respeto litúrgico y abstracto a la vida humana. En el texto clásico de Jonathan Swift, *Una modesta proposición,* la gracia —es penoso explicarlo— no se produce a costa de los niños canibalizables, sino de la obscenidad de los ricos. En todo caso, el humor negro, incluso en el chiste, se desprende de la reducción al absurdo de instituciones y arquetipos, y del ejercicio de la fantasía literaria, no del vituperio de seres concretos en desgracia. Ejemplo involuntario: "Si querían sangre, con la que yo he derramado es bastante" (el general a cargo de la acción en Tlatelolco, entrevistado en el hospital el 3 de octubre). Ejemplo construido: "Y aparte de eso, señora Zapata, ¿le gusta Chinameca?"

Quien festeja la frase: "En San Juan Ixhuatepec no se sirven tacos al carbón, sino nacos al carbón", se ha regocijado previamente con la idea (visual y auditiva) de los nacos, y en ese momento la imagen de un naquito, tan parecido a Cantinflas o a los cantantes de la Sonora Santanera o a los vecinos del barrio en donde ya no habitaré jamás si Dios quiere, le resulta desternillante. *"Nacos al car-*

bón", la enorme tragedia se disuelve en el recuerdo del metro Pino Suárez, tan colmado de voces y aspecto alborozadores. Si, como afirma William James, la palabra "perro" no muerde, la palabra "naco" tampoco ensombrece el ánimo de quienes no consideran serlo, no, para nada.

El de los chistes de San Juanico es, en stricto sensu, un humor prefabricado: si los nacos (como antes los pelados y mucho antes los léperos) son motivo intrínseco del relajo, los nacos jodidos al límite lo serán más todavía. Esto ni siquiera requiere de una plena conciencia. Es la herencia acumulada del humor de los vencedores y de los capataces o, si se quiere rebajar la contundencia de esta frase, del humor de los secretarios de los vencedores y de los nietos de los capataces. Pese a que el Papa la condena esforzadamente por su condición diabólica, la lucha de clases persiste, impregna incluso el renglón de los chistes y su fuerza es tal que en ocasiones alínea a las víctimas del lado de la psicología de sus enemigos.

Si la única fuente de "humor" perceptible en los chistes de San Juanico es el choteo de la expectativa en el mundo de la pobreza, la técnica invariable es la degradación de los damnificados. Algo se sugiere: en rigor, la tragedia es un género "que como que no le va a los pobres", al cabo ellos se mueren rápido de cualquier cosa; la tragedia es patrimonio exclusivo de los héroes y de los grandes amantes y así está bien. En abstracto y en potencia, son hechos trágicos la contaminación atmosférica y el Distrito Federal convertido en bomba de tiempo. La muerte sorpresiva de tanto marginado sólo será trágica si no recordamos su apariencia física.

¿Hay para este humor encarnizado una explicación posible aparte de la derivada, muy a grosso modo, de la psicología social? Si su existencia no parece producto de una conspiración (¿en qué puede ayudar al sector empresarial la conversión de la solidaridad en mofa?), la técnica de su difusión sí recuerda, y en demasía, las histerias colectivas en torno a la escasez de gasolina en 1968, o la "esterilización masiva" de los niños en 1974. Con estos rumores sucedió lo mismo que con los chistes de San Juanico. Nadie sabía de ellos. Al día siguiente, todos los repetían. Si es o no campaña dirigida, es hipótesis imposible de verificar. Pero hay un hecho más importante que cualquier teoría de la "conspiración": para que un rumor o una serie de chistes florezcan, recúrrase a la avidez con que un muy numeroso sector urbano acoge cualquier noticia sobre su seguridad: con estremecimiento apocalíptico y negándose a cualquier empleo de la lógica si existe la mínima sombra de peligro; con jolgorio, si no hay sombra de riesgo (no hay instalaciones de Pemex cerca del Pedregal, Coyoacán o la Colonia del Valle). Eso no fallará, tanto más si los funcionarios se empecinan en contradecir públicamente la alarma, o hay la certeza de que los afectados no tienen manera de reírse de sus burladores.

En ésas estamos. Dígase mañana que el gobierno piensa agregar por ley en cada hogar de clase media a un pobre para que allí se desayune, coma y cene, y muchísimos lo creerán. Láncese una andanada de chistes sobre las condiciones de promiscuidad en Ciudad Neza y, si hay algún apoyo de la nota roja, muy posiblemente se pondrán de moda. En la crisis la información más confiable para las clases-no-tan-desposeídas es el recuento de sus posesiones, y el humor más entusiasmante es el que les confirma su status de "sobrevivientes de lujo" . . .*Sí, claro que lo de San Juanico fue una hecatombe. Por supuesto que me refiero a la escasez de gas.*

Los chistes se evaporarán y persistirá la memoria y la necesidad vigorizada de la solidaridad popular en el desastre.

[31 de diciembre de 1984]

Juchitán: ¡Ay, zapoteco, zapoteco, lengua que nos das la vida!

■ I

7 de agosto de 1983

La plaza de Juchitán es *típica*, y aquí esa palabra, hoy tan acapara-
da por la Kodak, apunta a un palacio municipal salvado del desastre arquitectónico por la simple fealdad, un mercado anterior a cualquier noción de supermarket, una biblioteca que lleva el nombre de
un mártir, y diversos edificios que de no albergar saldos de ropa trai-
cionarían su presencia sobre la tierra. A la tipicidad de la plaza la
enriquecen en este preciso instante los grupos que acuden en pequeñas o grandes oleadas, por barrios o por calles, que se aplauden unos
a otros, y le cuentan al de junto lo que el de junto les acaba de informar.

Con este acto la Coalición Obrero-Campesino-Estudiantil del Istmo (COCEI) responde a la "desaparición de poderes" ordenada y co-
cinada en la ciudad de Oaxaca. Se quiere eliminar de un golpe el
Ayuntamiento coceísta presidido por Leopoldo de Gyves, Polín, quien
ganó las elecciones en marzo de 1981, y la COCEI ha promovido un
referéndum para que decidan los juchitecos.

Ésta es una versión de los hechos que forzaron la crisis. El domingo 31 de julio, concluida la votación para elegir diputados locales, el grupo priista desfiló insultando y provocando. Fueron hacia
los coceístas, los retaron, alguien disparó y se generalizó el enfrentamiento. Resultado: un priista y un coceísta muertos y varios heridos. Fue unilateral el diagnóstico del PRI nacional y el PRI oaxaqueño: "En Juchitán hay sedición y manipulación de elementos
extraños". Acudió presuroso el Procurador de Justicia de la entidad, escuchó selectivamente, emitió frases bañadas en sed de justicia y se devolvió a Oaxaca a presentar su informe.

Tragicomedia de ocasión. *Miércoles 3 de agosto*. Congreso local de Oaxaca. Irrumpe en escena el dirigente priista de la Cámara, Raúl Bolaños Cacho, y los pequeños y medianos caciques que hacen las veces de Representantes Populares. Debate rápido, lectura de los informes del gobernador de Oaxaca, Pedro Vázquez Colmenares, y del procurador Miguel Ángel Guzmán. Dictamen arrasador: de los acontecimientos del 31 de julio, de las acciones pistoleriles, de la intranquilidad en el Istmo y en el resto del mundo, de lo habido y de lo por haber, tiene la culpa la COCEI, cuyos dirigentes municipales "han abusado de su autoridad y han roto el orden legal y la paz social. . . Son verdaderos delincuentes, y se les acusa de robo, despojo y posesión de armas de alto poder, violación de los derechos individuales y las garantías constitucionales".

Se convoca —tomo estos datos de un excelente reportaje del semanario *Hora Cero*— al procurador para que amplíe el contenido de su informe. El señor licenciado afirma: "ya se procedió al libramiento de las órdenes de aprehensión y la policía judicial investiga. Quiero dejar constancia de que se han cometido una serie de delitos por las propias autoridades municipales".

Más intervenciones protocolarias. Habla un emisario del stalinismo-para-servir-a-Dios-y-a-su-merced, el diputado del Partido Popular Socialista. Don Mario Vázquez es convincente como un regaño al poderoso por ser tan lúcido: "Desde hace varios años el PPS dio a conocer que la COCEI era un organismo de la reacción, un organismo antinacional. Lo creó el exgobernador Víctor Bravo Ahuja, quien trajo a Héctor Sánchez y a López Nelio, y los colocó en escuelas de Juchitán e Ixtepec. Éstos pronto cobraron fuerza política por el apoyo económico de quienes los trajeron. Con su actuación fácilmente se resolvían los problemas que planteaban. El objeto: evitar que el PPS creciera en el Istmo de Tehuantepec".

La Historia de México: una trampa para evitar la estatua de Vicente Lombardo Toledano en la Plaza de la Constitución. Tiene la palabra el diputado Molina Sosa, exdirigente de un membrete maravillosamente intitulado Fusión Cívica de Organizaciones Populares. El diputado condena los malos manejos económicos de la COCEI y del Ayuntamiento Popular y enumera pródigamente sus delitos: asesinatos, chantajes, falta de garantías, falta de respeto a los derechos políticos, posesión de armas de alto poder que se envían a Centroamérica, asalto de una radiodifusora, emisiones clandestinas con propósitos que no excluyen el cambio de la bandera nacional por una rojinegra de escudo bordado en otras tierras. Concluye devolviéndole sus oídos a los compañeros de la Cámara: "Por tanto, para salvaguardar el orden y la paz es necesaria la desaparición de poderes''.

A votación la propuesta. Aprobada por mayoría. Han triunfado —por orden de ingreso al escenario— la Ley, el Orden Constitucional, el Estado de Derecho, el Respeto a la Vida y la Tranquilidad Pública. Se declaran desaparecidos los poderes del Ayuntamiento de Juchitán y se faculta al Ejecutivo para nombrar una Junta de Administración Civil. En esos días, el candidato priista Teodoro "El Rojo" Altamirano, le responde a Isaac Olmedo (*El Diario Joven de Oaxaca*, 8 de agosto):

> —¿Cuál sería su primer acto si usted fuera Presidente Municipal?
> —¡Colgaría a los coceístas de los postes del alumbrado público!. . . Yo ya los hubiera metido a la cárcel por todos los delitos que han cometido, ya los hubiera sacado del palacio municipal y ya los hubiera ahorcado por criminales.

Agrega conciliador el reportero: "Después de la masacre del 31 de julio, los coceístas son para el pueblo oaxaqueño unos salvajes, unos asesinos, unas bestias y unos enfermos mentales sedientos de sangre''.

■ II

¿Qué es la COCEI? En última instancia, un resumen, no el único posible pero sí el más vehemente, de la historia regional y local, de la lucha por recuperar las tierras comunales y el control municipal, restaurando poderes básicos del pueblo: la alcaldía, los jueces, las cárceles, los tribunales, la policía, la administración y ampliación de los servicios públicos, el arbitraje en los conflictos. Al ser el municipio primera fuente de legitimidad en la región, cada alcalde priista ha ratificado la sujeción a los caprichos del gobierno de Oaxaca y las ordeñas del Centro.

Han sido dramáticos los años de mando del partido oficial. Alcaldes al servicio directo de caciques y comerciantes; impunidad para los asesinos de disidentes; venta al mejor postor de prebendas y concesiones; metamorfosis seudokafkianas donde los jóvenes fogosos y puros amanecen acaparadores de tierras y de recursos pesqueros; visitas fugaces de los gobernadores seguidas siempre de incumplimiento de promesas; campañas de elección presidencial en donde se gasta en un día lo que el municipio recibe en un año; pistoleros cuya puntería es recompensada con unas tierritas y una diputación local; políticos que usan el zapoteco al pedir el voto y el castellano al negar la audiencia. Y a lo largo del proceso, el mensaje no tan subliminal: que los juchitecos vean con absoluta *normalidad* la imposición, el fraude electoral, el despojo de tierras comunitarias, el saqueo de recursos naturales. Así es. Así ha sido. Así seguirá siendo.

Traiciones, rencores, frustraciones, rebeldías esporádicas acalladas con saña. En 1971, el Partido Popular Socialista juega brevemente a la oposición y, junto con el Frente Único Democrático Juchiteco, gana las elecciones, protesta contra la "alquimia", consigue la anulación del "fallo electoral" y participa en la nueva Junta de Administración Civil. Lo que sigue es capítulo de una mala novela indigenista: el PPS se alía con los priistas y el brote independentista se apaga entre difamaciones.

En 1973 —informa Roberto J. Gutiérrez en su ensayo "Juchitán, municipio comunista"— un grupo de izquierda desplaza a los priistas en la dirección de la Asociación de Estudiantes Juchitecos. Desde ese instante se gesta la COCEI, entre debates ideológicos en casas de asistencia, seguimiento paroxístico de los sucesos del pueblo natal, enfrentamientos a situaciones límite. En diciembre de 1973, la Asociación de Estudiantes se estrena oponiéndose a la situación en la clínica de salud de Juchitán, dependiente de la Secretaría de Salubridad. Como los mítines no dan resultado, se toma la institución, y algo se obtiene: se destituye al director de la clínica, que exigía cuotas elevadas por servicios gratuitos.

Poco después, emerge la Coalición Campesina Estudiantil de Juchitán (CCEJ), decidida a recuperar el Comisariado de Bienes Comunales de Juchitán, y a

> construir un poder alternativo. Por eso, la CCEJ. . . lucha igualmente por la libertad de un estudiante preso, que por la indemnización a familiares de muertos en accidentes camioneros; denuncia la corrupción en bancos rurales y en dependencias de gobierno; logra aumentos de salarios de obreros, y reinstalaciones e indemnizaciones.

Las demandas obreras se intensifican y hay que modificar las siglas. En octubre de 1974 se crea la Coalición Obrera Campesina Estudiantil de Juchitán que se convertirá en la COCEI. Además de la urgencia de resolver los problemas de la tierra, otros factores concurren en el nacimiento de la COCEI:

154

□ La reconsideración del problema indígena, que se inicia con la recuperación pública del orgullo zapoteca, en una población que al idioma *teco* le entrega las vivencias más entrañables.

□ El trabajo de un grupo, en donde intervienen destacadamente el pintor Francisco Toledo y el escritor Víctor de la Cruz, que reconstruye con rigor en diversas publicaciones el legado histórico y cultural de Juchitán, funda la Casa de la Cultura y la convierte en institución ejemplar, con importantes colecciones de arte.

□ El descrédito del PRI en Oaxaca, y de "alternativas" como el PPS. El PRI prescinde de sus no muy esmerados disfraces legalistas, pierde fuerza y le cede la representación en el Istmo a los caciques y sus bandas.

□ La experiencia del 68 que, entre otras cosas, vitaliza a una generación de estudiantes de provincia en el DF, que regresan ansiosos de cambios a sus lugares de origen.

□ Las grandes migraciones de juchitecos a las zonas petroleras, que reorientan la vida familiar, y liquidan ideas y prácticas inmovilistas.

■ **III**

En 1974, el PRI local le apuesta a su reinado eterno. En las elecciones municipales, en donde la COCEI participa por vez primera, la planilla priista "vence" hasta el exceso. (*Apotegma*: habrá democracia cuando no haya oposición.) A la protesta, suceden los ahogos en sangre. El 20 de noviembre, una marcha de repudio al fraude pasa ante la casa del alcalde. Hay insultos y balazos. Muere Lorenza Santiago, miembro de la Coalición.

A las exigencias de respeto al voto se responde con demagogia, asesinatos, inculpaciones de homicidio, persecución económica. De 1971 a 1983, veintidós miembros de la COCEI son asesinados, y los gobernadores sucesivos de Oaxaca no se dan por enterados. En 1975, en el mitin que recuerda la muerte de Lorenza Santiago, unos pistoleros, malamente disfrazados de "guerrilla urbana", dispersan a la multitud y asesinan a ocho campesinos y un estudiante.

A la COCEI no la consolida únicamente la represión, pero en su desarrollo interno y externo influyen las casas ametralladas, las provocaciones armadas, los policías judiciales que disparan sobre la multitud, otro fraude electoral en 1977, y la expulsión de Oaxaca de algunos líderes. A fines de 1980, el Partido Comunista Mexicano se alía con la COCEI y registra al candidato de la Coalición en las elecciones municipales. El PRI reacciona con simplezas, quiere acobardar, puntualiza el infierno socialista que separará a los niños de sus padres y extirpará de raíz la propiedad privada. El PPS califica a la COCEI de grupo extremista y aventurero, "que le hace el juego a la reacción y al imperialismo". Se condimenta la guerra psicológica: "Tú, campesino, ya no tendrás tierra, te la quitarán los rojos de Moscú"/ "Te van a confiscar los comunistas tus tierras y tu casa". Y la victoria del PRI se prepara a la vieja usanza: se compran votos, se reparten miles de credenciales extras, se "importan votantes" de otros municipios, se "preparan" las ánforas, se excluyen oposicionistas, se habilita a priistas para votar en varias casillas, se obstaculiza la entrega de credenciales a campesinos. Sobre todo, se maneja a voluntad el padrón electoral. El fraude es tan obvio que los coceístas se apoderan del palacio municipal para garantizar el respeto al sufragio, y exigen anular los comicios. Armadas de palos, grupos de mujeres custodian el edificio.

Al cabo de 34 días, el gobierno de Oaxaca convoca a otra elección, y el primero de marzo de 1981 en votación muy apretada (3 538 votos para PCM-COCEI y 3 300 para el PRI) gana la alcaldía Leopoldo de Gyves, hijo, de veintinueve años de edad, estudiante de medicina en la ciudad de México, que volvió a Juchitán para incorporarse a la lucha de la COCEI. El gobernador Vázquez Colmenares es ecuménico: "Como priista, lamento sinceramente los resultados. . . pero como gobernante los juchitecos han vivido una jornada cívica que es ejemplar por muchos motivos. . . aquí no hubo vencidos ni vencedores, el que triunfó fue el pueblo de Juchitán y la Reforma Política". Según el secretario general del PPS, Jorge Cruickshank, la COCEI reclutó "sus cuadros principales entre los profesionales fracasados, elementos desclasados, renegados y aventureros y el lumpenproletariado. . . han contado con el abierto patrocinio de las fuerzas del imperialismo estadounidense".

El 10 de marzo de 1981, Leopoldo de Gyves es el nuevo alcalde.

■ IV

Era pedir demasiado. El PRI local y el estatal, y la iniciativa privada, no aceptan la derrota. ¿Quién concibe a la segunda ciudad de Oaxaca en manos de la oposición? Los industriales (las cervezas Corona y Superior, Coca Cola, Barrilitos Okey) resisten la presión de la COCEI para que otorguen salarios mínimos, indemnizaciones, vacaciones, reparto de utilidades. El PRI local y el regional pagan una campaña de odio: volantes diarios, noticias falsas, artículos, consternación de las Fuerzas Vivas. Los empresarios aseguran que ya nadie invertirá en el Istmo: es muy riesgoso. Y el gobierno lanza su ofensiva administrativa: el aletargamiento presupuestal. Nada negamos, dice el gobierno de Oaxaca, sólo que. . . y el poco dinero que legalmente le corresponde al Ayuntamiento Popular se entrega con retraso, los trámites se anquilosan, los tres millones de pesos mensuales se evaporan, hable mañana, no es culpa nuestra, no se exalte, así es la burocracia del Centro. . .

El complemento: las agresiones físicas. Reproduzco una cronología que da idea de la atmósfera de acoso en torno del primer Ayuntamiento de la cocei:

1981
9 de octubre. Es secuestrado Rodrigo Carrasco López, regidor suplente del Ayuntamiento; al día siguiente es hallado muerto rumbo a la carretera a Ciudad Ixtepec.

1982
16 de enero. Los priistas Víctor Jiménez (a) "Víctor Moro", Ricardo Dorantes Montero, Germán Matus Vera y Vidal Candelaria agreden en Cheguigo a un grupo de niños, hiriendo al estudiante de secundaria Armando Nicolás Cruz.

18 de enero. Son ametralladas las casas del presidente municipal Leopoldo de Gyves y del síndico municipal, Desiderio de Gyves. Muere la comerciante María Torres Urbieta por bala calibre 45 en un ataque al Palacio Municipal. Los autores de las agresiones son Víctor "Moro" Jiménez, Ricardo Dorantes Mortero y Germán Matus Vera.

11 de marzo. La policía judicial dispara sobre el Palacio Municipal.

10 de junio. A la cabeza de un grupo priista, Hugo Balderas, secretario del ministerio público en Juchitán, asalta las oficinas de la cocei en Xadani. Un herido de bala y golpeados.

29 de agosto. Al inaugurar un centro de salud en la agencia municipal de Chicapa de Castro, Leopoldo de Gyves es recibido a balazos por los priistas. El saldo de la agresión: dos campesinos muertos y siete heridos. Los autores: Luis Sánchez López, Manuel Feria Orozco, Teodoro "El Rojo" Altamirano, Armando López, Vidal Candelaria, Juan Aquino, entre otros.

20 de noviembre. En San Miguel Chimalapa los priistas caciquiles asaltan el palacio municipal, y es asesinado el policía del Ayuntamiento Democrático, Feliciano Gutiérrez Morales.

1983

18 de enero. Se inaugura en Juchitán la estación de radio XEAP, Radio Ayuntamiento Popular. Se le ataca con calumnias, se le niega el derecho a transmitir, la Secretaría de Comunicaciones interfiere su frecuencia.

5 de febrero. La COCEI marcha de Juchitán a la ciudad de Oaxaca protestando por las agresiones. La policía cerca y hostiga la marcha coceísta, e instala operativos antiguerrilleros en Portillo de Nejapa, donde la denuncia pública evita la matanza.

Febrero-marzo. La Casa de la Cultura de Juchitán es atacada por el Comité Central de Lucha del Pueblo Juchiteco, dirigido por "El Rojo" Altamirano, pretextando la simpatía del director por el Ayuntamiento coceísta.

7 de mayo. La policía judicial del estado desaloja 400 personas posesionadas de un terreno del IVO, destinado a priistas de la población. Hay veintitrés detenidos.

13 de mayo. Los priistas de la CROC, CTM, CROM, CNOP, se unen al paro empresarial de la CANACO oaxaqueña en contra de la COCEI y el Ayuntamiento Popular. Denuncian la existencia de tres mil guerrilleros centroamericanos en Juchitán y exigen al gobierno federal y al estatal garantías constitucionales y libertad para trabajar.

31 de mayo. Intelectuales juchitecos toman la Casa de la Cultura de Juchitán, en protesta por la destitución de su director, Macario Matus, periodista y poeta.

21 de junio. El diputado priista Raúl Enríquez pide la intervención del ejército para desalojar al Ayuntamiento.

22 de junio. Al iniciar su campaña como candidato a diputado por la COCEI y el PSUM, Desiderio de Gyves es agredido en San Francisco del Mar por los priistas. Hay golpeados y se quema una camioneta de redilas, propiedad del Ayuntamiento.

17 de julio. Unos priistas atacan en La Ventosa a miembros de la COCEI. Son heridos con arma de fuego el presidente municipal Leopoldo de Gyves, Alfredo Valdivieso y varios más. Según el gobierno, la policía no dio ni cobertura ni protección a los priistas. Es desalojado el predio de 280 hectáreas, propiedad del cacique y terrateniente Pedro Gutiérrez Roncaglia.

Horas después en la carretera internacional, cerca de La Ventosa, un grupo de priistas (ante la indiferencia de los policías presentes) ataca al pintor Francisco Toledo, al fotógrafo Rafael Doniz y al escritor Víctor de la Cruz.

2 de agosto. Se dicta orden de aprehensión contra Leopoldo de Gyves, "autor intelectual" de los siguientes cargos tumultuarios: agresión, despojo, actuación ilegal, portación de armas, etcétera, y "responsable mayor" de la violencia en el Istmo de Tehuantepec.

3 de agosto. El Congreso local acuerda la "desaparición de poderes en Juchitán".

4 de agosto. Toma posesión de su cargo como presidente municipal el licenciado César Augusto Carrasco Gómez en el centro escolar Juchitán. La policía patrulla las calles de la ciudad, y en el palacio municipal más de 200 militantes de la COCEI esperan el desalojo. Según el PRI, el edificio es ya un arsenal. La prensa desmiente tal versión.

■ V

La información, leída del modo discontinuo a que nos acostumbra la "prensa nacional", no previene para el espectáculo de un pueblo que personifica lemas, rechazos y aceptaciones. Se inicia el mitin y se pasa lista a los miembros del presídium: el escritor Fernando Benítez, la señora Rosario Ibarra de Piedra, del Frente Nacional contra la Represión, el antropólogo Arturo Warman, los pintores Francisco Toledo y Felipe Ehrenberg, el poeta Óscar Oliva. Por primera vez en mucho tiempo, se grita en una plaza pública "¡Vivan los intelectuales! ¡Vivan los artistas!" Es prolongado y conmovedor el aplauso para Toledo, "un gran artista y uno de los hijos distinguidos de este lugar". Se propone suspender el mitin y marchar a través de la población.

Hay situaciones que no admiten el "método Rashomon". Las noticias urdidas por un periodismo impreso, radial y televisivo, hacen de Juchitán la Babilonia rural infestada de metralletas y degenerados, el escenario donde turbas de maleantes persiguen y asaltan a los ciudadanos. Hasta donde es posible ver, lo que ocurre es muy distinto. Existen sin duda los hartos de la COCEI, ya deseosos de la matriz segura del PRI; son los comerciantes y los profesionistas amedrentados, los conservadores por convicción o por rabia financiera, los jóvenes en pos de "carrera política", los empleados y parientes de caciques y caciquillos, los enemigos ideológicos o personales de la COCEI, los señores feudales desplazados. . . y los antisocialistas y antiautoritarios sinceros, irritados ante excesos sectarios. Pero en tanto comunidad, Juchitán es la COCEI con sus muertos y sus logros.

No son teatrales (aunque contengan numerosas posibilidades escénicas)

la risa de la anciana que al gritar se sabe anulando su larga invisibilidad,

el ademán desafiante de las jóvenes que hacen de su adhesión política la modernización a su alcance,

el afecto que rodea a la madre del joven a quien desaparecieron las fuerzas represivas, y cuya presencia se demanda innumerables veces: "Y eso no es todo/ falta Víctor Yodo" (Víctor Pineda de la Cruz),

los jóvenes con vestido de mujer y máscaras que bailan en un agitado presentimiento de carnaval,

las mujeres que en la puerta de sus casas obsequian agua de coco, de chía, de sandía.

Conviene recelar del sentimentalismo, y prevenirse para no colorear a mano un Paraíso Recobrado, con los juchitecos en el papel de las criaturas cuya politización es también adánica. Pero no hace falta idealizar a la COCEI que, como todo organismo independiente en esta etapa de México, es seguramente responsable de errores, dogmatismos y precipitaciones. Sólo hace falta recordar al PRI.

Se desfila durante una hora con la seguridad de que si la nación entera no atiende, por lo menos, y esto es lo esencial, los vecinos nos contemplan y nosotros nos vemos desfilando y es menester caminar despaciosamente para que nos mire quien se le antoje, y divertirse, saludar, y observar los tumultos de niños en cada esquina. Que lo sepan: una legislatura local no modificará el rumbo de Juchitán.

■ VI

Etnia y clase. Etnia y comunidad indígena y mestiza. Etnia y modernización. ¿Es posible *salvar* las tradiciones? ¿Se aplica aquí un verbo religioso como "salvar"? ¿Sobrevivirán o continuarán deformadas las *identidades* zapoteca, tojolabal, otomí, tarahumara, triqui, mixe? ¿Resistirán sin inmutarse a la devastación industrial, a las migraciones por hambre y represión, al *aprendizaje-del-exterior* de quienes al volver a sus pueblos "saben otras cosas"? Pese al romanticismo profesado, la mayoría de los ideólogos y dirigentes de estos grupos no se ilusionan. Las comunidades persistirán, muchas tradiciones (feliz e infelizmente) se disolverán o refuncionalizarán, las mujeres (felizmente) dejarán de ser el paisaje de la voluntad patriarcal, los viejos de la tribu no se reconocerán en sus descendientes.

Pero, y eso lo aseguran los asistentes al mitin, habrá zapotecos en el año 2000. No en balde —y para atestiguarlo, convoco a *La flor de la palabra*, la antología de literatura zapoteca de Víctor de la Cruz— algunos tecos de Juchitán han preservado y recreado su cultura, con tesón intelectual al margen de recompensas. Imagínense, por ejemplo, una escena de los años veintes, un juchiteco de posición desahogada se conmueve evocando los pasos de su ascenso y erige sus depósitos vivenciales contra su propia indiferencia. El juchiteco pudiente ayuda a jóvenes ambiciosos que, como él lo hizo, estudian en la capital de la República y han convertido el recuerdo de su niñez en la otra patria, y se apasionan hasta la madrugada en casas de asistencia y cafés de chinos, y se entusiasman con proyectos siempre realizados parcialmente, siempre frustrados: una revista literaria, una Sociedad Nueva de Estudiantes Juchitecos, el regreso a la Patria Chica.

El paisanaje es la clave del encuentro y del diálogo, y el paisanaje es certidumbre de toda índole. Dice Enrique Lickens en la versión castellana de su poema *Nostalgia*:

¡Juchitán, Juchitán, mi Juchitán!
¡Tierra mía que adora tanto mi corazón!
¡Qué opulenta y grandiosa te contemplo!
Do los prístinos *zaes* cimentaron su hogar.
¡Juchitán, Juchitán, mi Juchitán!
Eres bello cual bello firmamento,
como es linda la linda Huaxyacac
do nacieron los *zaes*, la semilla fecunda.
¡Mirífico solar, te extraño tanto!
Extraño mi heredad como a mi gente.
Y cuando oigo tocar un son cualquiera
y perfuma el jazmín que se desgrana,
siento morir al escuchar tu nombre,
el nombre de madre, que es tu nombre.

A simple vista, otra efusión lírica de provincia, y uno avizora a cualquier sinaloense, jalisciense o michoacano en los años cuarentas o cincuentas levantándose, bañado en lágrimas, para brindar: "¡Mirífico solar, te extraño tanto!" Pero el poema de Lickens, escrito en primer término en zapoteco, es ya, por el hecho mismo de su existencia, acto de resistencia cultural que por las fechas en que se escribe, sólo toma la forma del recuerdo emocionado. Pero en esto difieren los juchitecos de otros provincianos: su bilingüismo, la escisión tan dolorosa e inevitable, honra valores esenciales de su comunidad.

Ignoro en qué consiste exactamente lo radical de la experiencia juchiteca, pero lo supongo vinculado a los componentes amargos de lo que, desde fuera, resulta *chovinismo a escala* o *localismo a ultranza*. Juchitán se ha visto sojuzgada y aplastada, ha contemplado el sacrificio de sus líderes, la traición de algunos de sus hijos, la corrosión de la modernidad que la afecta pero no la incluye. Y su persistencia, con mucho de heroísmo y mucho de conducta inevitable, es para el exterior sólo tradicionalismo, siendo también otras cosas: autodefensa, aspiración agrícola, utopía campesina, amor a una lengua y sus contornos literarios y artísticos. Antes de la década del setenta, Juchitán, según emigrados y sedentarios leales, es el sueño a reconstruir, al cual allegarle la terquedad lingüística y el desdén ante la falta de prestigio evidente y la simple acumulación de olvidos.

Esto sienten acerbamente los poetas y los cuentistas que reelaboran a Juchitán en la memoria: el siglo marcha en sentido opuesto a las comunidades agrarias, las arrincona, subraya su aislamiento; todo conspira a favor de la extinción de esos enclaves de terquedad, los sectores indígenas. Pero las etnias persisten como pueden, la miseria refrenda creencias y costumbres y parte esencial de la lucha de las etnias es la continuidad cultural. Por años, los escritores indígenas son en la capital demostraciones "exóticas", emblemas de un México anterior a México, desprendimientos del anecdotario de lo insólito domesticado. A partir de 1968 unos jóvenes juchitecos leen con fervor a sus antecesores, se reconocen en el intento, indagan sobre el trabajo de Enrique Lickens, estudian *Vinigulasa* de Gabriel López Chiñas, advierten la belleza (y la mezcla de concepciones idiomáticas que son metamorfosis ante el espejo) de *Los hombres que dispersó la danza* de Andrés Henestrosa, encuentran los poemas excelentes de Nazario Chacón Pineda, revisan en la biblioteca de Henestrosa los números de la revista precursora, *Neza*.

Y estos jóvenes también respetan a quienes, en el Istmo, sostuvieron altivamente la creación artística, y sin estímulos perceptibles, en Juchitán o en Tehuantepec han escrito en zapoteco, han compuesto canciones, atesorado y recogido leyendas. Y a la revisión de las obras de Pancho Nácar, Chuy Rasgado, Eustaquio Jiménez Girón, Carlos Irribarren Sierra, se añade el estudio de los destinos de quienes combatieron por la autonomía de Juchitán. Así por ejemplo, los mártires Che Gómez (1911), Adolfo C. Gurrión (1913), los doctores Roque Robles y Valentín Carrasco (1931).

¿Qué defenderá a las culturas locales y regionales? Se debilitan y se extravían en el camino muchísimas tradiciones, la industrialización arrasa las voluntades de autonomía, las migraciones de los trabajadores rurales son la amnesia que se opone a la obstinación memoriosa, y los medios masivos devastan a diario los proyectos vitales, liquidan las fuentes de aprovisionamiento de la cultura oral (de arrieros a cuenteros), y van eliminando el sentido de las imágenes y la concepción misma de la poesía indígena. ¿Qué consiguen 40 mil hablantes de *la lengua nube* en un país de idioma tan rápidamente unificado por la televisión? Hace años respondió a una pregunta similar Gabriel López Chiñas:

EL ZAPOTECO

Dicen que se va el zapoteco,
ya nadie lo hablará;
ha muerto, dicen,
la lengua de los zapotecas.
La lengua de los zapotecas
se la llevará el diablo.
Ahora los zapotecas cultos
sólo hablan español,
¡ay, zapoteco, zapoteco,
quienes te menosprecian
ignoran cuánto
sus madres te amaron!
¡ay, zapoteco, zapoteco,
lengua que nos das la vida,
yo sé que morirás
el día que muera el sol!

Como en pocos sitios de México, en Juchitán una práctica (la resistencia cultural) influye considerablemente en la política misma. Quienes se consideran descendientes de los antiguos *biniza*, creen diferenciarse de la mayoría de los mexicanos cuya prosapia es la nación misma.

Se regresa a la plaza. La marcha ha extendido el mitin, lo ha llevado a las puertas de simpatizantes y enemigos, ha probado que la
COCEI es organización, estilo de vida y emblema de la autonomía
municipal. Entre los cientos de comunidades que en todo el país se
rebelan, ganan o toman alcaldías, movilizan a sus mujeres, concentran en el palacio municipal sus poderes físicos de decisión, Juchitán, a lo largo de una década, ha sostenido más continuadamente
la atención nacional. No sólo por razones políticas. También están
en juego nociones tan inasibles y tan concretas como *identidad local y regional, tradición, singularidad, cultura indígena, arte oaxaqueño*. Hay solidaridad en este seguimiento de los sucesos de Juchitán; hay algo del viejo paternalismo revestido de curiosidad
antropológica o democrática. ¿Sobrevivirán los estilos de vida de
los pueblos esencialmente indígenas? ¿Será la COCEI el puente entre
una tradición inmovilizada por la miseria y una modernización im-
puesta por las migraciones rurales, el crecimiento demográfico, el
influjo de la tecnología, la imposibilidad de hurtarse de la unifor-
mización nacional? ¿Será sustituido el *tequio* por el *club*?

Por lo demás, todo pueblo campesino es un olvido programado,
con hostigamientos en forma de preguntas: ¿cómo se urbaniza un
poblado, cómo se "tractoriza" y tecnifica, cómo se eleva y diversi-
fica la calidad de la producción, cómo se obtiene financiamiento,
cómo se extirpa el intermediarismo, cómo se pasa de la economía
de autoconsumo al rendimiento industrial? ¿De qué modo persisten
las mentalidades localistas en un país cada vez más integrado?

Y una pregunta fundamental: ¿cómo se integran las mujeres a
la lucha política y social? En la plaza, las coceístas atraen la solicitud de los fotógrafos, pero esta vez no encarnan la estética de la
inocencia, ni se inmutan al ya no disponer de los antiguos trajes bor-
dados a mano, los adornos suntuosos, las arracadas y los collares
de oro (hoy en sus atavíos la tradición más visible es el uso diario).
Tampoco ratifican aquí la leyenda del matriarcado, tan grata a todos los sectores de Juchitán, tan desmenuzable en anécdotas ("si
el hombre se emborracha, la mujer tiene derecho a pedir que lo en-
cierren, para que no se gaste la quincena, y en la comandancia no
lo sueltan hasta que la mujer lo pida"), tan nítida en su concesión
de sitios de honor en la marginalidad. Ahora, al defender su causa,
las coceístas adquieren la ciudadanía hasta ese instante vedada para
ellas.

De Gyves alude a su destitución: "Sesenta minutos para decidir el destino de un pueblo de cien mil habitantes. . . Se ha violado la Constitución. Al cerrarse el camino de la legalidad, el pueblo juchiteco decidió el pasado miércoles tomar de nuevo el palacio municipal".

—¡Polín, amigo, el pueblo está contigo!

—¡El pueblo consciente ni se rinde, ni se vende!

De Gyves da cuenta de su gestión. Se remodeló el palacio de gobierno, se fundaron bibliotecas públicas, una escuela secundaria y la Normal Superior del Istmo, se arreglaron calles, se instalaron agencias municipales, se han construido aulas de primaria y secundaria y casas de la salud, se compraron camiones de volteo y patrullas, se instaló ya alumbrado público en secciones alejadas, funciona Radio Ayuntamiento Popular, se edita la revista *Guchachi Reza*. Y pregunta: "¿Se va a entregar todo lo que hemos hecho?"

Grandes aplausos para De Gyves, Arnoldo Martínez Verdugo y Rosario Ibarra. El discurso de Rosario es muy escueto, las mujeres allí reunidas conforman una nueva versión del poder popular todavía no autónomo, pero ya no silencioso y apartado. "Un compañero del presídium me decía que le extrañaba que las mujeres juchitecas no tuvieran joyas ni collares. Yo le decía que no las necesitan. Que sus joyas son sus hijos revolucionarios. . ."

El calor no disminuye el alborozo. Las mujeres ríen abiertamente, desmienten con visajes las fantasías sobre la impasibilidad de los zapotecos (¡Ah, Benemérito!). Los jóvenes activistas se ven cansados. Llevan una semana de guardia en el palacio municipal, día y noche, acelerados por los rumores de invasión, con el aire de fatiga que surten las conversaciones circulares, qué pasará si llegan, la consigna es no oponer resistencia, no tendría caso, una breve arenga y eso es todo. En la espera, han gastado sus poses monumentales y se han dejado ganar por un "humor de campaña" inaccesible al recién llegado. Se ríen del chiste que ya no necesitan emitir, de gestos que les recuerdan miedos infundados, de sus propias características, de las debilidades del enemigo.

—¡COCEI! ¡COCEI!

—¡Se ve, se siente, el PRI no tiene gente!

Añadidura de campanas. Los oradores hablan indistintamente en zapoteco y español. Los jóvenes con máscaras y vestidos de mujeres bailan animadamente en los intervalos. Toma la palabra el diputado federal Héctor Sánchez: "En Juchitán, siendo las 13:50 horas, reunidos frente al palacio de la municipalidad, la población convocada para decidir sobre el llamado desconocimiento de poderes del Ayuntamiento Popular. . ."

El interrogatorio es vehemente y emotivo. Una familia tribal acude en masa al juzgado que es la propia familia tribal:

—¿Polo ha malversado? Contesten *sí* o *no*.

—¡NO! (Risas.)

—¿Este ayuntamiento ha trabajado a favor del pueblo juchiteco?

—¡SÍ!

—¿Este ayuntamiento ha robado al pueblo?

—¡NO!

—¿El pueblo de Juchitán está de acuerdo con el gobierno de Leopoldo de Gyves?

—¡SÍ!

—¿El presidente municipal y sus policías son culpables de los dos muertos?

—¡NO!

—¿Quiénes son los asesinos, quiénes son los ladrones?

—¡PRI!

—¿Están de acuerdo en que Leopoldo de Gyves y sus funcionarios sigan?

—¡SÍ!

Se repiten las preguntas en zapoteco. El referéndum es un éxito comprobable. Al terminar el mitin, los juchitecos se ponen en fila. Quieren firmar, colaborar económicamente, repudian el desconocimiento de poderes, se obstinan en su proyecto.

[Agosto de 1983]

La disidencia magisterial: los apóstoles se cansaron de serlo

I ■ 1981. LA MUERTE DE MISAEL

30 de enero

Grupos de maestros de todas las regiones del país anuncian para el 2 de febrero el plantón frente a la Secretaría de Educación Pública en demanda de independencia sindical y en apoyo del paro magisterial en Guerrero, Chiapas, Hidalgo. En Guerrero, el gobernador Rubén Figueroa en cumplimiento de su advertencia ("Mañana mismo quitaré todos los candaditos de las puertas de las escuelas y aprehenderé a todos los maestros que fueron a la aventura. . . El paro es una conspiración contra México y contra mí"), y acompañado del subdelegado de la SEP, del jefe de policía del estado, de líderes locales y de turbas de agentes, irrumpe en varias de las 500 escuelas cerradas, desaloja y aprehende maestros, lleva cerrajeros para abrir los "candaditos". Ya en funciones administrativas, el gobernador multiplica los cambios de adscripción, las actas por abandono de empleo, la retención de salarios, las amenazas de cláusula de exclusión.

Se ha prolongado más de una semana la irritación de Figueroa. Quiso impedir el viaje de los profesores a la capital, y no tuvo mucho éxito. A la ciudad de México llegarán cerca de 15 mil guerrerenses, la mayoría de la región de La Montaña.

Los hechos

En Tulpetlac, estado de México, tres pistoleros (armas de calibre 38, automóvil azul sin placas), asesinan al profesor Misael Núñez y al obrero y padre de familia Isidoro Dorantes, resultando herido en la pierna derecha el maestro Darío Ayala. Misael nació en Tenango, hijo de un obrero y jornalero "indocumentado" y nieto de un zapatero. Al salir de la Normal Rural de El Mexe, Hidalgo, se adscribe en Tulpetlac a la escuela primaria federal Héroes de Churubusco. Luis Hernández cuenta lo que allí sucede en 1977:

> . . .algunos maestros y autoridades buscaron sacar a Misael de la escuela donde trabajaba. En una asamblea de colonos y padres de familia los charritos plantearon: "O se va Misael o nos vamos todos". Los asistentes respondieron con firmeza: "Váyanse todos". Misael quedó entonces como director de la escuela.

Misael organiza políticamente a los habitantes de Tulpetlac, estudia para abogado en la UAM y participa en el Consejo Central de Lucha del Valle de México. El 17 de noviembre de 1980 el Consejo le exige al secretario de Gobernación "garantías para nuestros dirigentes, amenazados de muerte", y el primero en la lista es Misael. El 30 de enero de 1981 colonos y maestros se preparan para el plantón que los disidentes iniciarán el 2 de febrero. Al concluir la asamblea, Misael, Dorantes y Ayala se dirigen a otra reunión y son emboscados.

En Ecatepec, maestros y padres de familia exigen la detención del líder de la sección 36 del SNTE, Leonardo González, cuyo rencor contra Misael tiene orígenes precisos: al convocarse un plantón del Consejo Central, González, rodeado de guardaespaldas, quiso impedir la asistencia de profesores y fue desconocido en una asamblea. Durante meses la investigación no avanza. El 3 de julio de 1981, cuando transportaban armas y mariguana, son detenidos Rufino Vences Peña, Joel Vences Hernández y Jorge Mejía Pizaña, que confiesan de inmediato (véase Enrique Garay y Mario García Sordo, "Misael Núñez: relato de un crimen político", *Unomásumo*, 27 de julio de 1981). En la mañana del 30 de enero, Rufino Vences se reúne en el Burger Boy de Ciudad Neza con Clemente Villegas Villegas, ex-secretario particular del líder del SNTE Ramón Martínez Martín, y asesor del Comité Ejecutivo Nacional. Villegas le informa a Vences de la urgencia de "calmar" a unos agitadores que realizan paros, mítines y marchas a Palacio Nacional, y le da 60 mil pesos como anticipo. Luego Vences procede:

> Fui a mi casa, de inmediato, por mi tío Joel Vences Hernández y mi amigo Jorge Mejía Pizaña. Les hablé del trabajo y los convencí de que me acompañaran dándoles 15 mil pesos. Clemente se comprometió a completar 300 mil pesos por el trabajo que íbamos a hacer.

Nos trasladamos a Tulpetlac, adonde llegamos como a las 18 horas. Estacionamos el carro cerca de la escuela primaria que se encuentra en La Loma y me bajé para asomarme a la escuela. Identifiqué de inmediato a Misael. Regresé al auto que habíamos robado la noche anterior en Nezahualcóyotl, haciéndonos pasar por policías cuando encontramos ebrio al dueño de ese coche. Mi tío en el auto ya tenía la pistola Colt calibre 45 con cargador abastecido y un cartucho en la recámara.

Adentro del auto —de la marca Chrysler, modelo Le Baron—, Jorge tenía también su arma y nos quedamos fumando a esperarlos salir.

Dos meses después, los asesinos huyen del penal de La Perla en Ciudad Neza. A Villegas jamás se le captura.

El SNTE

El Sindicato Nacional de Trabajadores de la Educación nace en 1943 para consolidar aún más al Estado. Lo dice sin contemplaciones Vicente Lombardo Toledano: "Que no sueñe el magisterio nacional con ser un instrumento de importancia en la construcción del México nuevo, mientras no esté perfectamente unido, no sólo en los ideales, sino en la conducta de sus responsables. . ." Se arrincona a las fracciones de izquierda, y se va evaporando la tradición radical, aunque permanecen grupos del Partido Comunista y el Partido Popular. En 1949, llega a la secretaría general del SNTE el ingeniero Jesús Robles Martínez, impulsado por Lombardo y aceptado por Miguel Alemán, que elimina las tendencias, rompe con Lombardo (ya no "gran líder progresista", sino jefe de "los eternos mistificadores") y establece un largo cacicazgo. Del pasado sólo quedan gestos simbólicos y residuos idiomáticos.

Robles Martínez, arquetipo del enriquecimiento veloz y del patrocinio de magnates al vapor. Todo le sirve: manejo de cuotas sindicales, uso de las finanzas de la Dirección de Pensiones, fraccionamientos, control político del Instituto Politécnico Nacional, patrocinio de pistoleros, dirección del Banco Nacional de Obras Públicas. Y que nadie dude ni de su honestidad ni de su carácter de protector de la enseñanza.

El cacique da la pauta que seguirán los siguientes secretarios generales Manuel Sánchez Vite, Enrique W. Sánchez, Alberto Larios Gaytán. Ya enclave feudal. el sindicato se fracciona en cacicazgos

169

y le cede a los caudillos locales —como encomiendas— las secciones. Ellos y los gobernadores nombrarán "líderes" a sus choferes y a sus aduladores más constantes, y el proyecto educativo se deshace.

1 de febrero: "Misael/camarada/tu muerte será vengada"

En la Normal Superior se vela el cadáver de Misael. Ante un auditorio pletórico, habla la viuda, Yolanda Rodríguez: "Mi esposo buscó un beneficio general, no particular". Y en los patios, las conversaciones refieren un cambio fundamental. Han quedado atrás las leyendas románticas del "apostolado", la ilusión lacrimógena de los "cultivadores anónimos del vergel de la infancia", de los profesores bañados en gis que, con el libro abierto, hacían a Dios o a la Patria más visibles y a su poder más cierto. La masificación acrecienta las dificultades de los maestros de primarias y jardines de niños,

hartos de la indiferencia oficial ante sus escuelas ruinosas o velozmente arruinadas, del equilibrio entre la carencia de materiales didácticos y el alto índice de reprobación de los educandos, del diluvio de reformas-en-el-papel que se suceden al ritmo valseado de la moda pedagógica/

exasperados ante el flujo de amenazas de traslado, notas de demérito profesional, permisos negados, ruegos y humillaciones por obtener las *dos plazas*, despotismo de directores generales (inspectores, directores de escuela, delegados), retención de salarios, venta de plazas, manejo tiránico de esas becas llamadas "comisiones sindicales", batallas por el sobresueldo, la jubilación, los préstamos, los ascensos, los seguros de retiro/

cansados de sus demandas a los padres de familia: "cuotas voluntarias", rifas, funciones de cine y kermeses "a beneficio de la escuela"/

irritados ante la red de complicidades que los incluye, las borracheras a cuenta de la amistad, la "obra negra" que paga la protección, la sonrisa de júbilo ante el odiado dictadorzuelo, la aceptación sin chistar de la preparación deficiente y la ausencia de proyectos de superación profesional.

Vanguardia Revolucionaria y Carlos Jonguitud

El 22 de septiembre de 1972, un grupo se apodera del local del Sindicato Nacional de Trabajadores de la Educación (SNTE). Lo comanda, con armas en la mano, Carlos Jonguitud Barrios. Él promete, a quienes reconozcan lo que no pueden cambiar, la gran gestoría. A un sindicato desorganizado llevará el orden, o esa versión del orden que son los salarios pagados a tiempo, las adscripciones, los favores. En ese momento, de los 400 mil profesores, 150 mil reciben muy tarde el salario. Jonguitud y su grupo, que se convierte en 1974 en Vanguardia Revolucionaria, prometen eficacia y status, y sólo piden en trueque el olvido de los derechos sindicales y la paciencia ante la corrupción. A los amigos, el escalonamiento de favores; a los enemigos los despidos, las golpizas, las bravatas majestuosas a plana entera.

Carlos Jonguitud Barrios nació en 1925, en Coaxcatlán, San Luis Potosí. Maestro rural en el estado de México, se inicia con modestia en la política como secretario general de una delegación y, luego, como "auxiliar" en la sección IX del SNTE. En 1956 hace su debut en el rol de "elemento persuasivo" del Sindicato (el Frente Magisterial Independiente lo acusa de haber entonces apedreado y lanzado cohetes y cubetadas de agua contra manifestantes del MRM). Es secretario de Fomento y Cooperación del comité de la sección IX derrotado por el grupo de Othón Salazar y desalojado acto seguido. No importa, él es aguantador. Y ese 22 de septiembre con argumentos "políticos" y complementos bélicos, su grupo liquida la dictadura de Robles Martínez, depura (clásicamente) al secretario general Carlos Olmos y lo declara a él su "líder natural".

En 1974 Jonguitud es de modo formal secretario general del SNTE. En 1977 lo sucede José Luis Andrade Ibarra, capaz de llorar ante el presidente López Portillo, y prometerle al inicio de un viaje oficial que a su regreso lo aguardará el mismo inmaculado azul cielo de México. El 22 de septiembre de 1980, Jonguitud conoce su apogeo: cien mil maestros le propinan una ovación a pedido en el Estadio Azteca. En lo burocrático, su buena fortuna es notoria: presidente del Congreso del Trabajo, senador de la República, director del ISSSTE, gobernador de San Luis Potosí ("Tamuín, hasta las cachas con Jonguitud"). Él se conmueve autobiográficamente: "Fui un niño pobre pero feliz. Mi ascenso político fue difícil. No debo a nadie mi carrera política. Lo que soy lo debo al magisterio. He pretendido ser leal y sincero conmigo y con los demás. Soy un hombre con experiencia. . . No soy un hombre rico. Tengo, eso sí, medios para vivir lejos de las angustias cotidianas".

Entre las angustias que se alejan, las muy nacionales del ninguneo y la ingratitud. En el XI Congreso Nacional, Jonguitud es nombrado consejero permanente del SNTE; su yerno Ramón Martínez Martín sucede a Andrade y cualquier manifiesto sindical que se respete contendrá incisos como el siguiente: *"Quinto.* Declaramos que seguimos manteniendo con firmeza y lealtad los altos principios y objetivos vanguardistas emanados del Movimiento Reivindicador 22 de Septiembre de 1972, forjado por el constructor del sindicalismo magisterial revolucionario, maestro rural Carlos Jonguitud Barrios, presidente nacional de Vanguardia Revolucionaria del SNTE".

El líder no es un ideólogo. Lo suyo es la protección de los subordinados, la gestoría eficaz, la masificación de las situaciones de ventaja, el rechazo de la subversión: "Fuera de nuestro organismo quienes quieren hacer aventurismo, quienes traen tendencias extranjeras cuyo único objetivo es llevarnos a la anarquía".

3 de febrero. El SNTE, cochino/ahora es asesino

En los alrededores de la SEP se ha instalado un plantón que es también paro y marcha nacional. Son varias sus demandas (aumento salarial de 50 por ciento, descongelamiento de los porcentajes asignados a las zonas de vida cara, reducción de impuestos, base para los interinos, guarderías, tiendas, etcétera) y un tema obsesivo: el asesinato de Misael Núñez. Son muchos y provienen de Guerrero, Hidalgo, Morelos, Oaxaca, Chiapas, Puebla, Tlaxcala, Veracruz, Querétaro, Sonora, Baja California. De allá vinieron los profesores y sus familiares, con galones de agua y mochilas y mantas, dispuestos a acampar, a dormir en salones de clase o en hoteles de mala muerte o en casas de amigos.

Figueroa/Somoza/son la misma cosa

No escasean las jactancias regionales, para que los de fuera sepan quiénes son y, de paso, ellos mismos se reafirmen. Destacan los de Guerrero, cuyo aspecto informa de los olvidos del centralismo, del tedio desintegrador en sitios aislados, de rencores o anhelos organizativos en pueblos llamados Matlatonoc, Copalillo, Amatliche, Huitzuco o Chilapa. A su cultura política la fijan las visiones de la miseria, y la aquilatan periódicos, manuales, asambleas, guerras de los desplegados. . . y ese sistema que se deja representar por la alianza entre dirigentes del SNTE y autoridades educativas, funcionarios estatales y golpeadores, y se acompaña de mentiras cíclicas: "Grupos minoritarios, siguiendo consignas mezquinas, intentan desestabilizar la política educativa del señor Presidente". Y de himnos de final tan seráfico como el del SNTE:

Vanguardia Revolucionaria
es una plegaria
para el magisterio nacional

‾in ellos, en muchísimas poblaciones, al Estado sólo lo representarían el olvido del Centro y la temible vigilia del presidente municipal. En regiones sin fuentes de empleo, el magisterio ha sido promesa de capilaridad social, y este camino está casi cerrado por el control del registro en las escuelas normales y los planes de austeridad. Y si el trabajo de profesor está dejando de ser estación de paso, y es lo que cada uno tiene y muy probablemente tendrá, la defensa arrecia.

El disidente histórico: Othón Salazar

Casi al final de la marcha, Othón Salazar. A él le correspondió encabezar el movimiento de 1956-1960 en la sección IX del SNTE, que es el Movimiento Revolucionario del Magisterio (MRM). Los "othonistas" recibieron vejaciones, agresiones de policías, granaderos, y la Policía Montada, difamaciones que culminan en campañas de linchamiento moral, ceses, cárcel. Los othonistas se enfrentaron a la prensa (que los acusó de corresponder a conjuras del Kremlin), a las inculpaciones de ambición personal, a las estratagemas del SNTE, al aislamiento político, al miedo anticomunista de los padres de familia, al clasismo belicoso de los Secretarios de Educación, el jurista José Ángel Ceniceros (". . .considera la propia Secretaría que los maestros por decoro, nunca exhiben sus deficiencias como argumento valedero para mejorar sus condiciones económicas"), y el pomposo humanista Jaime Torres Bodet, quien describe una reunión con jóvenes del MRM:

Nunca me habían rodeado tantas chamarras sucias, tantas camisas huérfanas de corbata, tantas uñas luctuosas y tantas melenas que parecían, por despeinadas, simbolizar las ideas de quienes las agitaban garbosamente. . . (En *La tierra prometida*, cuarto tomo de las memorias de Torres Bodet, en donde niega la represión contra los maestros, y considera tal versión ¡una técnica de Goebbels!)

Othón hereda la tradición heroica de misiones culturales y misiones rurales, y concita el fervor de los jóvenes ávidos de dignidad gremial. Hoy el idioma de 1958 parece lejano, ingenuo ("Mexicanos, los maestros de las escuelas primarias y los jardines de niños del DF. . . deseamos que la voz leal y sincera de los trabajadores de la enseñanza llegue como un llamado para la justicia y la defensa de los más nobles ideales de nuestra nacionalidad"), y con todo, esa hazaña reprimida influye de modo central en el actual intento democrático.

"Que les corten las manos"

En 1979, a la experiencia de los maestros chiapanecos, similar a la de los profesores del resto del país, la agudiza un hecho: en la región, la explotación petrolera acelera la carestía de la vida. En demanda del 100 por ciento de sobresueldo, 12 mil maestros se lanzan a la huelga y, entre paros y manifestaciones de apoyo, extienden su movimiento a Michoacán, Tabasco y Guerrero. Ante la disidencia el líder del SNTE José Luis Andrade primero reacciona con orgullo herido: ". . .se actuará en forma determinante frente a la insidia y la traición que tratan de menguar la firme, clara y definida imagen del maestro mexicano", y luego con serenidad republicana: "Pediremos que les corten las manos por meterlas en nuestro organismo". El SNTE cierra filas, y en respuesta, dos mil maestros se posesionan de las oficinas de la SEP en Nayarit.

1980 se inicia con la nulificación de las elecciones en Campeche. Más mítines y marchas. Los castellanizados bilingües se incorporan. Se definen metas y tácticas del movimiento que crece entre despidos, represiones, movilizaciones. El SNTE amenaza con paro nacional, intenta minimizar a sus opositores, nulifica elecciones, "traspapela" expedientes, expulsa disidentes notorios y le exige al gobierno de López Portillo medidas drásticas.

Los disidentes, a su vez, consiguen el reconocimiento de las Comisiones Ejecutivas de Oaxaca, Morelos y Chiapas con el compromiso de realizar allí congresos seccionales, y forman la Coalición Nacional de Trabajadores de la Educación (CNTE).

Los de la CNTE son dinámicos: organizan consejos, desconocen dirigentes seccionales y delegacionales, realizan paros parciales y paros indefinidos, marchas locales y marchas nacionales, congresos de masas en Hidalgo y en el Valle de México y juntas interminables en muchas escuelas. Sus integrantes vienen de partidos y grupúsculos, y esto explica la mezcla de espíritu democrático y sectarismo, de odio al autoritarismo y autoritarismo. Pero lo que une al Movimiento Revolucionario del Magisterio, a la Corriente Sindical Independiente Democrática (COSID), a la Liga Obrera Marxista (LOM), al Frente Magisterial Independiente Nacional (FMIN), y a la diversidad de tendencias ideológicas es la certeza del anquilosamiento del SNTE. Eso les permite organizar consejos, desconocer dirigentes seccionales y delegacionales, realizar paros parciales, paros indefinidos, marchas locales, marchas nacionales, plantones, congresos de masas. Ante estos manifestantes —con su alegría y su entrega, su ropa comprada en baratas y saldos, su satisfacción de sentirse observados por ello mismos— uno siente muy inoperantes las mediaciones y mediatizaciones habituales, los aspavientos de los caciques.

El momento culminante de la jornada ocurre frente al Teatro Hidalgo. Allí se ha colocado una hilera de enormes baldes donde los manifestantes depositarán, si los tienen, cinco pesos para los gastos de la Coordinadora y los familiares de los muertos. Casi nadie se exime, y el ruido preciso de las monedas le confiere a la marcha el tono de un compromiso colectivo, de un tenaz juramento que toma muy en cuenta el significado de la vida de Misael Núñez.

II ∎ 1986. LOS MAESTROS DE OAXACA.
LA HUELGA DE HAMBRE

14 de febrero

En el atrio de la Catedral Metropolitana, la escena evoca los campamentos de damnificados. Cerca de dos mil personas se distribuyen entre mantas, toldos de plástico, galones de agua, reparto de comida, discusiones de comités sectoriales y regionales, turistas que atienden indistintamente explicaciones sobre el estípite novohispano y sobre la lucha magisterial, niños y mujeres que recuperan las fuerzas que escasamente tienen, atmósferas de pueblo en vela.

El viernes 14 cumplieron doce días en huelga de hambre los catorce profesores (de los 21 iniciales) de la sección 22 del SNTE, obstinados en dramatizar hasta el límite su demanda de un sindicalismo democrático. En la ciudad de Oaxaca, frente al Palacio de Gobierno, permanecen otros 27 profesores y padres de familia de los 56 que iniciaron la huelga de hambre.

Adivine mi chamba

De un manifiesto del 10 de febrero último de los 732 delegados efectivos al XIV Congreso Nacional Ordinario del SNTE: ". . .un hombre visionario, con una sólida formación ideológica, apoyada en las tesis del normalismo mexicano; producto acabado de la revolución convertida en escuela; con un entrañable amor al sindicato y con una clara vocación de servicio hacia sus hermanos de clase, inspira, promueve y realiza un movimiento tendiente a rescatar al SNTE, para reencauzarle hacia la ruta revolucionaria de su declaración de principios. Este hombre se ha convertido en el símbolo de la lucha magisterial, porque ha sabido interpretar fielmente el pensamiento y las aspiraciones de nuestro gremio, porque como faro luminoso, en medio de las tormentas que sobre nuestro sindicato se ciernen, señala el camino que conduce al puerto seguro. . ."

¿De quién se habla? Acertó usted: del profesor y licenciado Carlos Jonguitud Barrios.

Huelguistas sin comer/resueltos a vencer

El 22 de febrero de 1982 ganan los maestros democráticos la sección 22 de Oaxaca. Desde el primer día, se hostiliza al nuevo comité, a cuyo secretario general Pedro Martínez Noriega sólo recibe una vez en tres años Alberto Miranda, líder formal del SNTE. Se afina la derrota por cansancio; el subsidio mensual que le corresponde a la sección 22 es muy raquítico y llega tarde; se reconoce un "Comité ejecutivo institucional" con los tres mil maestros que Vanguardia Revolucionaria le opone a la mayoría de 33 mil y a ese comité se le da regularmente un subsidio mayor; se toma por asalto el edificio de la sección; nunca se convoca a los maestros democráticos a las reuniones nacionales, se les agrede en las asambleas y en la calle, se intenta quemar la casa del líder Pedro Martínez. . . Todo inútil.

El 22 de febrero de 1985 vence el periodo estatutario del comité oaxaqueño. En los tres años algo han podido hacer: eliminar vicios institucionales (venta de plazas, cambios que favorecen a los incondicionales, venta de interinatos), crear mecanismos de registro de antigüedad y de formación magisterial, manejar con transparencia los préstamos a corto plazo y los hipotecarios y, sobre todo, modificar socialmente la condición de los profesores. El hecho de ser ya tomados en cuenta, de decidir por sí mismos su comportamiento político es un gran salto psicológico y cultural. Pero urge realizar el Congreso Seccional, y en materia de dilaciones y trampas burocráticas el SNTE es experto a nivel mundial. Se posponen las juntas preparatorias, se desatiende a las manifestaciones de protesta, se argumenta que en la sección 22 no hay estabilidad.

¿Por qué puerta entrará K. al Castillo? En febrero de 1985 el SNTE acuerda que el Comité Ejecutivo Seccional siga funcionando y difiere el Congreso. En marzo, los democráticos se lanzan a un paro de quince días. Se firma un convenio con el SNTE y se convoca el Congreso para el 29 de marzo, previa suspensión de acciones políticas y solución de 100 casos de maestros vanguardistas (suspendidos por abandono de empleo o por las presiones de padres de familia ante su inasistencia). Los democráticos cumplen con su parte, pero la convocatoria se pospone para junio.

¿Cuándo alcanzará Aquiles a la tortuga, o la mano al memorándum? Próximo el Congreso, el Ejecutivo Nacional declara: "No hay en Oaxaca ambiente de tranquilidad y además ya viene el fin de cursos". A continuación seis meses de espera y agresiones y las medidas extremas. El 16 de enero 38 mil profesores inician un paro indefinido de labores y desde el pueblo de Tamazulapan marchan hacia el Distrito Federal 1 300 disidentes (un viaje a pie de 545 kilómetros). Ante la presión, el SNTE convoca al Congreso para el 27 y 28 de enero. Requisitos: las asambleas delegacionales las presidirán enviados del Comité Ejecutivo Nacional y se respetará la libre participación de todas las expresiones políticas.

Es tan variado el repertorio de aplazamientos que los grandes pecadores deberían encargarle a Vanguardia Revolucionaria la negociación del Juicio Final. De los 120 elementos requeridos para atender las asambleas del 21 al 23 de enero, el SNTE sólo manda 40, y pese a la certificación notarial de la limpieza de las elecciones, el SNTE se llama a engaño, se niega a aceptar que sólo ganó 50 delegados del total de 500, habla de secuestros de sus comisionados (los hubo; según los democráticos se trata de autosecuestros típicos), y el 28 de enero informa a los periódicos: el Congreso se ha suspendido, no hay condiciones de tranquilidad, y en las asambleas delegacionales las agresiones pusieron en peligro la seguridad física de los representantes del Comité Ejecutivo Nacional.

"Me mantengo en huelga de hambre hasta la realización del Congreso Democrático"

Algo falla esta vez. El poderío del sindicato (que los lleva ahora a sentirse un país dentro de un país, con todo y la independencia fiscal que ya pretenden) no doblega a la sección 22. En la ciudad de Oaxaca, el 18 de enero 10 mil personas desfilan a favor del SNTE y en contra de "la provocación" (según los profesores disidentes, se trata en su mayoría de campesinos acarreados, a quienes con siete mil pesos se retribuye por su impostura vocacional). Como respuesta, antes de un efímero bloqueo de carreteras, el 25 de enero 60 mil maestros, padres de familia, estudiantes, se manifiestan en el acto más nutrido desde el inicio del movimiento. De ellos, 1 300 prosiguen la marcha a la capital, a donde llegan el 31 de enero, instalándose 21 en huelga de hambre: Jorge Hernández, Antonio Pacheco, Araceli Medina, Arturo Marcos, Raymundo Ortiz, Jacobo García, Guillermo Marcial, Rolando Martínez, Teresita Rodríguez, Rosa María Antonio, Miguel Reyes, Fernando Guzmán, Eduardo Espinosa, René Pacheco, Urbano Cruz, Artemio Quintana, Arnaldo Rodríguez, Esperanza González, Félix Venegas, Alfonso Francisco Rodríguez y Rafael Velasco.

Mientras, el SNTE los convoca a pláticas en restaurantes, regaña y amenaza, insiste en su juego de posposiciones.

"Lo quiera o no lo quiera/Vanguardia va pa'fuera"

¿Qué es en los años de la crisis una huelga de hambre? Desde luego, la escenificación de la resistencia extrema, el llamado de atención a través del acto propiciatorio, la utilización del cuerpo mortificado como recurso político (en el mensaje de las comunidades eclesiales de base a los maestros de la sección 22, firmado por el arzobispo de Oaxaca Bartolomé Carrasco, se afirma: "Hemos podido comprobar la autenticidad de su huelga de hambre, y tengan la seguridad de que su sacrificio no ha sido estéril. A nosotros mismos y a otras gentes de buena voluntad nos ha hecho reflexionar sobre sus motivaciones. El ayuno es una práctica cristiana antigua que además de sus características rituales y penitenciales tiene también un significado claro de denuncia". Y en un cartel se afirma: "La Catedral no es sólo un recinto de glorificación, también es de protesta y de denuncia").

Los huelguistas de Oaxaca ni se sienten mártires ni actúan como tales. En un costado del atrio, inmersos en mantas, rodeados de vasos, radios, pequeños regalos, libretas, escuchan los aplausos de un grupo de profesores del DF que en el Día de la Amistad viene a testimoniarla y a entregarles un ramo de flores. Son las 11 de la mañana del 14 de febrero y han transcurrido 334 horas desde el principio de su acción. Se identifican orgullosamente: de Salina Cruz, del Valle, de la Mixteca, de la Sierra Juárez. El promedio de edad es de treinta años.

—Aquí estamos, al pie del cañón, como decimos los zapotecas.

—¿Cómo la ve? Aquí nomás al cabo de un año de función extra y tres engaños.

—Oiga, diga que estamos jodidos pero combativos. Para que no se hagan ilusiones los charros. Desde la enfermería, exigiremos el Congreso. Le vamos a seguir, porque tenemos razón.

—¿Sabe una cosa? Nuestro sueldo base es de 60 mil pesos mensuales, y con la antigüedad cada quinquenio nos aumentan 500 pesos. Apenas para mal sobrevivir. Entonces, el mínimo de bienestar que exigimos es un poco de dignidad.

La maestra Esperanza anota en su cuaderno. "Es para acordarme. Y para leérselo a mis alumnos de quinto y sexto. Que tengan lecciones de civismo directo y real."

Las visitas siguen. Hace una hora tocó la Orquesta de Cámara de Bellas Artes. Y acuden comisiones estudiantiles, de sindicatos, de agrupaciones civiles y religiosas.

—Han venido personalidades, Valentín Campa, Othón Salazar, Rosario Ibarra. En la Comisión Permanente del Congreso nos defendió Heberto Castillo. Pero lo que más nos anima es la gente. Nos dan dinero, nos traen comida, nos echan porras. Claro que esto no garantiza la democracia sindical en una sección, pero si no suscitáramos aprecio, nuestra lucha andaría mal. Según algunos, ya deberíamos entender que es imposible la democracia en el SNTE. Tal vez. Pero mientras no nos maten seguiremos creyendo lo contrario.

21 de febrero

Se levantan las huelgas de hambre en Oaxaca y en el atrio de la Catedral Metropolitana. Se atiende a las razones médicas: se quiere subrayar el contenido dramático de una exigencia, no fabricar mártires. Sin embargo, hay quienes no se detendrían. La profesora Rogelia González, de veinticuatro años de edad, le declara a *Meridiano 100*:

"Morir en una huelga de hambre sería hacer un llamado a la conciencia de los que somos seres humanos, porque a pesar del tiempo que llevamos aquí, me parece que los charros son tan inhumanos que no sienten nada".

III ■ 1986. EL CAMPAMENTO DE LOS OAXAQUEÑOS

3 de marzo. Alrededores de la SEP *y del* SNTE

> —Y venga, y venga, y venga compañero
> que aquí se está formando el nuevo magisterio.
> —Si Juárez viviera/ con nosotros estuviera.
> —Gobierno/ entiende/ Oaxaca no se vende.

Con rapidez se instala el gran campamento de la sección 22 del SNTE en las inmediaciones de la Secretaría de Educación Pública. El impulso de 30 mil maestros de todas las regiones oaxaqueñas hace surgir en unas horas un pequeño pueblo de tiendas de campaña o de simulacros de tiendas de campaña. En la calle Argentina se acomodan como pueden los de la Costa y Tuxtepec; en Venezuela la Mixteca, el Istmo y Valles Centrales; en El Carmen los de la Sierra y la Cañada. Tras múltiples fatigas —jornadas de un día entero en camiones o en tren— apenas cargan lo indispensable o ni siquiera eso, cajas de cartón y mantas, galones de agua y loncheras, radios de transistores y obsesiones inagotables.

Edad promedio: 25 a 30 años. Los marchistas no pertenecen en su mayoría a grupos o partidos políticos, y ni siquiera están muy informados de su gran tradición, la de los maestros de 1923 o 1935, imbuidos de mística, enfrentados a diario con el odio a muerte de cristeros y curas fanáticos; la de la sección 9 del DF en 1958 o 1959, empeñada en hacer de la independencia sindical el instrumento de regeneración magisterial.

Los oaxaqueños no creen en "apostolados" que sean sinónimo de indefensión administrativa, ni se ilusionan demasiado respecto a la renovación general del gremio. Pero a semejanza de sus antecesores, son intrépidos, asumen riesgos y ejercitan a cada minuto sus derechos para hacerlos existir.

5 de marzo. 5 de la tarde

El automovilista está desesperado. Desde hace una hora ha quedado varado en esa inmensa cuadra de ruidos y premuras vueltas histeria, y está harto de pagar con su retardo y su ira el avance democrático de la sociedad. ¿A él qué carajos le importan los maestros de Oaxaca, y qué ganan éstos con joder el tráfico? Váyanse a la chingada con sus lemas y sus pleitos locales. Y denle clases a su madre. Y encima de todo, de que le echaron a perder la tarde, aún se lanzan con frases reconciliatorias:

Pueblo/ disculpa/ por esta interrupción
pero es que no tenemos ninguna solución.

¿En qué quedó la intrépida ocurrencia del profesor Carlos Hank González, regente de la ciudad, que imaginó la Plaza de la Protesta, donde los manifestantes graduarían su entusiasmo y su velocidad según el número de espectadores? Los de la sección 22 lo confiesan: sí, alteran el orden citadino, pero no tienen otra, y por eso aceptan las maldiciones de los automovilistas y se las remiten al SNTE y al gobierno. Honor a quien honor merece.

6 de marzo. 11 de la noche

Un letrero en una tienda de campaña: "Hotel Paraíso Democrático. Propietarios, Adán y Eva". El humor cumple una función no tan psicológica como física, si sus detentadores soportan dificultades crecientes de comida, servicios sanitarios, hacinamiento, falta de dinero, ya son dos quincenas sin cobrar, se dejaron los hijos en Oaxaca al cuidado de los familiares, qué fastidiosas las horas muertas, cuán exacta la consigna recurrente: "Las calles son ahora/ nuestra habitación/ No importa el sacrificio/ queremos solución".

Están agotados. No sólo los 500 delegados al precongreso deliberan el día entero; los demás participan en juntas frecuentes de sector y de región, en las discusiones indignadas ante los mensajes de las autoridades ("Negocien", les dice el Presidente de la República a quienes sólo eso quieren). ¿Cómo se neutraliza la saturación? Con la creencia primordial: si nuestra causa no fuese justa, no dispondríamos de solidaridad, no nos darían los compañeros dinero, sacos de comida y mantas, no vendrían a vernos grupos de maestros del Valle de México, de la Coordinadora Nacional de Movimientos Urbanos Populares (Conamup), de las comunidades eclesiales de base, de los sindicatos universitarios, de los vecinos de los alrededores del Zócalo, de los damnificados del terremoto.

Todos los días se aprende algo viejo, y hay profesores expertos en el arte de suscitar el instinto de solidaridad. Al parecer, la crisis no anula sino incrementa en vastos sectores la responsabilidad hacia los demás (en grados diversos), y así por poco que dé cada quien, se solventa la vida cotidiana de 30 mil profesores. Distíngase este apoyo del reflejo condicionado de la limosna. Ante los profesores, la gente —por lo menos eso observo a lo largo de nueve días— no extrae sus reservas de piedad, no se considera superior sino idéntica. Sin mayor información sobre el movimiento oaxaqueño, los donantes lo perciben sincero gracias al lenguaje, el aspecto y la actitud de quienes lo encarnan.

Y el estímulo mayor proviene del conjunto, vinieron casi todos, aquí están los compañeros de la escuela, de la comunidad, de la región. La casa se ha movido con toda la discusión hogareña, al pluralismo lo aderezan diálogos en zapoteco y en mixteco, y el localismo se vigoriza imaginándose las actividades de quienes, siempre por causa de fuerza mayor, no lograron venir.

Contrapunto. ¿Qué se creen éstos? (Monólogo inventado pero no por ello menos verídico)

—¿Qué se creen éstos? ¿Que por su aguante físico les vamos a regalar su Congreso? ¿Que les vamos a premiar su terquedad? Marchen, corran, salten, den de vueltas, apréndanse de memoria la Constitución. . . no obtendrán nada, ni un carajo. Llevó años hacer del SNTE lo que es, una fortaleza de 800 mil plazas, con un líder que está allí por sus tamaños y su trabajo, y que no piensa dejarle su sitio al pendejo que otros pendejos soliciten. ¡Nomás eso faltaba! Levantar un sindicato de este tamañote y estas consecuencias, y regalárselo a la buena voluntad de pinches votantes. ¡Váyanse mucho a la chingada con todo y urnas transparentes!

Se pasan las horas gritándonos: ¡Charros! ¿Qué les consta del manejo del sindicato más grande de América Latina? ¿A poco ellos la harían enfrentados al gobierno? ¿Con qué recursos de arriba y abajo? ¿Con asambleas "democráticamente constituidas"? ¡No me hagan reír! El gobierno sólo atiende si le hablan fuerte, con acciones cabronas. Por la buena nos jode. El secretario Reyes Heroles quiso sacarnos de la jugada, y no pudo, se le cebó su dedito. Él dizque era un ideólogo, y nosotros no, pero él se quedó mirando a su Revolución Educativa y nosotros nos quedamos con la institucionalidad. Y no se hagan las víctimas porque nos despiertan nuestra vocación de verdugos. El gobierno no va a favorecer a los oaxacos, porque se toparía con pared, los tecnócratas nos vienen guangos y estamos más allá de los sexenios. Somos la permanencia. O nos hacen caso o nos hacen caso. ¿Y saben cuándo van a tener su democracia? *Nunca*, desharrapados. El Sistema somos nosotros, la base y la esencia de la administración, los únicos que nos paseamos a gusto por los laberintos de la SEP, y no nos sacarán con presioncitas, dejando de comer y caminando como locos. ¡Tengan su Congreso! Y además, ¿a poco creen aguantar para siempre? Sin dinero, sucios y polvosos, se van a regresar a sus agujeros hechos mierda. A ver quién se cansa primero. Si ustedes con su sociedad civil, o nosotros con el poder.

7 de marzo. 21 horas. "A Oaxaca no regreso, si no hay Congreso"

En Bucareli, frente a la Secretaría de Gobernación, otro mitin. Desde las diez de la mañana los oaxaqueños han instalado un plantón, en espera de la Comisión Negociadora. A lo largo de las horas, no cesan consignas y cánticos, y en este momento los marchistas, puño izquierdo en alto, inician por enésima vez su himno (adaptación del de la Unidad Popular Chilena):

Venceremos, venceremos.
Mil cadenas habrá que romper.
Venceremos, venceremos.
A los charros sabremos vencer.

La memorización unánime de himnos y parodias ("Allá en el SNTE/ había un charrito/ se hacía grandote/ se hacía chiquito...") revela una vida comunitaria exhaustiva, reuniones y mítines y fiestas y pleitos tan mortales como la reconciliación al día siguiente, el humor forjado gracias a éxitos y fracasos.

Adelante, atrás, a los lados.
Aquí no hay acarreados.

A las once de la noche, lo esperado: hoy tampoco pasó nada, más demoras y argucias del SNTE. Se inicia el regreso, y las trece horas transcurridas frente al (remodelado) edificio de Gobernación se condensan de golpe en rostros agobiados, caminar desvaído. Sin embargo, cuando parece imperar la gana de silencio, una maestra en cuya garganta anida un equipo estereofónico, o un profesor de voz rotunda, gritan *Congreso* o *Oaxaca*, y son seguidos enérgicamente. Quienes los rodean exaltan la palabra elegida, la encumbran un instante, y la abandonan para recuperarla cinco minutos después. *Se ve/ se nota/ en Oaxaca no hay derrota.*

¿Cómo desertar ahora del impulso vocal, luego de tantas horas de euforia militante, y tan cerca de las cobijas y del plástico que sustituye a la lona? Ya en las proximidades del campamento, la *Canción mixteca* restablece el sitio de la tradición en medio del combate: "¡Qué lejos estoy del suelo donde he nacido!"

A la medianoche se divulga otra de las falsas propuestas. El SNTE promete el Congreso dentro de tres meses (60 días para determinar sus condiciones, 30 para prepararlo). A cambio, la integración previa de Vanguardia Revolucionaria en el próximo comité, y la formación de una comisión paritaria. "La propuesta, por escrito", exigen los de la sección 22, y los del SNTE no aceptan. Las conversaciones se suspenden una vez más.

12 de marzo. La velada final

Mañana se van los últimos. Hoy temprano concluyeron las discusiones entre los partidarios de la tregua política (imposible seguir en estas condiciones) y aquellos que no querían irse sin solución. Mañana se borrarán las pintas en el edificio del SNTE ("Jonguitud, Oaxaca es tu ataúd"), ya desapareció el gran sombrero charro de cartón y el campamento se ha comprimido. Permanece su esencia: los grupos de seis o nueve personas que entre movimientos de sarapes y jorongos, discuten y preparan el regreso. Otra vez el bamboleo del tren o del camión, la infinitud de las 24 horas.

—La verdad —dicen—, nos fue mal en donde ya nos había ido mal. Treinta mil maestros sobrevivimos del 3 al 12 de marzo. Y sin fondos de resistencia. De nuestras diez marchas, sólo la octava resultó un tanto desanimada. Pero ese día ya llevábamos doce horas en la calle aguardando noticias de la comisión negociadora. Las demás fueron muy combativas, sobre todo la primera, y la penúltima, una manifestación del silencio, con ataúdes para la democracia, esparadrapos en las bocas, discursos en zapoteco para don Benito, y homenajes explícitos al movimiento estudiantil del 68. . . ¿Qué aprendimos? Lo evidente: la solidaridad interna es la mayor ganancia humana y política. Y para seguir es preciso a veces aceptar por un tiempo lo moralmente injusto.

IV ■ 1986. LOS PRODUCTORES AGRÍCOLAS
Y LOS MAESTROS

26 de julio

Para un aficionado al cine, la cárcel o Centro de Rehabilitación de
Cerro Hueco, en Tuxtla Gutiérrez, es a primera vista un escenario
desdramatizado. Los sentimientos opresivos ahogan cualquier vocación de melodrama, y la resignación hace las veces del anticlímax.
En domingo, día de visitas, imperan el ánimo silencioso, el tono bajo,
la ausencia de las escenas de llanto. Todo es deprimente y es familiar, significativo e insignificante. De momento, sólo me aturde mi
desinformación específica. Una cárcel no es "el microcosmos de la
sociedad" sino, a juzgar por las apariencias, el microcosmos de la
indefensión social. Se está aquí no tanto por delitos atroces, sino
por el mayor delito concebible: la falta de influencias.

¿Hay presos políticos en México? La pregunta es cortesía de la
retórica periodística; sabemos que sí los hay, no a causa de la libertad de expresión, sino de asuntos derivados de la libertad de reunión y de acción. No son casi nunca líderes famosos, sino ejidatarios que protestan contra el cacique, dirigentes indígenas acusados
de asesinato, profesores responsabilizados de "motines" que suelen ser prácticas de resistencia civil. Converso ahora con siete personas detenidas el 14 de mayo, a quienes sus numerosos defensores
califican de *presos políticos*, víctimas de la batalla por los precios
de garantía del maíz.

En el cuarto habilitado como sala de visitas de una sección del
penal, me informan de sus procesos Manuel Hernández Gómez, Germán Jiménez, Jacobo y Julián Nazar, Rubén Jiménez Gómez, Jesús López Constantino y Jorge Enrique Hernández Aguilar. Son cuatro profesores normalistas y tres productores agrícolas y su
encarcelamiento ha motivado movilizaciones continuas desde mayo.
Habla Germán Jiménez, de 46 años de edad, miembro de la Confederación Nacional Campesina, ex-diputado federal, ex-dirigente local de la Liga de Comunidades Agrarias, líder de la Asociación
Agrícola La Frailesca. Su caso (un hombre del Sistema radicalizado
por la situación) no es típico pero amenaza con serlo.

—Lo nuestro es otro resultado de la cadena de abusos. Aquí en
Chiapas de pronto pasó lo increíble: a los productores de maíz el
gobierno, cuya crisis económica empieza una vez garantizados los
sueldos de altos funcionarios, nos pagaban con mes y medio de retraso (en la mayoría de los casos con cheques sin fondos). Luego, la

banca nacionalizada (Serfin, Nacional de México) obligaba a abrir cuentas de ahorro o depósitos a plazo. Si no, no había dinero en efectivo. Por primera vez vendíamos fiado. . . Recuerde usted que en Chiapas no hay grandes productores de maíz. La mayor parte son ejidatarios de cuatro a diez hectáreas, lo que es incosteable. Y con la venta de una tonelada de maíz a Conasupo, los campesinos viven mientras trabajan para la pizca. En eso estábamos cuando vimos que en la lucha por elevar los precios de garantía se centraba nuestro porvenir inmediato. Exigíamos nivelarnos con Chihuahua, 16 700 pesos más para completar los 70 mil por tonelada.

En los últimos meses de 1985, se inicia en Chihuahua la toma de graneros de Conasupo. La acción desesperada, a la que se le atribuyen incluso móviles politiqueros, corresponde a la lógica de los productores agrícolas: o nos pagan más o volvemos a la esclavitud. Contagiados por el ejemplo, el 20 de diciembre de 1985 un grupo de chiapanecos hace un plantón ante Conasupo exigiendo pronto pago y aumento en los precios de garantía. Los soldados disuelven la protesta. El 6 de enero, una "anécdota de consecuencias": en el ejido Cuauhtémoc un campesino, con un hijo muy grave, solicita el cobro rápido de su nota de una tonelada de maíz. Se le rechaza. El 8 de enero, dos ejidos de Villa Flores deciden no permitir la salida de maíz de las bodegas rurales hasta que Conasupo entregue la cantidad que considera justa. En virtud de la tardanza del pago, dicen, la cosecha todavía es suya.

La chispa enciende la pradera, como en la metáfora antigua. Se toman 37 bodegas de los cuatro municipios y se reúnen parte de los ejidos circundantes que están de acuerdo. Conasupo cierra las puertas y los pagadores desaparecen. El 23 de enero los querellosos van a la CNC y de allí se les manda a la delegación de Conasupo. Para desanimarlos llegan patrullas de seguridad pública que golpean y detienen a varios por unas horas. Hay enardecimiento. Al día siguiente se amplía la toma de bodegas y se inicia la jornada de las siete antesalas: se nombra una comisión para entrevistarse con el Gabinete Agropecuario (la dependencia federal que analiza los precios de garantía de los básicos: SARH, Reforma Agraria, Comercio y Fomento Industrial, Hacienda, Programación, Conasupo, Fertimex). La centuplicación de funciones no impide la unidad burocrática: se les da la razón, pero si de algo no disponen ministros, subsecretarios y directores, es de poder. Primero la dilación: "Vengan en veinte días", luego, la explicación lastimera: "Está el dinero, pero deben convencer al gobernador". El senador Hernández Posadas, líder de la CNC, promete ayudarlos consiguiéndoles una audición en Valores Juveniles Bacardí (o algo parecido).

La burocracia como negación de la línea recta
(y de cualquier otro sendero que comunique)

Para los campesinos chiapanecos, el Centro es la concentración del poder que se opone a la repartición de sus beneficios. Ellos viven el atraso educativo, la falta de comunicaciones (tiene más infraestructura camionera la Chontalpa que todo el resto de Chiapas), las demoras eternizadas. Y ahora el representante del Centro, el gobernador Absalón Castellanos, algo ofrece: "Si quieren, les doy agua potable y servicio social. Nada más". A los productores agrícolas les interesa el ofrecimiento, pero su reclamo lo quieren en billetes, "no en caminos porque eso no se come. Ya nos acabamos el cochinito, la gallinita y cuanto hay". Para hablar con ellos el gobernador exige la devolución previa de las bodegas. Hernández Posadas ya no les contesta el teléfono.

En marzo de 1986 hay 110 bodegas tomadas en 21 municipios, la franja maicera de Chiapas. Sigue la ronda de las movilizaciones y las promesas. El 28, 29 y 30 de abril los ejidatarios se apoderan del zócalo de Tuxtla. Con tal de que desalojen, el gobernador se compromete a llevar a Chiapas a los integrantes del Gabinete Económico. La promesa se materializa de modo muy disminuido: el primero de mayo, los líderes campesinos se reúnen en el Palacio de Gobierno con dos funcionarios menores de Programación y con la burocracia local. "Ése no fue el trato —dicen—. Pedimos hablarle a gente con poder de decisión, no a oídos comprensivos."

Forcejeo y resistencia civil. Mientras los periódicos inventan elogios de la disidencia al gobernador, la policía invade diversos ejidos. Allí los campesinos (hombres, mujeres, niños) impiden con palos y piedras que los transportistas carguen maíz. Hay golpeados. Ha llegado la hora de las presiones últimas, que buscan reiniciar el diálogo con el gobierno. En un acto ya intentado por muchos otros grupos en el país, los campesinos bloquean una parte de la carretera internacional durante 46 horas, de las 12 de la mañana del 12 a las 10 de la mañana del 14 de mayo. En ello intervienen cerca de 10 mil personas. Insisten en las tres demandas, que se les niegan sistemáticamente:

1. Comercializar por nuestra cuenta el maíz y darle a Conasupo los 53 300 pesos que pagan ellos por tonelada.

2. Que se nos otorgue la bonificación de 16 700 que se le da a Chihuahua.

3. Vender el maíz almacenado y de las utilidades darle el 50% a Conasupo.

Donde caen en desgracia algunos "hijos predilectos de la Patria"

A las siete de la mañana del 14, conminan al desalojo a los usurpadores de carreteras tres mil federales, dos mil policías y mil judiciales. Se discute y se renuncia al bloqueo. El Procurador de Justicia de Chiapas se compromete a recibirlos y volver al diálogo. Al mediodía en un ejido de Cintalapa se integra la comisión.

Prosigue el relato Germán Jiménez:

—Íbamos rumbo a Tuxtla y de pronto nos asaltaron como si fuésemos la peor banda de narcotraficantes. La policía judicial nos bajó de los carros, nos madrearon, nos vendaron los ojos, nos amarraron. Éramos 29 los asaltados, y todo sin órdenes de aprehensión. Luego nos hicieron firmar actas a golpes y amenazas. ¿Por qué? No quemamos autos, ni cometimos actos vandálicos. Sí interrumpimos el tránsito en Cintalapa, que es la principal arteria de acceso a Tuxtla, pero eran ya cinco meses de posposiciones y burlas y nuestra situación económica era y es desesperada. Si 10 mil personas participaron en el bloqueo es que la causa es de muchos. Y vea de qué nos acusaron: asonada o motín, conspiración, terrorismo, robo, asociación delictuosa, daños cometidos en agravio de la sociedad. (Luego el fuero federal quitó robo y asociación delictuosa y añadió ataque a las vías de comunicación.)

Los maestros y los campesinos marchan en protesta el 16 y 17 de mayo. Se libera a 22 de los detenidos: durante una semana entre cinco mil y siete mil campesinos y maestros se reúnen en la plaza pública a exigir la libertad de sus dirigentes. Las autoridades recurren a la prensa a su disposición. La solidaridad con los presos no disminuye (llegan a recibir 200 o 250 visitantes por día). El obispo Samuel Ruiz bendice una marcha de campesinos en pro de la libertad de los siete, y las denominaciones protestantes los apoyan. Mientras, el hijo del gobernador Castellanos Domínguez encabeza en Chiapas la campaña "El millón de minutos de paz" y declara: "La campaña tiene como objetivo principal la creación de conciencia para lograr la paz, recolectando donativos de tiempo en pensamientos positivos, a través de la meditación y la oración para lograr la paz universal" (*Número Uno*, 17 de julio de 1986). Y son categóricos el secretario de Gobierno Daniel Sarmiento ("los campesinos deben ponerse a trabajar") y el secretario de Desarrollo Rural Ernesto González Castillo ("desconozco si en la entidad se talan los bosques"). El PRI, atento a la época, organiza un curso de Relaciones Humanas.

En Cerro Hueco, el humor de los siete detenidos no se ve muy afectado. Me leen con sorna el artículo del Código Penal del estado referente a terrorismo:

De 12 a 40 años y multa hasta de 100 días de salario al que realice actos en contra de las personas, cosas o servicios públicos, utilizando explosivos, sustancias tóxicas, armas de fuego, incendio, inundación o cualquier otro medio violento que produzca alarma, temor o terror en la población, en un grupo o sector de ella para perturbar la paz pública o tratar de menoscabar la autoridad del Estado o presionar a éste para tener una determinación.

—¿Qué tiene que ver con lo que hicimos? Lo que la fantasía les dicte al gobernador Castellanos y a su impecable procurador. El ministerio valuó los daños en ocho mil millones de pesos, y puso fianza de 24 mil millones de pesos cada uno (esto sólo les toca a Germán y a Jacobo). Ahora, según las actas levantadas, los representantes de Conasupo recibieron las bodegas en perfectas condiciones y de las más de 300 mil toneladas muy poco se echó a perder, porque se le cubrió de la lluvia y se permitió que se siguiera tratando el maíz.

Interviene el defensor, licenciado Cervantes (que fue el primer procurador de justicia del gobernador Absalón Castellanos):

—Aquí el abogado sale casi sobrando. Como están las cosas, a la hora de ganar el amparo surgirá un nuevo delito. Todo parece choteo. Los acusan de terroristas, y vea usted esto del Código Penal:

Se aplicará pena de dos a ocho años de prisión y multa de cien días de salario, al que teniendo conocimiento de las actividades de un terrorista y de su identidad, no lo haga del conocimiento de las autoridades.

Así que en rigor deberían detener a más de 100 mil enterados.

Lo que pasa, dice Jorge Enrique Hernández, que desde la prisión escribe una columna, "Siete en la mira", es que en México sólo interesa lo que sucede en el Estadio Azteca.

"Maestro, no se meta. . ."

El profesor Manuel Hernández me guía en un recorrido de la prisión. El paisaje circundante es magnífico; las instalaciones son altamente perfectibles. Manuel, de 43 años, egresado de una normal rural, fue y sigue siendo dirigente de la sección 7 del SNTE.

—Mira, en 1979 el movimiento magisterial fue el primer gran de-
tonante en nuestro estado. El petróleo trae consigo inflación y descontento. Ante la destrucción de los recursos naturales y ante la miseria, los maestros, que tenemos organización, entendimos que
aislados como gremio ya no íbamos a ir más allá, que los males de
este país los debe resolver el pueblo entero. Somos gestores y promotores de las necesidades populares, recogemos el legado histórico de la escuela rural.

El habla es desapasionada, la energía no se transmite en la voz,
sino en el modo de caminar, en el conocimiento detallado de su causa.
Los presos "comunes" lo saludan con respeto, y él promete conversaciones y ayuda.

—Como maestros no podemos ser indiferentes a lo que pasa. Desde hace mucho a punta de pistola despojan a los campesinos. Hay
niños que desayunan, comen y cenan chilacayote. Y antes de la buena
técnica y de la buena didáctica, el alimento. Los profesores hemos
comprobado que en el estado donde se pone un dedo sale pus. El
sistema está putrefacto. Por eso participamos en la lucha de los productores de café, y descubrimos, entre otras cosas, el jineteo de un
millón de dólares, y una malversación de 163 millones de pesos. Lo
de siempre: empresas fantasmas, papelería inventada. . . También descubrimos los turbios negocios de la madera. Asesinan y apresan a
los indígenas. Viven prometiendo escuelas, agua, servicios, mientras intensifican la deforestación.

Con naturalidad, Manuel Hernández usa la primera persona del
plural. Él pertenece a un gremio, y siente que en la cárcel lo representa todavía más. Por eso, se utiliza a sí mismo como prueba do-
cumental.

—Un día me llega un político y me dice: "Maestro, no se meta,
porque por un millón le mandan a quemar las patas". ¡Qué tipo!
Nomás le respondí: "Muchas gracias mi diputado, por defender-
me". . . ¿Sabes por qué no han derrotado al maestro? Porque somos solidarios, no es que compremos todas las broncas, pero no nos
aislamos porque en Chiapas es suicida aislarse. Nosotros decimos
cuando nos preguntan por nuestra política de alianzas: "Defende-

mos a nuestro padre y a nuestro hermano''. Por eso apoyamos también a los productores de caña. Allí era la pura iniquidad. Falseaban las pesas, compraban a un precio muy por debajo del real, a la miel de primera la calificaban como de segunda y de tercera. ¡Es increíble! Eso y ver cómo despojan a diario a las comunidades indígenas, se llevan la madera en camiones del gobierno, llenos y sin permiso.

"Fueron y me quemaron mi rancho"

Me despido de los presos. Manuel Hernández me acompaña a la salida, absorto en el monólogo de sus reivindicaciones:

—Yo estudié en la Normal Rural de Mactumatzá, y cuando estudiante una vez vi los cadáveres de seis campesinos a los que se les torturó y prendió fuego. A cada rato llegaban a la Normal y nos decían: "Fueron y me quemaron mi rancho". Hemos encontrado ropa, maíz, frijol, ganado y niños quemados. Aquí a los que gritan los matan y encarcelan. Estamos de acuerdo con el informe de Amnesty International. Hay más de 2 600 campesinos muertos en Chiapas desde que empezó este gobierno... ¿Que cuál es nuestra línea? No hay lineamientos de partido, ni nos supeditamos a sus intereses. No estamos por principio en contra del gobierno. A lo que nos oponemos es a la política que encierra, por ejemplo, esta declaración del señor Castellanos Domínguez: "No voy a permitir que por culpa de los campesinos se siga empobreciendo el país..."

Donde se dan a conocer los puntos de vista del Sistema, que también los tiene

Declara el licenciado Óscar Ochoa Zepeda, dirigente de la CNC de Chiapas: "Germán Jiménez fue dirigente de la CNC y diputado federal, pero eso no quiere decir que sea impune a delitos que se cometen. Él infringió la ley, condujo a los campesinos manipuladamente a actos fuera de la ley y tomando la bandera de los precios de garantía del ciclo agrícola 85-86, mareó a los campesinos y manejó a ese remanente que, según él, se les iba a dar. . . cosa que era imposible por las circunstancias económicas del país, porque la mayor parte del maíz receptado fue metido por acaparadores e intermediarios; entonces, si se daba ese remanente se iba a beneficiar a unas cuantas personas nada más, no a los verdaderos productores. Ellos han señalado que querían el mismo trato que Chihuahua porque el rendimiento allá es inferior al de la mayoría de los estados. Entonces, el movimiento del profesor Jiménez fue un movimiento abortado y en la desesperación política de consolidarse, toma la carretera internacional y deja bloqueado el estado de Chiapas por dos días y esto es un delito además del de la toma de bodegas de Conasupo. Su movimiento trae, creo yo, trasfondo político: de enero a la fecha han manejado prensa a nivel nacional, desplegados, plantones, marchas y eso no se hace sin dinero y sin intereses políticos. Germán llegó a todo lo que ha sido y tiene porque antes de serlo se prestó a componendas para tirar al gobernador en ese tiempo, Salomón González Blanco. Ahora pretendía hacer lo mismo pero se encontró con una CNC fuerte y sólida y con un líder leal a las instituciones y al sistema político'' (*El Día*, 18 de julio).

"Años, siglos de no tener derecho a voz,
mucho menos a decidir"

En la asamblea del Congreso Campesino en Tuxtla, habla un ejidatario:

—Nos hemos reunido sin que el gobernador ni los caciques, ni los empresarios nos inviten. Yo creo, compañeros, que ya es tiempo de que dejemos de vivir en chozas, de que vivamos en forma decorosa. Nosotros no tenemos la necesidad ni la obligación moral de subsidiar a todo México. El gobernador nos dijo: "Todo México no puede pagar más por la tortilla". Y nosotros decimos: "No pueden seguir sacrificando a todo Chiapas por todo México".

Se corea el lema de la organización: "Si Zapata viviera/ con nosotros estuviera". Se aplaude la reclamación del campesino Valentín Espinoza, que empuña la foto donde el presidente López Mateos le entrega el Primer Premio Mazorca de Oro a la productividad agrícola, y que los incita a continuar en la lucha. "La solución no va a llegar del cielo, eso es una mentira. La solución va a llegar cuando la traigamos cargando sobre los hombros."

Una constante de las intervenciones, el elogio al maestro.

—El gobierno dice que por qué se tiene que meter el maestro en lo que no le importa. Y le contestamos: porque nosotros en los pueblos no dejamos en paz al maestro. Que se hace una fiesta, a buscar al profesor. Que necesitamos redactar un documento, a buscar al profesor. El profesor es nuestro licenciado porque no tenemos dinero para abogados...

El enfrentamiento entre maestros democráticos y el Comité Ejecutivo Nacional del SNTE se intensifica. El gobernador de Chiapas se pronuncia a favor de Vanguardia y, según cuentan, conmina en sus giras a los padres de familia: "Exijan a sus maestros que les cumplan. Si paran, tomen escuelas. Hay que limpiar de irresponsables el estado. Mi gobierno se compromete a darles apoyo". El SNTE se dedica a impedir el Congreso estatal que nombrará a la nueva mesa directiva, y cesa al comité seccional ¡porque ya expiró su plazo de permanencia! La lógica del capricho autoritario: te impido realizar elecciones; te ceso porque no celebras elecciones.

El 19 de febrero los profesores de la sección 7 se lanzan al paro indefinido. Sus demandas: solución a los problemas laborales, reinstalación del comité seccional y de los despedidos, cese del representante de la SEP Filiberto Gamboa (a quien apodan "Filichet"). Se instalan en el zócalo de Tuxtla, y organizan la propaganda y la resistencia. La gente contribuye con frutas, agua fresca, costales de frijoles, maíz y azúcar, dinero, mantas, cobijas. Llegan niños con pancartas: "Maestro, te queremos. Te apoyamos. Adelante". El movimiento se extiende de inmediato en todo el estado. La gran concentración del 7 de marzo consolida el movimiento. El 8 hay otra manifestación con más gente, y la participación de los sindicatos de la FSTSE. El 11 y el 12 otras marchas, y la del 12 es la más nutrida (según un periódico, 35 mil personas).

La represión económica es intensa. Al comité de la sección 7 se le suspende el sueldo desde octubre, hay notas de extrañamiento por asistir a juntas sindicales, y a muchos, de los 64 mil pesos quincenales que ganan, les descuentan 42 mil por estar en el paro. Por una marcha descuentan 10 mil pesos. Los ánimos se exacerban.

20 de marzo

Los gritos se intensifican. "*¡Pelo, pelo!*" En el centro de la plaza de Tuxtla, junto al templete, un grupo numeroso rodea a un hombre de unos 35 años. Pasaba por la plaza, lo identificaron como miembro de Vanguardia, lo detuvieron y ahora le cortan el pelo a tijeretazos. El hombre, muy pálido, no habla, se aferra a su portafolios y espera. Se oyen insultos aislados. Ya libre, el "pelonado", todo él una sola expresión de furia contenida, se dirige al palacio municipal seguido por una turba, y por fin lo abandona. Con él, se me informa, ya más de diez han corrido esa suerte.

En un café discuto con dirigentes y miembros de la sección 7. Les informo de mi punto de vista: las "pelonadas" o rapadas son fruto de la desesperación, reprobables en lo general, e inadmisibles en quienes encarnan la decisión democrática. Nada justifica este atropello, insisto.

La respuesta lleva una gran carga emocional. No se trata, me explican, de resolución alguna del comité seccional. Son actos de la gente de base, renuentes a la petición del cese de las pelonadas, que ellos consideran un acto de justicia, ante las traiciones de estos sujetos, que además han ido a provocarlos. Uno de ellos vino a las guardias insultando a los indígenas: "Aquí traigo las actas para el cese de ustedes". La gente se indignó, lo agarraron y lo tusaron. Estos desahogos responden a la falta de atención de las autoridades, y no los promueve la dirección, son iniciativas de la base, me repiten. —Yo creo, me dice un joven maestro rural, que la base defiende de muchos modos su proceso. . . Tú sentirías feo si vivieras en la sierra, sujeto todo el tiempo a las presiones de los de Vanguardia, que te amenazan con cortarte el agua y la luz, te retienen el salario, te mantienen en estado de sitio, van y te enseñan tu cheque riéndose: "Si vas a Vanguardia, allí lo puedes cobrar".

—Fíjese —agrega una maestra—. Le cito el caso de un joven recién ingresado al magisterio. Muy rollero, con grandes posibilidades de participación. Pero se vendió y le envió una carta al delegado con copia al SNTE, acusando al director de su escuela, que lo había protegido, y que está con nosotros. Lo calificaba de agitador, subversivo y quién sabe qué más. La gente se enfureció: "Vamos a agarrarlo y a pelonarlo". . . Mire, esto no puede seguir. Estamos conscientes de que si no les ponemos un hasta aquí, después no habrá un *después*. Ya se rebasó el límite.

En mi respuesta hago uso de la distinción entre *entender* y *justificar* un hecho. Por más que comprenda las causas, repito, las "pelonadas" me parecen de una violencia indefendible. En principio, mis interlocutores están de acuerdo con mi crítica: no es una acción política, no educa ni forma a los compañeros, pero consideran que el nivel de contestación que han mostrado está muy por debajo de las agresiones sufridas: el secuestro de miembros del comité ejecutivo y de compañeros de base, las humillaciones burocráticas, la suspensión de salarios, los ceses, los abusos sexuales contra las compañeras. Hay mucho coraje, concluyen, que por desgracia se expresa a veces vindicativamente. . .

Tuxtla. 21 de marzo

En la cárcel de Cerro Hueco, en Tuxtla, hablo con el grupo de líderes campesinos y magisteriales presos allí desde hace más de diez meses, acusados de terrorismo, asalto a las vías de comunicación, daños a la nación.

—Ya por el lado federal se descargaron todas las acusaciones. La principal carta en nuestra contra son las declaraciones de los 22 compañeros que, bajo presión, dijeron lo mismo en serie, firmando actas prefabricadas. Hay acusaciones risibles, como la del delegado de Conasupo que se dijo amenazado porque un compañero lo declaró enemigo de los campesinos... Imagínese: ¿cómo nos prueban que por causa nuestra se perdieron ocho mil millones de pesos de cosecha? No hay tal pérdida, y para probarlo tenemos las actas de las comunidades donde firman los analistas, certificando que no hubo daños económicos.

Uno de los presos, Germán Jiménez, ex-diputado federal, da cifras, entrega volantes y recortes de periódicos, y pasa de la defensa de sus casos a la promoción de los derechos de los maiceros, censura a Conasupo por actuar como intermediario o "coyote", se indigna ante la existencia de maiceros de primera y de segunda, a los de Chihuahua se les da un trato privilegiado, a lo mejor para pagar compromisos electorales, y a los de Chiapas los hacen a un lado, obligando al campesino a dejar su parcela, a entregársela al Banco por la incosteabilidad de producir maíz.

—Estamos muy hartos los productores agrícolas. Tocamos una puerta, otra, otra, y ninguna se abre. ¿Con quién vamos a platicar los maiceros? El gobernador no recibe, el secretario general escucha y dice: "Cómo no, yo voy a comentarle esto al señor gobernador", y ahí se va. Vino el secretario Pesqueira, nos oyó y prometió ayudarnos, habló con el gobernador, concertó una cita, la primera vez el secretario privado recibió a los compañeros, luego el secretario privado del secretario, y luego ya el ujier...

Manuel Hernández, el dirigente de la sección 7, habla del apoyo de los padres de familia a los profesores. Ellos cuidan las escuelas, y ahora a los que se fueron al DF les dijeron: "Ándenle maestros, vayan, pero no regresen sin nada". En la sección, el 85 por ciento participa. Algunos no lo hacen por no permitírselo sus condiciones internas, por el miedo a la represión. Pero el ánimo no disminuye. Ni ha disminuido el apoyo para ellos, presos políticos reconocidos.

Jorge Enrique Hernández Aguilar, profesor y periodista me entrega su folleto *En nombre del maíz*, con su conclusión esperanzada:

El uso de la fuerza lo único que puede generar es más violencia, y el presente estilo de gobernar en Chiapas lo que va a continuar generando, si no modera o cambia su posición, es la secuela lógica de animadversión que ha provocado que algún sector de la población del Soconusco demande la creación del estado 33, lejos del gobierno de Castellanos Domínguez.

Vamos, entonces, si no queremos vivir los extremos, a reactivar un nuevo pacto político entre los chiapanecos para vislumbrar nuevas esperanzas en el sureste de México.

28 de marzo. Distrito Federal

En Catedral, en una tienda de campaña del Campamento de la Dignidad, habla Javier Álvarez Barrios, maestro de veintitrés años de edad, uno de los coordinadores de la caravana magisterial que vino de Tuxtla a la ciudad de México.

—Fue un viaje accidentado, muy fatigoso y muy estimulante. A las siete de la mañana del 15 de marzo salimos de Tuxtla, y los demás profesores y los padres de familia nos acompañaron hasta la salida de la ciudad. Como sólo disponíamos de siete camiones de tres toneladas y media (que nos prestaron los maiceros), y de un autobús de la Normal Superior de Chiapas, recurrimos al *rai*, al aventón, para movilizar al conjunto.

Nos proponíamos hacer acto de presencia en los pueblos que tocásemos. El mitin inicial fue en Ocozocoautla, donde maestros y padres de familia nos recibieron, y nos dieron víveres y dinero. En la noche llegamos a Cintalapa, marchamos y efectuamos un mitin. Nos atendieron los maestros, y los de Vanguardia nos insultaron, pero no pasó a mayores. En Cintalapa se agregaron 100 compañeros más. Al día siguiente a la carretera, a juntarnos todos a pedir *rai*. Hay que decirlo: la mayoría de los traileros se portó muy bien con nosotros, y las unidades de ruta nos llevaban sin cobrarnos.

En Tepanatepec se repitió la solidaridad: víveres, agua, medicinas. Un padre de familia nos regaló cien litros de gasolina, y otros nos prestaron dos tráilers para llevarnos a Juchitán. Allí se nos incorporaron más padres de familia y maestros, y ya éramos cerca de ochocientas personas, las mismas que llegamos a México. Veníamos lentos porque las camionetas se descomponían a cada rato, y había que esperar a los compañeros que venían de "aventón". A las 8 de la noche nos recibió un enorme contingente en Juchitán, y la marcha fue muy combativa. Se nos alojó en la Casa de la Cultura, y allí cenamos y desayunamos.

A Oaxaca nos fuimos como pudimos, y si va uno de pie, ese viaje es criminal. En el trayecto, hicimos mítines en Tehuantepec, Espinal, Jalapa del Marqués. En Tlaloluca, reunimos dos mil personas, y en la noche, en Oaxaca, nos aguardaban cinco mil personas, entre profesores, organizaciones populares y estudiantes. Depositamos una ofrenda floral ante la estatua de Juárez, en conmemoración de los mártires del movimiento magisterial: Misael, Pedro Palma del estado de Hidalgo, el padre de familia Félix Zagama, asesinado en Oaxaca.

El miércoles 18 salimos hacia Huajuapan de León, con tres unidades más que nos prestaron. La misma actividad en todas partes: propaganda, boteo, asambleas para corregir deficiencias y marcar las tareas del día siguiente, pequeñas marchas, discursos, explicaciones en las escuelas. Y ya desde Oaxaca, atender a los enfermos de diarrea, insolación, llagas en los dedos de pies y manos. . . En Huajuapan no nos falló la gran recepción, el mitin y la cena en la Escuela Normal. Ya allí teníamos cerca de cien compañeros enfermos, y las unidades en pésimo estado (necesitábamos cambiarles todo: filtros, baterías, faros). Por fortuna, de la Universidad de Puebla nos enviaron la unidad médica y un buen equipo de sonido.

El 19 arribamos a Izúcar de Matamoros. Como en las escuelas se negaron a apoyarnos, nos resignamos a una marcha y un mitin. Decidimos no comer, porque no había manera, allí se nos agravó el problema económico, ya nadie traía dinero. Seguimos a Puebla en las unidades y de *rai*, y llegamos allá a las 7 de la noche. Nos esperaban organizaciones populares, vendedores ambulantes, taxistas, los de la UAP, los partidos de izquierda. El mitin duró hasta las 10 de la noche.

A diario aprendíamos algo de la solidaridad popular. Por ejemplo, en Izúcar, donde los maestros no quisieron ni vernos, los médicos de la Secretaría de Salud nos atendieron y nos regalaron medicinas. Eso contribuyó muchísimo a mantener el espíritu en alto. En Puebla nos prestaron cinco unidades y siete camionetas, pero ni así bastaron. A México llegamos a las dos y media de la tarde, al caballito de Zaragoza, donde nos pusimos una camiseta que decía "Visita Chiapas y disfruta de su represión". Y marchamos al Zócalo. Nadie se abstuvo, incluso los que tenían prohibición médica de caminar. Del Zócalo nos fuimos a la Secretaría de Gobernación, donde un funcionario nos dijo que el problema era de la SEP. Lo de siempre: el ping-pong de las responsabilidades. Nos dormimos como a las 10 de la noche, la mayoría a la intemperie.

29 de marzo

Al Campamento de la Dignidad lo circunda un muro de mantas, cortesía de sindicatos, organizaciones políticas, grupos. A las 7 de la noche, la actividad es incesante. Se reparten comisiones, se atiende a los grupos solidarios, se distribuye propaganda, se contabilizan los resultados del boteo. Habla Hernán Villatoro Barrios, uno de los responsables del Campamento:

—El 6 de marzo, en una reunión de varias secciones magisteriales, acordamos instalarnos aquí en Catedral. El día 9 sólo estábamos cincuenta y seis compañeros de Oaxaca y yo. Luego llegaron treinta chiapanecos, y el 11 nos instalamos de modo permanente, con la ayuda de estudiantes, sindicatos y maestros del Valle de México y de la sección 9. Al principio sólo teníamos una carpa de náilon, que llamamos el Auditorio, pero conseguimos víveres, medicamentos, dinero, tiendas de campaña, y el apoyo político ha ido creciendo. Ahora tenemos doce carpas, vienen a la guardia en las noches maestros del Valle de México y del DF, y nos atienden el Frente de Médicos Desempleados y estudiantes de medicina. A ellos les estamos muy agradecidos, porque aquí abundan las enfermedades gastrointestinales, las infecciones de vías respiratorias, las gripas. Los que en Chiapas dicen que estamos holgando, no saben de lo que hablan. Trabajamos el día entero, entre incomodidades muy jodidas. Sólo tenemos una letrina para ochocientas personas, pero nos permiten usar locales de sindicatos y casas de compañeros.

Hay mucha actividad política, y hemos mandado brigadas por todo el país, a Chihuahua, a Sonora, a Michoacán. Los compañeros se van apenas con lo de los pasajes, fiados en la solidaridad. . . Comemos mal, dormimos al "ráis" como se dice, pero la moral es muy alta, y lo es entre otras cosas porque nuestra fuente principal de sustento es el boteo.

2 de abril. Relato del crimen de Celso Wenceslao López Díaz

—Te voy a dar mi versión de los hechos. Hay otras de seguro, pero te transmito la que establecimos colectivamente y hoy es el momento en que Vanguardia Revolucionaria no consigue, ni podría conseguir, la explicación que los favorezca. El lunes 30, y como ya era costumbre, un grupo de profesores bloqueaba las calles aledañas a la plaza central de Tuxtla. Como a las dos de la tarde pasó un grupo de vanguardistas mofándose de ellos y enseñándoles los cheques de la segunda quincena de marzo. Al mismo tiempo se corrió la voz de que los vanguardistas cobraban sus salarios en la colonia del ISSSTE, en la casa de Romeo García Laflor, ex-secretario general de la Sección 7, y ex-miembro del Comité Ejecutivo Nacional del SNTE. Por coincidencia, unos compañeros pasaban volanteando por la colonia, y de pronto se encontraron frente a frente con los de Vanguardia. Eran cincuenta de los nuestros y ochenta de ellos.

Hubo intercambio de palabras, muchos gritos y pedradas, los vanguardistas sacaron sus pistolas, y uno de ellos, Jordán Cesne, supervisor, disparó al aire. Los compañeros no retrocedieron y el juego de mentadas y amagos seguía cuando llegó una camioneta Ford roja. Bajaron tipos con aspecto de pistoleros profesionales (no de película, sino de la realidad chiapaneca), y tiraron al aire. Estimulados, los otros vanguardistas les hicieron segunda, los nuestros se replegaron y se largaron, y a Celso López Díaz lo alcanzó en el corazón una bala calibre 22, al dar vuelta a una esquina. René Madariaga, un profesor de veinticinco años, trató de levantarlo, y un proyectil le atravesó el brazo. Se desmayó, y al volver en sí se dio cuenta que lo arrastraban entre varios, y lo metían al garage de la casa de Romeo. Oyó muchos gritos: "¡Mátenlo! ¡Acaben con este cabrón! ¡A éste no hay que *pelonarlo* sino matarlo como quiere José Luis que se haga con estos cabrones!" Mientras le daban de puntapiés, le jalaban el cabello y lo amarraban, la discusión seguía. No todos querían liquidarlo, opinaban que empeorarían las cosas. En ese momento el compañero René asegura haber oído la voz de José Luis Andrade Ibarra, ex-secretario general del SNTE, y ahora comisionado del SNTE en Chiapas. Según René, Andrade estaba rabioso. "¡Hay que acabar con ese cabrón!" (Luego Andrade apareció en Villahermosa. Declaró que ese día sí estaba en Tuxtla, no se enteró de nada porque debía viajar, y estaba seguro de la alta calidad moral de los miembros de Vanguardia, incapaces de acciones criminales.)

Seguía la polémica sobre el destino de René, y continuaban los golpes en el rostro y en el cuerpo. En eso pasó una maestra que vivía muy cerca, Lucía Yerbés, integrante de nuestro comité seccional. Al ver lo que sucedía, ni lo pensó y se metió a salvar a René, y al entrar le tocó su ración de golpes y jaloneos. Las profesoras vanguardistas pedían que la dejaran en paz, pero los hombres estaban frenéticos, la amenazaban, la insultaban. Fue entonces cuando finalmente intervino la patrulla situada a media cuadra de la casa de Romeo. Había estado desde el principio, pero sólo dio señales de vida cuando golpearon a la profesora. Entonces entraron en la casa, y rescataron a Lucía y a René.

No hay mayores dudas sobre la identidad del asesino. Es un hombre de unos 55 años de edad, Jaime Bermúdez Solórzano, "el Tragabalas". Tiene antecedentes: robo de cheques, chantaje a las maestras, exigencia de dinero en las comunidades, expulsiones de muchas partes, y le dicen "el Tragabalas" porque sobrevivió a los proyectiles en una riña de cantina. Ya sabíamos demasiado de él y le pedimos al descentralizador de la SEP, Filiberto Gamboa, que no lo reinstalara y lo reinstaló. Este apoyo le permitió su audacia el día del crimen: declararse la víctima.

30 de marzo en la noche

—A Celso se le veló en el parque central. La viuda, que es también profesora, estuvo de acuerdo con el significado político del acto. Poco a poco muchos de nosotros nos fuimos enterando de la personalidad de Celso. Tenía 28 años y dos hijos, de tres y dos años de edad. Nació en Nicolás Ruiz, una comunidad indígena muy pobre. Estudió en la Normal del Quinto Sonora, trabajó en Palenque, se desplazó a la costa, a Pijijiapan, y luego a La Concordia, tierra de caciques. Era un maestro rural clásico: feliz de serlo cuando veía resultados concretos en su comunidad, indignado al advertir las humillaciones a su gremio, la rapacidad de Vanguardia, el olvido desdeñoso de la SEP.

Practicada la autopsia, ya permitieron la salida del cadáver. A las 10 de la noche se hizo una valla del hospital al parque central. Conforme iba pasando el féretro se incorporaban a la marcha. Como es costumbre en Chiapas, iba un mariachi tocando "Adiós muchachos" y canciones rancheras. A la entrada del parque nos esperaba el obispo auxiliar de la diócesis, Felipe Aguirre Franco, que bendijo el cadáver, mientras toda la plaza, seis mil personas, levantaba el puño izquierdo, en una combinación increíble.

Se instaló el cuerpo sobre el templete usado durante los 39 días que llevaba el paro. Allí ya estaban la cruz y las flores. Un cura dijo una oración fúnebre, del estilo de la teología de la liberación: "Este maestro servirá de ejemplo y guía para la lucha. Este maestro es de los que iuchan por el reino de Dios". Sonaban las campanas y la gente estaba muy emocionada. Luego habló nuestro secretario general José Domingo Guillén. Recordó que Celso salió hace ocho años de la Normal, exigió justicia, y señaló a la bala asesina: Filiberto Gamboa en la USED, Carlos Jonguitud Barrios, Andrade Ibarra, Jaime Bermúdez. Citó una frase de Celso: "No soy un cobarde; voy a morir luchando". Se aplaudió al compañero, se lanzaron una y otra vez las consignas ("Vanguardia cochina, ya eres asesina"/ "Celso cayó, el gobierno lo mató"), se cantó "Venceremos" y el himno de Chiapas. A la una de la mañana se trasladó el cuerpo al sindicato.

Al día siguiente, la marcha hasta la salida de la ciudad ya no fue silenciosa sino combativa. Salió toda Tuxtla a las calles. Cerca de 40 automóviles llenos acompañaron el cadáver al pueblo de Nicolás García.

—¿Cómo recapitulo la situación? Bueno, a la tragedia la suceden las disculpas indirectas. Ya el gobernador Absalón Castellanos asegura su imparcialidad. Se frenó la ofensiva, y sólo falta que las autoridades de la SEP se decidan a intervenir algún día. El retroceso parece darse por lo pronto en el aspecto sindical. El SNTE nos ofrece regularizar la situación administrativa, "amnistía" negociada con la SEP (ordenada a la SEP, podría ser la expresión justa), reinstalación de cesados, pago de salarios retenidos, etcétera. A cambio se nos exige aceptar un representante del CEN del SNTE como secretario general, representación en partes iguales (SNTE y nosotros) en el comité seccional, y esperar indefinidamente la realización del Congreso. Estamos en pláticas y lo que más nos estimula es la madurez mostrada por los compañeros en las asambleas al rechazar la política del todo o nada. Se ha establecido lo no negociable: el castigo de los asesinos de Celso, y queda claro el resto. La lucha es a largo plazo, y Vanguardia no nos ha vencido ni convencido, pese al desgaste natural. Estamos seguros de representar la justicia y la dignidad de los maestros, y estamos ciertos de lo que representa Vanguardia. Lástima que cada gobierno tarde seis años en enterarse de lo que pasó en su sexenio.

¡¡¡Goool!!! Somos el desmadre

I ■ LA NUEVA IDENTIDAD NACIONAL Y LA TOMA DE LAS CALLES

Plegaria del status

Ilumíname Elias Canetti, genial descifrador de las masas, teórico insomne de las multitudes, analista de las conductas gregarias. Guíame por senderos del bien exegético sin caer en la tentación del paternalismo, y aunque ande en trance de populismo, condúceme al puerto seguro de las hipótesis que no naufragan a medio camino, de las metáforas que no resbalan, de las teorías totalizadoras en cuyas redes nunca aletean los lugares comunes. ¡Ah, supremo entendedor del comportamiento del hombre que abandona a su individualidad y se disuelve en el seno de la especie! ¡Ah, Casandra del best-seller, sálvame de las interpretaciones hechas en serie, líbrame de las andanadas freudianas y marxistas a domicilio, y si esto no te es posible, destruye por lo menos mis puntos de vista más obvios sobre las turbas felices cobijadas a gritos y sombrerazos bajo el augusto nombre del país donde viven!

Las olas que no mueren en la playa

¡También ésos, también! Y el licenciado Eduardo Pesqueira, secretario de Agricultura, se yergue y alza los brazos, y el licenciado Manuel Camacho, secretario de Desarrollo Urbano y Ecología, acata la plácida disciplina de la chispa que incendia la pradera, y el licenciado Carlos Salinas de Gortari, secretario de Programación y Presupuesto, se incorpora con velocidad a la consigna del Estadio Azteca, la conversión de las graderías en modesta alucinación, el levantamiento de brazos y el rugido que se añade al Gran Grito de la especie, así fue en el inicio de los tiempos, o por lo menos en los albores de la sociedad de masas.

. . .Y ese día en Texas, en ocasión de un juego de futbol americano, un graderío se levantó y al moverse creó bellas imágenes ondulatorias, y el graderío contagió al siguiente, que infectó al inmediato, y en sus distintos niveles cada estadio representó la fiesta de los orígenes, una tribu detrás de la otra, la Ola de la que nadie se abstiene, ni siquiera los secretarios de Estado que, una vez apartados de la oficina, sin ayudantes ni decisiones que únicamente devastan la economía, son ciudadanos comunes y pudientes, alborozados ante la inauguración del Mundial 86 Futbol.

¡¡¡*El Mundial 86!!!* Signos de admiración, prodíguense!!!! Preguntas de Trivia, multiplíquense (¿en qué parte de la cancha hay "postes"?). Promociones comerciales, abunden: balones Pique, matracas Pique, camisetas Pique, zapatos deportivos Pique, calcomanías Pique, juguetes Pique, de la saturación nació la convicción, en las reiteraciones se engendran las adicciones, el Mundial de Futbol ha sido en México la hazaña más promocionada de todos los tiempos, ni Cortés, ni las tropas insurgentes o liberales, ni Villa ni la Revolución hecha tour de sexenios, dispusieron de tal aparato propagandístico (¡Imagínense si se anuncia con recursos tales la batalla de Celaya! Las tropas no hubieran podido maniobrar, cercadas por cientos de miles de espectadores con boletos serie A).

Bienvenidos, bienvenidos, México recibe a sus amigos, México los quiere por igual

¿Quién resiste la publicidad? ¿Quién ignora que la publicidad será el único idioma del siglo XXI, el genuino esperanto, la *lingua franca* de los *billboards* de la torre de Babel? Si la publicidad es la lectura más difundida, y si en decenas de países el futbol es necesidad vital como deporte, espectáculo, vía de ascenso social, y secreto de la identidad nacional, del matrimonio del futbol y la publicidad han de surgir y ya han surgido señales altas, maravillas, luceros, comerciales donde los dioses prehispánicos juegan al futbol, y las máscaras rituales se descomponen en goles, torsos heroicos, manos que diseminan estrellas. . . *¡Pueblo, escucha!* El Niño de Oro Hugo Sánchez declara: "Yo quisiera ser un escape muy grande para que los mexicanos viertan en mí sus amarguras". De la publicidad y del futbol nació la catarsis.

"El juego de pelota se remonta hace tres mil años. . ."

El Estadio Azteca es el milusos de la simbología. Emblematiza el futbol/ la empresa Televisa/ el uso moderno de las tierras ejidales/ la ilusión de los jóvenes que arriesgan la salud de los automóviles jugando en las calles/ el logro en la vida tal y como lo prueba la posesión de un palco/ la ronda de los valores que le quedan bien a una sociedad ni espiritual (¿quién lee?) ni material (¿quién tiene dinero?). Arquitectónicamente, si ese criterio aún le atañe a alguien, el Estadio Azteca se construyó bajo criterios naturalmente funcionales, a saber: si caben más se gana más; si se perjudica la estética, caben más; si no hay concesiones al gusto visual, caben más; si caben más, cabrán todavía muchos más.

¿En qué momento comenzó la persuasión ostentosa del Mundial 86 que nos llevaría a añorar las astucias subliminales? Quizás cuando se pidió la sede para México, o cuando la sede fue concedida, o cuando se supo que ésta era la última oportunidad de México en el siglo. Lo cierto es que a partir de tan sagrado instante no hemos tenido reposo. Si el mundo se une en torno a un balón, la realidad se futboliza, y ahora, luego de dos años de disponernos mágica y cabalísticamente al Momento de Oro, todo resulta de algún modo anticlimático. Fue larga la espera, demasiada la acumulación de imágenes y palabras, excesiva la creencia en la memoria del inconsciente colectivo. ¿En cuántos códigos genéticos ha quedado ya inscrito el igualamiento de *futbol* y *sentimiento patriótico*? Y en el instante que se aguardó con ansia, lo real es por desdicha inferior a lo soñado. No es culpa desde luego de los asistentes, llevados por el patriotismo autohipnótico que reconstruye las gloriosas jornadas de 1968 (las Olimpiadas) y de 1970 (el primer Mundial), cuando la gente aullaba MÉ-XI-CO/MÉ-XI-CO/MÉ-XI-CO, y en el desgarramiento vocal uno leía la historia entera del nacionalismo. (Así fue, las matracas como campanas de la libertad, las palmadas como el lenguaje de las generaciones, y la conciencia histórica —uno supone— como otro comercial prehispánico y futbolero, con sacerdotisas aztecas ofrendándole balones humeantes al corazón universal.) Aquí lo que falla, si ésa es la palabra, es la imposibilidad del mundo de captar la emoción del individuo. Siempre, por razones que escapan de esta crónica, el Universo desmerecerá ante las dimensiones del fanático. ¿Por qué el espectador será distinto a la multitud, y la multitud diferente a la Humanidad?

"Ante las dificultades de llevarse el Estadio Azteca llévese un souvenir"

En las inmediaciones del Azteca el subempleo honra el acontecimiento del año. En cientos de puestos todo se ofrece, banderas mexicanas a mil pesos, banderas de Italia o Brasil o Rumania o Corea, bolsas de plástico, escudos, gorras, viseras, manos con un dedo de apoyo y estímulo. Y al cabo de comprobar cuánto avanza la zona de los que algo venden para irla pasando (vivir para no morir, como en los viejos tiempos de Comala), el viandante se somete a la revisión minuciosa en busca de armas, explosivos, bazucas, TNT, bayonetas, morteros, cartas confidenciales de Kadafi. Están bien las precauciones, uno concluye recordando las escenas trágicas en otros estadios, y se somete a la primera, a la segunda, a la tercera, a la cuarta revisión, y atraviesa gustoso el *checkgate* como quien cruza la Laguna Estigia en busca de comparaciones helénicas. Viajero, detente, has llegado a la Cima de la Mexicanidad.

"Y a continuación, por cortesía de Televisa, desfila el mundo entero, sin exclusión demográfica alguna"

El Feliz Poseedor de Boleto goza no tanto por saberse allí, sino por la piedad que le dedica a los ausentes. Benditos ellos, no tuvieron dinero, y no les quedó sino confiar en las bondades de la televisión, que todo lo reduce a las proporciones de una cajita. ¿Con eso se conforman, con un espectáculo de títeres? El Amo del Ticket, orgulloso de su distancia ante las privaciones, sonríe sin altivez. ¿Para qué tenerla? Mejor encomendarle las vejaciones al proceso selectivo de clase, que le hurtó los fanáticos más obligadamente populares al espectáculo popular por excelencia.

El Jugador Número Doce (como se le dice al público adulándolo por su amable pasividad, o incitándolo a conducir guturalmente la pelota) se entretiene con el desfile del Calcio Florentino, el vestuario del siglo xv, el cañón que dispara nostalgias, los tambores cuyo redoble es curiosamente rítmico, las trompetas de la fama, los doce abanderados que han perfeccionado el arte del *cheerleader* y juegan con las banderas, las arrojan y recogen con gracia y agilidad apenas enturbiada por la monotonía.

A la exhibición pre-renacentista la sucede el apogeo del pintoresquismo, uno más de los ballets folclóricos que intuyen los bailes aztecas. En tiempo de cohetes espaciales lo prehispánico es bien visto, es muy nacional y local, se presta a desnudeces atávicas, a nadie ofende la mitomanía coreográfica. *That's all Folks* y se combinan las buenas vibraciones en las pirámides y las rutinas aprendidas en Estados Unidos. Se entretiene el público con el aztecshow, mientras Pedro de Alvarado se entrena para el salto de altura.

"Siempre lo hemos dicho: el mundial de futbol debería ser la nueva ONU"

Se apersona el presidente Miguel de la Madrid. Lo saluda una rechifla alegre, que uno, ignorante de las costumbres del futbol, atribuye a relajo. Honores de ordenanza y el Himno Nacional, acompañado de 21 salvas y artillería, disciplina el desorden. El mariachi se arranca con el Jarabe Tapatío, el tercer himno patrio (el segundo: *Huapango* de Moncayo), y el Ballet Folclórico de la Universidad de Guadalajara deslumbra a los extraños y le informa a los propios de cómo eran nuestras costumbres antes de que supiésemos que así no habían sido. El charro y la china poblana crecen geométricamente, sabroso beso yo te quiero dar, colonizan el espacio fuera de la cancha, pasen a tomar atole, el estrépito vocal ante el mariachi es el reconocimiento póstumo del extravío de las tradiciones.

(¿Y a qué se dedicaban antes el charro y la china poblana? A bailar por supuesto, en espera de que el turismo le diese sentido a su pasmoso frenesí giratorio.)

Si el pasado precortesiano es ya rentable, la existencia de otros países es motivo de ansiedad escolar. Inicia la marcha la bandera de la FIFA, escoltada por cadetes del Colegio Militar y de la Escuela Naval, y luego desfilan las 24 naciones contendientes y sus banderas. El aprecio es parejo (excepción hecha de la representación de la URSS, que recibe un abucheo afgano), y a su paso se abren las enormes piñatas que derraman papel de estaño verde, blanco y colorado. ¡Qué ánimo de fiesta, cielito lindo! La gente no se cansa de dejar de aplaudir, escuchan la variedad hímnica, y aceptan los momentos muertos de su apoteosis (el receso mental se ocupa en intuir lo que en ese preciso segundo dirá el locutor de televisión: "El universo entero tiene sus ojos fijos en este luminoso rincón de nuestro México. . .").

Aparece el pabellón nacional y el amor a lo que uno es (o cree ser) se exacerba ante la imagen que a uno lo representa. MÉ-XI-CO/MÉ-XI-CO/MÉ-XI-CO. Ondean miles de banderas, los rostros se iluminan treinta o cuarenta y cinco segundos (lo cronometrado, si sincero, doblemente patriótico), y prueban que la crisis sólo afectó la economía y la psicología colectiva. Nada más. Desfilan los trajes típicos, las banderas, los gallardetes, los pañuelos, los sombreros, los balones. La Ola recorre el Estadio y el espectáculo es admirable, el gran homenaje subterráneo y superficial del deporte al show, del show a las nacionalidades, de las nacionalidades a los anunciantes.

"Toda inauguración es solemne y toda
clausura es frívola"

Presentación de los equipos de Italia y Bulgaria. En el Estadio los ojos de papel volando se combinan con la excitación medida, y el auge psíquico bajo control. Las mieses humanas se agitan al ritmo de la Ola. El griterío no ensordece pero el ruido incesante hace las veces de sordera. La Afición Mexicana entrega su corazón y reserva sus emociones.

Los equipos saltan y se preparan. Un breve pero conmovido repudio saluda a Guillermo Cañedo, presidente del Comité Mexicano, y vicepresidente de Televisa. "México tuvo el previlegio", dice, y uno cacta el concecto, y condimenta su afición por las faltas de ortografía verbales. "México sigue en pie", afirma Cañedo y se aprueba su sabio juicio al que sigue el halago a lo que aquí empieza, según él llamado por doquier "El Mundial de la Comunicación". Menciona al Presidente de la República, la rechifla se intensifica y uno, lego que es, se azora ante el disgusto de quienes se enteran que las Altas Autoridades también van al futbol. Cañedo lee rápido, con el susto de quien se enfrenta por vez primera a ese Monstruo de Mil Cabezas, la página escrita.

Habla Rafael del Castillo, presidente de la Federación, a quien el terremoto no intimidó: "A los mexicanos nos queda demostrar nuestra fortaleza de carácter. . . y la calidad receptiva y sensible de nuestro pueblo". El doctor João Havelange, presidente de la FIFA, tampoco escapa de la amonestación a silbidos. ¡Qué curioso! Dentro de cinco minutos un árbitro someterá a este público tan antiautoritario.

Se declara formalmente inaugurado el Decimotercer Campeonato Mundial. El entusiasmo continúa dejándose oír como protesta ante la presencia del presidente De la Madrid, y ahoga la develación verbal (diagnóstico falible: aquí la actitud contestataria no es consecuencia de la politización sino de las variedades del resentimiento). El Himno Nacional clausura las leves divisiones entre rechifla y consenso. La gente, con civismo genuino, repite las dos estrofas salvadas de la amnesia, y oye respetuosamente los otros dos himnos. El ritual ha concluido. Ahora comienza el juego, y Televisa aloja en su regazo a la nación.

A partir de la Revolución de 1910, el nacionalismo mexicano es, en todas las ocasiones, una proposición de ordenamiento de la vida cotidiana. Sin organización ideológica ni programas demasiado coherentes, del nacionalismo (o de los distintos nacionalismos que unificamos por comodidad) se nutren las explicaciones a posteriori de acontecimientos y conductas, y las relaciones inmejorables entre historia y fantasía, pasado y porvenir, solemnidad y relajo, revelación y revolución. El héroe aparente del nacionalismo es el Pueblo, típico, épico, apasionado en la batalla y en el amor, creativo, cruel y generoso, escéptico en el fondo de su apasionada creencia, peculiar en el desdén ante la muerte y en la sagrada ingestión de pulque y frijoles. Esto en la declamación. De hecho, el héroe verdadero del nacionalismo es su habitante anónimo, rencoroso en el amor y reacio a la épica, seguro de que su biografía se explica por su nacionalidad, y de que su nacionalidad es el otro nombre de su comportamiento. *¿Por qué me sucede todo esto? Porque soy mexicano. ¿Y cómo me entero de que soy mexicano? Porque me sucede todo esto.*

El nacionalismo es resultado orgánico del aislamiento cultural y el autoritarismo omnipresente en México, y es instrumento básico en la tarea de extraer conclusiones positivas del caos que se vive. Por eso, sus variantes siguen el ritmo de la política. Si en 1921 o 1925 el nacionalismo depende en buena medida de las repercusiones internacionales del movimiento artístico auspiciado por el Estado, en los cuarentas al nacionalismo lo circunscribe el regocijo por la identidad sentimental, mientras el Estado busca "reconciliar" a burguesía y proletariado. Con mucho mayor eficacia de la que se acepta, la Unidad Nacional promulgada por el presidente Manuel Ávila Camacho convence a las masas y no molesta a las élites, solidificando una influencia aún visible en 1968. Desde el gobierno se declara: no somos radicales, somos —tómenlo o váyanse— *mexicanos*, partícipes de una entidad que es casi doctrina autónoma. Antes se era mexicano de un modo más disperso, pero la *mexicanidad* que instala la Unidad Nacional va de los registros plurales de la historia y las vivencias personales, a la homogeneización del cine, de la radio, de la historieta, de los deportes, del mundo de las celebridades.

A lo largo de los siguientes veinte años, la *mexicanidad* es telón de fondo de acciones gubernamentales, de reacciones sentimentales de las clases populares y de usos del tiempo libre, y si el origen de la Unidad Nacional es político (expulsar a la izquierda del ámbito público, "adecentar" a la sociedad, negar la lucha de clases y anudar la confianza de los Estados Unidos y de los empresarios en los dispositivos del gobierno) los alcances son tan vastos que una noción distinta de *México* brota de esta "liga ontológica" entre pobres y ricos, entre sonorenses y chiapanecos, entre abogados y cargadores. Al discurso de las "semejanzas esenciales" entre los mexicanos, lo ayuda la Segunda Guerra Mundial, que vista o vislumbrada desde México, es el paisaje fascinante que combina la barbarie nazi con el desarrollo tecnológico de Norteamérica. México —se dice y se vive— no es ni país invasor ni país altamente desarrollado. Es algo sumamente original, y su singularidad se verifica en los corridos, se despliega en los murales, confirma su pasado suntuoso al revalorar el arte indígena, afianza su tipología en la narrativa revolucionaria, se azucara cotidianamente en las canciones de la XEW, adquiere manías estatuarias en las películas del *Indio* Fernández, o acentos indefensos y seguridad melodramática en los films de Ismael Rodríguez y Alejandro Galindo, conoce su criatura perfecta en Pedro Infante y su transfiguración verbal en *El laberinto de la soledad*.

Tan brillante revestimiento es posible gracias a un cúmulo de hechos: la estabilidad política, el férreo centralismo, la expansión de la seguridad social, la fe en la educación pública, el descubrimiento pluriclasista de la gran ciudad, las ventajas comparativas del PRI, la humildad y la arrogancia de un Estado fuerte vecino de Estados Unidos, la demagogia como clima espiritual de hombres sinceros y hombres cínicos. Para apoyar la débil posición de México en el orden mundial: el chovinismo; para rebajar la soberbia de la primera revolución del siglo: el malinchismo.

Las vertientes se integran y el resultado es una versión poderosa del país. Si el nacionalismo llega a ser tan convincente, y tan limitador, es porque no hay, durante décadas, otra proposición global para entender a México. O se acepta que la nación es, simultáneamente, la forma y el contenido de los mexicanos, o se adopta la visión fragmentaria y desesperanzada de los pequeños grupos de vanguardia.

Una ficción nacional

Al nacionalismo como propuesta monolítica lo desgastan interna
mente su autoritarismo y sus pretensiones omnímodas. Su ficción
mayor, el Mexicano, con su arreglo en forma de hemiciclo, tiene el
leve defecto de reducir a millones de personas (vivas, muertas y en-
gendrables) a un solo molde, un gesto imperativo o una canción re-
vanchista. ¿Quién da más por una psicología sólidamente atávica?
Las condiciones económicas (la penuria de la mayoría) y el férreo
control político ahogan el impulso crítico y disculpan las actitudes
mortíferas. *Yo soy mexicano: por tanto me corresponde ser irrespon-
sable, suicida, desobligado, macho hasta la multiplicación de mis mujeres, tan valeroso como mi vocación de impunidad.* De modo cos-
tosísimo, este nacionalismo suprime la participación femenina,
cambia la solidaridad por la complicidad, endiosa al paternalismo,
reduce a manoteos el antimperialismo no dirigido por el Estado, declara inamovible la tradición (que nunca define), incluye entre sus
fetiches a la propiedad privada, se da vuelo con la "complejidad"
de filosofemas y psicologismos. Vamos a jugar a hallar a Lo Mexicano. El día de hoy buscaremos "la entraña del alma nacional".

En lo externo, al nacionalismo lo doblega la fuerza de la "americanización", el fenómeno mundial que arrasa con muchísimas tradiciones y muchísimas pretensiones de singularidad. Es mejor ser *contemporáneo* que ser mexicano. Es mejor estar al día que regodearse
con el anacronismo. Pronto, una parte esencial de la vida nacional
en su conjunto se ha "americanizado" sin remedio posible. El nacionalismo deviene esperanza inerme, a merced de las fluctuaciones de
la movilidad social.

La democratización bárbara

La mayor limitación del nacionalismo "institucional" es el canje que
propone: ustedes, mexicanos, acepten la eliminación de la vida democrática y obtendrán el aprovisionamiento (caprichoso y muy parcial) de sus necesidades elementales. Si el nacionalismo revolucionario ha sido factor importantísimo en el equilibrio de clases, el
nacionalismo cotidiano se limita a derivar de la pertenencia a un país
noticias fatalistas sobre conducta y destino, y compensaciones
emotivas.

Sin que se le advierta en demasía, se adueña de la escena un nacionalismo determinado ya, casi de modo exclusivo, por las apeten-

cias y exigencias de las mayorías. Un término preside la sustitución: *sociedad de masas*. Y otro término afianza la metamorfosis: *crisis económica*. Se quebrantan los métodos de control, los paliativos, el aprendizaje del ascenso. Se ponen en cuestión las respuestas adquiridas. Esto afecta incluso al paternalismo, la jerarquización obligada de la vida social, el sometimiento inducido a la Autoridad. ¿Qué quiere decir ahora el paternalismo en ciudades de tres o de catorce millones de habitantes, y qué significará en pocos años incluso en pueblos pequeños? Los días del Padre Terrible a lo Fernando Soler en *La oveja negra* han terminado. Al ampliarse brutalmente, la sociedad se fragmenta al infinito y abandona sus técnicas de credibilidad, multiplica a los responsables de sus estilos de vida, no asume las pretensiones de eternidad de las reglas de su moral cotidiana.

La censura cede bajo presión. En el ámbito de millones de seres, ¿quién vigilará el lenguaje, el estilo sexual, el sentido de la jerarquía, la relación estricta con la propiedad privada? Ante el caos urbano, la solución administrativa es la *anarquía vigilada*, y ante la "crisis de valores" (sobrenombre del debilitamiento de la tradición), conviene renunciar a las barreras del comportamiento concentradas en la antigua *decencia*. Útil todavía como estrategia política, el paternalismo es fórmula cada vez más inerte de control social.

Adviene una democratización, forzada pero innegable. Se deterioran sin mucha resistencia numerosas estructuras de sumisión; se filtra una conciencia de derechos (insólita si se recuerda al nacionalismo anterior, compuesto casi exclusivamente de deberes). En las escuelas, en la vida laboral, en las relaciones íntimas y públicas, tal democratización niega algunos fatalismos de clase y país, arrastra revelaciones sobre el "genio" y la "inteligencia" de la clase gobernante, disuelve estereotipos de femineidad y masculinidad, abate nociones grandilocuentes: la Honra, la Dignidad, la Caballerosidad, el Respeto Inmanente. Esta democratización desde abajo, todavía incierta y lastrada por el primitivismo o el sectarismo, no es muy tomada en cuenta, pero es una de las explicaciones útiles ante la multiplicidad de fenómenos que van de la toma de alcaldías a Rigo Tovar, del "igualitarismo" juvenil a los rockers de Neza, de la influencia del feminismo a los millones de discos que los cantantes tropicales venden cada año, de los movimientos urbanos populares al millón y medio de abortos anuales, del grado altísimo de abstencionismo electoral al voto a favor de la derecha en el norte del país, del futbol a la telenovela. Y la ausencia o la debilidad de organizaciones partidistas le confiere a esta democratización su torpeza, su espontaneísmo y —ni modo— su vitalidad desesperada.

En próximas fechas venderemos calendarios aztecas
de plástico y columnas de la Independencia de peluche

En la calzada de Tlalpan, se instala entre los automóviles, un inmenso mercado ambulante. Cómprate en este instante una trompeta de plástico, un sombrero gigantesco como los que llevaba Emiliano Zapata a los juegos, banderas que pongas a tremolar (con tal de darle oportunidades a tan gallardo verbo), colecciones de tarjetas postales donde esplende la belleza del smog, matracas que le dan toda la vuelta a su alborozo, baloncitos a modo de casco guerrero. . .

De las muchas ciudades erigidas en torno al Mundial de Futbol, las dos más extendidas, con sus prosperidades respectivas, son la de Televisa y la del subempleo. Televisa, la ciudad del presente (la tecnología como sed de venta, la compra como hambre de ascenso social), insiste en un hecho simple: el futbol es la etapa superior de la humanidad, la causa que refresca. Con algo más de modestia, los habitantes del populoso subempleo, la urbe del mañana, sólo quieran irla pasando, cinco mazapanes a cien pesos, camisetas a mil pesos, cintas apaches a doscientos. Y la ciudad del subempleo crece a 60 minutos por segundo, hace de cada objeto en el universo una oferta, no consiente milímetro desocupado en la explanada del Azteca.

Los numerosos policías vigilan y revisan sin ganas. ¿Qué libio, por idólatra que sea, osaría interrumpir nuestra Fiesta? El humor de la gente es magnífico, tan brillante y original como el estribillo que entonan estos jóvenes: "Mueve, mueve la colita/ Si no la mueves se pone malita". En las tribunas, mantas conminatorias: "Selección Mexicana: ¡a ganar!", o jactancias económicas que en su origen fueron desplantes machistas: "En Bulgaria se desayuna con leche búlgara. En México ¡con huevos!'' El fervor patriótico es tan auténtico en esta sede (no necesariamente temporal) de la nacionalidad, que en acto de disciplina cromática, la mayoría vino ataviada de verde, blanco y rojo. El espectáculo es deslumbrante: 114 mil espectadores (tránsfugas más, extranjeros menos) ostentan las mil y una variedades imaginables de los colores básicos del amanecer de la Patria. Sudaderas blancas, pantalones verdes, camisas rojas, y así hasta el infinito de las combinaciones.

De modo complementario —el punk de Aztlán— se esparce el maquillaje cívico, las mejillas de muchas y muchos son trigarantes o el rostro se divide en tres porciones (la industria del nacionalismo admite la concientización de los cosméticos).

¿De qué color era el rosa mexicano?

Una gesta patriótica se inicia en la elección de tintes y tonalidades, y se amerita en la repartición de aditamentos. En sus innúmeras manifestaciones, la bandera de México no es exactamente un aditamento, pero sí lo son las camisetas algo chovinistas con lemas un tanto desafiantes: "Viva México cabrones traidores" o "Con México se chingan" o "Viva México y al que no le guste que se largue", o las variedades del Pique (un símbolo tan nuestro como la coca-cola, no tan arraigado en las brumas de las edades pero igualmente entrañable) o las pelucas tricolores, o cualquiera muestra de aprecio por el gusto de aquellos arquitectos de exteriores que en 1821 —así se les vería hoy en una telenovela histórica— al elegir los colores de la bandera, dieron con la combinación inmejorable ("Rosa no, porque es como de pintores de éxito. . . Amarillo no, porque es de gusto payo. . . Rojo sí, porque evoca a la sangre").

En el Estadio Azteca la pasión no deja lugar a dudas. Es deportiva y es nacional, y la sostiene el alborozo (bien de todos, consuelo de las generaciones pasadas) de ver a cada uno de los espectadores auspiciando lo mismo, idéntico nudo en la garganta, idéntico clamor de guerra y victoria que impregna los más oscuros confines del planeta llamado "el Coloso de Santa Úrsula", idéntica sensación hogareña de hallarse tumultuosamente en una gran sala, la mayor del mundo, frente al televisor. Se canta el Himno Nacional con sentimiento genuino —¿Qué es un campeonato de futbol sino la Enésima Guerra Mundial?— y no hay quien no recuerde y le recuerde al de junto que en el juego anterior, al descomponerse el equipo de sonido, la multitud se sobrepuso y sustentó con genio decibélico la inmortal composición de Nunó y Bocanegra, reiterando lo ya sabido: en épocas agónicas el nacionalismo es la seguridad mnemotécnica de que hay cosas que ya no se olvidan.

Hacia una fenomenología del gol (subtítulo apócrifo)

Fundidos en una sola voluntad, los fanáticos (que, por serlo, resultan los patriotas) apoyan al equipo con trofeos de la garganta, ademanes nerviosos, monólogos de intensidad variable, chiflidos, olas, porras, órdenes fulminantes ("¡Mete gol, pendejo!"). Cada espectador —que, por serlo, es un experto— prodiga y niega reconocimientos, se queja del nivel del juego y lo juzga maravilloso, levanta en señal de triunfo el pulgar y le mienta la madre al infinito. En los segundos muertos adoctrina partidistamente a su vecino, a su compadre, a su mujer, a sus hijos, a la multitud. "¡Te lo dije! ¡Vamos ganando! ¡Ya la hicimos!" Todo en plural, la Selección Nacional es México y nosotros somos la Selección y México —por intermediación de un equipo— vuelve a ser nuestro.

—DURO/DURO/DURO/DURO.

En un campeonato la reacción del público ante un gol es lo que gusten, manden y demanden la legión de psicoanalistas y sociólogos, posados sobre cada partido: rendición inesperada del himen colectivo, asalto al vientre materno, trauma solucionado de un solo tiro, hazaña que comentar sin término a lo largo de esa vida longeva que es la próxima semana. En el Azteca, un gol de la Selección es la oportunidad de enfrentar a las banderas con el viento, de ondear los ánimos como si fueran banderas, de agitar las comparaciones haciendo de la ocasión pasto de la poesía instantánea.

El enemigo se acerca a nuestra meta y está en peligro la Patria, no diré que literalmente, no diré que alegóricamente. Los nuestros se aproximan a la meta enemiga y la Patria avanza, sin constituciones pero con locutores, sin tradiciones muy antiguas pero seguida de un consenso abrumador. GOOOOOOL!!!, y los espectadores, emitan o no el vocablo guillotinador, lo encumbran anímicamente exprimiéndole a cada letra sus emanaciones triunfalistas. Desde hace años todo locutor, si quiere gozar de crédito, dirá GOOOOOOL!!! y prolongará la exclamación con tal de darle tiempo a quien lo ve y oye de alzar en vilo sus emociones, un solo vocablo equivale al galope de un toro por una cristalería, al festín de los bárbaros que arrasan Disney World. Quizás sin proponérselo, cada locutor es el pedagogo vocal de millones, y ahora los asistentes al estadio reproducen las entonaciones hertzianas y hacen de la vociferación una óptica espiritual. GOOOOOOL!!! Oh triunfo, te amaré toda la eternidad y aún después.

Corte para admirar por tercera vez el videotape

Los patrocinadores oficiales del Mundial están de plácemes. Bata, Canon, Coca-cola, Gillete, Philips, Camel, Cinzano, Fuji Film, JVC y Seiko sonríen. Las ofertas visuales son *colourful* y *exciting*. He aquí, a beneficio de dos o tres mil millones de seres, en medio del desencanto de fin de milenio, un pueblo fotogénico y telegénico, amante de sus colores, celoso de la infalibilidad de su equipo, desglosable en tomas de conjunto y en docilidades individuales ante la avidez de los turistas: *¿No se mueve un poquito a la derecha? Agite la bandera por favor. Así. Lindo. Ahora bese el balón. Así.*

Al final del partido, el arrebato (que describo como indescriptible) sigue al jugador que enarbola la inmensa Bandera y sojuzga la cancha. Ante el espectáculo —la bandera infinita, el público de pie, la porra interminable— no sé si Emilio Azcárraga Milmo tuvo razón al ver en México a "un pueblo católico y futbolero". Los elementos sí son los mismos, pero ¿por qué en ese orden? El estadio matraquero, porrista, soberbio y pendenciero, es un desquite formidable por las ausencias del optimismo histórico. No festejamos en Tenochtitlan el gimoteo de los españoles en la Noche Triste. Andábamos fuera de Puebla cuando mi general Zaragoza y sus zacapoaxtlas pusieron en su sitio a los invasores. No presenciamos la toma de Torreón, ni la entrada de Zapata y Villa a la capital. La mayoría no habíamos nacido cuando Cárdenas expropió el petróleo. Y ahora por fin nos toca algo sólido, tangible, registrable con exactitud: México 2, Bulgaria 0.

La algarabía es, hay que admitirlo, espontánea, con la espontaneidad de lo apenas construido en dos años enteros (y dos décadas previas) de diaria publicidad sin dudas ni fatigas: la certeza de la extrema realidad de este certamen, las naciones representan a sus selecciones de futbol y no a la inversa, del triunfo o del fracaso de los equipos depende el lugar de los países en el concierto universal. Este dulce adoctrinamiento no lo explica todo por supuesto, faltan la vocación deportiva y el narcisismo nacional, que como bien se sabe, jamás se prestan a manipulación.

La camiseta del hombre feliz

A las dos de la tarde, a más tardar a las 2:11, una exhortación subterránea prende en la capital de la república mexicana: salgamos a festejar. Al unísono, todos abandonan sus casas con precipitación, sin asegurarlas con doble y triple llave, confiando no en la honradez sino en el patriotismo de los ladrones, que también habrán dejado sus puertas abiertas. Al empezar el jolgorio, familias y grupos vecinales salen al encuentro de los automóviles de aquellos lo suficientemente felices y lo bastante desdichados como para instalarse en un estadio al modo antiguo, cuando se ignoraba que el futbol es esencialmente un show televisivo y que ver el juego en vivo es apenas intuirlo. Las madres y los niños se alborozan y un profesionista de respeto o un estudiante ambicioso dirigen el vitoreo. *Ánimo equipo!!* (enhorabuena sociedad), si ya lo sabe Dios que lo sepa el mundo, fijos aquí sus ojos: apoyamos a México, ya no solamente la Selección Nacional, ni el país que ostenta ese nombre (aun llamándose oficialmente Estados Unidos Mexicanos), sino algo distinto, lo que ahora encarnamos, el festín que rehace la apariencia urbana, el desmadre menor que no deja ver el Gran Desmadre de todos los días, la toma de la calle que es la revancha por el despojo de las economías.

En las esquinas grupos de estruendo. Por el Periférico, por el Viaducto, por Tlalpan, Insurgentes, Río Churubusco, Revolución, Patriotismo, Nuevo León, Canal de Miramontes, por el Centro Histórico y los ejes viales, ríos de personas, en su mayoría adolescentes, se adueñan del tránsito e insisten: si el triunfo es nuestro la ciudad es nuestra, festejar es territorializar. Contemplo largo rato a los grupos en la calzada de Tlalpan (y luego me entero: gracias a la intuición conjunta de las fechas memorables, o al aprendizaje rápido del ritual de las dos ocasiones anteriores, la conducta fue exactamente la misma en todas partes). Los chavos se acumulan sobre un punto, apresan y sueltan automóviles a su antojo, bailan sobre los toldos y zarandean a los atrapados, y antes de conceder el paso demandan porras, éxtasis vocales a los pies de la nueva institución del triunfalismo.

Nadie se enoja o, mejor, nadie pierde su tiempo enojándose. Así son las celebraciones de un pueblo, nómadas y sedentarias, ámbito de muchedumbres que colman la plaza y de solitarios en pos de experiencias de soledad, simulacro de revoluciones en cacería de poses escultóricas, calendarios heroicos y liderazgos efímeros (en esta cuadra, en esta colonia). Vean por ejemplo a esta síntesis del origen de las instituciones y de las guerras civiles, de las constituciones y los motines, este centenar de chavos. Van y vienen, se aceleran y se aquietan, lanzan y deponen jefes minuto a minuto, persiguen objetivos no muy comprensibles para los observadores, son tribu marcial a ratos y a ratos tribu recolectora. Dueños de la calle en los días del terremoto, hoy la recuperan sin dramatismo. Mientras los de clase media (léase, aquellos para quienes el subempleo no es amenaza inminente) le confieren a sus automóviles la función de tanques en la liberación de Europa, los de clases populares le dan a su aspecto el estilo de una banda milenaria en algún descanso del rodaje.

El clan a cargo de la vialidad le ajusta cuentas ahorita mismo a una combi de la ruta Taxqueña-Izazaga. El chofer amagado por la danza zulú sobre el toldo, tributa un "¡Viva México!" y lo repite mientras casi alzan su vehículo. La banda se cansa de inspeccionar patriotismos y da media vuelta danzando al son de la amenaza judeocristiana de las rumbas callejeras: "El que no baile es puto", y luego cambia y adopta el desplante voluntarioso, tomado de la izquierda y dejado flotar en libertad, como el despeje fuera de banda de los estribillos: "Que sí, que no, que como chingados no". La energía de las chavas es por lo menos semejante, ya no las inhibe su falta de inhibición, las diferencias entre ellos y ellas no son de vocabulario o de actitud sino de derechos de antigüedad en el vocabulario y en la actitud.

El claxon es el idioma del gozo y la depredación, es a un tiempo las murallas de Jericó y el instrumento metafórico que las derribará. Desde cada automóvil, siete u ocho jóvenes o familias enteras, o asociaciones de veteranos de la falta de causas, corroboran sin cesar su desdén por las reglas. ¿Para qué pensar en ellas? Hoy es día libre, nadie los molestará, tienen derecho a hacer lo que quieran porque en la cancha recién se han consagrado todos.

¡Ay, las alegorías del ruido! El silencio ofende, el silencio es antipatriótico, y hay que pulverizarlo con el claxon, con los chiflidos, con las porras, con las matracas, con el voceo interminable del vocablo canonizado: MÉ-XI-CO/MÉ-XI-CO/MÉ-XI-CO. A la demanda del ruido, la corona el hecho primordial: el hallazgo de la ocasión propicia, no de catarsis como tanto se dice, sino de lo contrario, de la limpieza del alma a través de la dicha. La felicidad vuelve a raudales y hay que asirla a como dé lugar, ensalcemos a México durante las horas que hagan falta para que retorne el sentimiento confiscado por la crisis, por el monstruo urbano, por la falta de atractivos personales, por el tedio de ser siempre uno mismo. La alegría es programa y proyecto de estas multitudes, tal vez no muy complejo pero muy altamente valorado.

"Vamos a ofrecerle al triunfo el homenaje de la gasolina"

Que nadie se desnacionalice quedándose en su casa. A reconocer en la calle y desde el automóvil, que sabemos el mérito de la Selección, el poema del gol de Negrete, la bellísima traición al sentimiento de hospitalidad para con Bulgaria. Al auto, al pick-up, al camión de carga, a la camioneta los que quepan. La jornada será larga y conocerá de alborozos: avanzar lentamente mientras se perfeccionan los gritos, quedarse varado en el estruendo donde sólo fluye el aturdimiento de las trompetas de plástico. Observo la metamorfosis de las amas de casa y su agresividad militante. Compruebo la apacibilidad de los jefes de familia ante los riesgos que corren sus vástagos, instalados en el marco de las ventanillas o en los cofres. Admiro la ansiedad de mi entrañable burguesía (en esta hora, uno no nada más recupera la nación, también se olvida del rencor social) que naufraga ardorosamente en los embotellamientos. ¡Qué maravilla, de aquí no saldremos ni en tres horas! ¡El universo de las avenidas a disposición de nuestro claxon!

En la mañana, ese gran desconocido, Hugo Sánchez, advirtió: "Vamos a dejar toda nuestra vida en la cancha para dar felicidad a todos los mexicanos. . ." Quizás a todos no, castiguen a algunos confinándolos en la excepción, y que esos desdichados se pierdan los fulgores de esa existencia derramada en la cancha con tal de transformar el alma de 80 millones.

¿Y qué es nación? ¡Y tú me lo preguntas!

—¡México, campeón! ¡México, campeón!

En el tramo del Paseo de la Reforma que va de la glorieta del Ángel de la Independiencia a la glorieta de Niza, las autoridades del Departamento Central han instalado un reventódromo o jubilódromo o fiestódromo. Desde cuatro templetes se difunden canciones rancheras, boleros, rumbas, rock, cumbias, salsa. Todo en español, como antes de que la urgencia trilingüe desplazara al conformismo bilingüe. En la fiesta que durará hasta la madrugada, un gentío se espesa y se renueva, adorando a *México*, no en estos instantes la palabra que apresa un país, sino algo igual y distinto, el concepto donde se extienden la esperanza liberada por el relajo, el frenesí que ve en las emociones a las únicas tradiciones válidas.

Las preguntas se distribuyen mentalmente con la impaciencia de un reportero carente de temas: ¿es el futbol la nueva *identidad nacional* de México? ¿Es esto el nacionalismo especializado? ¿Qué otro motivo congregaría tales multitudes? En cualquier caso, no todo empezó hoy. Algo queda, digamos, de las atmósferas de las ferias de pueblo, aquellos recordatorios de santos del calendario eclesiástico y de santos del calendario cívico que permitían el primer capítulo de las novelas y la última secuencia de las películas. El uso del alcohol, por ejemplo, las ceremonias cerveceras y el bacardí eufónicamente báquico, son saludos a la costumbre que exige miradas turbias que sustituyan a los fuegos de artificio. Pero seamos justos, aquí no se consiente la añoranza, nada más las profecías sobre el México novedoso que se inicia en la euforia y en el trato familiar con los símbolos. Así, la bandera nacional deja de ser el objeto lejano, aislado en mástiles de reverencia, y para millones de personas se torna algo íntimo, el rebozo o la cobija, el paño compartible, la manta bajo la cual transitan los grupos. En torno al Lábaro Patrio, se multiplican las escenas de apropiación hogareña:

Un joven en patines lleva una bandera en cada tenis.

Decenas de jóvenes de torso desnudo adoptan la bandera como la camisa óptima o como el equivalente de la banda presidencial.

Centenares de señoras clavan una banderita en su chongo.

Una tribu lanza al aire y recoge a uno de los suyos, y la manta elegida es una enorme bandera.

La alegría inspira confianza y la confianza otorga proximidad.

"Patria, te doy de tu dicha la clave: 2-0"

¿Ésta es una ocasión única, irrepetible? Evoco una vez más a Borges, el memorizable: "La inteligencia es económica y arregladora, y el milagro le parece una mala costumbre". Obligada por la buena costumbre, la multitud canta "Cielito lindo" y se entremezclan los lucky boys de la generación MTV (la vida experimentada como un videoclip) y las bandas punk de la generación canal 2 (la vida como el salto imaginativo de un comercial a otro). El ánimo es de carnaval, de disfraces y máscaras, el oso encabeza una conga y el charro con la insignia patria se pasea seguido por los fantasmas del 15 de septiembre en el templete central, el locutor exige el himno del Mundial mientras se agitan las banderas. La multitud, en pleno uso de su espíritu anárquico, lo obedece. *Bienvenidos, bienvenidos, México recibe a sus amigos.* . . El locutor incita a bailar un siquitibum a México, y MÉ-XI-CO, la coreografía que alguna vez fue porra, es de improviso un ritmo equidistante del mambo y el danzón. "Vamos a reventarnos este méxico."

¿Cómo se define el nuevo entusiasmo nacionalista? Por el uso incesante de la primera persona del plural, por la mezcla de tecnología y voces primigenias y por el carácter necesariamente apolítico. No, no me olvido de la utilización del futbol por las dictaduras brasileña y argentina, ni incluyo en mi amnesia la rechifla al presidente Miguel de la Madrid el día de la inauguración. Pero hasta donde mi hipótesis alcanza, la situación de México es distinta (entre otras cosas, porque esta huida psicológica de la represión económica no tiene beneficiarios a la vista), y además, y sobre todo, porque la rechifla expulsó del Estadio Azteca a la política y su gana de capitalización instantánea. Por lo menos, se le dijo entre silbidos a Havelange, a Guillermo Cañedo y al Gobierno de la República, con esta pasión no se metan, el país aquí representado es sólo nuestro. (Sí, lo reconozco, era un público con posibilidades adquisitivas, pero no es fácil vaticinar un abucheo menor con un público menesteroso.)

Si eso no fuera así, de cualquier manera el proceso es inequívoco: en cincuenta años el Estado de la revolución hecha sexenio desgastó el nacionalismo, le exprimió la credibilidad popular, lo redujo demostrativamente a un fandango anual, y los medios masivos comercializaron este fervor al grado de que el montaje sustituyó al consenso. El hambre de modernización hizo lo demás, y el nacionalismo, alguna vez el sentimiento más vigoroso, devino reacción íntima, aquello que sí era de veras profundo casi no admitía su expresión pública. ¿Cómo decir que se ama a la patria sin ser considerado demagogo? ¿De qué manera conseguir, fuera del 15 de septiembre, y eso parcialmente, que todos confiesen su pasión por México? Y luego, el espíritu nacionalista se deslindó de la economía, y cambiar pesos a dólares se convirtió en pasión típicamente mexicana.

Por razones internacionales, comerciales, tecnológicas, el futbol ha sido la respuesta unificadora, y las victorias de la Selección Nacional son aprovechadas por la necesidad compulsiva de vitorear a México sin riesgos psicológicos. Aquí perdiste, modernidad. Aquí fallaste, espíritu clasista. Aquí no entras, conciencia de culpa cívica. En materia de futbol las clases se borran y no da vergüenza, al contrario, ser abiertamente nacionalista. La blasfemia que era rito de expiación deviene vanagloria indispensable. El miércoles 11 de junio México le ganó a Iraq 1 a 0, y lo más agresivo de este nacionalismo alcanzó el clímax en torno a la columna de la Independiencia, y habló a través del vandalismo, de la mutilación de estatuas, del ataque a los bomberos que rescataban falsos niños héroes, de los saltos al vacío de chovinistas inconscientes (y que así quedaban), de los sarapes y bigotes que adornaban y desolemnizaban a las estatuas del Paseo de la Reforma, de la manta ansiosamente obscena: "México es la verga". Allí se estableció la Nación del Reventón, cuya única regla es el libre juego para el gozo, y cuya única exigencia es la impunidad.

Cinco días y muchos artículos reflexivos después no han difundido serenidad en la rijosa alma colectiva. El nuevo nacionalismo se despliega bajo una sola condición: es *intransferible*, no se repetirá a beneficio de la política, es sólo válido en ocasión de victorias en una Copa Mundial, nació para desaparecer de inmediato y su consecuencia más temible será la negativa a entenderlo.

"Fíjate en mí, camarógrafo. No te hagas buey.
Aquí estoy, pendejo"

—EO / EO.
—CU - LE - RO / CU - LE - RO.
¿A quién se lo dicen? ¿Y por qué se lo dicen? Por lo común, a nadie, a la gente la anima "el aroma del estreno" de la porra transformada en grito "grosero", y que, coreada por masas, pierde su atrevimiento y resulta chistosa las primeras cien mil veces. . . De pronto, la multitud se aglomera y su fogosidad delata el motivo: allí están las cámaras de televisión, la sola prueba, fuera de los apretujones del metro, de la existencia real y espiritual de las masas.
—¡Me gustas Aída, con todo y novio!
—¡A mí! ¡Tómame a mí, no seas cabrón!
—¡Báilenle a la pantalla, hijos!
—¡Muévanse, que para eso los traje!
Un señor levanta en brazos a su hijo, que registre la cámara a este objeto preciado, un niño que se inaugura como mexicano, véanlo nomás. Todos se menean, levantan el puño, elevan el pulgar, alzan los brazos como maniobras partidistas, se estremecen en cada *a la bío, a la bao*. . . Dales audio y video, televisión, rescata sus figuras del pantano de lo invisible. No son nadie, hazlos imágenes borrosas.

Somos el desmadre/ somos el desmadre

Los chavos-banda le dan vuelta al cinturón maderero de castidad de la columna de la Independencia, se exaltan con su propia exaltación, creen disponer de la fórmula exacta, el compendio de su disponibilidad y de su actitud. Somos el orden del relajo, que elige en forma autónoma a su destino impuesto. Somos el desmadre porque allí nos han confinado. Allí nos confinaron porque somos el desmadre.
Son las once de la noche y sigue llegando gente de las colonias al alcance de la línea Zaragoza. A pedido del camarógrafo, se organizan *olas* sucesivas. Frente al cine Latino, un viejo alucina y utiliza la bandera como lanza en un ritual propio. En su bailoteo hipnóti-

co, embiste, se regresa, le rinde culto a dioses desconocidos, besa la bandera, la da a besar a los paseantes, se hinca, se levanta de un salto.

En el día del padre, les dimos en su madre

Los autos siguen recorriendo la ciudad. Las luces y las sombras subrayan el aspecto de feria pueblerina. El ánimo no se desgasta, ni se atrofia la vocación de felicidad. *Sacaremos a este buey de la barranca*. Harto de porras, ávido de oír el nombre de cualquier otro país, me rindo ante el fulgor de esta fiesta de los sentidos nacionales, y en el uso de la cita como exorcismo, le atribuyo a sus oficiantes la frase de Baudelaire: "¿Qué importa lo que sea la realidad fuera de mí, si me ha ayudado a vivir, a sentir que soy y lo que soy?"

IV ■ LA BANCA Y LA BARRANCA

El profeta desoído se echa su cascarita regañona

¡Hombres y mujeres de mucha, demasiada fe! Os lo previne, os lo dije repetidas veces desde mi atalaya editorial. Cuidaos del abismo de la enajenación, no depositéis en la suerte de un equipo la salvación del alma idiosincrática. Lo Eterno no tiene derecho a arriesgarse por lo temporal. ¿Por qué habéis aceptado que los gobiernos estatales y federales autoricen inversiones superiores a los 50 mil millones de pesos en apoyo de la organización del Mundial de Futbol? ¿No escucháis por doquier noticias de las transas y los abusos que vuestra idolatría consintió? ¿A cuenta de qué el gobierno de Querétaro invirtió cinco mil millones de pesos en la construcción del estadio Corregidora? ¿Quién se beneficia con los 80 millones gastados por el gobierno de Guanajuato en la remodelación del estadio "Nou Camp" de León, y a quién le aprovechan los mil 70 millones de pesos destinados por el gobierno de Puebla a la ampliación del estadio Cuauhtémoc, y los dos mil 80 millones de pesos encauzados por el gobierno del estado de México al "distribuidor Tolltzin", que aligerará la vialidad en torno al estadio de "La Bombonera" en Toluca? ¿Y qué alma bondadosa nos explicará por qué el gobierno del licenciado Miguel de la Madrid le facilita tan cuantiosos ingresos a la FIFA y a Televisa? Os lo advertí, daos tiempo y leed mis sesudas reflexiones. No digáis que en esto (como en todo) no fui intelectual orgánico de la prevención apocalíptica.

¿Cómo se construye el triunfalismo? En 1986, aquí y en cualquier parte, se acude primero a la magna ambición individual y colectiva; ingresar, como héroe o como masa heroica, a la televisión, ese sólido remplazo de la Historia. Al masificarse la urgencia de representación ("En la hora del éxtasis comunitario, yo soy ese que aplauden, yo soy la hazaña"), se le atribuyen convulsamente a un equipo las ventajas de la fe. La mayor ganancia: la metamorfosis: eres espectador sumiso y te convertirás en nación vencedora; eres ama de casa y —durante algunas horas de algunos días— abandonarás tu marginalidad para añadirte a la insurrección gozosa; eres niño y de golpe se olvidarán de tu condición inferior y protegible y podrás fundirte en el seno de una emoción ni infantil ni madura; eres joven sin futuro previsible y gracias a tu fanatismo ingresarás a una sociedad creada especialmente para la ocasión; eres medio masivo de difusión y durante un mes concentrarás en ti todas las miradas, y serás indispensable, el sitio de encuentro de clases, edades, avideces comerciales, seguridades nacionales.

Para izar el sentimiento cada quien aporta su cuota de pasión y fibra nacionalista virgen. Las ilusiones trigarantes. No hay instantes desperdiciados. En Monterrey por ejemplo, los comerciantes futbolizan su cosmovisión y Joyerías FG anuncia: "¡Selección de Oro! El equipo tricolor es mucho kilataje. . . Si de joyas se trata. . . ¡Somos su mejor selección!", y Pinturas La Sultana proclama: "¿EL MEJOR GOL? Usted lo hace", y la casa Sólo Salas advierte con más oportunismo que sexismo: "Deje a su marido ver el futbol, y venga a comprar una sala, nuestros decoradores la aconsejarán". La pasión inventa a la comunidad, y la televisión alienta el nuevo Contrato Social sin palabras: Creo en el futbol que es la esencia de la Nación deseable; veo en el partidario de la Selección al ciudadano perfecto.

"A ver, una ola. Que aquí retiemble en sus centros la tierra"

Aeropuerto Central. Fiebre de sábado 21 de junio en la mañana. El mejor turismo es el nacional y desde ayer hay vuelos extras a Monterrey, la supremacía de México sobre Alemania exige el testimonio directo. (Yo *estuve allí* quiere decir: "Yo soy el único intérprete confiable de mis sentidos".) En la sala de espera del vuelo 271A la gente se ríe anticipando los chistes, y se somete a las demandas de aliento de dos líderes de opinión: el cómico Cepillín (que hoy es famoso por-

223

que fue famoso) y un español de boina gigantesca, camisa y pantalones rojo flamígero y tambor al calce, quien demanda para sí el nombre de Manolo y no le concede tregua a su arrasamiento de tímpanos, *vaba-boom*, a soltar garganta *va-baboom*, ahora una ola con mucha vitamina, aquí viene la porra, muerte a la mudez, *va-ba-boom*. . . Viva España, viva naturalmente México. Anulado en mi cívica sordera y resentido ante este linchador del silencio, atiendo a la explicación de su popularidad:

—Manolo llamó al programa de Guillermo Ochoa y explicó su caso: él *tenía* que ir a Monterrey a alentar a los mexicanos, y regresarse a Puebla al día siguiente temprano a vitorear a los españoles. Pero no conseguía boletos, y le iba a fallar a la encomienda que lo trajo a este país (en donde vive). Como el drama tenía resonancias internacionales, hubo consultas telefónicas, y al cabo de un rato Ochoa le informa a Manolo: el señor Guillermo Cañedo atenderá su solicitud con mucho gusto. Pase por favor a sus oficinas antes de las doce. Un aficionado como usted merece el estímulo de los buenos mexicanos.

—Así que una vez más el culpable de todo es Cañedo.

La vigorosa orquesta de Hamelin convierte a la sala en modesto y eficaz graderío donde resucita el ingenio de los presentes, en su mayoría pertenecientes a lo que en Estados Unidos llaman *yuppies* (por Young Urban Profesionals, los jóvenes profesionistas urbanos) y que son aquí únicamente el *alivianadísimo* licenciado, el *alivianadísimo* ingeniero. Un yuppie le afirma a una joven:

—En la vida real soy médico, pero aquí vine como aficionado.

Una discusión de Manolo con los sobrecargos:

—No puede entrar con la tambora.

—¿Cómo que no puedo entrar? ¿Y nos vamos a ir de aquí a Monterrey en silencio, sin animar al equipo?

—El equipo no lo puede oír.

—Nuestras vibraciones llegan a todas partes.

Derrotado, el líder de opinión ingresa al avión.

—Es la primera vez en mi vida que en un vuelo me mandan con el bombo abajo.

POSDATA LUCTUOSA II
"LOS REGIOMONTANOS APOYAN EL VERDE A MORIR"

¿Cómo se construye el triunfalismo? En esta ocasión, a través de la ronda de la victoria múltiple: del espectáculo sobre el deporte, de la apropiación vicaria de la tecnología sobre la terquedad individualista de ver el juego en vivo, del chovinismo sobre el nacionalismo, del nacionalismo sobre el criterio de realidad, del desmadre sobre la solemnidad, de la solemnidad sobre la ironía, del comercial de TV sobre el punto de vista, de la historia sobre la indiferencia. Y el lazo de unión será el pensamiento obsesivo, que sólo exista un tema, que incluso chistes o alusiones casuales destaquen lo Real Maravilloso de este torneo (lo más importante del futbol será la importancia del futbol para nosotros). Y tan se exige el acatamiento universal de esta orden que las celebridades, de Presidente de la República para abajo, ensalzan al equipo, al campeonato, al mundo unido por un balón.

En Monterrey, el periódico *El Norte* lanza una campaña: "TODOS DE VERDE". La Ola Verde en las gradas saluda a la Avalancha Tricolor. El grupo Las Fuentes (Jugo de naranja y naranjadas) publica un aviso: "¡MÉXICO! ¡MÉXICO! ¡MÉXICO! Que el amor a nuestros colores les inspire. . . y que la disciplina deportiva les lleve al triunfo". En las encuestas, también las frases de estímulo se tiñen de verde. El ingeniero Gregorio Farías, rector de la Universidad Autónoma de Nuevo León, es lúcido y solidario: "El público debe ofrecer un fuerte aplauso al tricolor, porque no debe olvidar que tanto jugadores como técnicos son seres humanos". El arzobispo Adolfo Suárez Rivera (camisa y gorra verdes sobre sus ropas talares) espera que el Abuelo Cruz deje la banca, y aplaude la idea de la Ola Verde, ya que además "el color verde en la liturgia simboliza la esperanza". El alcalde Luis M. Farías irá al encuentro de verde y blanco con calcetines rojos y poseído por la democracia: "Por unas horas dejaré de ser el alcalde de Monterrey para convertirme en un aficionado más que apoya a su equipo favorito, porque ahí todos somos iguales". El empresario Fernando Canales Clariond, ex-candidato del PAN a la gubernatura de Nuevo León, anuncia: "Cargaré hasta con la suegra" y aguarda un marcador de 2-0, "ya que se necesita de un gran aliciente que alivíane la situación nacional". (A este respecto, el más animoso es un señor entrevistado por la radio: "Si Dios quiere, ganaremos 3 a 0. Si Dios no quiere, 2 a 0".)

Propaganda para el ego colectivo

El periódico *El Norte* lleva días publicando un editorial de apuntalamiento psicológico:

Hace tres años, con el juego entre México y Argentina, cuando se iniciaba la era de Bora Milutinovic al frente de la Selección Mexicana de Futbol, nació en el estadio Universitario la ola, como un medio para apoyar al "Tricolor"

Esta novedosa porra rápidamente se esparció por todo México y pronto se convirtió en el símbolo de apoyo mexicano en el futbol sóccer.

Ahora, en pleno Mundial, los "Tricolores" vuelven a Monterrey, confiando en el apoyo que le dará el público regiomontano.

Esto sucede por primera vez y quizá única vez en Monterrey. La mejor afición de México ahora tendrá la oportunidad de mostrarle al mundo en dónde se hace la mejor ola de México.

Aquí nació la ola y aquí debe nacer la "Ola Verde". . . vístete de verde para apoyar a México el próximo sábado.

A continuación se presentan 10 sugerencias para teñir de verde el Universitario. . .

—Lleva una camiseta verde
—Busca tu bandera de México
—Píntate el puño derecho de verde
—Lleva tu toalla verde
—Consigue una gorra verde
—Lleva una bolsa con papelitos tricolores
—Un globo verde
—Pinta tu rostro de verde
—Tu "uno rayado" píntalo de verde
—"El Tri" necesita de tu apoyo. . . vístete como sea, pero "todo de verde".

Y así, cuando hagamos la ola en el Universitario, será una auténtica "Ola Verde". . .

La bandera más grande del planeta

En el camino al juego, las calles casi vacías. Y en las inmediaciones del Estadio Universitario el crecimiento demográfico y el espectáculo. Así por ejemplo, tres adolescentes se reparten la Palabra Sagrada en sus torsos desnudos (ME el primero, XI el segundo, CO el tercero), y tan notable idea contribuye a elevar el nivel del concurso de originalidades. Se perfecciona la calidad de los maquillajes, a ganarles a los capitalinos en audacia y elaboración, a hacer del rostro una pantalla de la nacionalidad. Y mientras el ojo se acostumbra a tanto amor a la que nos dio la Constitución antes de conocernos, se suceden maniáticamente las Olas que se combinan con la inmensa "bandera", y el efecto es extraordinario. De la tarea nadie se exime y todo es minuciosamente exacto.

—Compre su bandera para la porra.

La orgía tricolor se acelera. En el estadio, el desbordamiento (cupo: 43 mil; cálculo de asistentes: 55 mil). El júbilo propone una nueva autobiografía comunitaria. Esto somos ahora, la unidad velozmente obtenida, los cartones alzados una y otra vez, el río de banderas, la fiesta de las camisetas tricolores y verdes con inscripciones feroces, o leyendas optimistas. Esto somos: la comunidad del deseo trigarante cuyos días y horas están contados.

—¡Que no se enfríe el ánimo!

—Muy bien, muy bien. Vamos ahora con el México y los Tres aplausos. Comenzamos. Y luego a desplegar la bandera más grande del mundo que es la de México.

Lo admito: es el show nacionalista más impresionante que he visto (la expresión no es contradictoria, si no se tiene tan mala idea del show o tan buena del nacionalismo). Aquí el deseo de "actualizar" los símbolos ancestrales, de ya no abandonarlos en un nicho, se somete a una disciplina con resultados —creo— superiores a los del Estadio Azteca. Mucho consigue la imperiosa voluntad de armonizar: el verde y el tricolor tiranizan las filas y el conjunto. En las horas previas al encuentro admiro la belleza de la uniformidad, del colorido docilizado por la encomienda del siglo para esta ciudad: "Monterrey, capital del universo terrestre durante 90 minutos".

El locutor se abisma en el ensayo:

—La parte de abajo con los cartones rojos, la de en medio cartones blancos y arriba los cartones verdes. Así, magnífico.

Minutos después, insiste:

—Los encargados del videotape me informan que no se vio muy bien el ensayo. A repetir con fibra. Recuerden, la parte de abajo primero, cartones rojos. . . Señoras y señores, en estos momentos estamos en proyección nacional. Eso es. Que en todas partes vean la bandera más grande del mundo. Preciosa. . .

Los nacidos para ganar sí tienen boleto

No es fácil ni barato estar aquí, en este paraíso del apoyo psíquico. Pocos boletos se vendieron en taquilla, la reventa acaparó la mayor parte con tal de frustrar a quienes pasaron la noche en las inmediaciones del Estadio. y acabaron pagando 100 o 110 mil pesos por un boleto. Si las apariencias de clase no son engañosas (¿las joyas verdaderas en Suiza?), vinieron los casatenientes de la cúpula, las élites de Nuevo León y Saltillo y Durango y el DF y Guadalajara, funcionarios, empresarios, profesionistas bien situados, técnicos, comerciantes. Y sus hijos, la juventud cromada y pulida, quienes —si el país sucumbe a la adversidad— contemplarán el naufragio desde Houston.

En los enfrentamientos míticos de la TV, la lucha de clases encarna en las diferencias entre *nacos* (los que sólo saben decir "¡Padrísimo!") y *pirrurris* (los que siguen diciendo "¡Padrísimo!" para condimentar su inglés). De ser esto cierto, los primeros se inmovilizaron frente a sus aparatos de TV y los segundos están aquí, adecuadamente representados, con el bronceado justo, la expresión de entrega (de entre muchas posibles del guardarropa), la alharaca por ser quienes son, y la técnica, aprendida en cablevisión, de ver en todo un homenaje, incluso en la burla.

¿Cómo no reconocer en ellos al equivalente de los *New-born Christians* de Estados Unidos, quienes recapturan la fe de la infancia o la experimentan por vez primera con temible monomanía? Aferrados a banderas y gritos, estos jóvenes son ahora los *New-born Mexicans*, los patriotas recién nacidos. Así fue, crecieron vagamente enterados de la posesión de un gentilicio con historia adjunta, y de pronto, como iluminados por un rayo, WHAM!, en ese camino a Damasco de los nacionalismos llamado el Mundial 86, se convirtieron a la religión del patriotismo deportivo cuya sede eclesiástica es la televisión (si la empresa se cree lo anterior, mañana se inauguran las oficinas Vativisa). Así fue, deambulaban sin siquiera un envío de gratitud a doña Josefa Ortiz de Domínguez o don Ignacio López Rayón, sólo atentos a las marcas de sus carros, de su ropa y de su posgrado, cuando ¡CRASH! la sentencia en la pared les fue revelada: aquella Selección era la suya y sus colores definían el alma. *Doy gracias a Televisa porque me iluminó explicándome que la melancolía que me sojuzgaba cada halloween era la nostalgia de mi mexicanidad.*

Si a los nacos la vida (léase los gustos de padres y parientes, o el amasiato de los gustos propios con el entorno) nunca les concedió la amnesia de los orígenes, a sus adversarios sí y con creces. A ellos la condición de *mexicano* les resulta hilera de fastidios que son parte del derecho a la herencia: idioma materno (uno de ellos), evasión de impuestos, resentimiento contra el gobierno que apenas nos concede todo, furia contra el fraude electoral, memorización sucinta de una Historia no muy exitosa, vanidades fragmentarias por deportistas, artistas, escritores y vasijas mayas. . . No mucho más, desde luego, y por eso ha sorprendido tanto el milagro de la multiplicación de las águilas y las serpientes. Cuando ya alguien en Ciudad Satélite preguntaba en tono distraído: "¿Cómo se dice *hello* en español?", emergió la ansiedad de la mexicanización, alentada por un fruto óptimo y único del humor de Televisa: el vocablo *pirrurris*.

Al orgullo patrio por vía de la apropiación irónica de un término de choteo. *Pirrurris,* un perrito faldero doblemente consentido, alguien acostumbrado a exigir desde el capricho, la burguesía diez años antes de adquirir las arrugas del conocimiento, el producto de la privatización creciente de la realidad, del nomadismo con vocabulario básico, de las universidades del privilegio (colegiaturas elevadísimas son progresos académicos), del resentimiento de los progenitores convertido en meta altísima: *"¿Eso es todo lo que le puede ofrecer la escuela a mi hijo? ¿Que llegue a Presidente de la República?"*

Y el Pirrurris se reconoció en la palabra y la hizo su imagen, se enamoró del nacionalismo y lo convirtió en martirio efímero. *Ya soy mexicano,* y como en verdad el oficio es nuevo, por lo pronto el pirrurris agita largamente las banderas, se programa mentalmente para obtener una buena bibliografía de Oaxaca, se integra en compañía de nacos y clasemedieros aún sin clasificación, a la primera generación de mexicanos *renacidos* en México.

—Si ganamos nos seguimos sobre Texas y la recuperamos. Al cabo de aquí nos queda a dos horas en Greyhound.

Prolegómenos de la tristeza

En esta hora de masificación de los símbolos, el único inconveniente es la falta de espacio prestigioso para las consignas, y eso provoca en multitud de banderas la sustitución del escudo ancestral por un "Viva México", un "Saltillo con la Selección", un "Pique", un "Mundial 86". Paciencia, animales consagratorios, ya volverán a su sitio.

—Esta vez nos va a salir todo con mucha fuerza. Esta vez nos va a salir con mucha fe.

En pancartas y mantas, la única gratitud noble: la que se da por adelantado: "Gracias Bora"/ "Alemania: la Ola Verde te ahogará"/ "Arriba Selección". Y ya presagiado por un anuncio luminoso en la calle ("Sacaremos al Abuelo de la banca/ Enviaremos a Alemania a la barranca") la compulsión: "Abuelo: el que persevera alcanza.

La mejor afición te apoya"/ "Bora: con el Abuelo el TRI será campeón"/ ABUELO/ "Abuelo para Presidente".

Francisco Javier Cruz, el "Abuelo", es el personaje mexicano de la Copa, o tal arguyen las interminables porras, y las expresiones mesiánicas que provoca la mención o la presencia del jugador. ¿Quién que es no sabe quién es? Un joven de 20 años, nacido en San Luis Potosí y crecido en Monterrey, en el seno de una familia de diez hijos, cristiano ferviente (suele orar al final de los partidos), de "origen humilde" como se afirmaba cuando ignorábamos que el origen de todos es humilde, excelente goleador, arrojado y agresivo, carismático como vulgarmente se dice. En grado sumo, él representa la gran promesa del futbol: la movilidad social a través de la habilidad deportiva, el incentivo en la vida para los millones de adolescentes que entrenan y juegan el día entero en la calle, sobre las aceras, en las inmensidades de esos llanos que mañana invadirán los precaristas. Ser adolescente en México es jugar futbol en busca de las recompensas: cultivo de la camaradería, uso gozoso del tiempo libre, ejercicio sano, y, ¿por qué no?, la gloria. Si en este paisaje del esfuerzo y la emoción agónica, el célebre Hugo Sánchez es desde hace tiempo la imagen formativa (quien anota gol en todos los comerciales, quien la hace en el extranjero), en los meses y días recientes el elegido por los aficionados como modelo es el Abuelo Cruz.

Éxito son del tiempo, y no del hombre. En el siglo XIX, uno podía ser Benito Juárez, y seguir cuidando ovejas a los 12 años, o Porfirio Díaz, indígena y soldado que en un descuido terminaba de dictador. Luego, aprovechándose de la confusión que causan las efemérides, los días 20 de noviembre se multiplicaron los modelos del ascenso: Obregón, el agricultor a quien la prematura muerte de otros caudillos elevó al primer rango; Miguel Alemán, un abogado a quien favoreció la necesidad de gobernantes civiles; Adolfo López Mateos, un joven orador de Toluca, sin lustroso apellido ni notaría que heredar; Fidel Velázquez, un lechero del estado de México; Manuel Espinosa Iglesias, un ayudante del negocio de cines. El país crecía y ellos ascendieron. México, el paraíso de las oportunidades. Pero ahora se desvanece el horizonte de la movilidad, y para quien no es Hijo de Alguien, sólo quedan abiertas tres vías de ascenso: los espectáculos, los deportes, y las ganancias que la sociedad santifica a escondidas. Y si antes triunfaron Pedro Infante, un carpintero de Guamúchil, y Javier Solís, un mariachi de la Plaza Garibaldi, ahora encarnan confiablemente para millones las rutas del ascenso: José José, cantante de bares de segunda; Juan Gabriel, criado en un orfelinato de Ciudad Juárez; el Abuelo Cruz, el plebe de Monterrey; Fernando Valenzuela, el fenómeno que creció en un pueblito ignorado de Sonora. . . y, ni modo, el narcotraficante Rafael Caro Quintero. Todos esos millones de dólares a los 28 años.

"Que no quiero verla"

A un desconocedor del futbol, y yo presumo de serlo, no le es fácil seguir los vuelcos anímicos de una multitud deseosa de una victoria rápida, segura de que su equipo pelea hasta el límite, anhelosa del colorido que vocea el idioma trepidatorio de los locutores; pases áureos, coreografías en el césped, juego por alto, atrapadones y olés del museo del ejercicio físico. El partido Alemania-México transcurre, y la mística se va apagando, mientras el arrebato deviene programa de estímulos psicológicos: ya lo sabes, mano, los chiflidos inhiben al enemigo, los teutones están en territorio enemigo, las porras avivan la casta de los nuestros, si uno ve a su alrededor sólo colores nacionales se le incrementa la fibra y el coraje.

La victoria no llega, y el suspense policiaco desplaza a la manía de conquista. Cada segundo es de angustia, y cada minuto de frustración. De los rostros se borra el fulgor de las horas previas, y en esta agonía a pausas se ensaya el recurso de última hora: el palmeo frenético, el aliento a los jugadores, el exorcismo que aleje las horrendas vibraciones de la derrota. *Clap-clap-clap*, el ánimo se enciende, se apaga, quiere encenderse, se transforma en la zozobra de los dos tiempos extras, y se extingue al ganar Alemania en los penales.

¡Cuán presto se va el placer! En un instante, lo anticlimático es la norma, y para defender el buen nombre del país, ya sólo quedan el gobierno y la sociedad. En el estadio de Monterrey se enrollan las banderas, el público (que era hace unos minutos la Nación) descubre con dolor que esta íntima tristeza no es dolorosa, y la furia se resuelve en un encogimiento de hombros. ¿Qué se le va a hacer? La emoción dio hasta donde se pudo, y ahora se recupera el gusto por todos los colores. Qué bonitos el anaranjado y el gris perla.

En el pasillo, alguien insiste en el "complejo de inferioridad" del mexicano. ¿No se han fijado que retrocede siempre a las puertas de la victoria, Hidalgo en el Monte de las Cruces, el boxeador proletario en el último round, la Selección ante la portería enemiga?

Algunas mujeres lloran. Parejas de jóvenes se abrazan desconsolados. Un adolescente gime sin subterfugios. Un señor lo alienta:

"¡Ánimo! El país no se ha acabado". (¿Cómo sabe?) Un vendedor desesperado comenta en voz alta:

—Díganme qué carajos hago. Le aposté a la victoria y compré todo esto, camisetas, banderas, piques, cornetas. ¿A quién se las vendo? La demanda para el 15 de septiembre es muy baja. Ya sólo me queda esperar una revolución o la invasión de los gringos. Y chance ni siquiera así salgo de esta mercancía.

La frustración es, sobre todo, ocasión de silencio, y de conversaciones circulares en voz baja: ¿Qué habría pasado si México gana? ¿Cómo encauzar tanta energía juvenil? ¿Cómo desencauzar tanta energía juvenil? En lo que falta del siglo ya no habrá en México multitudes así de candorosas y abnegadas, porque el prerrequisito de este nacionalismo "en estado puro" (sin política, sin historia, sólo armado de símbolos y de explosiones del resentimiento económico), es la sensación de ser el-centro-del-mundo, la concentración universal de cámaras y micrófonos.

El impulso adquirido da todavía para algo: a las once de la noche y a la una y a las tres de la madrugada pasan los aficionados en sus autos, y gritan, alaban al país que ostenta tan bendito nombre, le transfieren su rencor al claxon, le dan un uso postrero a las trompetas de plástico. Abatidos porque no logran personalizar la desdicha, dos chavos aprovechan los altos, se bajan del volkswagen, bailan un frenético jarabe tapatío (cantado) y se alejan con su caravana dancística hasta el próximo semáforo. La tensión y la fe disminuyen, al punto de que ya se maneja con astucia la sensación de pérdida y se huye de la primera persona del plural (ya no se dice "Perdimos", sino "Perdió la Selección"). Sólo una convicción permanece: el futbol es el adelanto de una época en donde los hechos, para serlo de veras, deberán ocurrir en la televisión.

En el hotel, la borrachera festeja la falta de motivo de festejo. A las tres de la mañana, un grupo de cincuentones baila aplastadamente la rumba insurgente que un comercial entronizó: "Siquitibum, a la bin, bon, ba. . ." Ante la suspensión de la credulidad y el tamaño (negociable) de la pesadumbre, me imagino un anuncio en los periódicos: "Quien encuentre a la Patria que haga favor de devolverla". A la bío, a la bao, a la bin, bon, ba.

29 de junio. Clausura del Mundial 86

¡Adornaos, príncipes! ¡Es tu ciudad, Dador de la Vida! El sumo sacerdote asciende las escaleras en pos de los últimos latidos de la núbil. Retumba (idealmente) el tambor de jade, las flautas resuenan, y claman el viento, el mar de gente y los atabales. En el centro del escenario —cual collares de rojas plumas— bailan las tribus expulsadas de Aztlán hace ya mucho, y sin embargo todavía atenidas a los trajes del Ballet Folclórico. Hoy, en los templetes de la Plaza Mayor se distribuyen los grupos sacrificiales, mientras los técnicos se aseguran del aprovechamiento telegénico del culto al pasado remoto. Niebla hay de cantos de escudos y, malamente iluminado, el Zócalo es el sitio inevitable para la clásica ceremonia azteca, el majestuoso encendido del Fuego Nuevo.

¡Oh amigos míos, nobles,/ vosotros, águilas, tigres:/ adornaos! El señor Alfredo Hoyos, director de Acción Cultural del DDF, con lágrimas de obsidiana *lo asegura*: esta fiesta será igual a las efectuadas hace 3 mil 500 años: el mismo vestuario, maravillosamente idénticos los bailes, simbólicos por desdicha los sacrificios. ¿Cómo sabéis que dice la verdad, flores de la hoguera? Bueno, él es miembro del gobierno, y el gobierno no miente jamás. Así fue hace tantas lunas: la Plaza colmada, la expectación de los macehuales, los grupos de danza folclórica esparcidos entre los teocallis y las cámaras emplazadas a la perfección.

"Joven abuelo, permíteme la prisa
Único héroe sin serie en Televisa"

El nuevo pacto del Estado y la televisión privada: en tiempos difíciles, el kitsch óptimo es el de motivos prehispánicos. El Kitsch (el término austriaco que en su origen significó "el arte de la basura", y que defino abruptamente como la exaltación estilística del mal gusto, la religión de la imitación, el sistema cerrado del arte fallido, la estética de la degradación de los sentimientos) es, por naturaleza, instrumento de consagración de la industria cultural y recurso entrañable de los promotores de actos públicos. *Ahora que los estudiantes de secundaria formen con cartones el rostro del Presidente Echeverría. . . Que en el momento culminante salgan 30 actores vestidos como el cura Hidalgo a agitar el estandarte.* Y ante algo tan universalmente contemplable como unos Juegos Olímpicos o un Mundial de Futbol, el alborozo aumenta: Consigan diez mil palomas, no dejen milímetro libre del estadio sin una pareja bailando el jarabe tapatío. . . ¡ah, y frente al palco presidencial una coreografía prehispánica!

Imaginamos la escena. Entre aparatos y secretarias y telefonemas, los publicistas discuten: ¿cómo hacer la campaña del Mundial? ¿Qué es lo específicamente *mexicano*, aquella esencia que le dará la bienvenida al planeta? ¿Son lo Más Mexicano a la vista el Charro y la China Poblana? No están mal desde luego, y deberemos usarlos pero evocan de inmediato cine, mariachis, y los comerciales cerveceros que calman la sed en los jaripeos. . . Una pareja moderna, mestizos de ojos azules, conviene más y demuestra que la crisis no nos regresó a la edad de las cavernas, pero es muy convencional, se la encuentra uno en cualquier ciudad del planeta. . . ¡Ah, ya sé! Si fracasó comercialmente el Pique, que emblematizaba el México bravío y bravero, levemente procaz, recién urbano y todavía rural, démosle oportunidad a aquello cuya moda crece a diario: la vida, el arte, las costumbres, las vestimentas de los aztecas y demás precortesianos.

"Como México se transforma tanto, ya sólo deberá representarlo aquello que no tiene manera de cambiar"

¡Maravillosa Industria sin Chimeneas! Tú nos descubres lo más rentable y lo más aprovechable. Tus hordas, sus ansiedades fotográficas y sus aspavientos de admiración nos hacen revaluar a diario nuestras posesiones sacras, y nos llevan a urdir espectáculos a la altura de sus expectativas. A los Indios Voladores de Papantla (el riesgo que potencia la belleza del espectáculo), se añadieron los shows de luz-y-sonido en cada centro ceremonial; la multiplicación de los ballets folclóricos; los desfiles de modas con "trajes prehispánicos" (ocultos tras "máscaras de Posada" los rasgos seguramente esplendentes de las modelos), las señoritas de sociedad que se retratan junto a la Coatlicue (la inmortalidad de la fea la hermosa la desea); las novelas intituladas *Aztec* o *Princess of the Tarascans* o *Bury my heart in Teotihuacan*; el comercio mundial de piezas prehispánicas. . .

Dada la exaltación, el resultado de la junta de los publicistas era previsible: lo propio de México, lo dotado de *glamour* a los ojos del mundo era el mundo anterior al virrey Antonio de Mendoza y sus humanistas matanzas de nativos. Televisa prodigó videoclips con caballeros águilas que —seguidos de helicópteros— recorrían las selvas mayas, dibujos de pirámides en la cancha del Estadio Azteca, chac-mools coronados por balones, juegos ceremoniales de pelota a los que ya sólo les faltaba un entrenador yugoslavo, balones en forma de señales de buen agüero. Por fin se conocía el sentido de la vida anterior al uso del castellano: su asimilación publicitaria. *Se va pintando tu corazón/ con flores policromas:/ pintas tú/ tu canto, tu palabra,/ oh copyright/ oh, marketing/ oh video.*

Entrelazado está el Árbol Florido, ¡oh Regente del Kitsch!

En el Zócalo la multitud se concentra en el intento, un tanto frustrado, de ver un baile, un desfile de trajes inspirado en el vestuario de los sketches de teatro frívolo, una colección de poses aprendidas en las representaciones estudiantiles de *Moctezuma II*. Desde los templetes, los locutores contradicen el ambiente de feria tristona, y leen fragmentos de poesía náhuatl (en las traducciones de Ángel María Garibay y Miguel León-Portilla).

Si existe el kitsch que no engaña a nadie sobre su condición, su ejemplo magno es el show del "Fuego Nuevo" que organiza el Departamento Central. ¿Quién encontrará aquí visiones artísticas o estímulos emocionales o el placer de lo Bonito? Se trata tan sólo de ocupar danzantes, coreógrafos, carpinteros, electricistas, publicistas, burócratas, servicios de seguridad, en el empeño de despedir al Mundial de Futbol con un espectáculo "que agrade a las masas" y finja honrar las tradiciones. Lo de siempre con una novedad: las autoridades capitalinas son las primeras víctimas de la retórica gubernamental, y se precipitan a organizar actos que defiendan o auspicien "la Identidad Nacional, la idiosincrasia, la autoctonía".

¿Y si hay un fondo de sinceridad y los organizadores creen representar fragmentos de la Identidad Nacional? *Y esos nuestros cantos, y esas nuestras ponencias ya son nuestra mortaja.* ¿Y si de tanto defender discurso a discurso, y simposio a simposio a la Identidad, llegaron a la conclusión de que existe, está localizada en alguna parte y se halla amenazada? Sería gravísimo. Para empezar, ¿cómo se representa a la Identidad visualmente? No valen los elementos modernos, por no ser específicos; no convienen los atavíos criollos (por no ser populares), ni las fiestas y las vestimentas del lumpen, porque muchos las hallarían denigrantes. . . Y sólo queda a mano el repertorio ancestral. Además de los símbolos patrios, lo único que ya se reconoce de modo unánime como Identidad Nacional es lo prehispánico.

A nombre del grupo de Danza Azteca Xinachtli, el jefe capitán Andrés Segura Granados protestó por "las actividades irrespetuosas y seudoculturales de las autoridades del Departamento del Distrito Federal" y calificó a este encendido del Fuego Nuevo de "oportunista, comercial y mercantilista". Tiene razón desde su perspectiva, pero quizás debería tomar piadosamente en cuenta el desastre de una retórica nacionalista, que ya sólo dispone de un público cautivo: los propios funcionarios. Suenan los atabales, ascienden las doncellas, se esparcen los danzantes, abundan las plumas de guerreros intrépidos, y la Identidad Nacional (según el gobierno) necesita del kitsch para existir. *Vano afán. ¡Gozad, gozad amigos míos!* El arte en los museos y la obsidiana de plástico en el corazón de los funcionarios el último día del Mundial de Futbol.

Viñetas del movimiento
urbano popular

La "desesperación urbana" y su imagen arquetípica: la pareja desciende del camión, con bultos que incluyen 6 niños, y se lanza a conquistar el Edén subvertido. En su pueblo no hay trabajo ni agua, los latifundistas le imponen precios de hambre a sus productos, un hijo se les murió por falta de atención médica. . . La historia continúa tristemente, con las alegrías a cargo de la amnesia. A la gran ciudad llegan en busca de parientes, de amigos, de la suerte que da Dios. A las esperanzas históricas las matiza vigorosamente el influjo de los medios masivos: la urbe como la conspiración del neón y los ruidos de motores, las oportunidades centelleantes, los cursos de habilidad para entender las reglas de juego. No son criaturas de los Medios, desde luego, pero de ellos extraen el lenguaje urbano que les va haciendo falta, materiales para las "claves de entendimiento".

¿En dónde se instala la Pareja Legendaria? En barrancas, pedregales, cerros, zonas minadas, viviendas semiderruidas. Alguien les dijo que por allí podrían quedarse, y no tienen nada que perder, ésa es su característica, nada que perder, han dormido a la intemperie, en chozas sin piso y sin techo, han sido expulsados de predios o de vecindades, y están dispuestos a la experiencia. La meta es inequívoca: un sitio propio, un hogar propio.

El cuartucho donde viven es sumamente inhóspito. Pero el calificativo no es suyo, para ellos la hospitalidad es un saludo, un pedazo de tierra, la conversación incidental con los nuevos vecinos, la primera distribución de tareas comunales. La situación jurídica de la Pareja es irregular, y la colonia carece de servicios. No hay agua, ni drenaje, ni escuelas, ni transporte suficiente. Pero es lo que hay, y allí se quedan, en la nerviosa y aguda primera noche, inmersos en la conversación circular que se obstina en resolver el proble-

ma planteándolo sin cesar: "¿Cómo ves? Me queda lejos del trabajo, pero ya buscaré algo más cercano. Los niños están chiquitos,
así que por lo pronto no necesitan la escuela. Prometieron que ven-
dría un cura cada quince días. El camino está peligroso y hay que
quitarle muchas piedras y aplanarlo por trechos. . ."

En los días siguientes, la Pareja amortiza su visión del Edén Posible. Es falso que la tierra sea de nadie, aparecen dueños o representantes de los dueños, que bien pueden ser distintos, muchísimos
propietarios del mismo terreno, sus nombres jamás coinciden. Y estos falsos o verdaderos terratenientes exigen abonos, hablan de sus
excelentes relaciones con las autoridades, los insultan y se alejan con
pasos rápidos. Acuden los dirigentes, que lo son del Valle de México o de la Federación Nacional de Líderes Comprobados, membrete domiciliado en un edificio lóbrego de la calle Donceles, y solicitan cuotas con voz meliflua o a gritos, improvisan discursos colmados
de seguridades, insinúan con tono quedo y codicioso la conveniencia de pactar con el dueño, de pasarla bien mediante un pequeño
arreglo. Y la Pareja se entera paulatinamente de los significados de
la especulación, de los usos seriados del suelo, del encarecimiento
de los servicios inexistentes, de la importancia de los Funcionarios
Menores y Mayores. Con la lentitud de años de vigilia frente a ventanillas, de años de dilaciones que violentan incluso paciencias en-
trenadas durante siglos, la Pareja conoce la Ciudad de las autoridades, y la importancia (que personalizan al extremo) del Departamento
del Distrito Federal, de las Delegaciones, de Obras Públicas, de las
Juntas de Mejoras, de Fideicomisos, de las diversas instancias de
servicios.

Los términos y los formularios los acosan, aves de presa burocráticas: ¿cómo afirmar su derecho al uso de la tierra, a quién reclamarle los servicios? El Funcionario Menor se reúne con los vecinos,
los ve sin verlos, los oye sin oírlos, hace patente la buena voluntad
del delegado, se incomoda seráficamente ante las agresiones verbales, promete considerar las demandas, las revisa con una ojeada apro-
batoria que ni concede ni rehúsa, da palmadas en la espalda y se
aleja. Ya volverá otro —la burocracia es multiforme— que hará lo
mismo.

LA RESPUESTA

Las necesidades de respuesta obligan a reuniones tempestuosas, donde cada uno aporta su ira y su denuncia. Hay entre los convocados

gente con mayor experiencia política (nunca demasiada, son miembros de partidos de izquierda, activistas estudiantiles no del todo resignados a la inacción, integrantes de comunidades de base cristianas), y casi siempre son ellos los que al principio reproducen las atmósferas de las asambleas estudiantiles, y nombran comisiones para atender a las comisiones, que suelen quedarse en buenas intenciones rememorativas. Al principio, cuenta lo que han vivido, abundan la apatía, la desconfianza y esa forma renuente de la apatía, la impaciencia colérica, pero luego se extenúan los fuegos artificiales, y la organización va surgiendo.

Muchos de los primeros líderes suelen fallar. Son impetuosos y confían tanto en su carisma que aceptan negociar a espaldas de sus representados, no se molestan si se les hace objeto de regalos, acumulan sensaciones de importancia al sentarse a la mesa con el Funcionario. A veces se perpetúan y se vuelven caciques típicos, con su cauda de mujeres fanáticas (imágenes no muy distantes al "Anacleto Morones" de Juan Rulfo), y de amigos a quienes los enemigos llaman *pistoleros*. En otras ocasiones, las asambleas rugientes los deponen, salen de la organización o la dividen, hay pleitos a golpes, y los pistoleros que el cacique llama *amigos* disparan al azar de un cuerpo cercano, hay escándalo, el cacique acusa a los "revoltosos" de matar a su propia gente con tal de incriminarlo, el entierro es muy combativo, el cacique se retira, y meses después se le sabe al frente de otra organización en el otro extremo de la ciudad, o en Celaya, muy rico.

EVA TOMA LA PALABRA

La mujer de la Pareja Legendaria empieza a cambiar. Al principio, cuando desembarcó del mítico camión en la mítica estación ADO, su visión de las cosas era, por así decirlo, restringida. Le preocupaba su familia, la que llevaba a cuestas y la que dejaba y se afanaba en darle a ese pedacito de tierra la apariencia de hogar. Hasta allí. Pero meses y años de espera tienen sus efectos. La Eva eterna de paso rápido y humildito desaparece, y la remplaza Doña María o Doña Lupe o Señora Araceli, que asiste a las juntas de vecinos, el primer día casi ni respira, luego sigue yendo porque su marido no puede asistir, pasan las reuniones y ella callada, queriendo entender, nadie la anima a hablar, todos aplauden las exigencias a las autoridades y las autoridades jamás contestan.

Una tarde se discute lo del agua, y ella ya no aguanta, y como no dando crédito a lo que oye, pide la palabra y dice que ya está hasta la madre, todo el tramo inmenso que debe recorrer con los baldes, el pipero les cobra lo que se le antoja, hay maloras que le tiran el agua, y no es justo, tiene ganas de llorar pero prefiere decir que ya no aguanta, se enoja todavía más y grita que no es justo, ella es un ser humano y sus amigos y conocidos aprueban con mirada y manos sus palabras. Al callarse, un frío inmenso la sacude. *Habló en público*. Ella, tan atemorizada ante la perspectiva de siquiera quejarse. . . Desde ese momento su participación se intensifica, acompaña a los líderes, emite consignas y descubre la potencia de su voz, lleva pancartas, les pide a las vecinas su asistencia puntual a las juntas, todo es por nuestro bien, y el colmo, el instante de madurez, cristaliza una mañana. El representante de la delegación acude a dialogar con los vecinos, les explica en tono untuoso los deberes del Departamento Central, esto que piden ya no nos corresponde, pero la buena voluntad del Señor Regente. . . Y ella lo interrumpe: "Si el Señor Regente nos tiene tanta buena voluntad, ¿por qué no viene aquí a decírnoslo?" Y el representante le cuenta del infinito trabajo, de las numerosas juntas, de su ocupado día, y ella le contesta: "Somos parte de su trabajo. Debió estar aquí cuando nos vendieron esto que no tiene ningún servicio, o debió estar aquí para cerciorarse de que no hay transporte". Y arremete también contra el Delegado, y el representante se sulfura y le replica que él vino a conversar no a pelear, y ella insiste, no por echar bronca, sino porque se siente por fin dueña de su palabra, dueña de sus puntos de vista, y le da gusto que las demás también sean como ella, más vehementes o menos vehementes, más informadas o menos informadas, pero seguras de algo: su participación en los asuntos de la colonia las ha hecho distintas, ya no se dejan tan fácilmente, ya no quieren dejarse.

DE LA SENSACIÓN LLAMADA "TOMA DE CONCIENCIA"

A partir de los años setenta, cunden las organizaciones en las colonias populares. Antes, ni esperar asomos democráticos en las llamadas "ciudades perdidas", los juntaderos de cartón, ladrillo y seres humanos en donde se agazapan familias espantadas y halagadas por la presencia del fotógrafo. Y luego de un tiempo letárgico apenas sacudido por el desfile de unos cuantos antropólogos, el movimiento estudiantil de 1968 es causa directa e indirecta de la toma de conciencia. *Causa directa*: los estudiantes indignados deciden actuar en medio del pueblo. *Causa indirecta*: el sacudimiento nacional ante las manifestaciones y la matanza es la certeza confusa pero inerradicable, de una crisis política. Ya es hora de que el PRI no nos maneje como niños.

En Monterrey y en Saltillo, en Chihuahua y en León, se convoca a reuniones en los asentamientos nuevos, se nombran mesas directivas, se proponen citas con funcionarios, tareas colectivas para crear un parquecito de juegos o mítines que denuncian los abusos de los transportistas. El PRI insiste en controlar a los líderes, y muchas veces lo consigue, con mujeres enérgicas de hembrismo a semejanza de los caudillos, o con antiguos ayudantes del diputado que creen llegado su tiempo de ascenso. Pero en otros lugares, jóvenes egresados de las universidades, o que interrumpieron estudios en el cuarto semestre de Leyes o en el quinto semestre de Medicina, desplazan a los priistas históricos (con su caudal intocado de referencias a la Revolución Mexicana), y crean un nuevo punto de vista.

No se exagere en el aprecio de su bagaje ideológico. Los nuevos dirigentes suelen saber poco de política, pero lo saben enardecidamente. El Estado es el enemigo (¿cómo explicar debidamente qué es el Estado?), porque es capitalista en todo, hasta en la manera de regular el suelo urbano y dotar de servicios, cosa que hacen protegiendo los intereses del capital. El gobierno es el enemigo (y eso no necesita explicación), porque protege a los propietarios del suelo y de las viviendas (fraccionadores, casatenientes y terratenientes), porque constructores, vendedores de material, piperos y permisionarios de camiones usan a discreción el apoyo de las autoridades. La policía es el enemigo, porque los roba, los veja, los persigue hasta el interior de las casas, les niega con su arrogancia y brutalidad la existencia misma de derechos. La burguesía es el enemigo, porque lucra con las necesidades de todos, respaldada por la política mundial del imperialismo.

El mensaje es inobjetable, pero los caminos de su transmisión son a veces inescrutables. ¡Cuántas asambleas extraviadas en el habla especializadísima del marxismo que se fragmentó como el latín clásico! Hablan trotskistas, stalinistas escasamente arrepentidos, maoístas, guerrilleristas verbales, guerrilleristas prácticos divorciados de la praxis. . . y su voz es dogmática, y su acento es sectario, y sus resultados varían. La gente sigue apenas el vuelo de su discurso, pero aprehende la intención visceral y aplaude, y hay grandes marchas y mítines incendiarios. Mucho se obtiene en los años setenta: el reconocimiento oficial del movimiento urbano popular; éxitos sin precedente en Chihuahua y Nuevo León; la certeza de un poder nuevo, distinto, al margen de las soluciones convencionales de la izquierda.

Los estudiantes son indispensables. El fuego de la revolución se vierte a través de su aspecto, de su furia denunciatoria, del esquematismo que redime la capacidad de sacrificio. Véanlos por ejemplo discutir el nombre de la colonia o del campamento. Se llama "Emiliano Zapata" o "Pancho Villa" o "Tierra y Libertad" o "Genaro Vázquez Rojas" o "Rubén Jaramillo" o "Mártires de la Lucha Agraria". Véanlos atender los dispensarios, las escuelas de enseñanza nocturna, los bufetes jurídicos gratuitos, las escuelas de artesanías. Dan su tiempo, su energía, su desasosiego radical. Muchos de ellos se frustran, abandonan el proyecto y se incorporan a la masa del descontento conformista, hartos de ya no recibir las descargas anímicas de los primeros días, cuando la mera enunciación de frases confiscadoras del poder era en sí misma compensatoria, orgásmica. En la mayoría de las colonias, el habla marxista es asimilada y negociada lingüísticamente, algo queda y mucho se desvanece, persiste la visión general del orden social, se eliminan los saltos en el trapecio dialéctico y las condenas más fulgurantes a los socialrevisionistas que faltaron a la junta de ayer.

De modo paulatino, una segunda generación estudiantil interviene, ya no lacerada psíquicamente por el 68, ya no ansiosa de redimir en una sola asamblea al pueblo de México, a la hermandad latinoamericana. El fervor cede el paso a una comprensión más detallada de los procesos urbanos, al estudio de los pasos específicos. Y a la necesidad de ver como un hecho en tres niveles la construcción del movimiento urbano popular. Muchos se consumieron políticamente apostándole todo al *corto plazo*, exigiendo al instante la solución de problemas de título de propiedad y de control territorial. La siguiente generación de activistas deposita en el *corto plazo* la obtención de estímulos y respuestas cotidianas, y cree ya en el *mediano plazo* (es casi imposible, en el desenvolvimiento político, aceptar sinceramente la existencia del *largo plazo*).

Son muy puntuales en las asambleas estos adolescentes y jóvenes de ambos sexos. Vienen de los Colegios de Ciencias y Humanidades, del ya no tan atroz descubrimiento de la desorientación vocacional, de las escuelas profesionales sobresaturadas, del trabajo modesto en la burocracia, de negocios familiares que apenas dan para mantenernos, así están los tiempos. De sus predecesores, estos jóvenes heredan el impulso, la consagración a la comunidad como urgencia política, la justificación moral de una labor que a otros les parecería "localista". Pero se niegan a repetir errores, aunque forzosamente lo hagan, se oponen a las falsas proezas del sectarismo y del moralismo, a las asambleas encrespadas que juzgaban a socialtraidores y adúlteros, condenaban previamente cualquier negociación con el Estado represor, y fomentaban la obsesión de hacer de colonias y campamentos zonas de autonomía, los "territorios liberados" del Anáhuac.

No es fácil sostener la emoción utópica, a sabiendas de que no hay reinos-de-Dios-sobre-la-tierra. La generación presente de activistas del movimiento urbano popular, y los sobrevivientes del impulso inicial (muchos más de los que podríamos suponer desde nuestra tradición del desencanto extremo cada cinco años), suelen concebir su tarea racionalmente, y captan el ritmo de las concesiones gubernamentales en época de penuria, buscan apoyos de instituciones públicas y privadas, se benefician con adelantos de la ciencia y la tecnología. Algunos, inevitablemente, añoran la sagrada intemperancia, tan útil cuando se creía en las funciones omnímodas del movimiento, al mismo tiempo partido político, espacio de la reconstrucción moral de México, punta de lanza de la transformación latinoamericana. ¡Ah, el griterío de los desfiles, la impresión nítida de que el gobierno cedería, que ya estaba a punto de instalarse el nuevo poder urbano!

LAS IMPRESIONES DESDE FUERA

El Delegado del DDF desconfía del testimonio de sus sentidos. No es posible que sigan insistiendo. ¿Qué más quieren? Les ha concedido (parcialmente) la titulación, les ha llevado agua (la suficiente), ha negociado con los de las combis para que no cometan tantos abusos y amplíen sus horas de servicio. ¿Qué más quieren? Es una pesadilla, no dejan de exigir, de hacerle mítines enfrente de su ventana. Las colonias populares son la cruz de cada delegado. No se presentan a inauguraciones rumbosas, y los hacen conscientes de la imposibilidad de gobernar como es debido, es decir sin presiones. Esos jovencitos, y ahora esas jovencitas tan llenos de datos, y tan enfáticos. ¿A poco le van a indicar cómo cumplir su deber? ¡Bola de precaristas, delincuentes al menudeo!. . . Ni modo. Se le ordenó escucharlos con paciencia y negociar, porque en tiempos de calma los apaciguados salen más baratos que los golpeados.

¿Y qué les va a decir? No hay dinero, lo de la crisis es muy serio, a él le racionaron la gasolina y tuvo que prescindir de dos ayudantes y de dos choferes. Y lo del terremoto fue la postrer gota de agua, o la tempestad fuera del vaso. *¡¡Doscientos mil millones de pesos para las viviendas de los damnificados!!* Y todos le piden al gobierno como si éste de veras fuese padre literal. *¡Un país de damnificados!* Sólo eso faltaba. Y al rato llegan los del Comité de la colonia. ¡Qué chinga! Cuando había con qué, se les contentaba rápido. Eso lo hizo muy bien Alfonso Martínez Domínguez en Monterrey, o el PRI en Chihuahua. Repartieron títulos, introdujeron servicios, emplearon a varios, y los ánimos combativos disminuyeron. Así debe ser, este país (y para el caso cualquier país) no es para revolucionarios de gran aliento, aquí los militantes son representaciones simbólicas de sus propias demandas.

El Delegado se fastidia. ¿Qué esto no se acaba nunca? Hay líderes irracionales que no se mudan de colonia para mejorar. Algunos persisten, y siempre llegan otros, idénticos a los primeros, tal vez más hambreados. Y eso es lo peor, la gente es inagotable. Cuando él se inició en la política eran otras circunstancias, pero la demografía todo lo desgobierna, nacen a cada segundo y al minuto siguiente exigen vivienda. Así no se puede. El Delegado ya se resignó. Ahora el ascenso verdadero significa olvidarse de la gente y atender a las estadísticas. ¡Cómo envidia a los que ya no se enfrentan con los comités de esto y aquello! Él quisiera intensificar la muralla de subdelegados y comisionados y secretarios particulares, que ya no lo agreden cada quince días esos semblantes estólidos que se agolpan ante su escritorio. Triunfar en política es no ver jamás, directamente, a los damnificados de la vida.

LA RONDA DE PLANTONES

Ante el Departamento Central, la comisión de mujeres de una colonia de San Juan de Aragón, en demanda de sus títulos de propiedad. Llevan casi tres horas voceando consignas y agitando sus "cencerros" (botes de Carnation o de cerveza, aplastados de un lado y rellenos de monedas). Contra el calor, elevan la desmayada protección de las sombrillas; contra las dudas sobre su identidad, exhiben sus delantales. No les han hecho caso, y no ha salido comisión alguna a entrevistarse con ellas.

El arma óptima de la burocracia: el cansancio: "Vengan mañana. . . Vengan el lunes. . . Espérense un rato. . . A lo mejor hoy los recibe el Señor Delegado. . . Van ustedes a disculpar, pero el Licenciado tiene mucho trabajo. . . ¿Trajeron las copias que les dije? No, no son ocho, se necesitan dieciséis. . ." Contra la dilación infinita, la constancia en los plantones. Para contener a los peticionarios, la administración busca desgastar su temple, hacer de las antesalas hoyos de la exasperación. Y en su turno los colonos invierten las horas que haga falta en delegaciones, en marchas y plantones de horas, en la búsqueda del Señor Licenciado donde quiera que vaya.

En el duelo entre el tiempo de la burocracia (promesas, demoras, ausencias) y el tiempo de los peticionarios, algo han adelantado estos últimos. Han extendido por doquier las antesalas, y es ya político el uso de su paciencia.

[1986]

¡Duro, duro, duro!
El CEU: 11 de septiembre
de 1986 / 17 de febrero de 1987

En abril de 1986, es considerable el prestigio del rector de la UNAM Jorge Carpizo. A los 40 años de edad, Carpizo, doctor en leyes y constitucionalista reconocido, ya ha sido abogado general de la Universidad, coordinador de Humanidades y director del Instituto de Investigaciones Jurídicas. Se le reconoce capacidad académica y de él se espera un comportamiento distinto al de sus predecesores inmediatos en la Rectoría, el doctor Guillermo Soberón (por dos periodos), y el doctor Octavio Rivero Serrano, quienes, según opinión muy difundida, vieron en la UNAM el peldaño político, que burocratizaron en gran medida.

El 16 de abril, el rector Carpizo da a conocer un documento, *Fortaleza y debilidad de la UNAM*. La aportación notoria es la autocrítica minuciosa:

—La estructura de gobierno de la UNAM ya no responde a las dimensiones actuales de una institución gigantesca.

—Es bajo el porcentaje de los alumnos que se titulan.

—Hay ausentismo y desánimo en el personal académico.

—La facultad efectiva de contratar profesores se traduce en feudos de agradecimiento y complicidad.

—La falta de planeación da origen a excesos continuos: por ejemplo, en tres facultades hay un profesor por cada tres alumnos, y se da el caso de un departamento con 74 alumnos y 87 profesores.

—No hay vinculación adecuada entre docencia e investigación.

—Al crecimiento lo rige la improvisación: en el periodo 1973-1985 la población estudiantil creció 73.8 por ciento, el personal académico lo hizo en 95.5 por ciento, y el administrativo en 150.1 por ciento.

—El principal obstáculo que enfrenta un alto número de universitarios es la "burocracia" universitaria; el presupuesto de la UNAM ha disminuido en términos reales. En 1978 era el 0.33 por ciento del producto interno bruto, en 1985 es el 0.18 por ciento.

El documento también, y de manera muy fundamental, acentúa

las consecuencias lamentables de la falta de exigencia y selectividad. La recepción en círculos académicos y periodísticos es muy entusiasta. Escasean las respuestas críticas, y de ellas la más precisa es la de Salvador Martínez Della Rocca (en *La Cultura en México* de *Siempre!*) Martínez Della Rocca, ex-preso político del 68, rechaza la "parcialidad" del alegato de Rectoría, y argumenta:

> En el informe del doctor Carpizo sólo se problematizan algunos aspectos de la realidad universitaria, aquellos que por posiciones teóricas, políticas e ideológicas, le interesa evidenciar y calificar de fundamentales. Por lo tanto, se nos exponen tasas de deserción, de titulación, niveles de calificación, eficiencias terminales, etcétera, pero otro tipo de indicadores como son el deterioro de los niveles de vida y de las condiciones de estudio de los alumnos, y que serían indispensables para entender los anteriores, no aparecen en el diagnóstico del Rector. En consecuencia, datos tan importantes como que en 1985 casi el 15% de los alumnos del bachillerato, y el 32% de los de licenciatura trabajaban, no fueron considerados de suficiente significación como para integrarlos al mencionado informe.
>
> Se pudieron contrastar los datos de ingresos familiares con los violentos aumentos en la renta, la alimentación, el vestido, la salud, el transporte y los libros. Esto no aparece en el diagnóstico porque sin lugar a dudas, este saber proporciona una explicación distinta a los indicadores utilizados en él. O sea, la alta deserción, los bajos niveles de calificaciones, la tasa baja de titulación y la eficiencia terminal, encontrarían su explicación fundamental en las tan deterioradas condiciones de vida y de trabajo de los estudiantes, y no en elementos tales como la negligencia, la irresponsabilidad, la holgazanería y la corrupción. . .

A estas objeciones, y a otras similares, se responde casi de paso: la UNAM no tiene la culpa del sistema social, sería absurdo detener el proceso educativo en espera de la igualdad de condiciones económicas. Por lo demás, es extraordinario el apoyo a *Fortaleza y debilidad*. No es atrevimiento menor oponerse a la costumbre inmovilista. Se abre un periodo de consultas, y se reciben 1 760 ponencias, la gran mayoría a favor del documento. En función de esto, y a modo de consecuencia obligada de su diagnóstico, el rector envía al Consejo Universitario, para su sesión del 11 de septiembre, el primer paquete de reformas, utilizando un artículo del reglamento que exime al Consejo de cumplir los requisitos de convocatoria cuando se trate de asuntos de "obvia resolución". En el discurso que acompaña al paquete, el rector es tajante: "Lo único inadmisible sería que teniendo conciencia de los problemas, nos inmovilizáramos y dejáramos que los niveles académicos continuaran deteriorándose. Ello no es posible ni aceptable. Por lo tanto, la única opción es la realización de modificaciones para superar tales problemas, y éstas deben ser profundas, a fin de que realmente acaben con la simulación académica y la abulia. . . ". Y concluye: "En este camino, les puedo asegurar, no habrá indecisiones ni tibiezas. Estamos comprometidos, lo reitero, a luchar por alcanzar la excelencia académica".

Entre otras medidas, el paquete demanda:

☐ Eliminación del pase automático, que se concederá en exclusiva a egresados del bachillerato de la UNAM que lo hayan concluido en tres años y con promedio mínimo de 8.

☐ Baja del personal académico que cobre sin trabajar.

☐ Implantación de exámenes departamentales.

☐ Aumento a las cuotas por inscripción y servicios escolares, con excepción de las de ingreso a licenciatura y bachillerato, que se mantendrán en 200 y 150 pesos, respectivamente.

☐ Eliminación de la segunda vuelta de exámenes ordinarios y determinación del número máximo de exámenes extraordinarios por materia que puede presentar el alumno.

☐ Vinculación con el sector productivo público, social y privado a fin de realizar metas concretas en beneficio del país. . .

Durante la sesión, muy agitada, el vocero de la oposición es el representante estudiantil Imanol Ordorika: "En los últimos años, la Universidad ha sido ajena, distante, enemiga de sus estudiantes, y hoy, en lugar de que la brecha se cierre, se profundiza". Quienes firman el documento, continúa, dicen buscar el cambio en la UNAM, pero "la transformación no debe partir de una visión hasta ahora traducida solamente en medidas restrictivas para los estudiantes, ya superadas hace veinte años". Se objetan muy drásticamente los procedimientos, la maniobra "sorpresiva". La mayoría de los consejeros desoye estos argumentos, o los tilda de reaccionarios, impugnaciones banales de los enemigos del progreso. ¿Cómo echar por la borda la oportunidad de hacer eficaz a la UNAM? A las 6 de la mañana del día 12, finaliza la votación: 94 a favor, seis en contra.

Al regreso de vacaciones se va afinando la respuesta estudiantil. En Ciudad Universitaria la resistencia es todavía pequeña, pero en los Colegios de Ciencias y Humanidades y en las preparatorias cunden las discusiones espontáneas, y se advierte el disgusto uniforme ante el Plan Carpizo (como ya se le llama). A los CCH y a las preparatorias llegan los enviados de Rectoría, funcionarios "de alto nivel", que divulgan las ventajas de las reformas como quien firma un oficio sin mirarlo. Se les atiende con impaciencia, y luego un profesor o un estudiante se levanta y afirma: "¿Ya terminaron? Ahora nos oyen a nosotros". Se detallan las razones de la oposición y los chavos se regocijan por una o dos horas más.

Más que de los partidos ostensibles de la izquierda (el Partido Socialista Unificado de México, el Partido Mexicano de los Trabajadores, el Partido Revolucionario de los Trabajadores) estos primeros activistas suelen provenir de antiguos grupúsculos universitarios, de asociaciones de escasa membresía. Se han instruido políticamente en Punto Crítico, en Convergencia Comunista, en la revista *La Guillotina*, en grupos tan cerradamente estudiantiles como el BIP (Buró de Información Política) de Ciencias. Conocen la Universidad y su experiencia es con frecuencia más homogénea de lo que ellos mismos aceptan. Los matices ideológicos son sus señas de identidad, se han habituado a ver crecer y ver pulverizarse en el lapso de un año a corrientes y contracorrientes marxistas, han padecido larguísimas reuniones donde se aprueban las tácticas que nadie lleva a cabo, han colaborado de modos diversos en publicaciones de escasa circulación y elevado radicalismo. . .

Sobre todo, entre cifras sobre la agonía o la resurrección del capitalismo, han examinado hasta la saciedad las lecciones, los líderes, los villanos y las circunstancias del 68, y las tragedias posteriores. 68 es el mito esplendente, cientos de miles en las calles, el Zócalo iluminado por antorchas, la muchedumbre en la Plaza de las Tres Culturas aplastada en su uso crédulo de los derechos constitucionales, la resistencia heroica de los presos políticos. 68 es la hazaña y la derrota, la imaginación admirable y la matanza.

Al conjunto de activistas, diversificado aquí y allá por un militante del PRT o del PSUM, se le añaden desde las primeras semanas otros jóvenes aún no templados por las horas-asamblea, las horas-recapitulación minuciosa de los fracasos, las horas-tribu. A los recién llegados a "la disputa por la moción" los exaspera el conformismo imperante, el autoritarismo impune de los directores de escuelas, la burocratización que los inmoviliza de trámite en trámite. Sobre todo, los impulsa la necesidad de un movimiento que unifique y entusiasme y que, como en 68, resulte la experiencia personal y *generacional* a que se tiene derecho.

El discurso de los activistas se impone con rapidez a la desinformación y el relajo, y mucha de su persuasión es gracia del nuevo tótem
de la vida social, las estadísticas. Aquí está, en cifras tremolantes,
todo lo que usted quería saber o desconocer de la UNAM: de los 325
mil estudiantes, 80 mil trabajan; el 76.2 por ciento de las familias
de estudiantes gana menos de dos salarios mínimos; entre 1981 y 1986
el presupuesto real de la UNAM disminuyó en 44 por ciento, y el costo real por alumno descendió de 6 301 pesos a 2 899 y el dato del
salto cuantitativo que es cualidad de las masas: la UNAM aumenta su
población de 55 mil en 1960 a 303 mil en 1980. (En 1986, hay 2 millones 700 mil estudiantes de bachillerato y educación superior, más
del 16% del grupo de la población con edades entre 16 y 24 años.)

Al suprimirse casi todos los recursos de movilidad laboral que propició la Revolución Mexicana, un resentimiento vasto anticipa la vi-
gorización de la lucha de clases. Y la credibilidad que obtienen las
estadísticas proviene del vínculo entre el dato y la vivencia individual (que es certeza social): al año ingresan a la búsqueda de trabajo
más de un millón de jóvenes; de ellos, y en el mejor de los casos,
sólo 100 mil obtendrán empleo formal. Al darle aspecto contundente a las observaciones empíricas, los números encarrilan un hecho:
como nunca, hoy las mayorías repudian, si está en su mano hacerlo,
todo lo que confirma la situación primordial de la vida mexicana,
la desigualdad, que en el orden universitario anula o restringe el destino profesional de cientos de miles.

Esto lo dicen de muchas maneras los organizadores del movimiento
estudiantil que se reúnen desde el 26 de septiembre en el Auditorio
de Humanidades. Su programa es sencillo: la defensa de los derechos educativos de las masas, la no aceptación "de que la lógica del
sistema educativo sea una lógica de eficiencia financiera". El argumento más sólido está a la vista: desde principios de los ochenta,
las oportunidades para los jóvenes, nunca demasiadas, se han ido
evaporando, y quien se proponga una carrera universitaria, ya está
al tanto de algunos determinismos. Quien quiera *hacerla*, necesita
de la posición económica de su familia, de las relaciones amistosas
que son complicidad de clase, del mucho tiempo disponible y sin angustias económicas, de los viajes frecuentes al extranjero, de la faci-
lidad para adquirir libros y objetos de trabajo.

Triunfar, en el sentido competitivo del vocablo, es acción que demanda pertenecer de antemano al ámbito de los triunfadores. Ya en

los años cuarenta se decía en voz no tan baja, que un estudiante del turno de la noche sería un profesionista de segunda clase. Hay una definición posible de *aventurero*: "aquel que estudia atenido únicamente a sus méritos, y en universidades del Estado". Así es la cosa. En el reparto de glorias sexenales, a la UNAM la han ido desplazando los centros de enseñanza privados, la Universidad Iberoamericana, el Instituto Tecnológico Autónomo de México (ITAM), el Instituto Tecnológico y de Estudios Superiores de Monterrey (ITESM), la Universidad Anáhuac, la Universidad La Salle, la Universidad de las Américas. En reportajes y comentarios se menciona a los egresados de las universidades privadas que ahora juran proteger con su capa de virtud a los menesterosos. Por ejemplo, Emilio Gamboa Patrón, secretario particular del Presidente; Pedro Joaquín Coldwell, gobernador de Quintana Roo de 1981 a 1987; Genaro Borrego, gobernador de Zacatecas, Pedro Aspe, subsecretario de Programación. . . y subsecretarios, oficiales mayores, directores generales.

¿Erradicarán tal situación las medidas propuestas por Rectoría? En las asambleas del CEU el escepticismo deviene consigna: "No se pueden aceptar ni exclusiones ni trabas en el ingreso de jóvenes de bajos recursos, cuando el 93 por ciento de los jóvenes mexicanos de 20 a 24 años quedó fuera de la educación superior". A la consigna la sustenta una creencia: quien carezca de recursos económicos, obtendrá quizás un título, pero no una *posición*, algo que requiere de la "infraestructura de apoyo" que, en este sistema, nada más unos cuantos tendrán. Y de acuerdo con esta lógica, el pase automático, que consolida en 1968 el rector Javier Barros Sierra, no es ni mero "privilegio", ni valor negociable y las propuestas de Rectoría, así sean importantes, se han presentado con apresuramiento lamentable.

LA "MÍSTICA" DEL PASE AUTOMÁTICO

Si tan pocos concluyen la carrera, y si en la óptica social, y sobre todo, en la propia evaluación académica, ha disminuido tanto el prestigio de la licenciatura, los beneficios de la enseñanza profesional se medirán también por la experiencia de la vida universitaria en su conjunto, y por los cambios que sufra cada estudiante mientras frecuente los salones de clase y la escuela (nunca lo mismo). La movilización contra las reformas estalla en el momento en que los estudiantes de bachillerato sienten en riesgo el ingreso a las facultades, su gran alternativa. Para cientos de miles de jóvenes, el pase automático es en lo esencial *el derecho a la Universidad*, que se traduce como victoria familiar, incremento de las oportunidades al alcance, movilidad cultural, ilusión profesional, conciencia política en distintos niveles. Este *derecho a la* UNAM es parte del patrimonio ideal y real de las clases medias y, en buena medida, de las clases populares, un patrimonio que a realidades atroces opone una serie de compensaciones psicológicas y culturales.

Esto deriva de la fe múltiple en los años universitarios, "los mejores de nuestra vida", el tiempo insólito donde se aprende, se adquiere una perspectiva nacional, se conoce a gente interesantísima, se milita o se vislumbran las pasiones políticas, se fornica con libertad, y se es plenamente rebelde, aunque nadie lo advierta. No por idealizada, la imagen es menos verdadera para quienes creen en ella, habida cuenta de los sitios y los hogares de donde muchísimos provienen. (Indica Olac Fuentes: "Los nuevos aportes sociales le han dado a la Universidad un tono plebeyo que ha desbordado el viejo carácter elitista. Alumnos procedentes de estratos de formación reciente de asalariados y de los aparatos gubernamentales, del campesinado medio, de los sectores obreros de mayor productividad, y el caso cada vez más común del trabajador que estudia, representan, en algunas universidades, el componente mayoritario".)

En medio de la zozobra laboral y profesional, ¿quién cree cumplible el ideal de formación estricta con resultados garantizados de antemano? ¿Y quién podrá regimentar "a la antigua" a la UNAM? En 1975 o 1979, los estudiantes creían ir hacia algún lado, a cubrir necesidades de la expansión del país en la burocracia federal, las empresas privadas, las universidades mismas. Pero en 1986 no convence la exhortación de Rectoría a forjar profesionistas altamente competitivos en el mercado de trabajo. ¿Cuál "mercado" y quién dicta allí las reglas? ¿Se busca alentar de nuevo sólo a los individuos excepcionales? El rector Carpizo anima a los estudiantes a medirse en igualdad de circunstancias formativas con los egresados de universidades particulares. Y los espectadores se sienten incitados a la tarea no creíble: pertenecer a la minoría privilegiada mediante el único esfuerzo de la voluntad. Se afirma en una ponencia del CCH-Oriente: "Nos iremos a la huelga, porque el problema del pase automático es una mística por la que luchar".

Hay otras maneras de considerar el asunto. Por ejemplo, la de uno de los mejores analistas políticos del país, Carlos Pereyra, en el artículo "Tribulaciones de la lógica académica" (*La Jornada*, 12 de diciembre de 1986):

El peso muerto de una tradición con pobre contenido académico marca el carácter de la oposición (a las reformas). Tómese, por ejemplo, el caso de la exigencia de una calificación promedio mínimo de ocho para tener derecho al pase automático. Se da por supuesto, sin mayor fundamentación, que esa exigencia restringe el ingreso de estudiantes a la enseñanza superior. Se trata de un supuesto falso, pues esa exigencia no disminuye un solo lugar en las escuelas y facultades de la UNAM. Si esa medida entra en vigor, ingresarán tantos alumnos como lo hacían antes de su adopción. La única novedad radical es que los estudiantes de la ENEP y del CCH tendrán que presentar examen de ingreso si no obtienen el promedio mencionado, como ya lo hacen cada año miles de jóvenes provenientes de otros planteles educativos. Las denuncias de esta medida como antidemocrática, elitista y restrictiva se desvanecen en pura palabrería imprecisa. En cualquier caso, ¿dónde está la reflexión que muestre la conveniencia académica de mantener el pase automático irrestricto, sin ninguna exigencia de promedio mínimo?

Pero estas razones no convencen a la legión de escépticos, que si desconfían de la perfección académica, y de las metas del logro individualista, no es sólo porque a diferencia de otras generaciones, han dejado de creer religiosamente en la UNAM, en sus burocracias sucesivas y simultáneas, y en el eje de su darwinismo social: la eficacia en la obtención de empleos lucrativos, sino porque el proyecto de reformas apenas se esboza y no convence.

Además, y ésta será otra causa fundamental del movimiento estudiantil de 1986-1987, se acentúa por doquier la gana de participar. Muchos evocan con entusiasmo las brigadas de solidaridad durante las semanas del terremoto. Si ya se intervino decisivamente, ¿por qué no ahora?, ¿por qué seguir jugando a la lotería del mando donde sólo uno de cada millón tendrá que ver con las transformaciones nacionales?

FLASHBACK: DE LA HISTORIA DE LOS MOVIMIENTOS ESTUDIANTILES

En su breve paso por la Universidad de México en 1920, el rector José Vasconcelos se da tiempo para implantar un lema: "Por mi raza hablará el espíritu" (traducción aproximada: el vocero autorizado de la nación es la élite cultivada), y convocar a los universitarios a las trincheras revolucionarias. Aunque para Vasconcelos la revolución es humanismo y nacionalismo, muchos rechazan su llamado, fieles a la tradición iniciada en el virreinato: el estudiante es un privilegiado cuya primera misión es la defensa de los intereses creados.

En países constituidos por la desigualdad inmensa, la universidad es preparación para el mando en cualquier nivel. De allí la arrogancia de quienes se sienten los guardianes de la continuidad social y moral, que supera con mucho la otra tendencia, según la cual estudiar es adquirir compromisos con el pueblo, que tanto espera de sus profesionistas. En la lógica prevaleciente, un centro de enseñanza superior es el gran aprendizaje jerárquico. Y en 1921 o en 1939, el régimen de la Revolución Mexicana irrita y aterra a gran número de maestros y alumnos, recelosos del discurso estatal (al que identifican con la "legalización del vandalismo"), y desdeñosos de cualquier "ánimo misionero". En 1923 los preparatorianos combaten a José Clemente Orozco: sus murales son impíos y horrendos, amenazan a la religión y a la estética. En 1929 quienes luchan por la autonomía universitaria se consideran, en obediencia al legado del Ateneo de la Juventud, la vanguardia moral y, por tanto, la esencia cultural del país.

La autonomía es, en sus inicios, distancia certificada con el Estado populista y jacobino. Y los primeros estudiantes de la UNAM no quieren heredar un país anarquizante. En 1933, en el debate político e ideológico entre Antonio Caso y Vicente Lombardo Toledano, la mayoría apoya al primero, que se opone a la imposición en la UNAM de la "ideología socialista". Lombardo redacta el dictamen de la comisión que preside:

> Las universidades y los institutos de tipo universitario de la nación mexicana contribuirán, por medio de la orientación de sus cátedras y de los servicios de sus profesores y establecimientos de investigación, en el terreno estrictamente científico, a la sustitución del régimen capitalista, por un sistema que socialice los instrumentos y los medios de producción económica.

En cambio Caso —con razón, desde mi punto de vista— proclama la libertad de cátedra: "La Universidad de México es una comunidad cultural de investigación y enseñanza; por tanto, jamás preconizará oficialmente, como persona moral, credo alguno, filosófico, social, artístico o científico. . . ".

De 1934 a 1940, el Estado sostiene la pedagogía imposible: la educación socialista, que desde el Artículo Tercero Constitucional pretende "el concepto racional y exacto del universo". En la UNAM se concentra el odio de la élite inevitable (los estudiantes de grado superior) contra el populismo gubernamental: "La Universidad ya no era un reducto que se asaltaba sino un pequeño islote en una llanura nundada por el torrente socialista" (Sebastián Mayo, *La educación socialista en México*). No exactamente, pero así se conciben los resultados del radicalismo oficial.

El deseo de enclaves semibolcheviques en medio del capitalismo en ascenso, obliga a la demagogia, afianza la tradición antintelectual de la izquierda, destruye utopías breves como la Universidad Socialista de Michoacán y le facilita a la derecha el manejo de los miedos y prejuicios de las clases medias. Y durante un largo periodo, los estudiantes se dividen más que por convicciones, por los mitos del temperamento romántico o el temperamento conservador en los trances de juventud. Luego, ya se sabe, todos compartirán, en un nivel adecuado, las responsabilidades del poder.

Uno tras otro, los movimientos estudiantiles en la UNAM en los años treinta y cuarenta, con sus huelgas y caídas de rectores, corresponden a los ajustes para flexibilizar en algo las jerarquías rígidas, que son parte de la lucha por la modernización. Ahora sólo divierte el idioma prosopopéyico de los rectores Rodulfo Brito Foucher, Luis Chico Goerne o Genaro Fernández MacGregor, pero en su momento condensa el tradicionalismo, la noción correccional de la UNAM. Con solemnidad, los estudiantes (de traje y corbata) se oponen a la solemnidad que los ahoga, que intenta someterlos a una mentalidad arcaica.

A la vida estudiantil, el régimen de Miguel Alemán le añade el triunfalismo y un tono festivo, que se desprende de la nueva idea de *juventud*, época de la vida sin responsabilidades. Se actualizan de modo paulatino las carreras técnicas, permanece estática la enseñanza humanista, y en su conjunto, la UNAM parece rezagada. Como su fin de fiesta, el presidente Alemán le regala a los universitarios el lujo del recinto contemporáneo, la Ciudad Universitaria.

Ahora es imposible reconstruir lo que significó el paso de los edificios del centro al Pedregal, y cómo cierta resistencia estudiantil al traslado fue más cultural que política. Pero CU, puesta en marcha en 1954, prueba con nitidez la influencia de la arquitectura sobre el estado de ánimo, del espacio sobre las concepciones académicas. Al identificarse los nuevos edificios con la nueva mentalidad, caduca una versión de la vida universitaria. Hay, por primera vez en México, *campus*, el territorio verde que es señal de la metamorfosis general, que al principio se expresa por la renuncia al traje y la corbata, las atmósferas como de *high-school*, los *cheer-leaders*, y la puerilización de la apariencia estudiantil, entre entusiasmos deportivos y renuncia a las ideologías. *Por la gloria de su equipo,/ el Espíritu hablará*. La americanización alcanza el territorio de la formación profesional.

De Alemán a Díaz Ordaz, la Universidad es el gran escenario de la movilidad social, y los precarios movimientos estudiantiles señalan las debilidades del sector que se opone a la despolitización o, las más de las veces, que desea capitalizar la despolitización. El universitario goza de un derecho limitado de libertad de expresión, y aprende las prerrogativas del lugar fijo en la sociedad. En este contexto, la autonomía no se pretende extraterritorialidad sino conducta al margen de la ortodoxia, o mejor, aprendizaje de la ortodoxia en el seno de la heterodoxia efímera.

Durante un largo periodo, las asociaciones estudiantiles son parte del entrenamiento político y social, boxeo de sombra que es fachada negociable. La Federación Estudiantil Universitaria (FEU) es el membrete típico. Sus líderes transcurren entre antesalas de ministros y convites para allegados que hacen las veces de multitudes. Por entonces, se le da parcialmente la razón al funcionario Guillermo Martínez Domínguez: "El PRI no necesitó durante mucho tiempo escuela de cuadros. Ya la tenía: el Partido Comunista". Intransigencia de horas, conformidad para el resto de la vida. Los oradores incendiarios reaparecen como jilgueros de las campañas presidenciales.

En América Latina nuevos fenómenos van elaborando de manera subterránea o notoria otra imagen estudiantil. Uno, decisivo, la Revolución Cubana. Otros: la radicalización en las grandes universidades de Norteamérica, el crecimiento de los sectores americanizados. En 1966, al rector de la UNAM Ignacio Chávez no le complace la continua expansión universitaria. Él cree en la excelencia de las minorías, el rigor formativo, la disciplina. Contra su proyecto se rebelan unos "líderes estudiantiles" de Leyes, azuzados desde una sombra muy iluminada por testaferros del presidente Díaz Ordaz, molesto por algunas actitudes del rector. Con violencia, el Comité de Lucha de Leyes obtiene la renuncia del doctor Chávez. Triunfa ampliamente el autoritarismo priista sobre el autoritarismo académico. Desaparecen las (fantasmales) federaciones estudiantiles y se inician los Comités de Lucha.

Cualquier análisis de los sucesos de 1968 necesita considerar hasta qué punto el miedo a las "conjuras extrañas" del presidente Díaz Ordaz se transformó en conspiración desde la cúpula estatal. El Presidente reprime para evitar la agitación, y al responder las víctimas, se propone acallarlas con más violencia. ¿Qué es, en un nivel, lo que llamamos *el 68*? Las respuestas sucesivas a las agresiones policiacas a las dos marchas el 26 de julio, a la toma con lujo de bazuka de la Preparatoria de San Ildefonso, a la evaporación de cadáveres (no hay constancia de la muerte de varios estudiantes, no hay pruebas de que nacieron siquiera), al encarcelamiento de militantes de izquierda y estudiantes, al asesinato de jóvenes que hacían pintas, a la ocupación con ejército del Instituto Politécnico Nacional y la Ciudad Universitaria. . .

La demanda moral, sin la cual ningún movimiento existe verdaderamente, se concreta en el pliego de seis puntos del CNH, cada uno de los cuales combate una injusticia límite: libertad de los líderes ferrocarrileros, encarcelados hace 10 años por pretender la independencia sindical; cese del jefe y el subjefe de la policía metropolitana, símbolos del desprecio a los derechos humanos y civiles; desaparición del anticonstitucional cuerpo de granaderos, feroz recordatorio del monopolio gubernamental de la calle; castigo a los responsables de las agresiones a los estudiantes; supresión del artículo 145 Bis del Código Penal Federal, que hospeda al delito de "disolución social". . . Y el justo resentimiento contra los atropellos históricos y presentes del Sistema, se mezcla con las exigencias democratizadoras de las clases medias, la crítica a las prisiones culturales del nacionalismo, las variantes del lenguaje de izquierda, el espejismo de la revolución encabezada por la vanguardia estudiantil, el chovinismo universitario, la burla a la retórica oficial.

La matanza del 2 de octubre liquida el movimiento y le abre paso a la clandestinidad real y psicológica de los grupúsculos que convierten su explicable rencor en proyecto utópico. A la par del desarrollo del marxismo en las universidades, y de la gran inversión estatal en educación superior causada por la necesidad de reconciliarse con el sector de aprovisionamiento gubernamental, el movimiento estudiantil se radicaliza, hostiga sin cesar a "reformistas y socialtraidores" y ensaya el Juicio Final en cada asamblea. A la evocación incesante del 68 se agrega la matanza del 10 de junio de 1971. Es va tiempo para la emergencia de grupos guerrilleros, todos al principio de extracción universitaria, que en Culiacán, Monterrey, Puebla, Morelia, Guadalajara, el Distrito Federal utilizan algunas escuelas como "casas de seguridad", mientras preparan el "clima prerrevolucionario". Un grupo significativo, por la rápida militarización y por su ubicación de la izquierda "aperturista" como el enemigo número uno:

los "enfermos" de Sinaloa, que emiten la tesis de "la Universidad-fábrica", y conciben el lema más furioso del poscastrismo: "Torta o muerte".

En los años setenta en las universidades se transita del sectarismo delirante a la indiferencia, del mesianismo al interés en la vida cotidiana. En su ensayo "Veinte años después" (*Nexos*, 116), Gilberto Guevara examina con agudeza el periodo:

> Aunque en términos generales se pueda decir que 68 tuvo conquistas, es evidente que la masacre de Tlatelolco y la represión y provocación sistemática que aplicó el Estado contra los estudiantes fueron el *factor estructurador* de la cultura política que prevaleció en el campus universitario. Aunque entre 1969 y 1975 el movimiento tuvo oportunidad de demostrar su extraordinaria fuerza y vitalidad, parece innegable que su evolución general fue hacia la descomposición política. Varios elementos apoyan esta tesis: el abandono de las prácticas democráticas, la separación de vanguardia y masas, el sectarismo, la desconfianza, la intolerancia, las actitudes viscerales, la entronización de prácticas inquisitoriales y persecutorias, el doctrinarismo, las mistificaciones populistas, el activismo y el rechazo a la organización formal. Todos estos síntomas identifican la cultura no abierta, sólo apta para iniciados, que llevó al movimiento estudiantil a un colapso casi total.

A partir de 1977 los sindicatos de trabajadores universitarios se hacen cargo de espacios antes privativos del movimiento estudiantil. Las universidades crecen, pero los grupos de activistas no, y su comportamiento apenas se modifica: divisiones al infinito, asambleas que son tribunales de ausentes y presentes, lecturas devocionales de Marta Harnecker (o sus memorizables equivalentes), sitio de honor al reformismo entre la escoria de la humanidad, y metodologías desaforadas. Y escasísima, si alguna, capacidad para hacerse oír en la universidad de masas.

DE LA VINDICACIÓN DE LA INTRANSIGENCIA

El 31 de octubre se constituye formalmente el Consejo Estudiantil Universitario (CEU), con el lema omnímodo: "Derogación". En la etapa del 12 de septiembre al 11 de diciembre, lo fundamental, indica el economista Alejandro Álvarez, "es denunciar el carácter *ilegal* de las medidas", y declarar al CEU el representante de la legalidad universitaria. Un razonamiento detallado conduce a esta acción: si el peligro de un aferramiento mecánico a la legalidad es burocratizarse, el desdén arrastra riesgos severos: la represión, el desgaste y la vía libre al autoritarismo exacerbado. Por eso, en la graduación por etapas, a ésta le corresponde una exigencia: derogar.

Continúan las discusiones acaloradas en las asambleas de Medicina y Ciencias Políticas. El 6 de noviembre hay una marcha de antorchas con 10 mil asistentes. El CEU convoca (en vano) al rector a un debate público en el Auditorio de Humanidades el día 11. El 12 de noviembre se inicia el diálogo formal con Rectoría, y el CEU agrega a su demanda central un gran congreso sobre el papel de la UNAM en el proyecto de nación, su organización interna y la restructuración académica. Afirma Guadalupe Carrasco: "Para nosotros, la verdadera reforma universitaria surge de las bases y no de un puñado de funcionarios". Imanol Ordorika señala: "Queremos tabla rasa; que se derogue y empezar de nuevo".

También el 12 de noviembre se inaugura en el conflicto la ultraizquierda. Durante diez horas, unos adolescentes de la Preparatoria Popular de Tacuba y del CCH Popular 6 se apoderan de la Torre de Rectoría, y según denuncia de las autoridades universitarias ante el Ministerio Público de Coyoacán, causan destrozos en 36 archivos escolares, alimentan fogatas con material administrativo, y golpean con tubos y palos a nueve trabajadores. Desde el primer momento, el CEU se deslinda y condena la acción.

El 13 de noviembre paran las preparatorias, los Colegios de Ciencias y Humanidades y siete facultades de Ciudad Universitaria, y el CEU presenta el documento "El renacimiento de la Universidad (Propuesta de programa académico)", pleno de entusiasmo lírico:

Los mismos jóvenes que mostramos nuestra capacidad de sacrificio y responsabilidad durante los aciagos días que sucedieron al 19 de septiembre de 1985, con una honestidad y vergüenza que ningún político en el poder ha conocido en su vida, somos los que hoy hemos decidido no sólo participar en la reconstrucción de nuestra ciudad sino también de nuestra Universidad. ¿No es acaso una vileza que los mismos que nos aplaudieron ayer, hoy pretendan ensuciarnos e involucrarnos en los sucios juegos en que han desperdiciado sus vidas? Una nación que no confía en su juventud es una nación incapaz de toda redención. . . No somos un movimiento destructivo y caótico, somos el nuevo orden que brota desde abajo en todo el país; la Universidad no es la excepción. Nuestro objetivo no es tirar al rector sino enseñarle a conducirse de manera democrática y respetuosa con la comunidad que conduce. . .

El CEU pide recuperar el tiempo universitario (eliminando los semestres que en realidad funcionan como bimestres), recuperar el espacio universitario (bibliotecas, cafeterías), dar fin al carácter compartido del currículum universitario, controlar de modo democrático los ingresos y gastos universitarios.

En *La Jornada* y *Excélsior* se intensifica la guerra de los desplegados. De ellos un 90 por ciento, suscrito multitudinariamente por el personal en institutos y facultades, y por los santones académicos, apoya las reformas. La Rectoría inicia sus propuestas conciliatorias: programa de becas para alumnos de bajos recursos económicos, exámenes especiales para quienes no alcancen el 8 mínimo de promedio en bachillerato, cursos preparatorios a los egresados del bachillerato de la UNAM que presenten examen de selección a licenciatura.

El 24 de noviembre, en el Palacio de Minería, egresados de diversas facultades le ratifican su apoyo al rector Carpizo, y el mismo día se divulga la presencia, que será tan efímera, de la UNACE, Unión Académica Estudiantil, a favor de las reformas:

Creemos que tan antiuniversitario es el apoyo incondicional e irreflexivo a la autoridad, como la oposición total, sistemática y prejuiciada. . . Las medidas [de Rectoría] no son perfectas, pero re presentan un primer paso. . . Creemos en una Universidad mejor. UNACE es un grupo propositivo, estamos decididos a ser parte del proceso de reforma universitaria. . .

¡ESTUDIANTE, SÉ PARTE DEL PROCESO DE REFORMA UNIVERSITARIA!
¡TU PREPARACIÓN PROFESIONAL JUSTIFICA UN MAYOR ESFUERZO!

El 21 de noviembre, en documento de plana entera, una tercera fuerza exige una reforma universitaria por concertación, proponiéndose, según Daniel Cazés, "como virtuales sustitutos del movimiento estudiantil". El Sindicato de Trabajadores Universitarios (STUNAM), con Evaristo Pérez Arreola a la cabeza, emite un manifiesto de final muy afirmativo:

Sí a un código de derechos y deberes de los estudiantes.

Sí a la Reforma de la UNAM.

Sí a un pacto de concertación reformadora entre el STUNAM y el Consejo Universitario.

Sí a la modificación de la estructura de la UNAM.

El 25 de noviembre la primera marcha fuera del campus, del Parque Hundido a Ciudad Universitaria. Los organizadores calculan 60 mil. Más cauta, la policía confiesa sólo haber visto 10 mil, y algunos observadores con afán mediador, contabilizan 25 mil asistentes. En el debut, exceso de vigilancia (agentes uniformados, motociclistas, policía montada, mujeres policía, helicópteros), teatro callejero (mimos, escenificaciones de la muerte de la democracia en la UNAM), y porras ortodoxas y heterodoxas:

Prensa vendida/ no somos cien, cuéntanos bien.

Güisqui, chupe, peda/ arriba/ arriba la Gabino Barreda.

ZOBRE LA HEXCELENCIA HACADÉMICA

A fines de 1986 ya se han delimitado los discursos paralelos, el de la excelencia académica y el de la igualdad de oportunidades. Si esto es medible, de abril de 1986 a enero de 1987 la opinión pública se decide por la excelencia académica, que es tanto una nota irrefutable como el mito fundador de la expansión de la burocracia universitaria.

En diciembre prosigue el debate. Entre otros, José Woldenberg señala los dos comportamientos que impiden por igual el diálogo negociador: la inercia antiautoritaria y el alineamiento a favor de quien ejerce el mando. El CEU insiste: derogación, y los funcionarios buscan soluciones intermedias. Arturo Azuela, director de Filosofía y Letras, y miembro de la comisión de Trabajo Académico, califica de "ultimátum" el planteamiento del CEU, y llama a los dirigentes a superar medidas radicales. Si no, la confrontación no beneficiará a nadie. Se siguen con atención los sucesos internacionales, en especial la huelga estudiantil en Francia, el estudiante muerto el 6 de diciembre, la caída del ministro de Educación.

El 11 de diciembre, una segunda manifestación, más amplia y jubilosa, del Parque de los Venados a Ciudad Universitaria. El número es elevado, 50 o 60 mil estudiantes, pero una asistencia menor sería motivo de tristeza en la universidad de masas. ¿Qué quiere decir esto? Que en la UNAM los movimientos representativos deben estar a la altura de las vivencias cotidianas: aulas colmadas, clases-mitin con 200 o 300 alumnos, cuatro turnos en cada Colegio de Ciencias y Humanidades, tutoría de multitudes, anomia, métodos tradicionales de enseñanza que se extravían en el gentío, liquidación de la idea y la práctica de la "generación estudiantil", en el sentido de grupo amplio donde todos se conocen, y se prometen apoyo. También, la universidad de masas significa el fin de la oposición clásica entre la élite y las multitudes.

Ahora, a los centros de enseñanza superior (o postsecundaria, rectifica Octavio Paz), concurren *las élites de las masas*, ya muy distintas a las antiguas élites que lo eran por su número exiguo y su ambición sobresaliente. Lo excepcional se ha multiplicado, y un título profesional ya no es la novedad que distingue a una familia en el vecindario.

"LA HISTORIA QUE NOS HA SIDO ARREBATADA"

Las vacaciones de diciembre no amenguan el ánimo y a principios de 1987 la actitud es más combativa, se exige 100 por ciento más de subsidio a la UNAM, respeto a la autonomía, transformación democrática, reconocimiento de la falta de escuelas ante el número excesivo de estudiantes. El CEU se propone "recuperar una historia que les ha sido arrebatada", y se declara inscrito en la tradición que corresponde a un estilo político: "el de la movilización de masas y reflexión colectiva, que permita hacer de las universidades, en particular de la Nacional, palancas que llevan a un país distinto, evidentemente a través de la proposición de proyectos educativos transformadores del cambio". Rectoría contesta con numerosos desplegados de autoencomio y algunas precisiones. Por ejemplo, ante la argumentación del CEU, fundada en el Artículo Tercero Constitucional, sobre el carácter gratuito de la enseñanza, se replica: las modificaciones no son anticonstitucionales, porque no se cobran servicios educativos, sino servicios extraordinarios.

Lunes 5 de enero

Todo dispuesto para el gran enfrentamiento, el debate público que durará cinco días y será transmitido por Radio Universidad, de acuerdo a la solicitud del CEU, aceptada por Rectoría con flexibilidad e inteligencia. En el Auditorio de Humanidades (Che Guevara o Justo Sierra, según se atienda a la tradición de 1967 o a la de 1910) espera una multitud anhelosa, profusamente ceuísta. Una mesa larga y diez personas de cada lado, acechadas por grabadoras, cámaras y libretas de apuntes. De parte de Rectoría, el doctor José Narro, secretario general de la UNAM, y funcionarios y maestros: Carlos Barros Horcasitas, Mario Ruiz Massieu, Fernando Curiel, José Sarukhán, Jorge del Valle, Humberto Muñoz, Raúl Carrancá y Rivas. De parte del CEU: Carlos Ímaz, Imanol Ordorika, Leyla Méndez, Andrea González, Antonio Santos, Óscar Moreno, Luis Alvarado, Guadalupe Carrasco. Y un equipo de asesores para cada grupo.

Lo primero: establecer los tonos del diálogo. El doctor Narro, con la voz pausada que denota confort institucional, habla de los esfuerzos máximos de la UNAM, hay autonomía, el cupo se ha establecido según criterios racionales y es imposible más. Terminada su alocución, oída con respetuosa incredulidad, sigue la ronda del toma-y-daca, de la sorna o el alborozo ante cada frase. El asesor del CEU Roger Bartra califica a las modificaciones aprobadas de "trágica equivocación". En cambio, según Abelardo Villegas, asesor de Rectoría, "no se puede ser crítico desde la ignorancia, y desde la ignorancia no se puede modificar al país". Y asegura el filósofo Leopoldo Zea, en abono del paquete de reformas: "la administración de la UNAM no ha querido hacer, ha puesto en marcha".

Martes 6

Es muy dificultosa la entrada al Auditorio. El STUNAM declara su apoyo al CEU. Al psicólogo Jorge del Valle, el más vehemente de su lado de la mesa, le incomodan "las extrapolaciones abusivas" de los líderes estudiantiles. Antonio Santos es totalizador: "Además de la razón, tenemos la fuerza. Si en Rectoría en vez de abogados hubiera pedagogos, otros hubieran sido los planteamientos". Con indignación medida por la necesidad de verterla dramáticamente, responde el licenciado Ruiz Massieu: "Si ustedes sostienen que las medidas se basan en el derecho y no en la pedagogía, sean congruentes con esa posición, estamos esperando su proyecto, porque sus planteamientos han sido precarios".

Pronto la opinión pública discierne las virtudes del liderazgo: la capacidad de síntesis de Ímaz (del posgrado de Ciencias Políticas), la elocuencia agresiva de Ordorika (de Ciencias), la implacabilidad de Guadalupe Carrasco (de Ciencias), el sarcasmo militante de Santos (de Filosofía), la vehemencia lírica de Óscar Moreno (del CCH-Azcapotzalco).

Un tema de discusión: ¿Cuántos más caben en la UNAM? De 1980 a 1985 la matrícula del bachillerato descendió de 140 a 119 400 estudiantes. Rectoría alega la grave caída de los ingresos propios de la institución, que hoy sólo suman el 5 por ciento del total. Y precisa Humberto Muñoz: "Las profundas desigualdades sociales no las podemos corregir en esta mesa de trabajo". Los estudiantes escudriñan las cifras del pesimismo de las autoridades: entre 1972 y 1985 el personal de confianza pasó de 4.7 a 19.8 por ciento del total del personal administrativo. Y en un muestreo reciente, de los de recién ingreso a facultades, el 70 por ciento venía de escuelas públicas y el 30 por ciento de privadas.

Miércoles 7

Según el CEU, los exámenes departamentales, con su pretensión uniformadora, atentan contra la libertad de cátedra: "El reglamento exige cuotas de producción como si estuviéramos en una fábrica". Antonio Santos lee un texto del filósofo Adolfo Sánchez Vázquez, quien considera que son y deben ser prescindibles las supuestas ventajas del examen departamental, pues no eleva la calidad, limita la participación del alumno y priva al docente de calificar al estudiante.

El doctor Miguel León-Portilla, asesor de Rectoría, habla de concordia, predica el diálogo a la usanza prehispánica, y concluye: "Como autónomos y pluralistas, le debemos un ejemplo al país de que sabemos obrar". Es el turno del editorialista Gastón García Cantú, adversario constante del CEU, quien previene a los estudiantes contra la intransigencia. En 1968, les dice, los estudiantes atacaron al rector Barros Sierra, y los intransigentes lo acusaban de agente del gobierno. Y luego todos sus agresores ocuparon puestos en el gobierno de Echeverría.

Le responde Carlos Ímaz: el señor García Cantú hace dos meses describió a los del CEU como seudoestudiantes y agitadores profesionales con intereses oscuros, y ahora viene como si nada a dialogar con nosotros. Lee un texto del rector Barros Sierra, ya calificado de "undécimo miembro de la comisión del CEU", revela que pertenece al libro de conversaciones con García Cantú, y se indigna: no permitiremos que nadie llame traidores o policías a los líderes del 68, a Heberto Castillo, Gilberto Guevara Niebla, Pablo Gómez, Raúl Álvarez, Luis González de Alba.

En toda la ciudad se oye Radio UNAM, y abundan los comentarios: no persuade la comisión de Rectoría. Aun si se les abona a sus íntegrantes la presión del público, sus limitaciones esenciales sintetizan la situación política, cultural, psicológica de la burocracia en general, no sólo de la universitaria. Ser burócrata es condicionar cada tema a su expresión permitida, entrenar la espontaneidad, cuidar la imagen pública como si se tratara del yo íntimo. Por eso, al margen de su inteligencia específica, cuando un burócrata *improvisa* (no en el sentido de decir las cosas por primera vez, sino de ignorar por vez primera las reacciones de su auditorio), suele, en su inseguridad, aferrarse a bloques mentales y verbales de lenta y demagógica enunciación.

En ningún momento del debate los funcionarios son *naturales*, los sorprende más la existencia que las razones de sus opositores. En cambio, y sin glorificar a la representación del CEU que paga el inevitable tributo al populismo y al discurso de efecto inmediato y concesiones sarcásticas, lleva ventaja porque carece de rodeos expresivos y habla a nombre de las exigencias vitales de decenas de miles.

El éxito de los ceuístas se debe en gran parte a que rechazan las "buenas maneras" y el respeto prefabricado a quienes nos antecedieron en el uso del currículum. En las transmisiones de Radio Universidad los entrenados en el no decir, se ven frágiles ante la expresión contundente, y el argumento de autoridad implícito en la voz ceremoniosa sucumbe ante el argumento de autoridad implícito en la atención cinegética a las palabras del adversario. Al diálogo, los representantes del CEU van a combatir razonamientos administrativos y a difundir señales utópicas, y en el camino hallan un aliado: la falta de verdadero entrenamiento ideológico de una burocracia que combina la sagacidad para el memorándum con el desdén por cualquier uso apasionado de las ideas, y que fue arrastrada, sin su consentimiento íntimo, en el maremágnum de las reformas del rector Jorge Carpizo. La ejemplaridad de las transmisiones de Radio Universidad los entrenados en el no decir se ven frágiles ante la expreje que se afianza responde a realidades anímicas profundas; el lenguaje que se evapora es función de los intereses creados.

Ante el silencio admirativo, el ceuísta habla. Ante el murmullo combativo el funcionario se expresa. Y el escucha de Radio Universidad —y lo son cientos de miles— admite que la vivificación democrática pasa por el desnudamiento de los prestigios inmanentes. El ejemplo más citado: el jurista y funcionario argumenta sobre el carácter gratuito (rebautizado en el conflicto de modo unánime como "la gratuidad") de la enseñanza. Él, enemigo del maniqueísmo del CEU, considera indispensable interpretar el Artículo Tercero Consti tucional del siguiente modo. . . El líder del CEU lo ataja: "No lo interprete, doctor. ¡Léalo!" Y el oyente atestigua el duelo de la reputación previa versus la convicción. Los de *aquel lado de la mesa* pagan de golpe por todos sus ancestros, por las décadas de rigidez administrativa, de famas sustentadas en la adecuada selección de sastre y de vocabulario inextricable, de gloria académica sin comprobación.

El abogado Marcos Kaplan reprende a quienes le silban: plantear todo o nada es catastrofista, es caer en el síndrome ultra de la posesión múltiple de la verdad. La rechifla lo acosa, y Ordorika pide orden y respeto. Silencio de inmediato. Es el turno de un ceuísta, y tras la metáfora golpeadora, al cabo del aplastamiento lógico y político del adversario surge el canto de estímulo: "¡DURO/DURO/DURO!", tomado del futbol sóccer. Al principio se aplicó con un criterio un tanto más deportivo: sigue con fibra, esquiva a los enemigos, profánales su meta antes tan virginal. Pero el transcurso de las sesiones, y la certeza de las resonancias radiofónicas, "militariza" el grito de apoyo, volviéndolo el taladro acústico, el ariete vindicador, el aplastamiento de las argucias del enemigo. ¡DURO/DURO/DURO! Destrózale la tesis, acaba con su falsa dialéctica, exhibe su ignorancia.

Jueves 8

Antes de iniciarse la sesión de la mañana, se comenta entre los periodistas un artículo de la primera plana de *Excélsior* que divulga los "expedientes académicos" de los líderes del CEU que, según esto, y con excepción de Ímaz (a los 30 años de edad alumno de maestría), han prolongado su paso por la UNAM mucho más de lo debido, con promedios bajos, vértigo de exámenes extraordinarios, récord de inasistencias. Los expertos algo admiten y no conceden lo básico: "Los expedientes están falseados. Pero lo más grave no es su inexactitud, sino el que Rectoría recurra a procedimientos tan mezquinos". Con excepción de Guadalupe Carrasco, que pertenece al BIP, los demás "denunciados", vengan de donde vengan, se han integrado en la "Corriente", el *melting pot* ideológico que semana a semana examina en reuniones cerradas el desarrollo del movimiento.

La maniobra de los expedientes nace muerta. Estudiantes aplicados o prófugos de las aulas, los líderes del CEU son los protagonistas indiscutidos de la inserción de la universidad de masas en el México de la crisis, y representan a su manera el coraje estudiantil, la constancia, la puntuación del carisma en el concurso inevitable de cada asamblea. Hasta hace unas semanas eran hábiles, convincentes, reiterativos, rolleros. Hoy son, como quieran verlos, voceros de una generación.

Viernes 9

Desde las siete de la mañana, hora impía, los del grupo anticeuísta Voz Universitaria, llegan al auditorio con lemas de pendencia cubicular: "¡Superación académica! ¡No a la huelga!" A su fisonomía de clase le añaden la gana de medir fuerzas vocales con el Consejo Estudiantil Universitario, no todo es desorden en la UNAM, también hay su contraparte, ellos por ejemplo, al pie de sus calificaciones, gallardetes contra la subversión, inversionistas cuidadosos de los años que la sociedad les confió.

Muy pronto, los del CEU y los de Voz Universitaria se traban en riñas guturales, confían en las causas porque hay gargantas que las protejan, entonan las siglas como juramentos, se encrespan en un ámbito dominado por la curiosidad y el interés extraacadémico que hemos dado en llamar militancia. Afuera, cientos de jóvenes aguardan, intercambian la sola frase que han dicho desde hace dos horas, le informan a los recién llegados que adentro están los porros, sería peligrosa una confrontación, cuidado.

A las diez de la mañana la situación es muy tensa. Los líderes del CEU acuerdan una reunión privada, y se dirigen al cuarto de servicio a un costado del auditorio, jadeantes, literalmente acelerados, inmersos en el momento histórico. El comité de vigilancia les forma valla instantánea, les crea el espacio de honor de la representación.

En el cuarto, los líderes del CEU escuchan los murmullos alebrestados del auditorio, y canjean miradas provistas de la fluidez de cuatro meses juntos el día entero, de un CCH a una preparatoria, de una asamblea a otra, de la fatiga de seis horas sin lograr consenso al gozo de las marchas multitudinarias, de los comités que se multiplican al reconocimiento por vía de los dicterios. Alguien señala: no hay condiciones para leer la respuesta, la gritería es terrible, podrían darse graves enfrentamientos, y tal vez la solución sea instalar a los técnicos de Radio Universidad en la explanada de Rectoría, y allí leer la respuesta del CEU. Un asesor explica la *sugerencia* de las autoridades: que las dos comisiones y los medios informativos se instalen en lugar cerrado. Eso es lo más seguro.

Objeción inmediata: eso sería retroceder, le fallaríamos a nuestras bases, hemos promovido el diálogo público, no podemos mostrar debilidad en ningún momento yéndonos a esconder a un lugar cerrado cuando requerimos de espacios mucho más amplios. Quizás lo más conveniente, concluye un asesor, sea volver al auditorio, proceder a la lectura, y a la primera interrupción nos vamos. Carlos Ímaz oye aprobatoriamente, y pide dejar sola a la comisión. "La responsabilidad de la decisión es nuestra."

El regreso de los líderes al auditorio es, de cualquier modo, apoteósico. La Rectoría, en medida calificada por muchos como prueba de flexibilidad, ya ha cedido en lo relativo al pase automático, al pago por concepto de inscripción y de servicios, a los exámenes, al requisito de 80 por ciento de asistencia. Al CEU esto no le basta, y se lee su contrapropuesta, fruto de una álgida discusión que concluyó a las dos de la mañana, con dos posiciones encontradas: "Sin huelga no habrá triunfo" versus "La huelga liquidará la posibilidad de renacimiento universitario". El resultado: se rechaza la propuesta de Rectoría, 57 votos en favor de formular la contrapropuesta, y 28 por no formularla y únicamente exigir la derogación.

Abre la sesión el doctor Narro, y le da la palabra a Ordorika, que protesta por la publicación de expedientes confidenciales que no corresponden a la realidad. (Gritos: "¡Estudien!" "¡Demuéstrenlo!") Culpa de la filtración al secretario general José Narro, a Mario Ruiz Massieu, a Carlos Barros Horcasitas. En seguida, el estudiante del CCH Óscar Moreno lee la contrapropuesta, que es en síntesis la derogación, previos ajustes reglamentarios. Y la comisión de Rectoría solicita un receso de quince minutos para deliberar.

En la tregua, la guerra se acrecienta en las butacas. A lo largo de la lectura de Moreno, advertidos de la necesidad del silencio, los partidarios del Consejo exhiben papeles que registran su filiación: CEU. La imagen de esa militancia escrita, que los brazos en alto sostienen por más de una hora, es lo más extraordinario de la sesión, muy superior a las porras en las que se embarcan, de manera antifonal, los del CEU y los de VU (Voz Universitaria).

Regresa la comisión de Rectoría, y el doctor Narro reitera la voluntad de proseguir el diálogo, pero el CEU se obstina y su propuesta deberá enviarse al Consejo Universitario, la instancia última de la Máxima Casa de Estudios. Y es categórico: Rectoría no deslizó informaciones sobre la condición escolar de los líderes. Las autoridades no admiten tales métodos, y rechazan toda violencia, incluida la verbal.

Responde el CEU: si de enviar la propuesta al Consejo se trata, no se necesita la intermediación de Rectoría, a menos que se trate de un nuevo reglamento. Contesta el doctor Ruiz Massieu, tremolante como sus certezas, la otra visión ígnea en el debate. El CEU no ha querido dialogar, no ha respetado las condiciones del diálogo, quiere prevalecer de modo unilateral, no hizo falta estudiar su contrapropuesta, porque no han modificado una sola de sus demandas.

Por lo pronto, en este recinto, *democracia* es catarsis ideológica y social. En el auditorio incapaz de contener a otra persona, capaz de albergar a las decenas que siguen colándose, gritar es afianzar la causa, cualquiera que sea, y aplauden con igual denuedo los funcionarios de aspecto acumulativo (¡una sala de retratos compendiada en un solo semblante!) y los apocalípticos de las prepas populares. Unos y otros repudian la intolerancia del adversario, y siguen con detalle asuntos tan amenos como la reglamentación de exámenes extraordinarios. Ahora le toca al CEU la tarea de regañar, Ordorika censura a la comisión de Rectoría que con ligereza revisó 15 puntos en 15 minutos, y Carlos Ímaz responsabiliza a las autoridades por no ceder ante argumentos irrefutables.

El CEU evitó la confrontación violenta, y el doctor Narro incita a los presentes a dar muestras de espíritu universitario, a encarnar el espíritu que hará salir ordenada y pacíficamente a la raza. Pero ya ha durado mucho el esfuerzo de contención, y los de Rectoría, en plena licencia vocal y psicológica, exhuman una vez más el "Goya", y se enfebrecen con la porra. *Cachún-cachún-ra-ra*, a las onomatopeyas les concede sentido el puño alzado del doctor Narro, del licenciado Dávalos, del licenciado Ruiz Massieu, del actuario Barros Horcasitas. *Cachún-cachún-ra-ra*, nosotros también tenemos nuestro pasado combativo, somos algo más que jurisdicción de la nómina, gritamos para conmovernos. UNIVERSIDAD!!!

Los del CEU inician una marcha que culminará con discursos ásperos y fervientes que piden extender la lucha en todo el territorio nacional.

Sábado 10 de enero. 1:30 de la madrugada

¿Quién lo hubiera dicho? La televisión privada, antes tan enemiga de los movimientos estudiantiles, invita hoy a los líderes del CEU para un pugilato verbal con el doctor Ignacio Burgoa, jurista incólume, el Kid del Quid. Y en el programa *En vivo*, de Ricardo Rocha, nada menos. Eso es éxito: que los noctámbulos acepten los enfrentamientos en la UNAM como el espectáculo de la temporada, en donde esta noche ustedes se sorprenderán viendo al autoritarismo, reducido o ampliado gracias a la figura del doctor Burgoa, desafiado por jóvenes tan entrenados en su rollo como el mismísimo abogado. Así sea en la madrugada, uno asiste al duelo de las cifras interpretadas críticamente contra la virtud capitalista ofendida. O el país se democratiza, o los programadores de Televisa ya no saben cómo llenar el tiempo.

Miércoles 21 de enero

10:30 de la mañana. Explanada de Rectoría. Mitin de los anticeuístas. He aquí el estereotipo del estudiante que se mete en problemas por oponerse con furia a que los estudiantes se metan en problemas. Beligerante, bien vestido, con el aire de superioridad que da la fe en la inferioridad ajena. Mientras lo observo prejuiciosamente, el de Voz Universitaria se queja con murmullos sonoros: él no es un acarreado, y vino aquí por su cariño al estudio. Ante el micrófono, el doctor Trifón de la Sierra asegura: a] Así llamarse, b] nunca haberse dirigido antes a tanto mexicano y a tanto terrícola, c] poseer el diagnóstico de la enferma condición de México, salvable por los dones terapéuticos de la UNAM. . . El de Voz Universitaria desoye las operaciones redentoras, e insiste en el lamento: ¿por qué a ellos les dicen pirrurris, y "niños bien"? Puro ardor de destripados. Su agrupación es real y tiene fuerza en Derecho y Odontología, él vino porque quiso, por no soportar a los fósiles lidercillos del CEU, y porque desea estudiar y *competir en el mercado internacional de trabajo*. Échenle una ojeada a las Secretarías de Estado, a las paraestatales, a los institutos de investigación. Por doquier, cada vez más egresados de universidades donde pagan más porque los réditos están asegurados. . . El joven se aparta para calmarse y no perturbar con el susurro rencoroso las reflexiones frommianas del doctor Trifón. . . ¿Cuándo se había visto que un precandidato a la Presidencia, como Alfredo del Mazo, desconfiando de su título en la UNAM fuese también *licenciado en Relaciones Industriales* de la Iberoamericana? Al rato incluso a los ujieres les exigirán diploma de universidades particulares, y eso nos pasa porque ya nadie se prepara, se agotó el ánimo de competencia, nos inundan los resignados, los aquietables con un empleíto burocrático, con el plumero para sacudir las telarañas del negocito del papá, con la clase mal pagada a chavos peor alimentados. ¿De qué les va a servir tanta alharaca a los del CEU? Lo que cuenta, le digo y tome nota, no es dárselas de redentor, sino prepararse *para competir en el mercado internacio-*

nal de trabajo. ¡Ah, y ojalá y los del CEU memoricen bien sus porras, para darse ánimos cuando vayan de un lado a otro pidiendo chamba inútilmente!

11:30 de la mañana. Explanada de Rectoría. Al doctor en derecho Ignacio Burgoa nunca lo ha visitado la duda, y en caso de crisis de conciencia de seguro recurriría al amparo. Suya es la espada flamígera del Verbo (con todo y frase), y los raudales de su elocuencia se vierten en la ímproba encomienda de fustigar a los subversivos, a los creyentes en la intervención del Estado en la economía, o en los asuntos del propio Estado. Don Quijote que no necesita de Sancho Panza para comercializar su figura, el doctor Burgoa es el orador estelar del mitin en favor de las proposiciones de Rectoría. Uno, ingenuo, espera el *Quosque tandem abutere, ceu, patientia nostra?* (se admiten erratas), y se azora al oír un discurso en español.

¿Cuánta autoridad moral cabe en una sílaba? Sólo el doctor Burgoa podría medirla ante esta "preciosísima multitud". Él censura al grupo *de facto* por su abandono de la humana cordura, extermina moralmente el silencio ante los enemigos de la razón, juzga ilícito el paro anunciado por falsos universitarios, anticipa el delito de sabotaje contra la Universidad, y pone a levitar sus frases: "Son antiuniversitarios y traidores quienes llaman a un paro, y ello entraña un delito de lesa humanidad". El CEU no sólo intenta sabotear el orden jurídico de la institución, sino el orden y el honor jurídico de la nación. Según la lógica del CEU "el ser más racional es el elefante, porque es el más fuerte del orbe".

Abogado naturalmente ilustre, hemiciclo de la ciencia jurídica, patrono de los latifundistas desamparados, el doctor Burgoa cuenta entre sus incontables atributos la calidad de *beso de la muerte* sobre el prestigio de las causas que defiende. *Item missa est.*

4 de la tarde. Ganar la calle. La aspiración de todos los movimientos políticos y sociales, la demostración palpable de existencia de derechos. *Ganar la calle*, conquistar por horas la admiración y el encono de paseantes y automovilistas, actuar una causa ante la ciudad y la provincia, hacer del espectáculo de la disidencia el ejercicio de la ciudadanía.

En 1987, ganar la calle no significa, como en 1968 o en 1971, el forcejeo literal con la policía y sus cercos intimidadores, sino la victoria posible sobre la abulia de millones, sobre las ofertas del infinito tianguis en las aceras, sobre el *dejar hacer* gubernamental que es la táctica actual de persuasión ("Si nadie los reprime, nadie los observa"). Y hoy el Consejo Estudiantil Universitario se dispone a ganar la calle por tercera ocasión, extremando su propuesta, ridiculizando a quienes lo acusan de no ser representativo, y dirigiendo al Zócalo a la generación que nunca antes transitó políticamente hacia el famoso asiento de los poderes.

4 de la tarde. El Casco de Santo Tomás

En insólita ruptura de la tradición, la marcha sale a la hora exacta. Las autoridades del DDF han declarado que no intervendrán, y sólo vigilarán la marcha 150 policías desarmados (otro homenaje oblicuo a las víctimas del 2 de octubre y del 10 de junio).

Inevitable la comparación con 1968. Entonces, por así decirlo, se vivían emociones más a flor de piel, no había diálogo ni sombra de diálogo, la represión se vivía en toda la ciudad, la rabia y el coraje impregnaban consignas y gritos, y pertenecer al movimiento era comprometerse a resistir al gobierno de Díaz Ordaz. Ahora hay diálogo, o por lo menos intercambio de monólogos, y la demanda moral se funda en el rechazo a un sistema de exclusiones. A miles de estudiantes, un organismo que ya discute de igual a igual con la autoridad ("Tú eres la institución. Yo soy el destinatario de los procedimientos de la institución"), les parece un logro, con algo de revancha, en un medio que ha visto incluso como gran adelanto el tuteo a los profesores, al lado de la imposibilidad de modificar mínimamente las decisiones del rector, de los directores de escuelas y facultades, del monolítico Consejo Universitario, del monopolio de la Elección Irreprochable cuyo nombre vulgar es Junta de Gobierno.

5 de la tarde. Ribera de San Cosme. En el toldo de la combi que anticipa a la descubierta, las banderas del grupo Contadora y el grupo de apoyo. La marcha la inician los estudiantes de las preparatorias y del CCH, con sus autorreconocimientos tribales y su fascinación ante el número de manifestantes que son la argumentación última, no vulnerada por las acusaciones de manipulación y leva ideológica. Por eso, a lo largo de la marcha, la porra más repetida surge del júbilo cuantitativo: "Y dicen/ y dicen/ que somos minoría/ Aquí les demostramos/ que somos mayoría".

Cada manifestación es única. La obviedad de la frase disminuye si se recuerdan las decenas de marchas que obligan a decir: "Ya estuve aquí, ya desfilé", idénticas las consignas, las personas, las mantas, la resignación ante las escasas consecuencias, el agobio de atisbar en el semblante de los paseantes la indiferencia propia. Y sin embargo, aun la más inocua de las marchas tiene un tono peculiar, se acentúa levemente el optimismo, se abomina más de la realidad, se aquieta o se vocea la desesperación, se exorciza menos la despolitización con mentadas de madre. Cuerpo vivo, conciencia mucho más unificada de lo que parece, una manifestación actúa sus recelos y orgullos, y en su dinámica confiesa si se cree su propio público o si reclama un conglomerado más amplio, la sociedad o la ciudad o el país. Y la singularidad de la marcha del 21 de enero es la traducción de su confianza numérica en certidumbre académica y política. Si somos tantos, es que tenemos la razón, y como tenemos la razón no podemos ser menos.

6 de la tarde. Puente de Alvarado. De los contingentes quizás sea el del CCH Oriente el más cercano a la "esencia ceuísta", de estos estudiantes perdidos y recuperados en el tiempo de la crisis y en el espacio del movimiento. En el conjunto de los CCH, la representación más nutrida, el de Oriente destaca por energía y por cantidad. Estos adolescentes han soportado dosis colosales de apocalipsis verbal, pero en su visión del mundo no interviene tanto el catecismo marxista en diez lecciones fáciles y una toma de poder, como el paisaje del hacinamiento, del empleo que se aleja con cada solicitud, de las frustraciones que no mitigan las armonías del reventón. Estos chavos corresponden a un fenómeno novedoso, no el radicalismo desencantado de los años setenta, sino el afán democrático que sin apartarse del todo de su herencia ideológica, y conservando secciones del lenguaje de la-revolución-para-pasado-mañana, somete su retórica a trámites de eficacia. La obsesión primera ya no es el cielo de la Historia y sus premios póstumos, sino el deseo de no ser expulsados de la Nación, o de incluirse en ella, como se prefiera. Estos chavos ven en la UNAM literalmente la nación que les corresponde, y tienen la "ciudadanía universitaria" que (esperan) les servirá para escapar de la pobreza, y no deteriorarse como sus padres. La UNAM: la red del conocimiento masificado que es para millones de jóvenes la síntesis del país que los admite.

Oriente/Oriente/Oriente... En la alegría, en el orgullo de ser a cada minuto lo que son —alumnos del Colegio de Ciencias y Humanidades plantel Oriente— estos adolescentes emiten su programa en perpetua carrera del Casco al Zócalo. Van a lo suyo, pertenecen (en ese orden) al CCH, al CEU, a la UNAM, a México, y quieren cancelar las reformas que confirman su aislamiento personal, su falta de salidas. *Vea, vea, vea/ qué cosa más bonita/ Oriente ya repudia/ su pinche reformita.*

He visto en otras ocasiones a los del CCH Oriente. Nunca a tantos, tan disciplinados por la convicción de militar en la causa vencedora, a tal punto son un chingo que el recuento puede hacer las veces de ideología. Han vivido una pedagogía vertiginosa: las asambleas con sus exaltaciones y su fatiga, la comprobación de lo falible de las autoridades, el crecimiento vertiginoso del CEU. Es verdad: muchos han llegado a la UNAM porque es más fácil multiplicar inscripciones que crear empleos, pero su júbilo es una actitud "laica" ante la educación. Ya no observan con devoción mística a la instrucción universitaria, en décadas anteriores la oportunidad que confirmaba la falta de oportunidades. Se han "secularizado" frente a la UNAM, ni creen ni dejan de creer en ella, y no aguardan milagros aunque no descartan la posibilidad estadística de que alguno ocurra, y ellos amanezcan con empleo.

Cuadra por cuadra, los adolescentes informan con spray de sus obsesiones chovinistas (CCH-Naucalpan/ CCH-Azcapotzalco/ Preparatoria 2/CCH-Sur/ Preparatoria 7), y el sentido de estas pintas no es tanto la propaganda como la ocupación territorial. Salimos a extendernos, a expropiar por unas horas las paredes en beneficio de nuestro orgullo local. . . Lo que para unos es pintarrajeo, para otros es la usurpación relajienta del espacio, y el chavo que le dedica a la pinta el cuidado extremo de la celeridad, deja constancia de su plantel, hoy vuelto nación nómada, y le cede al nombre de la escuela las cualidades totalizadoras de la banda, de la colonia, del país mismo.

De hecho, la marcha sólo conoce un interlocutor (si tal es la palabra): el rector Jorge Carpizo. Para la base del CEU, el rector corporeíza la estructura entera de la autoridad, y a él dedican, de modo íntegro, la combatividad de la marcha. No se alude al Presidente de la República, no se impugna (fuera de algunas mantas) el pago de los intereses de la deuda y al FMI, no se menciona al PRI, no se gritan otros nombres de funcionarios. Jorge Carpizo es el enemigo, lo que se extiende al otro lado de la mesa. Y la agresión es ubicua: las incontables porras, caricaturas y caricaturas de las caricaturas, mantas con sentencias casi bíblicas, ataúdes que lo apresan alegóricamente, un cuadro donde el rector es simultáneamente la aparición milagrosa y el poseedor de la tilma.

Aplaudan, aplaudan, no dejen de aplaudir/
el pinche Carpizo se tiene que morir

Hasta donde puede verse, el hostigamiento verbal, inevitable en actos de este género, se dirige más al puesto que a la persona. Para la mayoría de los manifestantes, el rector es la abstracción que quince abstracciones eligen y depositan en la cumbre abstracta de la que sólo vislumbran una concreción fugaz: el director de la escuela respectiva. De la red burocrática de la UNAM, Jorge Carpizo es el único con puntos de vista identificables. Los demás resultan cargos animados por el ímpetu (improbable) o la grisura (potenciada). De la burocracia sin rostro sólo se desprenden unos rasgos precisos, y a ellos se dirige no el odio, sino la antipatía que adopta las tácticas del relajo, ligadas ahora profusamente a los rituales del mundial de futbol. Los chavos cantan: "Sacaremos a ese buey de Rectoría/ de Rectoría sacaremos a ese buey", y si uno se fía de los análisis al instante, no hay en esto ni furia arrasadora ni un plan de linchamiento de la personalidad, sólo fórmulas del vituperio y el reconocimiento fragmentario de la autoridad por vías indirectas.

No recuerdo en los últimos 30 años una manifestación tan ceñida a su meta explícita. Si se exceptúa el desahogo personalizado, lo demás no se aleja un milímetro de la mesa de negociaciones y rupturas, de la certificación a cada instante de los objetivos: 100% de aumento presupuestal a la educación superior, educación gratuita y vinculada a las necesidades de la nación, derogación de las reformas de Carpizo, congreso universitario. A lo largo de la ruta inevitable (San Cosme-Hidalgo-Bellas Artes-Madero-Zócalo), la organización es eficaz y la autocelebración universitaria es constante. Se dilapidan los "Goyas", se festejan la *c*, la *e* y la *u*, se alaba a la escuela, al plantel, a la facultad, a la mismísima Alma Mater. Cada uno de los 55 contingentes alimenta a su chovinismo más próximo, entre mantas didácticas: "Se debe mantener bien la lucha para alcanzar la victoria. . . Una nueva universidad nuestro objetivo; avancemos al congreso"/ "Nos sentaron en la fila de los burros, cuando nos empezaron a crecer las alas"/ "No queremos control del pensamiento ni oscuro sarcasmo en el salón de clases"/ "Por una universidad crítica y de masas". El grupo Maldita Vecindad y los Hijos del Quinto Patio toca desde un camión, y la música se pierde y se recupera en la multitud.
—*Si Francia derogó ¿por qué nosotros no?*
—*El que no brinque es porro.*

7 de la noche. Plaza de la Constitución

Ya vamos llegando,
el gobierno está temblando.

La inminencia del Zócalo subleva y demuestra que, en momentos especiales, lo cotidiano recobra su dimensión mítica. Para la mayoría, ésta es su primera incursión en el territorio de las apoteosis. La avanzada llega a la Plaza de la Constitución poco antes de las seis de la tarde, y los contingentes del CCH Oriente, Vallejo, Sur, Azcapotzalco, Naucalpan, de las preparatorias, de Ciencias Políticas, de la ENEP, del STUNAM, de Filosofía y Letras, de Ciencias. Y grupos representativos de la UAM, Chapingo, Derecho, Colegio de Bachilleres, preparatorias populares, Universidad Pedagógica, Ciencias Químicas, el Politécnico, y también colonos, costureras y damnificados. En su gozo, uno percibe la emoción que mezcla la hazaña de todos con la jactancia individual, la defensa de lo que apenas se tiene con la esperanza de conquistas gremiales.

—Vamos a pedir a las autoridades que amplíen el Zócalo para que quepa el CEU.

Quizás no tanto, pero 200 mil manifestantes ya definen un nuevo espacio de la autoridad universitaria. El grito: ¡CEU! ¡CEU! ¡CEU! se entrevera con lemas prácticos: "Esta marcha va a llegar/ al congreso general", y la explosión culminante es un *goya* acústicamente devastador, que centuplica la victoria: no se veía nada igual desde el 13 de septiembre de 1968, y a esto se llega no en respuesta a la violencia policiaca y gubernamental, sino a través de la polémica sobre injusticias administrativas.

El primer orador, Antonio Santos, de Filosofía, expone el programa del CEU en su variante más doctrinaria, o, sin sentido peyorativo, más idealista. A la universidad que pretende seguir generando profesionistas para el auge social ya demolido, el CEU opone la Universidad donde el compromiso social de los egresados pase por la renovación académica: fin de la enseñanza verbalista y memorista, fusión de la docencia y la investigación, modernización del arcaico sistema de carrera, apertura de zonas de la investigación y el ejercicio profesional. Y esto, insiste el orador, requiere de presupuestos que infundan a la UNAM el poder de desenvolvimiento perdido al reducirse la nómina en 50% en términos reales.

—¿Hay alguien aquí que dude de la representatividad del Consejo Estudiantil Universitario?

—¡Noooooo!

—¿Qué queremos?

—*¡Congreso/ Congreso/ Congreso!*

Desde el templete la visión es, para usar un adjetivo que supla la descripción con la sensación, impresionante. Al extenderse la oscuridad, se reclama inútilmente "Luz/ Luz", y ante la previsible tardanza del alumbrado público se elevan antorchas que fueron hojas de cuaderno, y el Zócalo cobra por instantes el aspecto de plaza simbólica, de espacio donde el poder acumulado de las fuerzas sociales trasciende enormemente las debilidades de los discursos, o lo esquemático de las consignas.

Más de cien mil estudiantes sentados oyen con atención, interrumpen a los oradores con exclamaciones que son manifiestos de apoyo, le dan a la plaza el aspecto de la inmensa asamblea que es salón de clases, del territorio expropiado a la indiferencia. Se grita: "¡Congreso, Congreso!" Carlos Ímaz reitera el nacionalismo y pide se entone el Himno Nacional, mientras se prenden miles de antorchas.

Martes 27 de enero. 4 de la tarde

Es abrumadora la masa que representa a las masas que la universidad de masas ya contiene. En el auditorio de Humanidades la aglomeración es, si algo, la victoria del espíritu sobre la materia, de la metafísica sobre el espacio físico, de la voluntad de permanecer en un sitio sobre la posibilidad elemental de hacerlo. Las incomodidades son parte de la epidermis, el calor y el sudor se prodigan, y la multitud opone a la densidad atmosférica una paciencia desmedida, mientras en la sala los papeles y cartelitos insisten en lo épico de las siglas: CEU/ CEU.

Listos los micrófonos y aprestadas las cámaras, se encauza de ambos lados de la mesa la disposición facial para el encuentro histórico: gravedad, aliviane refrenado por la búsqueda del perfil histórico, solemnidad mediada por el recelo ante el motín. A punto de reiniciarse el diálogo y el desencuentro entre la comisión de Rectoría y la del Consejo Estudiantil Universitario, se intuye la verdad escénica: al cabo de muchos días y fatigosas horas, ya todos son actores de la misma apasionante serie.

Se denuncia: en una reunión de Ciencias se halló un micrófono escondido, Rectoría hostiga, Rectoría intimida. Rectoría acecha. Luego, se lee el proyecto del CEU para un acuerdo de consenso. Se exige eliminar las modificaciones a los reglamentos y celebrar el Congreso cuyo carácter resolutivo comprometa al Consejo Universitario a refrendar y legalizar cada uno de sus acuerdos. Una *Gran Comisión* integrada por estudiantes, profesores, investigadores y trabajadores elegidos democráticamente, determinará mecanismos de funcionamiento, agenda y tiempos del Congreso. A los delegados de las autoridades los podrá nombrar el Consejo Universitario.

He aquí el afamado "callejón sin salida", donde cada parte siente que todo se negocia menos el poder que les da origen. El doctor José Narro solicita un receso y Ordorika lo presiona: "Antes del receso digan si hay o no un documento de consenso". Se ausentan las autoridades, y se inicia la sesión coral de porras, el auge de la armonía vocal: "¡Poli, escucha/ el CEU está en tu lucha! Poli-UNAM/ unidos venceràn". Y de súbito, la disonancia o, si se quiere, la estática de las porras no previstas: "VOZ/VOZ". La respuesta los expulsa del Edén: "¡Fuera porros!" En la inmensidad de un local sin sitios vacíos, el punto de conflicto se localiza gracias a la máxima presión. Forcejeos, arremolinamientos, brazos que se tienden y se retraen, gritos de confusión y de ubicación, figuras que ascienden hacia la mesa como impulsados por la pesadilla.

—¡Calma! ¡Siéntense! ¡Es un acto de provocación, el CEU no va a responder!

El presidente de la Sociedad de Alumnos de Leyes, César Peniche, se obstina en hablarle a la nación. Con el micrófono desconectado, y entre jalones, protecciones, flashes y amagos verbales, no le queda sino dirigirse a ese modesto intermediario, la prensa. Exige la presentación del estudiante Carlos Morett, secuestrado por el CEU en el CCH-Sur, y como no le bastan las grabadoras, se trepa a la mesa sudoroso y convulso: "¡Creemos que el CEU nos secuestró dos personas!" La algarabía se disuelve en el estrépito, vuelven los funcionarios y el partidismo infesta el auditorio: CEU/ CEU. El escándalo es la voz que no se escucha, la imagen aglomerada al gusto de las cámaras. El doctor Narro niega con ademanes su relación con Peniche. Un dirigente del CCH-Sur asegura haber escoltado fuera de su escuela a los de Voz Universitaria. Se pregunta:

—¿Están dispuestos a escuchar al Presidente de la Sociedad de Alumnos de Derecho?

—¡NO! ¡NO! CEU/ CEU.

Peniche gesticula ante esa posteridad que es el rechazo a su persona. Alguien me informa: "Este compañero tan trajeado y encorbatado va de membrete en membrete, y alcanzará membrete mayor.

Ya fue dirigente de la UNACE, la asociación que inventó Rectoría para oponérsela al CEU". Se reinicia el diálogo, y el doctor Narro se propone dejar "perfectamente establecido que el propósito de esta mesa de pláticas es estudiar la agenda. Ésta no es una instancia pública. . ."

—¡Esto es provocación! ¡Que los de Barros Horcasitas vengan por su gente!

El actuario Barros Horcasitas interviene:

—Les pedimos a los que están arriba que no pertenezcan a los medios, que hagan el favor de bajarse.

Los de Voz Universitaria salen del auditorio.

El doctor Narro afirma: "Hemos expresado nuestro repudio a la violencia verbal o física. . ".

(Para provocar un desalojo liberador se avisa que ya hay sonido fuera del auditorio. No sale una sola persona.)

El doctor Narro pregunta: "¿Entienden por Congreso Resolutivo aquél en que el Consejo ya no podría discutir, modificar o sancionar las conclusiones de dicho Congreso?".

Tras un silencio, una voz categórica: "Pediríamos al señor Narro el listado completo de las preguntas". Éste accede: "¿Es un Congreso que desplace al Consejo?" Carlos Ímaz responde: "Queremos que estén las autoridades". El turno es de Narro: "En concreto, ¿un Congreso Resolutivo significa que el Consejo Universitario ya no puede discutir o modificar las conclusiones de dicho Congreso?" Y sucede el diálogo circular. Rectoría interroga anhelosa de oír lo evidente: en el Congreso el Consejo será un órgano más, comprometido al refrendo de los acuerdos. Finalizado el Congreso los resultados no están sujetos a discusión. Ningún sector tendrá derecho a modificaciones finales.

Se pregunta: "¿Estarán de acuerdo en que el Consejo Universitario nombre a la Comisión Organizadora?"

El auditorio: "¡NO! ¡NO!" El CEU contraataca: "¿Qué acaso el Consejo Universitario pretende ser superior a un Congreso del que forma parte?"

En 20 días el CEU va del rechazo a medidas administrativas a exigir la reconstitución de la UNAM. En otras sesiones se ha insistido: lo académico no es negociable. Ahora lo no negociable es la concepción del poder universitario.

Ordorika es categórico: "¿No modifica la propuesta del CEU la de Rectoría?" El licenciado Ruiz Massieu es enfático: "La Rectoría ha demostrado en todo momento voluntad de diálogo y ánimo de concertación [*rechifla*], Rectoría no acepta ni puede aceptar que se transgreda el orden jurídico [*choteo*], y un congreso resolutivo supone la creación de un órgano de facto que anula al Consejo Universitario. . . El Congreso que propone el CEU queda al margen de la legalidad. La UNAM ha cambiado sus estatutos siempre dentro del marco de la legislación. . . El CEU no se ha movido un solo paso. Le adicionó el Posgrado a sus peticiones, exigió el Congreso y ahora lo quiere resolutivo. . . La Rectoría no podrá jamás apartarse del orden legal universitario [*rechifla*]. Darle al Congreso el carácter de resolutivo anula el estatuto jurídico de la Universidad. . . Yo les pido que reflexionen sobre estos puntos".

Rechifla y gritos: "¡Huelga! ¡Cállate!"

El estímulo auditivo para Guadalupe Carrasco: "DURO/DURO/DURO". Ella cede de inmediato al exhorto: "Ruiz Massieu comete un error. La diferencia es que lo propuesto por el CEU sería una instancia de decisión y discusión verdaderamente democráticas. . . Si eso transgrede o no el estatuto jurídico de la universidad, es cosa en que ya no nos metemos . . . El CEU no acepta que en aras de la palabra *Congreso* vuelva a quedar todo en manos del Consejo. No puede aceptar que no se hagan a un lado las reglamentaciones del 11 de septiembre. No puede aceptar que el organismo que aprobó ese paquete sea el mismo que tenga en sus manos cualquier transformación". Y concluye admonitoria: "El CEU no está jugando".

En el auditorio, la atención es extraordinaria. Cada asistente sabe de memoria los puntos de vista contendientes, y sin embargo ante las intervenciones del CEU reacciona como oyendo algo en verdad novedoso, no por insólito sino por confirmar que la suya es, por primera vez en su vida universitaria, una opinión con resonancias.

Interviene, por Rectoría, el jurista Raúl Carrancá y Rivas: "Sería una altísima irresponsabilidad que una de las partes estuviera jugando. ¿O hay quien se quiera burlar de los poderes constitucionales de México? [*La rechifla extiende el abismo entre el estilo de la asamblea, directo y repetitivo, y la oratoria forense, barroca y armada de términos como escudos.*] Quienes se empeñan en atacar la Ley Orgánica, vulneran la Carta Magna. . . El orden jurídico de la universidad proviene de una ley expedida por el pueblo a través de sus legítimas representaciones [*abucheo*]. Éste es el hecho jurídico que no se puede cuestionar. Pensamos así no por prurito de derecho, sino porque es una característica de la universidad, el respeto al orden jurídico. . . En mi opinión no será este Congreso un golpe de Estado [*la rechifla es grande, y su sarcasmo es traducible: "Al no haber Luis XVI nosotros tampoco somos la Revolución Francesa"*] . . . En este

sentido, no me parece que haga nugatorio al Consejo Universitario. . .
Además, no digan resolutivas sino resolutorias [*rechifla de terque-dad gramatical*]. Reclamar un Congreso con facultades resolutorias es anular el orden jurídico, en función de algo totalmente falso: no vive la universidad y el país un momento de excepción [*abucheo*]. . . No puede desconocer la universidad la fuente que le ha dado vida. No lo admitimos los que somos depositarios de la cultura superior. . . eso sería colocarse no sólo al margen de la legalidad universitaria, sino de la legalidad nacional".

En 1968, el movimiento estudiantil quiso en todo momento rei-vindicar su carácter constitucional, y declaró de hecho ilegal al go-bierno de Díaz Ordaz, violador y manipulador de la ley; en 1987, el movimiento estudiantil lucha por reconstruir la legalidad univer-sitaria y, al representar el "espíritu de la ley", quiere demostrar que el orden jurídico no es eterno ni inmanente. Carlos Ímaz le responde a Carrancá: "No es adecuado hacer pronunciamientos electorales, y la pretensión de usted es claramente policiaca, porque intenta de-mostrar que estamos fuera de la ley. . . Además, la Ley Orgánica no tiene efecto ante el Artículo Tercero Constitucional, que señala el de-recho de las universidades a darse su propio gobierno".

Del repertorio del conflicto: el sector académico

Desde principios de enero, muchos de los excluidos o autoexcluidos del debate, rompen su abstención participando en lo que tienen a mano: los desplegados y las cartas públicas. Representados en lo laboral por las Asociaciones del Personal Académico (AAPAUNAM), sin sitio po-lítico preciso, casi siempre recelosos ante ideologías y partidos, los profesores de la UNAM adquieren veloz o paulatinamente perspecti-vas críticas. Al principio apoyan en manifiestos a Rectoría por la de-fensa del nivel académico, y en privado al CEU por los resentimien-tos sucesivos. Luego, se radicalizan de un lado y de otro, aprecian la necesidad de cambios profundos, apoyan el diálogo, se niegan a la huelga, escriben artículos contradictorios que se incorporan sigi-losamente al currículum, participan en juntas interminables, firman llamados a la concordia, se oponen al *todo o nada*, dedican la pri-mera parte de sus intervenciones en las asambleas al mea culpa, re-velan en frases restallantes indignaciones ocultas demasiados años.

En 1940 había 1 510 maestros. En 1950 eran 2 352. En 1960, pro-fesaban 4 766 personas. En 1970 eran 9 410, y en 1980 resultaron ser 21 426. ¿Cuántos serán ahora? ¿Y cómo reaccionan a la pérdida de su salario real, que entre 1982 y 1986 disminuyó en un 67.5 por ciento? Las sumas al pago del personal académico descendieron del 19.7 en 1977 al 13.9 en 1986, mientras las destinadas al personal de confianza ascendieron del 3.6 al 8.9 por ciento. Según informa Gilberto Guevara Niebla en su ensayo "Masificación y profesión académica", los maestros son jóvenes en su mayoría. (En el censo de 1983 se informa: de un total de 24 844 académicos, 15 371, es decir, el 62% del total, tiene entre 24 y 39 años de edad, son pasantes o licenciados, y de ellos sólo una minoría acepta tener empleos extrauniversitarios.)

Una porción significativa vivió el radicalismo de los setentas, y supo del desencanto y sus consolaciones a puerta cerrada. Otros, que acariciaron el proyecto de vida supremamente exitosa, en donde la Universidad era etapa transitoria, se tropezaron con la crisis, varándose en su cubículo (si lo había). Y los consagrados a la investigación se enfrentaron a la falta de recursos, la inercia, la remodelación infinita de planes.

Desde que empezó el movimiento del CEU, cristalizó el descontento contra la burocracia. En conversaciones y juntas de profesores, se cobran cuentas en frases, discursos, actitudes. "¿Qué se ha creído la Junta de Gobierno que nos impone estos directores de facultades y de institutos? ¿Quién ordena las promociones? ¿Quién decide los criterios valorativos?" Como en toda emergencia, el afán democrático (muy real) se hace preceder del agravio personal, y ya visto de cerca, el resentimiento es, con razones o sin ellas, importante criterio electoral. "¿Por qué se me ha hecho a un lado? ¿Por qué se privilegia a los ineptos? ¿Por qué el director de este Instituto se permitió firmar con su nombre un libro donde no venía una línea suya?" Para un número creciente en este sector, el Congreso Universitario resulta cada vez más la esperanza de existir en el ámbito propio, de practicar la democracia que idealmente se enseña.

Miércoles 28 de enero. 9 de la mañana

La sesión es, y nadie podría evitarlo, anticlimática. Ya todo está dicho, con las palabras mejores y las más obvias, y aquí nada más se viene a la despedida provisional. La comisión de Rectoría no predica ahora la excelencia académica y alerta contra el desvío de los marcos legales. Por parte del CEU, las intervenciones son más programáticas que polémicas. Óscar Moreno, del CCH-Azcapotzalco, resume el optimismo del conjunto: "No nos interesa transgredir el orden jurídico; éste debe conformarse al deseo y a las aspiraciones de la sociedad y los universitarios. . . Cuarenta escuelas no están representadas por sus profesores, como debería ser, sino por el CEU. . . Antes, nos habían arrebatado la palabra; hoy nos dan magnánimamente la voz. . . Somos una generación que se organiza, decide y actúa, como lo demostramos en la desgracia de San Juanico y en el terremoto de 1985, aunque se haya contrariado el orden jurídico. Somos ejemplos para la sociedad: invitación a abrir espacios democráticos".

¡Catorce sesiones de trabajo y casi 200 intervenciones! durante diez días. Se explican reglas y salvedades, se anuncia la cuenta 04614595 de Bancomer para quien desee contribuir a los fondos de la huelga, se anuncian más apoyos y marchas. Héctor Salinas, del CCH-Oriente se siente cansado "de oír lo mismo, todavía estamos dispuestos al diálogo, la huelga es un último recurso, el CEU dará cuenta de sus actos al pueblo, los jóvenes somos los hombres del mañana y sabremos defender a nuestro pueblo". Ordorika concluye: "Si la huelga es para bien de la universidad, ¡bienvenida la huelga!"

Miércoles 28 de enero. 9 de la noche

La movilización fue extraordinaria. Los funcionarios separan documentos y libros, en las reuniones los maestros categoría C siguen preguntándose qué conviene hacer, se prodigan las brigadas estudiantiles, con aire pesaroso toman medidas los directores de escuelas, facultades e institutos, para facilitar la entrada a CU la Rectoría ha mandado quitar las rejas y trancas del perímetro universitario, y los del CEU acarrearon las piedras que sustituyen las rejas, en los periódicos se le advierte al CEU del gravísimo riesgo: perder todo lo ganado por su adhesión al maximalismo. En las escuelas del bachillerato grupos pequeños o nutridos pintan mantas y carteles, disponen el turno de las guardias, se aseguran de no desvincularse del exterior.

¿Quién distingue en Ciudad Universitaria una noticia de un rumor? Ciencias Químicas votó por la huelga, Medicina está incierta, en Leyes con un notario atestiguando se soldarán las puertas, en Ingeniería los porros abrirán mañana por la fuerza, en la Prepa 6 hay problemas. . . En el Auditorio de Humanidades se sesionó el día entero, y se pintaron carteles y la gran manta de huelga que se colocará a la entrada de Rectoría. Durante el día, grupos de rock heavy, nueva trova y teatristas callejeros han competido en vano con el espectáculo de la realidad.

Se apagan poco a poco las luces en la Ciudad Universitaria. Se suspenden el servicio telefónico y el abasto de agua. Cerca de la medianoche, en Economía, en Ciencias, en Ciencias Políticas, en Arquitectura, se esparce ese fenómeno llamado "la alegría responsable". En los carteles se informa de las obligaciones propagandísticas:

1. Explicar que fue Rectoría, con su intransigencia, la que nos empujó a la huelga. . .

En Filosofía una compañera le pasa lista a los integrantes de las brigadas, y solicita 10 voluntarios que refuercen la débil guardia del Centro de Estudios de Lenguas Extranjeras (CELE). Se verifica la calidad de los sleeping bags, circulan tazas de café, sándwiches y tortas. El porcentaje de mujeres es alto, quizás 20 o 25 por ciento. Recuerdo la huelga de 1958, donde la presencia de las mujeres era casi simbólica, y la de 1968, donde las compañeras, nunca muchas, se quejaban del machismo prevaleciente.

A las 11:45 un grupo se dirige hacia la torre de Rectoría. Se camina casi en penumbras, y las porras son el único sonido persistente. "Dame la C, dame la E. . ." Las tres lámparas que presiden la marcha producen los efectos literarios de melancolía y distancia que los gritos se empeñan en deshacer: "¡Huelga! ¡Huelga!" Son 150 o 200 estudiantes. Se alega sobre la instalación de las mantas. "Hay que esperar a las doce", se recomienda. En la espera, brota el humor y se canta brevemente "En nombre del cielo os pido posada".

Una joven afianza la primera manta. Emerge el goya, tan rehabilitado por el CEU. Más consignas y cantos de ataque: "Sacaremos a ese buey de Rectoría. . . De Rectoría sacaremos a ese buey". *Otra vez.* Imanol Ordorika y Antonio Santos aclaran: "No es intención del movimiento obtener la renuncia o la caída del rector". Se dispersa la concentración. Se queda un pequeño grupo y los demás se dirigen a sus escuelas. Lo desdramatizado y lo culminante.

IMÁGENES DE LA HUELGA EN LA UNAM

Martes 3 de febrero. 4 de la tarde

En el Colegio de Ciencias y Humanidades Sur no hay demasiados estudiantes, apenas los suficientes para una actividad compulsiva, distribuir paquetes de volantes, recibir costales de alimentos, pintar mantas, controlar las entradas del edificio, asistir a una conferencia sobre la experiencia del autogobierno de Arquitectura, reírse con los chistes filotelevisivos de los periódicos murales, transformar mentalmente a un aparato de sonido "en Radio CCH desde la zona liberada del Sur", con su programación de rock, trovas de Silvio Rodríguez, versos alguna vez obscenos de Zacarías de Onda, noticias sobre la huelga, saludos a los visitantes, consignas y recados. Como en todas partes, aquí se solicita pegamento, chinchol, mecates, pintura, marcadores, masking-tape, cartulina, tela, engrudo. Al lado de pequeñas tiendas de campaña, el modesto juego de futbol entre "ceu" y "Rectoría".

La obsesión de la huelga se enreda en la controversia política y se aclara en el chiste. Ninguna conversación se aleja del tema central por más de tres minutos: "¿Qué sucederá en la reunión del Consejo Universitario? ¿Habrá flexibilidad o quieren frustrar a una generación más?" En otros movimientos tales preocupaciones se habrían calificado de reformistas. Pero hoy se observan las revoluciones posibles donde antes sólo se veían las evoluciones indeseadas, y el centro del análisis es la estructura de autoridad de la unam, nunca antes tema de desvelo ¿Cómo no le habían dedicado un minuto de atención al hecho de que unos pocos hablasen, votasen, juzgasen, decidiesen por ellos? ¿Cómo unos pocos creyeron poder seguir indefinidamente hablando, votando y decidiendo a nombre de todos?

La conversación se agota y un minuto después se reinicia con idéntico fervor.

Martes 3 de febrero. 9 de la noche

Al concluir la asamblea, el compañero que no intervino, seguramente por modestia, se disculpa ante las huestes a su alcance: "Yo no creo en el hombre público. Ésa es una pinche falacia burguesa. Creo en el hombre anónimo, el verdadero autor de la historia. Ya he explicado en varios ensayos el carácter hegemónico del estrellato. En la medida en que todos seamos anónimos, destruiremos la pretensión de los líderes, de esas vedettes que nunca desconfiarán del poder. El caudillismo niega a la masa, utiliza a la masa como escalera, detesta a la masa porque le hace sombra. Pero una multitud es anónima, y sólo las multitudes crean la conciencia de clase. No habrá un socialismo genuino mientras no se destierren todos los Nombres y los Apellidos".

Miércoles 4 de febrero. 4 de la tarde

Al principio los pasajeros del camión no se dan por enterados. Trabajadores manuales en su gran mayoría, viven la indiferencia que es cansancio, el fastidio que es desconfianza, la inexpresividad que es recuperación de energía. Los brigadistas, identificados por sus tarjetas, listones y botones, se lanzan a la conquista del ánimo popular.

—Señoras, señores, un momento de su atención por favor. Venimos a pedirles su apoyo económico y moral. Somos estudiantes del CCH-Sur y con el resto de la UNAM estamos en huelga desde el 29 de enero en protesta por las reformas de Carpizo, que quieren la deserción de miles de universitarios para favorecer a la gente con recursos, y nos niegan el derecho a decidir qué clase de universidad queremos. Son ellos quienes se oponen al Congreso Universitario Resolutivo, quienes prolongan la huelga.

La respuesta es mínima. Los pasajeros mantienen su fatiga y es la hora de provocar reacciones usando lo que llaman los brigadistas "Teatro invisible" o "Teatro incidental". Dos estudiantes se encargaron del papel de "malos" y reproducen los argumentos adversos al CEU, aparecidos en la prensa y, seguramente, en las reuniones familiares.

—¿Y ustedes por qué no estudian? Nada vamos a ganar andando de vagos. Nosotros también somos de la UNAM y no queremos huelga porque nos quita la oportunidad de estudiar.

—Pues les sobrará el dinero, compas. Nosotros venimos de las clases populares, y para sostenernos en la universidad nuestras familias tienen que sacrificarse.

—No venga con cuentos de sacrificios. Al CEU lo manejan los políticos y lo que quieren es que perdamos el tiempo.

—No hables por hablar, hijo. Entérate, ve a las asambleas, no dejes que te manipulen.

Los pasajeros se han interesado. Empiezan los comentarios regocijados, las sonrisas, los envíos de miradas.

—Y además, ¿qué caso tenía la huelga? Ya les dieron el chance de pase automático con 7 de promedio y 4 años en prepa o CCH. Si ni esos requisitos alcanzan, mejor muéranse o métanse de líderes obreros.

—Ves mucha tele, cuate. No estamos en huelga nomás porque deroguen requisitos que significan que la Universidad desconfía de la preparación en sus propias escuelas. Fuimos a la huelga porque queremos renovar a la UNAM en serio y crear oportunidades educativas para todos.

—¿Y a poco todos van a conseguir trabajo como profesionistas? Sí como no, ya mero. Si tantas ganas traen, pónganse en huelga contra el criterio de selección de las empresas, porque para el empleo no hay pase automático.

A una señora muy atenta desde las primeras frases, le irrita tanto la argumentación en contra del CEU, que se enfrenta con el "actor incidental".

—¿Y tú por qué defiendes las medidas a favor de los ricos? ¿No te das cuenta de que estos jóvenes luchan por nosotros, por nuestros hijos? ¿No ves que expresan el descontento de todos?

—Mire señora, esos jóvenes son unos vagos, que no quieren estudiar.

—El vago eres tú, y los hijos de papi como tú. ¿No te enteras de lo que cuestan los libros, de las dificultades para estudiar, de nuestro esfuerzo por sacar adelante a los hijos? Nomás te digo una cosa simple: en México la educación debe ser gratuita, porque así lo manda la Constitución.

—¡Que estudien, señora, que estudien! Y ya luego hacemos caso a la Constitución.

—Oye bien, los del CEU la van a hacer, y muy bien, para fregar a los juniors como tú.

Se hace un silencio. Los pasajeros toman el partido de los estudiantes, o eso indican sus aportaciones al boteo. El estudiante que inició la discusión la termina.

—De nuevo les pedimos su apoyo económico y moral. Nuestra huelga es legítima y lo hemos probado. Y en este momento de pobreza terrible que vive México, los estudiantes necesitamos que ustedes también se organicen y luchen por sus derechos en sus trabajos, en sus colonias, al lado de sus hijos.

Al bajar del camión los brigadistas comentan los resultados de su acción propagandística y teatral. Estuvo bien, aceptan, pero no hay nada como los mercados. Allí la discusión es más a fondo, y siempre les dan comida, los felicitan, los apoyan sin reservas.

Miércoles 4 de febrero. 6 de la tarde

En el Auditorio de Humanidades los estudiantes de Leyes discuten el apoyo a la huelga, en el idioma de su profesión.

—Quienes están al margen de la legalidad son ellos, los de Rectoría. Nosotros, estudiantes de Leyes, entre el derecho y la justicia estaremos siempre con la justicia.

Un joven de traje y corbata, como los de antes, sube al estrado. Se le recibe con cierta hostilidad, o eso cree advertir mi oído, que no aquilata los grados de admiración en las rechiflas leves. El moderador interviene para garantizar su libre expresión.

—No respeto todas las posiciones [*silbidos y gritos*]. . . No, no necesito pertenecer a Voz Universitaria para decir que no estoy de acuerdo con la huelga [*silbidos*]. Tampoco soy del PRI. . . Que no haya falta de respeto. . . Para mí que el CEU es como una junta militar sudamericana [*gran rechifla*]. Ésta no es una cámara de diputados para que todos levanten la mano [*rechifla, risas, alza la mano una parte de la asamblea*]. ¿Cómo es posible que a un rector que dialoga se le cuelguen las banderas de huelga? [*rechifla*] . . . Recuerden que éste es un debate democrático. . . ¿Por qué nunca se hicieron movimientos contra Soberón, contra Rivero Serrano, rectores represivos, que no dialogaban, que pertenecían al PRI, que lo obligaban a uno a oponerse al uso de la Rectoría como escalón?. . . Nosotros no somos obreros ni campesinos, no nos explotan ni tenemos patrón. Las reformas deben continuar.

Algunos aplauden. El orador siguiente es vivaz y maneja el micrófono como arma blanca.

—¿A qué se refiere el compañero con eso de que el CEU se maneja como junta militar? Que vea la realidad. Más de 180 mil estudiantes representados por dos personas en el Consejo Universitario. En Derecho sólo 500 alumnos votan por el consejero universitario. Ése sí es un golpe de Estado. El nuestro es el único movimiento estudiantil que se tarda 4 meses y medio antes de estallar la huelga, una acción relacionada con nuestra esperanza de cambiar este país.

Al final de la asamblea, es mayoritario el voto a favor de la huelga. Los estudiantes se van a Leyes a colocar las banderas rojinegras.

Miércoles 4 de febrero. 8 de la noche. El CAU

Desde el 6 de enero el Auditorio de Humanidades no ha conocido ni instantes de reposo ni lugares vacíos. Ahora, aquí se constituye formalmente la nueva organización, el CAU, Consejo Académico Universitario, la tercera voz del conflicto. Predominan los profesores del CCH y de preparatorias, pero en la ya importante representación de escuelas y facultades, los activistas de los años setenta retornan a la indignación con discurso adjunto, y también levantan la mano quienes hace apenas unas semanas se irritaban ante el dogmatismo del CEU.

En la universidad de élites masificadas las reuniones gremiales en un auditorio son apenas sintomáticas. Faltan miles de profesores, y lo en verdad representado es la exasperación ante los feudos académicos y la pérdida del poder adquisitivo. Previsiblemente, el tono oratorio mezcla el espontaneísmo estudiantil con la preocupación didáctica, el deseo de emocionar emocionándose con el hábito de grabar a repetición lenta los ideologemas en las tiernas mentes a su disposición. Los maestros hablan, los maestros enseñan, los maestros oyen, los maestros aprenden, se va haciendo visible la legendaria Comunidad Universitaria, se destruyen cercos ideológicos, se aproximan sectores y personas, se fomenta la unificación idealista y pragmática del lenguaje y los puntos de vista.

Jueves 5 de febrero. Un activista

—Cuando ya vieron inevitable la huelga, las autoridades desconectaron los teléfonos, y suspendieron el servicio del agua. Esto no fue generalizado. Afectó sobre todo a Ciencias, Ciencias Políticas y el CCH Azcapotzalco. Se examinó el probema, y de la nada aparecieron brigadas de estudiantes que en pocas horas restablecieron los servicios y compusieron averías, por ejemplo unas tuberías rotas en Trabajo Social, arregladas por una brigada de estudiantes de Ingeniería, Arquitectura y Ciencias. Con los teléfonos se lograron milagros, y se instalaron líneas directas que mantienen la comunicación entre escuelas y contrarrestan la ola de rumores.

Lo de los rumores es de veras muy jodido. Hay de todos tipos, pero los más frecuentes tienen que ver con porros en las preparatorias, o con el asalto inminente de las fuerzas represivas, la policía tomará los planteles. A los teléfonos centrales del CEU numerosas llamadas anónimas siembran falsas alarmas. Y eso desgasta un chingo. Se necesitan grupos grandes que se movilicen de inmediato, y detengan la inseguridad y la confusión. Para contrarrestar los rumores ya se estableció una banda de radio civil en la zona sur, que permite información directa entre las escuelas. Eso es aprovecharnos de la era moderna.

Jueves 5 de febrero. Un dirigente de Ciencias Políticas

—El contraste permanente: la vitalidad de las brigadas, las inercias de las asambleas. La experiencia de la huelga es nueva para la inmensa mayoría, y las discusiones son obvias y larguísimas, duran casi hasta que empieza la siguiente asamblea. La organización avanza entre pleitazos sobre las formas de la organización. Al irse estabilizando la euforia inicial y la sensación de avance incontenible, se asimila el significado mismo de la huelga, y se capta el compromiso físico y moral que implica. Todo está por hacerse: las marchas zonales, el encuentro nacional de estudiantes, las brigadas, los sistemas de aprovisionamiento de comida y agua, las guardias, las asambleas. En la huelga, hay dos riesgos notables: la desmovilización y el que la actividad inmediata ocupe siempre el primer plano, y posponga de modo indefinido el análisis de las perspectivas. Pero en estas asambleas, ni el hartazgo ante sectarismos y necedades ha sido suficiente para enfriar ánimos; cada uno se siente aportando algo concreto y sólido para el proyecto general. Por ahora, en las asambleas del CEU la memoria de lo olvidado por otras generaciones estimula la actividad general.

FLASHBACK: DE LA RELATIVIDAD DEL TIEMPO DE ASAMBLEAS Y OTRAS SESIONES DELIBERATIVAS

La asamblea dura ya cinco horas y la atención del estudiante no flaquea, a él lo absorbe la discusión, y las repeticiones lo tonifican, le clarifican el punto de vista. No le había pasado antes, hay que reconocerlo, hace unos meses soportaba a duras penas los 50 minutos de clase, y si atendía a las mesas redondas de la tele, era por la diversión ("Quítale el sonido y fíjate en los tics de los intelectuales"). Pero con el movimiento del CEU, el estudiante y sus compañeros, decenas de miles, se han descubierto propietarios de la resistencia auditiva que soporta cualquier flagelación verbal, las mociones de orden y de procedimiento, *como la arena de la mar*, los arrebatos ante el micrófono, las pretensiones de doblegar ideológicamente mediante el volumen de la voz, los murmullos y los aullidos, las votaciones que recomienzan siempre. . .

Sí que es fatigoso el aprendizaje democrático, y sin embargo el estudiante no retrocede. Se instruye como nunca, aprende a tener opiniones fijas, a unirse entrañablemente a ellas, y a modificarlas con presteza si el siguiente orador es convincente. Y por vez primera le encuentra sentido al aburrimiento y al sopor, sin ellos uno se olvidaría de lo esencial, no como individuo, claro, sino como partícula de esa multitud que es reacción esperanzada ante la universidad. Y el estudiante se fija en vueltas y extravíos del discurso, aplaude, silba y hace de los lugares comunes su ritmo interior, camina guiado por el tam-tam de las reformas académicas, del derecho a la educación popular, del Congreso Resolutivo, y este ritmo norma incluso el bostezo y la gana de dormir semanas enteras.

He aquí en acto y en potencia la energía del movimiento que ha revitalizado a la UNAM, y que la sociología instantánea ya califica de experiencia-que-marca-a-una-generación al elevarla psicológicamente, y el enfrentarla a su primera gran "emoción histórica" (sinónimo de interés nacional). Sin la conversión del aburrimiento en intensidad, sin la fe en los poderes regeneradores del tedio, el estudiante no viviría a fondo el movimiento, no gozaría el cansancio de las guardias en las escuelas y el trajín de las brigadas, no entendería por qué es fundamental oponerse a los reglamentos sobre los exámenes departamentales. . .

Él sigue de pie, apretujado, absorto ante el enésimo orador que dice lo mismo con las mismas palabras. Según lo ve, la repetición es la clave de la formación política. Lo oído, si muchas veces oído, se va volviendo diáfano.

Domingo 8 de febrero. 2 de la tarde

Frente al Auditorio de Humanidades un grupo de reporteros cumple con su rutina. A los líderes del CEU se les nota cansados y habituados al cansancio, seguros de sus respuestas y complacidos ante la falta de novedad de las preguntas. Sí, las clases extramuros impulsadas por Rectoría han sido más bien simbólicas, es iluso suponer que son remplazables las instalaciones universitarias. No, afirma Ímaz, el CEU no se propone la caída del rector Carpizo, eso no sirve para nada. La lógica del CEU no es quitar o poner gente, sino transformar la universidad. Sí, hay quienes aspiran a suceder a Carpizo, son los zopilotes de Rectoría. Por ejemplo, los directores de Derecho (Miguel Acosta Romero), de Veterinaria (José Manuel Berruecos), de Ingeniería (Octavio Rascón), de Odontología (Filiberto Enríquez). ¿Qué lógica académica, qué espíritu universitario tienen estos directores? Ninguno, son sólo oportunistas.

Los activistas llegan con prisa y separan a cualquiera de los líderes para informarles: ya van muy pocos a las guardias, hay padres de familia que se quejan, no hay coordinación. . . Los líderes oyen, instruyen, reciben noticias de pancartas y mantas para la manifestación de mañana. Los reporteros escriben abúlicamente.

Lunes 9 de febrero. 4 de la tarde. La segunda conquista del Zócalo

¿A quién se le puede olvidar la masacre? ¿Es lógico un poco de miedo aunque haya pasado tanto tiempo?

En la Plaza de las Tres Culturas, en reconstrucción, la ansiedad organizativa disipa fantasmas y despliega su certidumbre: quien nos quiera reprimir, que se acuerde del destino histórico, político y personal de Díaz Ordaz. Desde el altavoz se distribuyen recompensas auditivas: "Iniciará la marcha ei CCH-Oriente, ejemplo de organización y disciplina en este movimiento". Y llamados a la contención: "Se avisa a los miembros del CEU que no habrá pintas en el transcurso de la marcha".

A ganar voluntades en la batalla por el consenso, a imponer los lemas de la nueva sabiduría: "El examen no es más que el bautizo tecnocrático del saber" (manta de Ciencias)/ "Aprender la tecnología jurídica para crear nuevos ordenamientos" (manta de Leyes)/ "No a la universidad elitista y maquiladora" (manta de Economía). El abigarramiento es parte del consenso: teatro callejero, simposios callejeros, murales efímeros. Una de cada diez personas toma fotos para darle a sus descendientes la oportunidad del pasmo divertido. "¿Todo en orden?" se pregunta sin cesar desde los walkie-talkies. "¿A qué horas comenzamos a botear?" Los de Filosofía multiplican las referencias literarias: "Cuando despertó, el CEU todavía estaba allí"/ "Si Cervantes viviera, con nosotros estuviera"/ "Somos mucho más que dos"/ "José, cómo me acuerdo de ti en estas Revueltas". Los policías se enfrascan en la lectura de boletines informativos.

¿Cuál es el sonido de una marcha al comenzar? Es muchas cosas al mismo tiempo: humor traducido en orgía de la onomatopeya, ruido salvaje, murmullo desmesurado. El CEU avanza a su segunda conquista del Zócalo, en medio de la obsesión por reducir a frases filosas la experiencia política. Centrada en sus objetivos, levemente antigubernamental, la marcha se permite el lujo de la ironía clasista:

La educación/ primero/ al hijo del obrero
La educación/ después/ al hijo del burgués.

Los estudiantes de la Facultad de Música estrenan el mambo "Aguanta la huelga", y al pasar por la Plaza Garibaldi incitan a la recuperación gremial: "Mariachi/ consciente/ se une al contingente". Algunos anarquistas, o que así se autoclasifican, caminan con máscara negra y su A gigante. "¡¡Duro, duro, duro!!" La conquista pacífica de la ciudad es innegable. Muy pocos negocios se cierran, y hay aplausos, risas, opiniones favorables vertidas a los centenares de grabadoras empuñadas por los estudiantes respectivos de Ciencias de la Comunicación: "Este movimiento puede transformar a la capital", argumenta una señora. "Esto es fantástico, realmente. Es una fiesta estudiantil, pero no para echar relajo, sino por algo justo", dice un burócrata (que se identifica como tal porque lo identifican como tal). "Los estudiantes están demostrando que el camino no es la violencia, sino la cultura, la cultura como derecho", exclama un funcionario que prefiere no dar su nombre, ilusionado por una ráfaga de clandestinidad.

Esta vez es amplia la participación del sector académico. Los profesores del bachillerato siguen siendo mayoría (y su apariencia explica por qué se dicen a sí mismos "pobresores"), pero los de facultades se estrenan como manifestantes, y para hacerlo asimilan el estilo juvenil y las técnicas ceuístas.

La llegada al Zócalo carece de la intensidad emocional de la vez primera, pero el número es mayor y el júbilo es más sólido. Se queman algunas mantas, truenan cohetes, se elevan dos grandes globos con fuego que dicen CONGRESO. "Llevaremos a Carpizo a la cordura." El mitin es anticlimático, pero ¿qué mitin podría conmover a más de 250 mil personas?

Martes 10 de febrero. 7 de la noche

En el Colegio de Ingenieros Civiles se reúne el Consejo Universitario, en busca de fórmulas conciliatorias. La sesión principió a las 11 de la mañana con el discurso del rector Carpizo, quien reconoció el salto cualitativo en el decir y el actuar universitario, y propuso:

1. La realización de un Congreso Universitario dentro de los marcos del orden jurídico, vigente en esta Casa de Estudios. 2. El Consejo Universitario, uno de los responsables del cumplimiento de ese orden jurídico, asumirá las conclusiones del Congreso Universitario. 3. La creación de una comisión organizadora del Congreso donde esté representada la pluralidad de la UNAM.

Tras cinco meses de movimiento estudiantil, un gran testimonio de las ventajas del diálogo. A lo largo del día se conforma un modesto psicodrama mientras cada consejero elogia su propia vocación perpetua de concordia. Ellos todo lo dijeron desde el principio, y si entonces se juzgó que decían lo contrario, es porque al principio todo es oscuro. En la mayoría de los casos, estos severos directores de escuelas y facultades, estos prohombres de la burocracia universitaria, estos jóvenes respetuosos llamados a suceder a directores y prohombres, con tal de asimilar lo ocurrido acuden al idioma-de-la-fraternidad-universal (con reparos). Hay que salvar lo salvable (casi siempre la continuidad personal), y los defensores a ultranza y a desplegado batiente de las reformas del rector, los cultores de la legalidad, los jerarcas de las ínsulas de poder, reaparecen travestidos de intérpretes de la racionalidad, homenajes florales a la grandeza de ánimo del Consejo Universitario, estatuas móviles del amor al ímpetu juvenil.

Así, el director de Ciencias Políticas Carlos Sirvent, afirma que "no es negativo para la Universidad la irrupción de movimientos que se instalan en la lógica académica, con protagonistas que nacen de esa misma lógica académica". (¡Como Minerva del cerebro de Júpiter, nace el CEU de las neuronas del Establishment universitario!) El consejero Carlos Varela de Contaduría asegura inauguralmente que "nuestra universidad es multifacética, plural y compleja". Y el consejero Martínez Stack es contundente: "Me siento orgulloso de ser en estos momentos universitario, y por haber tenido la suerte de que en estos momentos también tome parte de este Consejo, de tener la posibilidad de ser actor en esta reunión, en donde estamos —así lo creo— dando una lección a muchos sectores e instancias en nuestro país".

¿Quién de los presentes habrá votado el 11 y el 12 de septiembre por el primer paquete de reformas? Casi ninguno, al parecer, lo que da gusto, porque entonces aquí no abundan los arrepentidos, sino los recién enterados. Pocos sostienen las antiguas posiciones y pocos se abstienen del diluvio de palabras clave: madurez, voluntad de participación, pluralismo, discusión, análisis, servicio a la nación, audacia intelectual, defensa de la Universidad. Implícita o explícitamente, muchos abandonan la nave deteriorada del Consejo Universitario, abatido por la "crisis de credibilidad", y abordan la majestuosa nave del Consejo Universitario, remozado por los baños de pluralidad.

Pocos se aferran a lo que creyeron. Por ejemplo, el consejero Delgadillo de la ENEP-Acatlán, quien se rinde muy airado: ". . .pero no vamos a cuestionar si, por ejemplo, en la ENEP-Acatlán 50 o 100 estudiantes nos pararon a 18 mil estudiantes que sí queríamos clases; no vamos a cuestionar tampoco si en una manifestación existieron 10, 20, 50 mil estudiantes, y 10, 20 o 50 mil damnificados del Campamento 2 de Octubre. No se trata en este momento de cuestionar estos aspectos". Por ejemplo, y de modo supremo, el doctor Manuel Barquín, dirigente de las Asociaciones del Personal Académico (AAPAUNAM), el villano ideal del CEU, y ciertamente un rencor vivo, la síntesis museográfica de años y décadas del caciquismo universitario de nivel mediano, la intemperancia que oculta la ignorancia, la ignorancia que magnifica la grosería, la acometividad que desearía suplantar al argumento racional.

El doctor Barquín posa en cada una de las vitrinas de su alocución: "Mienten aquellos que dicen que he calificado a los estudiantes de bastardos; yo siempre les he enseñado con educación y no me atrevería a calificarlos más que en mi materia". Mientras uno imagina al señor Barquín dividiendo a sus alumnos en *bastardo, empleadillo y caballero*, él salta al dictamen caracterológico: "No tratamos de convencerlos [a los académicos opuestos a las AAPAUNAM]. Sabemos por anticipado lo difícil que es convencer al fanático. Por otro lado, creemos también que hacer pacto con el sectario es exponerse a que, cuando recibe la consigna, rompa el pacto". Así ha sido la derecha en la UNAM, desde hace 60 años: la ansiedad de privilegio que se reserva el monopolio del juicio moral. (No me pregunten qué ha sido la izquierda.)

EN DONDE SE ANIMA EL DIÁLOGO CON UN APARATO, Y LOS INICIADORES REGRESAN MUY ACOMPAÑADOS

En las afueras del auditorio del Colegio de Ingenieros, cientos de estudiantes conversan y ven la transmisión del acto en circuito cerrado. El apasionado trato con las imágenes remite de inmediato al futbol. Ante el monitor, los estudiantes apoyan, increpan a los oradores ("¡Farsante! ¡Oportunista!"), insisten en las porras futboleras, se animan ante los líderes.

Los momentos culminantes se desprenden de los elogios al CEU, el resucitador oficial de la UNAM según se dice en esta sesión del Consejo. Imanol Ordorika recuerda sus pronunciamientos en la madrugada del 12 de septiembre:

. . .Dije una frase que quizás se vuelva histórica, pero no era nuestra, era de Espartaco y decía: "Volveremos y seremos miles". Y somos miles por la fuerza de la razón, porque para tener a miles de estudiantes y profesores al lado nuestro hemos tenido que argumentar, hemos tenido que convencer, porque no tenemos ni un ápice de poder ni económico, ni legal, que nos haya permitido construir un movimiento que hoy ya nadie puede negar; tenemos sólo el poder de la razón, y el poder de la razón ha hecho que cientos de miles llenen las calles de esta ciudad exigiendo una nueva universidad...

Ordorika insiste: "el Consejo Universitario fue inmoral el 11 y 12 de septiembre por imponerse a una comunidad entera a sus espaldas", y afuera los estudiantes dialogan aprobatoriamente con el monitor. Carlos Ímaz declara: "Me siento incómodo en esta sesión, porque después de 12 días de huelga, en un ambiente de compañerismo y fraternidad, los ambientes acartonados lo hacen a uno sentirse incómodo", y los ceuístas se ríen. Antonio Santos afirma: "Yo siento que un legislador, porque somos legisladores, querámoslo o no, estemos o no de acuerdo, dentro o fuera del Consejo Universitario, somos legisladores representantes de la comunidad, y en tanto representantes de la comunidad estudiantil, tenemos que traer la voz de nuestra comunidad. Yo vengo en este espíritu, vengo como representante del CEU y vengo como legislador nombrado democráticamente...", y los estudiantes asienten.

Habla Óscar Moreno, del CCH-Azcapotzalco, y a través de sus palabras, impensables en el Consejo Universitario de 1986, se vislumbran los alcances del tan afamado "cambio de mentalidad":

Se ha hablado aquí mucho del caos y la anarquía. El señor Barquín decía que CEU más CAU igual a CAOS, y algunos otros hablan de la anarquía sacudiéndola como un fantasma que a todos debiera atemorizar.

Nosotros somos herederos de una tradición histórica que hemos reivindicado a lo largo de todas las manifestaciones, que hemos reivindicado en nuestros argumentos, en nuestras participaciones en todo momento.

Queremos recordar simplemente que anarquistas eran también aquellos hombres que incitaban al pueblo en contra de la dictadura de Porfirio Díaz; que anarquistas eran Ricardo Flores Magón, Práxedis G. Guerrero, los redactores del periódico *Regeneración*...

Afuera de este recinto hay desplegada una bandera anarquista, una enorme y hermosa bandera negra, como la de los anarquistas de aquel tiempo y de todos los tiempos.

Ciertamente, no todos los estudiantes del CEU son anarquistas, pero yo sí reivindico como lo hemos hecho todos nosotros, una tradición histórica de la que nos enorgullecemos, una tradición histórica que forma parte de esta patria...

Al cabo de las muchas horas, ya procede el sueño de la concordia. Es el turno de los resolutivos finales, y el rector pone a votación las proposiciones. Se aprueba por 90 votos el Congreso Universitario, por 95 votos el que el Consejo asuma las conclusiones del Congreso, por 96 votos que los representantes al Congreso sean elegidos por el voto libre, universal y secreto de sus respectivas comunidades, por 96 votos los foros previos al Congreso.

Se alega en pro y en contra de las clases extramuros, para el CEU "esquirolaje", y para el rector opción legítima, "al llevarse a cabo donde cada comunidad lo decidió libremente", se acepta reponer los días perdidos en la huelga y el ajuste de los calendarios escolares, se discute un tanto agriamente el pago de salarios a los trabajadores, pero urge llegar al punto central, la integración de los 16 miembros del Consejo que precisarán las reglas de la Comisión Organizadora del Congreso. El rector lee su lista de quince profesores, estudiantes y directores, más un trabajador que el STUNAM designará. Hay ajustes, demandas de representación, el consejero Ascensio renuncia a favor del consejero Santos, y el murmullo aprobatorio verifica el equilibrio. Un líder del CEU comenta en voz alta: "Estamos parejos, ocho y ocho". Se vota por la Comisión organizadora: 89 a favor, tres en contra y siete abstenciones. De nuevo la aplanadora, pero esta vez en un paisaje muy distinto. Carlos Pereyra, en *La Jornada*, resumirá así el proceso: "En la beligerancia de los conflictos es previsible la idea de que diálogo y congreso fueron conquistas *arrancadas*, pero la historia de los movimientos sociales muestra que hace falta un esfuerzo mucho más penoso y prolongado para arrancar conquistas si no hay disposición de quienes ejercen el poder para establecer terrenos más propicios para la concertación".

Ahora se discute el legendario paquete sobre modificaciones al Reglamento General de Inscripciones, Reglamento General de Pagos y dictámenes de las comisiones de Legislación Universitaria. Un grupo numeroso de directores propone suspender los reglamentos y diferir la polémica para el Congreso. Se aprueba. Es hora de capitalizar verbalmente la victoria que, se insiste, no es de una facción sino de la UNAM. La estudiante preparatoriana Andrea González le da una repasada paternalista a sus mayores: "Desearía darles un consejo, como amiga, como estudiante o como lo que quieran, y es que se acerquen un poco, que conozcan al CEU y que conozcan al CAU, porque es un movimiento legítimo, un movimiento que lucha por la transformación, y realmente fue una emoción increíble caminar con miles y cientos de miles de compañeros al lado, por las calles, rumbo al Zócalo'', y el doctor Palma, consejero de Medicina, acepta el regaño: "Creo que no hay nada más hermoso que cerrar este evento con una voz tan linda, tan pura, con sentimientos tan especiales como los de esta compañera".

Miércoles 11 de febrero. 12 de la noche. Un CCH

La asamblea no tiene para cuándo acabar. Aquí, como en otros muchos planteles, un sector vierte su descontento por las "declaraciones a título personal", el "culto a la personalidad" y el "monopolio del poder" en el CEU. "Santos, Ímaz y Ordorika se la viven declarando —se dice—. Hablan porque les da la gana sin consultar jamás a sus bases. ¡Ya basta de personalismos!" La ultraizquierda —es decir, aquellos que, entre otras cosas, consideran a todos los demás de "ultraderecha" para realzar su extremismo— aplica su táctica favorita: vencer por cansancio. Véase si no: se inscriben en el debate los 10 o 20 activistas de la línea dura, eternizan el discurso, y dilapidan descalificaciones ideológicas: "Eres un agente objetivo y subjetivo de la burguesía", o descalificaciones físicas: "Si sigues calumniándonos te vamos a romper la madre". La asamblea se despuebla y quienes quedan imponen su punto de vista. Victoria por default.

Otras asambleas dilatarán de 3 de la tarde a 12 de la noche, de 8 de la noche a 4 de la mañana. La de este CCH *apenas* dura cinco horas, al cabo de las cuales 35 compañeros se ponen de acuerdo: dada la trampa de Rectoría y la traición de los reformistas, no es posible levantar la huelga.

Jueves 12 de febrero. 11 de la mañana

Pita Carrasco preside la asamblea del CEU en el Justo/Guevara. El clima es muy tenso, "para cortar el aire con un cuchillo", como se decía en las novelas del siglo XIX. A nombre del CAU, el científico Manuel Peimbert califica de triunfo las resoluciones del Consejo Universitario, y asegura que a la nueva etapa en la UNAM la distinguirán el aglutinamiento, la acumulación de fuerzas y los proyectos ambiciosos. Por primera vez en mucho tiempo hay una organización estudiantil vigorosa; es ya factible la democratización del sector académico y concluye el reinado de los sindicatos "blancos"; aumentó en 125% el presupuesto universitario; se han suspendido los reglamentos y se ha ganado el examen de posgrado.

Se inicia el desfile de representantes, y en el bachillerato la tendencia dominante es seguir la huelga. Las impugnaciones al levantamiento se repiten: no se contempla la participación de las preparatorias populares/ es inaceptable el modo en que se integró la Comisión/ la derogación de las reformas debe ser total, y no queda claro qué significa *asumir* (el delegado de la Preparatoria 3 es muy enfático: "Sabemos que Carpizo y todos sus achichincles que le rodean saben plantear cuatros. Hablan del marco jurídico y ya sabemos que ese marco es de ellos")/ se demanda mayoría de estudiantes en la Comisión (alguien dice: "O quitan a las autoridades, o ponen en su lugar a los estudiantes")/ se exigen garantías de que no habrá represalias (el delegado del CCH-Sur dice: "Que se avale la no-represión mediante un documento firmado en el ámbito académico, ideológico y físico").

En el auditorio, en la lucha por el espacio vital, la gente se aprieta hasta la transubstanciación. Un empujón fuerte origina una batalla campal. Los gritos abundan ("¡Mira Mesa! Tú dices que esto es democrático y no me das la palabra"). En la recapitulación se ajustan cuentas. El delegado del CCH-Sur critica a los declarantes que comprometen el nombre del CEU. Y de paso dictamina: levantar la huelga equivale a desmovilizar.

En muchas intervenciones florece el dogmatismo inherente a la ultraizquierda, con su irritado mesianismo y su odio a los reformistas, y a quienes ocultan su reformismo bajo el pretexto de la negociación. Pero hay también actitudes no desprendidas de la ideología grupuscular, sino de la radicalidad de la experiencia personal y social. El delegado del CCH-6 es categórico: "Jamás podemos confiar en las autoridades. El diálogo es demagógico, mientras no contemos con un reparto social efectivo. Que la huelga se levante hasta que salgan los resolutivos del Congreso. Ésta es la única garantía. La Comisión deberá tener un 50% de estudiantes nombrados en asambleas". Y todos se amparan en lo obvio: la energía estudiantil. El delegado de la Preparatoria José Revueltas pide continuar la huelga como un medio para continuar el Congreso.

Por enésima vez: que las autoridades aclaren públicamente el término *asumirá*. Y hay la demanda de un "botín de guerra" psicológica. Que todos sepan bien quién ganó esta batalla. Al delegado de la ENEP-Zaragoza sólo lo apaciguará una Comisión integrada por 32 alumnos, 16 maestros, diez trabajadores y cero autoridades. El estudiante de la ENEP-Aragón es tajante: se vuelve a clases cuando se conozcan las resoluciones de la Gran Comisión. Y la asamblea de Ciencias pide eliminar de la Comisión a los representantes de Rectoría.

"LA HUELGA ES UN ARMA, PERO HAY QUE SABERLA USAR"

Al principio de la asamblea, la mayoría es muy demostrativa en su apoyo al alargamiento de la huelga: DURO/DURO/DURO. Hay rechiflas para Ordorika, Ímaz y Santos y gritos: "¿Cuánto te pagaron?" Ordorika observa sin situar la mirada, conversa distraídamente, recibe informaciones de los porcentajes a favor y en contra. En los corrillos, algunos partidarios de levantar la huelga reconocen errores ("Esta asamblea debió ser antes de la sesión del Consejo"), y aventuran hipótesis sobre la vocación de derrota de la izquierda.

No es para tanto. Es importante el número de escuelas a favor del levantamiento de la huelga, y son por lo menos insuficientes las razones de quienes buscan alargarla. Así, por ejemplo, el delegado de Economía explica la posición de su asamblea: aceptar sería someternos de nuevo al Consejo Universitario, y por ello, y para fortalecernos, debemos acabar con la huelga tradicional, e instaurar *la huelga autogestiva*, que implica la supresión de las estructuras actuales de gobierno, la desaparición de los funcionarios, la autonomización académica. El delegado de Ingeniería rechaza el acuerdo del Consejo, porque no conduce a una democracia de fondo. Y el de Medicina condiciona el levantamiento de la huelga a la suspensión del reglamento de posgrado.

Termina el recuento con 24 votos a favor del sostenimiento de la huelga, 14 por el levantamiento, 3 sujetos a condicionantes y 2 abstenciones. Sigue ahora el dabate sobre si es resolutiva o no la plenaria. El calor aumenta, pero nadie sale. Se niega la existencia de dos polos, pero cada detalle de la asamblea confirma la división. Los ultras pasean su mirada despreciativa, aplauden los signos de desconfianza ante la celada infinita del poder. Gritan y empujan los deseosos de anotarse en la lista de oradores.

Carlos Ímaz es tajante: "Hay gente que asegura que aquí hay intereses oscuros, que hay en el CEU vendidos. Éstos no deben ser los argumentos. La huelga es un arma, pero hay que saberla usar, si no se cuida se vuelve contra los propios huelguistas". Cita módicamente a Lenin ("Hay que hacer análisis concretos de hechos concretos"), lo que no le evita silbidos. Pide analizar los objetivos de la huelga, la correlación de fuerzas, la situación de la opinión pública. Le sigue Andrés, de la FES-Cuautitlán que luego de invocar la derogación de las medidas y el Congreso Resolutivo, sitúa su problema central: "y nuestras consideraciones sobre la estructura de gobierno nos sacan de la legalidad. ¡Ah! Y que los líderes se abstengan de declarar a la prensa" (*grandes aplausos*).

Una joven defiende la Comisión: "Hay ocho consejeros democráticos..." (*silbidos*). Maru, de Artes Plásticas, denuncia: "Ayer una comisión de Ciencias fue a la escuela a insultarnos por haber votado el levantamiento [BU/BU]. Pedimos respeto y reflexión, no aclamaciones y abucheos". . . Se lee la lista de los ocho partidarios del CEU en la Comisión del Consejo. Rechifla para Santos y Monroy. El delegado de la ENEP-Zaragoza no vacila: "¿Por qué voto universal y secreto? Que sea en asamblea, a la vista de todos".

Hablan Guillermo, de Ingeniería: "El problema es lingüístico. Hemos ganado, quitémonos la careta de intransigentes", Simón, de Trabajo Social: "Hay que estar unidos. Si nos dividimos, nos joden", Mario, de Economía: "Si levantamos, levantamos en coro ¿qué chingaos hay resuelto? Sigamos en la huelga hasta conseguir la victoria" (*ovación*. DURO/DURO). La bacanal oratoria se prolonga media hora más.

Habla Imanol Ordorika y obtiene con rapidez atención y silencio, pese al gran recelo. Él está al tanto: aquí sólo persuadirá a los ya persuadidos, pero sus palabras tienen resonancia externa. Este movimiento, argumenta, levante o continúe debe seguir unido. Las diferencias son importantes para obtener resoluciones claras. La tarea central es avanzar manteniendo la correlación de fuerzas, y no debilitándola. Hemos logrado nuestras demandas y es incorrecto pensar en un Congreso ganado de antemano, al estilo aplanadora del PRI. Avancemos sobre la base de estos triunfos parciales. Nos falta ganar y persuadir a la Universidad, es lo que está en juego (*ovación larga*).

El resto de la sesión le pertenece al desmadre ideologizado. Cunden las voces de protesta, las mociones y las intervenciones sin auditorio posible, y dos votaciones deciden día y hora de la sesión resolutoria: el domingo a las diez de la mañana. El dictamen de los ultras lo emite el compañero de la FES-Cuautitlán: "Que quede muy cla-

ro: de ahora en adelante, nada de salidas políticas. De hoy en adelante, con el movimiento obrero popular".

Viernes 13 de febrero. Asamblea en el CCH-*Naucalpan*

—La discusión llevaba dos días: "¿Hemos ganado y hasta dónde?
¿No será una trampa de Rectoría para agandallarse el Congreso?"
En las guardias nocturnas, a la luz de las fogatas, las frases susti-
tuían a los análisis: "Esos ultras son la izquierda troglodita", o "Esos
reformistas ya capitularon". Al iniciarse la asamblea había más de
300 estudiantes, y un relajo indetenible: Los ultras lanzaban verda-
des a medias, y había que rectificar una por una, llamando cada 5
minutos a la cordura y a la unidad, mientras abundaban las fórmulas de reconstrucción del mundo a domicilio. Oí la palabra ¡*Moción*!
más de 10 mil veces, y como en 40 ocasiones la mesa pidió el cese
de aplausos y abucheos. Se consideró a la palabra *asumirá* en el documento de Rectoría, una "abstracción despolitizada" y los partidarios de levantar la huelga invitaron a reflexionar sobre la inminencia del desgaste y la represión.

Un maestro afirmó: "Compañeros, tengamos claro que hay dos
posiciones: una claudicante o reformista, y es la que confía en la
propuesta de Rectoría, y la otra, consecuente, la rechaza, plantea
continuar la huelga vinculándonos con el pueblo y los obreros. Los
paladines de la concertación entregan el movimiento en charola de
plata, al aceptar una negociación que traiciona las demandas origi-
nales". Otro fue más contundente: "Aquí la lucha es contra la austeridad del gobierno y tenemos que unirnos con todos los sectores
que se esfuerzan por vencer al Estado".

El delegado del CEU pidió eliminar los calificativos fáciles y los
insultos, y no sustituir con deseos la realidad. Una estudiante de primer semestre intervino: "Sepamos pensar, y aprendamos a ganar.
Si queremos el todo por el todo nos quedamos con nada". Terminó
la lista de oradores, y la gente seguía exaltada. Se abrió una nueva
lista. La mesa ya no era mesa y todos la cuestionaban. Los pro-
huelguistas gritaban a todo pulmón, y uno gritó: "Somos los que
más nos hemos chingado". Las agresiones verbales se multiplicaron, hubo amagos de golpes.

El resumen de las intervenciones se llevó más de dos horas. Se
exigía "¡Votación!". Al final ganó (150 contra 50) la propuesta de
levantar la huelga exigiendo garantías. Luego, los 50 perdedores hi-

cieron otra asamblea para redefinir su posición. (Informante: Jesús Cuevas.)

Sábado 14 de febrero. Asamblea de Economía.
2 de la tarde

Las dos virtudes cardinales de la democracia: la paciencia ante las intervenciones de los demás, y la impaciencia por intervenir. En el auditorio Narciso / Chi-Minh hay ya 75 participantes inscritos, cada uno con derecho a 3 minutos de perorata y al cartelito con la autoritaria palabra: TIEMPO. (Y a los cinco minutos el mayor exterminio: el silencio.) El debate sigue la pauta generalizada. Jamás se consultó tanto en los diccionarios la palabra *asumir*. Nunca se impugnó con tal denuedo el mecanismo de las urnas porque impide el control de las asambleas. Y es tan totalizador el espíritu democrático que de repente uno vislumbra un país donde cada quien tiene su opinión firmísima y está a punto de emitirla.

Por acuerdo de asamblea se prohiben los cigarrillos, y alguien justifica la medida teóricamente: "No nubles tu pensar". Habla con voz pausada, quien desde el aspecto se confiesa profeta desoído:

—Los estudiantes andamos divididos. Rectoría lo quiso y lo consiguió. Si quisiéramos seguir, la derrota sería peor. El movimiento es un difunto y estamos asistiendo a su velorio. El día de ayer en CU no había guardia, no había movilizaciones, era un desierto. Lo real, lo que existe, es que el movimiento está dividido. Porque miren compañeros, democratizar a la universidad quería decir que los estudiantes tomáramos las decisiones. Ahora tenemos perdido de antemano el Congreso. La Rectoría nos metió un "cuatro", y quienes aceptamos eso, hemos presentado nuestra candidatura para sepultureros de 300 mil estudiantes. Eso es lo real. La Historia nos ha de juzgar.

Una característica de la crisis: hay mucho tiempo a la disposición, todo el que se quiera, pero poquísimos espacios, y conviene aferrarse a los existentes. Dice el siguiente orador: "El vanguardismo es el secuestro de nuestra conciencia colectiva", y uno traduce aproximadamente la frase: "La existencia de un liderazgo fijo no nos permite desarrollarnos cívicamente". El compañero insiste en su crítica: "No se profundizó en lo académico, sino en lo político. Ahora sí se dan cuenta de la desconexión entre la minoría que hizo la huelga, y la mayoría que está allá. Se nos dejó avanzar, avanzar, y en un momento dado se nos dijo: Hasta aquí, señores".

A los pesimistas se les recuerdan las movilizaciones, las concesiones en serie de Rectoría, el surgimiento de la conciencia estudiantil. El mayor aplauso de la asamblea es para el alegato de Ricardo Becerra:

—Si de sepelios se habla, debemos señalar que aquí asistimos al sepelio de la cultura política de la derrota. Ya basta de la fraseología radical que no va a la raíz de los hechos. Y también asistimos en la UNAM a un segundo sepelio. Aquí ya no se va a decidir como antes, sin la participación activa de la comunidad universitaria.

Por mayoría, gana el levantamiento de la huelga.

Domingo 15 de febrero. Auditorio de Humanidades.
10 de la mañana

La organización es extraordinaria. Desde temprano se cuidó la entrada al auditorio, reduciéndose al mínimo la posibilidad de provocaciones. Como resultado del control cientos de estudiantes que llegaron tarde, a las 9 y media por ejemplo, se aglomeran ante la entrada, vociferan, reclaman el acceso, maltratan verbalmente a la comisión de vigilancia, desean oír. Algo consiguen: mientras no se instale el equipo de sonido, no se iniciará la asamblea.

La elección de la mesa de debates ratifica el liderazgo: Carlos Ímaz obtiene 78 votos de delegados, Guadalupe Carrasco 75, Imanol Ordorika 71, Antonio Santos 65, Óscar Moreno 46. Hay esperanza y suspicacia, pero ayer perdieron la votación en Ciencias los partidarios de proseguir la huelga, y esto precisa la conclusión de esta asamblea. Sin embargo, falta apurar el rito hasta el último gesto de victoria o derrota, y conviene afianzar la estrategia proclamando la unidad.

Un compañero, dotado de las mil bocinas con que Dios protegió a los extremistas de la sordera de los liberales, repudia a quienes bloquearon las entradas al auditorio, y separaron cuatro filas para ejercer la vigilancia. Pregunta Ímaz: "¿Dónde están esos lugares apartados?" El griterío le responde para quitarle la razón dándosela, o al revés. Ahora se denuncia a un porro, ya expulsado en otra ocasión del auditorio. Se envían miradas persecutorias a la caza del malhechor, y de nuevo Ímaz quebranta la tensión: "Conocemos bien al porro en cuestión. No es este compañero ni tiene nada que ver".

Sin prisa alguna hablan los representantes. Las demandas de garantía se van unificando: ninguna represalia/ que las autoridades se responsabilicen por el saqueo anterior a la huelga/ retención de los espacios ganados (alguien exclama: "Que los lugares donde hemos cocinado se declaren territorio libre de la UNAM")/ desconocimiento de las clases extramuros/ reconocimiento de las preparatorias populares/ reconsideración de los casos de maestros y alumnos expulsados. Casi todos los representantes se obligan a un discurso donde esplende la teoría. Quien sólo enuncia el contenido del voto traiciona las muchas horas invertidas en el punto de vista.

Los partidarios de proseguir la huelga no creen en victorias parciales. Lo que no es absoluto, no es. El delegado de la ENEP-Zaragoza insiste: "Los de Rectoría se empeñan en mantener el principio de autoridad; quién ignora que el voto universal, secreto y directo es el instrumento de la manipulación. Nosotros exigimos que se integre así la Comisión: 10% para la autoridades, 50% a los estudiantes, 15% a los trabajadores y 25% a los profesores (de este porcentaje el 50% al Consejo Académico Universitario)".

A tal punto eleva el tedio al espíritu cívico que casi lo desaparece. Cuando ya no se quiere persuadir, es hora de mostrar la pureza. Se reiteran las posiciones, y se elogia la repetición, mientras se entroniza al enemigo formidable del sentimiento revolucionario: *la dicción.* ¡Tantas demoliciones ahogadas por la conjura de vocales y consonantes que se atropellan contra labios y laringe! Guadalupe Carrasco rompe lanzas a favor de la enunciación inteligible: "Hacemos un llamado a hablar claro, fuerte, no se entiende lo que ustedes dicen, compañeros, la gente está molesta". Hay informaciones un tanto inesperadas: en el CCH-Oriente la votación fue cerrada: 171 por continuar la huelga, 157 por levantarla. Escasean las menciones a Carpizo, ya incluido en el término "Rectoría".

Pocos creen en el don de síntesis y aún menos lo practican, y esto generaliza la suspicacia ante las conclusiones. Y se quiere restaurar la unidad. Ciencias rechaza la acusación "de vendidos y traidores para quienes proponen levantar la huelga", y Ciencias Políticas anatematiza a los medios masivos que caracterizan de "intransigentes y sectarios" a los compañeros que sólo han sido sectarios e intransigentes. Según el documento de Filosofía, el movimiento estudiantil es el principal protagonista de la UNAM, y enumera logros: se amplió la movilización; se consolida una organización estudiantil democrática; se inauguró el diálogo público; se derrotó la política restrictiva en la universidad; se concertó la alianza con los trabajadores.

Los de la mesa se abisman en el resumen de garantías exigidas. Como solidaria música de fondo, se da lectura a los saludos: de la Universidad de Oaxaca, del STUNAM, de la CNTE, de los trabajadores de Cervecería Moctezuma, del Politécnico. De seguro, más de un nervioso rector de provincia le confía en este instante a los reporteros su mensaje: "Nuestra Universidad está muy bien. No emprenderemos reforma alguna. No las necesitamos". Y las mociones ahogan la asamblea. Hay peticiones locales (posposición de exámenes extraordinarios en una escuela), y solicitudes prácticas: "¿Qué día y a qué hora se celebrará el festival político-musical?" Si algo, la democracia es exhaustiva.

Se anuncia el resultado. De 46 representaciones, 34 votan por levantar la huelga, 11 por seguir y 1 por cambiar el término "levantamiento" por el de suspensión. Aún le quedan a la asamblea varias horas. Falta detallar las garantías exigidas, aprobar el manifiesto del CEU a la opinión pública, oír la síntesis positiva del representante del CELE ("Hemos contribuido a recuperar la esperanza de los jóvenes"), polemizar sobre si el manifiesto debe incluir o no las diferencias, atender sin conceder la protesta de Guadalupe Carrasco: "No nos engañemos compañeros. Aquí hay dos posiciones enfrentadas, y el que una sea minoritaria no la hace desaparecer". Falta localizar en cansancios y fastidios las presiones del movimiento.

Martes 17 de febrero. El anticlímax

Por doquier se entregan las instalaciones a las autoridades. La huelga se levanta y sólo siguen en paro de labores la FES-Cuautitlán y la ENEP-Zaragoza. Pierden su filo belicoso las conversaciones, y ya sólo algunos se refieren al número de concesiones a que fue obligada Rectoría.

Alguna vez le dijo Lezama Lima a María Zambrano: "Ahora usted ha apretado el botón y ha encendido la luz de esta oficina, pero puede que sea la Constelación de Orión la que se ilumine". ¿Y quién es uno para dictaminar en el reino de las causalidades?

entrada libre

se terminó de imprimir
el 14 de agosto de 2017 en
Litográfica Ingramex S.A. de C.V.
Centeno 162-1, 09810 Ciudad de México.

Colección Bolsillo Era

Fernando Benítez
Los hongos alucinantes
En la tierra mágica del peyote

Nellie Campobello
Cartucho. Relatos de la lucha en el Norte de México

Laura Castellanos
México armado. 1943-1981

Arnaldo Córdova
La formación del poder político en México

Christopher Domínguez Michael
*Profetas del pasado. Quince voces de la historiografía
sobre México*

Bolívar Echeverría
Modernidad y blanquitud

Juan García Ponce
La gaviota
Tajimara y otros cuentos eróticos

Adolfo Gilly
Felipe Ángeles en la Revolución (compilador)
Historia a contrapelo. Una constelación

Efraín Huerta
Transa poética. Angología personal

Franz Kafka
La metamorfosis

Friedrich Katz
De Díaz a Madero. Orígenes y estallido de la Revolución Mexicana

José Revueltas
Dios en la tierra
Dormir en tierra
El luto humano
Los errores
Los días terrenales
La palabra sagrada. Antología

Jorge Volpi
La imaginación y el poder. Una historia intelectual de 1968
La guerra y las palabras. Una historia intelectual de 1994